MÉMOIRES

DU

COMTE BEUGNOT

ANCIEN MINISTRE

(1783-1815)

PUBLIÉS PAR

LE COMTE ALBERT BEUGNOT

SON PETIT-FILS

TOME PREMIER

PARIS

E. DENTU, LIBRAIRE ÉDITEUR

PALAIS-ROYAL, 17 ET 19, GALERIE D'ORLÉANS

MÉMOIRES

DU

COMTE BEUGNOT

Imprimerie L. TOINON et C⁰, à Saint-Germain.

MÉMOIRES

DU

COMTE BEUGNOT

ANCIEN MINISTRE

(1783-1815)

PUBLIÉS PAR

LE COMTE ALBERT BEUGNOT

SON PETIT-FILS

TOME PREMIER

PARIS

E. DENTU, LIBRAIRE ÉDITEUR

PALAIS-ROYAL, 17 ET 19, GALERIE D'ORLÉANS

1866

Tous droits réservés.

Ces fragments des Mémoires du comte Beugnot ont paru pour la première fois dans la *Revue française*, en 1838-39.

Encouragé par le succès qu'obtinrent ces premiers fragments, mon père en publia d'autres extraits qui furent insérés dans la *Revue contemporaine* pendant les années 1852-54.

Pour répondre au désir bienveillant de quelques amis de notre famille, j'avais souvent prié mon père de réunir en volume ces fragments qui montraient sous un jour nouveau l'esprit si connu de mon grand-père, et qui révélaient des faits curieux sur l'époque de l'Empire et de la Restauration : « Tu feras cela après » ma mort, » me répondit-il une fois.

Hélas ! je ne croyais pas qu'il me fût donné de remplir si tôt ce devoir.

Des fragments de ces Mémoires retrouvés dans les papiers de mon père, et relatifs au séjour du roi Louis XVIII à Gand et aux commencements de la seconde Restauration, sont publiés aujourd'hui pour la première fois.

Ces morceaux, joints aux extraits déjà imprimés, sont tout ce qui reste des Mémoires de mon grand-père. Mon père n'avait pas cru devoir publier entièrement des souvenirs que, surpris par la mort, son auteur n'avait pas eu le temps de relire complétement.

En les publiant de nouveau, je crois rendre un hommage à la mémoire de mon grand-père et au souvenir vénéré de mon père.

Comte ALBERT BEUGNOT.

MÉMOIRES
DU COMTE BEUGNOT

I.

LA COMTESSE DE LAMOTTE

La comtesse de Lamotte. — Son origine. — Elle arrive à Bar-sur-Aube. — Elle s'y marie. — Vient à Paris. — Sa première entrevue avec le cardinal de Rohan. — Ses liaisons avec lui. — La reine Marie-Antoinette. — M. Béranger. — Intrigues de Mme de Lamotte. — Son voyage à Bar-sur-Aube.

..... Une distraction m'arriva, et qui devait me préparer les inquiétudes les plus poignantes et certainement le plus grand chagrin que j'aie éprouvé dans une carrière qui en a été semée; cette distraction était l'arrivée à Paris d'une femme si malheureusement célèbre depuis sous le nom de comtesse de Lamotte.

Il faut que je remonte à quelque temps pour expliquer comment j'en avais fait connaissance. J'ai peint de quelques traits la société un peu libre qui se réunissait à Bar-sur-Aube, dans la maison de Mme de Surmont. Un jour de l'automne de 1782, on y annonce que deux princesses fugitives sont tombées à l'auberge de *la Tête-Rouge*, c'est-à-dire à la plus misérable des auberges, dans une ville où il n'y en a pas une de passable, et nous tous de rire de princesses ainsi logées. Dès le lendemain, les nuages répandus d'eux-mêmes sur ces dames commencent à s'éclaircir ; on apprend qu'elles sont échappées du couvent de Longchamps et qu'elles se sont dirigées sur Bar-sur-Aube comme sur un point central où elles vont réunir leurs efforts pour rentrer dans des biens considérables qui forment l'antique patrimoine de leur maison. Ces biens sont les terres d'Essoyes, de Fontete et de Verpillière ; l'une porte le nom de Mlle de Valois et l'autre de Mlle de Saint-Remi. Ceci modifia un peu les premières idées qu'on s'en était formé. En rentrant le soir dans ma famille, je donne ces particularités qui réveillent des souvenirs dans l'esprit de mon père. Il se souvient qu'il y a quinze ou vingt ans il se transportait chaque année dans le canton d'Essoyes pour la répartition des tailles. Lorsqu'il passait dans la paroisse de Fontete, le curé ne manquait pas de lui couper la bourse pour les pauvres enfants de Saint-Remi. Ces enfants étaient au nombre de trois, abandonnés dans une chétive masure percée sur la rue d'une petite trappe par où les habitants leur apportaient, chacun à leur tour, de la soupe ou quelques aliments grossiers. « J'en ai été le témoin, » disait mon père, et le curé n'osait pas ouvrir la porte de » la masure dans la crainte de m'affliger par le tableau de » ces enfants nus et nourris comme des espèces de sau- » vages, il me disait que mon aumône contribuerait à les » habiller. » Mon père ne racontait rien que d'exact : les trois enfants si misérablement nourris étaient le baron de Valois, mort capitaine de frégate, la fameuse comtesse de Lamotte et Mlle de Saint-Remi, qui vit peut-être encore, chanoinesse dans je ne sais quel coin de l'Allemagne. Ainsi étaient tombés jusqu'à ces confins de la misère qui touchent à la défaillance physique, les derniers descendants d'un baron de Saint-Remi, fils naturel de Henri II, et reconnu pour tel. Mon père avait vu le chef de cette triste famille; il le peignait comme un homme de formes athlétiques, qui vivait de la chasse, de dévastations dans les forêts, de fruits et même de vol de fruits cultivés. Les Saint-Remi menaient depuis deux ou trois générations cette vie héroïque, qu'enduraient les habitants et les autorités, les uns par crainte, les autres par quelque retentissement d'un nom longtemps fameux. Le Saint-Remi, dernier du nom, n'avait pas assez longtemps vécu pour conduire son fils sur ses traces, et le village de Fontete ne renfermait pas de Chiron pour s'emparer de l'éducation du nouvel Achille. Il retomba avec ses sœurs et comme tous les indigents sous la tutelle du curé de la paroisse. Le pauvre curé avait pourvu, tant bien que mal, et comme on vient de le voir, à la première nourriture; mais les enfants grandissaient en dépit de leur misère, les besoins s'étendaient et les ressources restaient tout au plus les mêmes. Dans son embarras, le curé invoqua la pitié de l'évêque de Langres, La Luzerne, et de la marquise de Boulainvilliers, femme du prévôt de Paris, qui habitait une terre à peu de distance. Il dénonçait l'origine de ces enfants, et à peine on voulait le croire. Si leur noblesse restait douteuse, leur extrême misère n'était que trop avérée. Les deux personnes bienfaisantes qu'on avait invoquées pourvurent au plus pressé : on habilla ces enfants, le garçon fut mis en pension à Bar-sur-Seine, et les deux filles furent placées au couvent des Ursulines de Ligny, où la pension d'une demoiselle de qualité coûtait alors 120 livres tournois. Ainsi, vers la fin du xviiie siècle, au centre de la France, les derniers descendants naturels des Valois passèrent de l'état presque sauvage à l'état civilisé.

Une seule chose s'était conservée sous les derniers débris de la famille : c'était sa généalogie. Le curé l'adressa à l'évêque de Langres, lequel la remit, pour la vérifier, à Chérin, alors généalogiste des ordres du roi. Ce dernier, que j'ai connu parce que j'avais avec lui quelques rapports de parenté éloignée, était minutieux dans ses examens et inflexible dans ses jugements. Il connaissait à fond l'origine de toutes les grandes maisons, et si on l'eût laissé faire, il aurait déniché autant de nobles de la cour que Bollandus a déniché de saints du calendrier. C'est par lui que j'ai été mis un peu au courant ; et quand parfois je rencontre aux Tuileries des hommes insolents de bonne foi sur l'article de leur naissance, je me dis tout bas : « Où es-tu, Chérin ? ». Quoi qu'il en soit, il examina les titres des Saint-Remi et certifia leur descendance directe par les mâles du baron de Saint-Remi, fils naturel de Henri II. La généalogie différait un peu du côté des femmes, car depuis que les Saint-Remi s'étaient voués à la vie héroïque, ils avaient constamment épousé des vachères ou des servantes. Mais ceci ne gâtait plus rien aux affaires : dès le commencement du XVIIIe siècle, la dérogeance était de mode pour les grandes familles, et du moins on ne pouvait pas reprocher à ceux-ci d'avoir dérogé pour de l'argent et sans trop se soucier comment il avait été acquis. Ils étaient restés si purs sur cet article que les contrats de mariage manquaient aux trois derniers degrés ; mais les actes de célébration étaient fort en règle.

Le certificat de Chérin était une puissance qui leva tous les doutes, et alors le gouvernement intervint. Le roi accorda au baron de Valois une pension de 1,000 fr. et l'admission gratuite à l'École de marine. Chacune des demoiselles reçut un brevet de 600 fr., et elles furent placées gratuitement aussi à l'abbaye de Longchamps, près de Paris. Les protecteurs de cette famille s'étaient réunis avec le ministre de la maison du roi dans un projet commun. On espérait que le baron de Valois ferait sans difficulté des vœux dans l'ordre de Malte. Ses sœurs pourraient être doucement amenées à embrasser la vie religieuse, dût-on y employer la perspective d'une abbaye pour l'aînée. Ainsi s'éteindrait honorablement une famille qu'on ne pouvait guère produire à un plus grand jour sans faire contracter au roi l'obligation de lui fournir une fortune proportionnée à son origine. Les Valois légitimes étaient déjà bien loin, et à quoi bon relever une branche bâtarde ? On a tant besoin pour autre chose !

Ce plan était sage et aurait réussi, si Mlle de Saint-Rémi l'aînée n'avait pas été armée par la nature de plus de moyens qu'il ne fallait pour le renverser. Le frère était parvenu dans la marine au grade de lieutenant de vaisseau et les sœurs avaient déjà passé six ans à Longchamps, lorsqu'un beau matin ces demoiselles s'évadèrent du couvent pour courir les aventures, avec un très-léger paquet sous le bras, et 36 livres tournois dans leurs poches. Leur intention était de se diriger sur Bar-sur-Seine ; elles se trompèrent de route et s'embarquèrent sur un coche d'eau qui les conduisit à Nogent : là elles trouvèrent la voiture économique qui attendait les voyageurs à la sortie du coche pour les conduire jusqu'à Bar-sur-Aube, et saisirent encore ce moyen de transport. Sur les 36 livres tournois, elles en avaient dépensé 24 en route ; de sorte qu'elles tombèrent à Bar-sur-Aube, à l'auberge de *la Tête-Rouge*, ayant chacune un gros écu dans leur poche et une chemise de rechange pour toute garde-robe.

Mme de Lamotte m'a expliqué comment elle s'était résolue à ce brusque départ : depuis quelques temps, l'abbesse, longtemps obséquieuse avec elle, poussait jusqu'à l'importunité les exhortations à prendre un parti, c'est-à-dire à embrasser la vie religieuse; elle lui proposait l'ordre des Bernardines comme l'un des plus doux et comme celui qui offrait les chances les plus prochaines pour une abbaye; mais la vie religieuse n'avait pas le moindre attrait pour Mme de Lamotte qui concluait d'ailleurs des instances de l'abbesse un intérêt majeur à lui voir prendre le voile, et elle s'expliquait cet intérêt par la crainte des réclamations qu'elle aurait à élever pour recouvrer les biens de sa famille.

Dès la misérable hutte qui l'abritait à Fontete, elle s'était formé de grandes idées de ces réclamations, et ces idées s'étaient fortifiées par les soins que depuis on avait pris d'elle. Le moment pour la fuite avait été mal choisi, puisqu'elle était sans argent; mais, dans une dernière conversation avec l'abbesse, celle-ci s'était avancée jusqu'à la menace. Il ne restait plus pour elle qu'à céder ou à fuir, et elle avait pris ce dernier parti, quelque chose qui dût lui en arriver; facilement elle y avait amené sa sœur, parce que dès longtemps elle était habituée à penser pour deux.

La voilà donc heureusement arrivée au port, c'est-à-dire à l'auberge de *la Tête-Rouge*, à Bar-sur-Aube, et munie de 6 fr. qui restent des dépenses de la route : elle avait préparé des lettres pour ses protecteurs et vivait jusqu'à la réponse sur le crédit que lui conciliaient sa bonne mine et ses correspondances, lorsqu'elle reçut la visite de M*me* de Surmont. Nous avions eu toute sorte de peine à obtenir cette démarche : M*me* de Surmont avait quelque temps résisté ; mais nous étions parvenus à lui persuader que sa position dans la ville lui imposait l'obligation de protéger des demoiselles de qualité, fugitives, persécutées peut-être, et que la noblesse délaissait d'une manière honteuse. Nous avions fait vibrer la corde sensible : elle se fit annoncer aux dames de *la Tête-Rouge* qui exprimèrent beaucoup de sensibilité et surtout d'empressement de la voir. M*me* de Surmont revint enchantée de sa visite ; elle avait été séduite par M*me* de Lamotte qui a prouvé depuis qu'elle en savait séduire d'autres. Elle était disposée à recevoir ces demoiselles dans sa maison si son mari le trouvait bon ; et la dame, de s'étendre sur l'indifférence de la noblesse dans une telle occasion et lorsqu'il ne s'agissait de rien moins que de parents du roi. Le mari céda à regret suivant son usage. Les demoiselles de Saint-Remi sont installées dans la maison : c'est là où nous en voulions venir.

M*me* de Lamotte n'avait pas ce qu'on appelle de la beauté ; elle était d'une taille médiocre, mais svelte et bien prise ; elle avait des yeux bleus pleins d'expression, sous des sourcils noirs, bien arqués ; le visage un peu allongé, la bouche grande mais admirablement garnie ; et ce qui est le propre de ce genre, son sourire était enchanteur. Elle avait la main belle, le pied très-petit. Son teint était d'une blancheur remarquable. Par un singulier caprice, la nature, en formant sa gorge, s'était arrêtée à moitié de l'ouvrage, et cette moitié faisait regretter l'autre. Elle était dénuée de toute espèce d'instruction, mais elle avait beaucoup d'esprit et l'avait vif et pénétrant. En lutte, depuis sa naissance, avec l'ordre social, elle en bravait les lois et ne respectait guère mieux celles de la morale. On la voyait se jouant des unes et des autres tout naturellement et comme si elle n'en eût pas soupçonné l'existence. Tout cela composait un ensemble effrayant pour un observateur, et séduisant pour le commun des hommes qui n'y regardent pas de si près.

Sa sœur, Mlle de Saint-Remi, était une grosse et belle fille, bien blonde, bien fade, fort bête, qui avait tout juste assez d'instinct pour deviner qu'elle était une grande dame, mais qu'on trouvait toujours disposée à déroger.

Le baron de Valois avait les dehors communs, l'esprit fort peu étendu, mais il était un homme sage et un officier exact. Il aimait son métier et s'y adonnait sans s'en laisser distraire par les souvenirs et les espérances qui berçaient sa sœur. Il est mort pendant la durée du procès de celle-ci, et non sans quelque soupçon de n'avoir pu en attendre l'issue. Telle était la famille qui a trouvé dans le crime ou la honte la fin qu'on voulait du moins lui rendre honorable et douce.

Mlles de Saint-Remi apportèrent dans la société de Mme de Surmont du mouvement et de la vie. Les jeunes gens qui y étaient admis ne furent pas longtemps à s'apercevoir que ces demoiselles avaient beaucoup de choses communes avec les princesses de romans et qu'elles n'étaient pas plus cruelles. Toute réflexion faite, elles se seraient laissé fléchir, si de riches bourgeois, sincèrement épris, avaient aspiré à l'honneur de leur main. La rentrée dans les immenses propriétés de la famille éprouvait des retards dont on n'apercevait pas le terme; en attendant, il fallait vivre avec la pension de 600 francs. Or, on ne vivait pas avec cette pension, et on craignait que Mme de Surmont ne se lassât des sacrifices de tous les jours que son imprudente protection lui imposait. Le lendemain de leur arrivée dans sa maison, et, à cause du pressant besoin, elle avait prêté à ces demoiselles deux robes blanches, sans aucun espoir qu'elles pussent leur convenir à la longue, puisque la bonne dame péchait par un prodigieux embonpoint. Quel ne fut pas son étonnement, lorsque le matin elle vit que ces robes leur marquaient la taille à merveille! C'est que ces demoiselles avaient passé la nuit à les couper et à les disposer à leur usage. Elles procédaient pour tout avec cette extrême liberté, et Mme de Surmont commençait à trouver le sans-façon des princesses poussé trop loin.

Les demoiselles de Saint-Remi, qui ne devaient passer tout au plus que la semaine chez Mme de Surmont, y demeurèrent un an. Le temps s'écoula comme il s'écoule dans une petite ville de province : en querelles, en raccommodements, en propos, en justifications, en épouvantables intrigues ourdies, déjouées, reprises, et qui ne franchissent jamais les murs de la cité, si elle en a. Toutefois le génie de Mlle de Saint-Remi l'aînée trouvait à se développer dans un cercle aussi étroit. Elle préludait en attendant partie. Elle s'était emparée de l'esprit de M. de Surmont et recouvrait de l'attachement aveugle que lui portait cet homme de bien les noirceurs qu'elle distribuait à tout venant, à Mme de Surmont elle-même. Cette dernière m'a souvent répété que l'année la plus malheureuse de sa vie était celle qu'elle avait passée dans la société de ce démon.

Je l'avais peu vue à son arrivée à Bar-sur-Aube, assez cependant pour m'en laisser séduire comme un autre. J'admirais, sans en connaître le danger, cet esprit hardi que rien n'arrêtait et qui contrastait singulièrement avec le caractère timide et étroit des autres femmes de la ville. Elle savait au reste affecter, quand il le fallait, la douceur et jusqu'à la faiblesse de son sexe. Elle avait de la jeunesse, de beaux yeux, son sourire allait au cœur. C'était plus qu'il n'en fallait pour me ranger sous ses lois. Je ne tarissais pas sur son éloge. Dans l'année où Mesdemoiselles de Saint-Rémi vinrent demeurer à Bar-sur-Aube, mon père, pour la première fois de sa vie, pressa mon départ pour Paris, parce qu'il craignait à l'égal de la mort d'être exposé à l'honneur inouï d'unir son sang au reste du sang des Valois.

Ma correspondance me tenait au courant de la vie que menaient ces dames et de leurs aimables espiègleries. J'appris que Mlle de Saint-Remi l'aînée avait fini par distinguer sérieusement M. de Lamotte, neveu de M. de Surmont. On me disait que ce cœur si haut avait enfin trouvé son maître; mais je m'étonnais un peu du lieu où il avait été le chercher.

M. de Lamotte était un homme laid, mais bien fait; habile à tous les exercices du corps, et, en dépit de sa laideur, l'expression de sa figure était aimable et douce. Il ne manquait pas entièrement d'esprit, et ce qu'il en avait, était tourné vers les aventures subalternes. Il était gentilhomme et le troisième de son nom qui servait dans le corps de la gendarmerie. Son père, chevalier de Saint-Louis et maréchal-des-logis dans ce corps, avait été tué à la bataille de Minden. Dénué de toute espèce de fortune, il avait cependant eu le talent de se noyer de dettes, et ne vivait qu'à force d'industrie et de la pension obligée de

300 livres, que M. de Surmont, son oncle, lui faisait pour le soutenir dans la gendarmerie.

On court risque de n'être pas entendu aujourd'hui lorsqu'on parle de la gendarmerie, où M. de Lamotte servait.

Ce corps conservait l'ancienne bannière de ces gendarmes si renommés dans les temps anciens, où un homme armé et à cheval était une puissance. La gendarmerie était encore, avant 1787, époque où elle fut supprimée, le premier régiment de cavalerie de France; les simples cavaliers avaient rang d'officiers, et obtenaient comme tels la croix de Saint-Louis. Ce corps était le refuge de la noblesse pauvre, et recevait aussi des bourgeois qui ne pouvaient plus se faire jour dans les autres corps de l'armée. La gendarmerie conservait intacte la plus brillante réputation de valeur; mais comme les simples gendarmes avaient dans leur service beaucoup de choses communes avec les soldats de tout autre régiment, ils ne jouissaient individuellement que d'une fort médiocre considération. Le dernier sous-lieutenant d'infanterie se croyait et était cru au-dessus d'un gendarme. M. de Lamotte, avec une bonne conduite, pouvait faire exception, parce que son nom le recommandait pour de l'avancement; mais la bonne conduite était de tous les moyens de parvenir celui dont il était le moins capable.

Dans le même mois on m'écrivait qu'il était sérieusement question du mariage de Mlle de Saint-Remi l'aînée avec M. de Lamotte; que le mariage était arrêté, et, qui plus est, avec l'approbation de l'évêque de Langres, et enfin que le mariage était célébré. Chacune de ces nouvelles redoublait, en se succédant, l'étonnement que m'avait causé la précédente, et il restait à son comble, lorsque j'appris, le mois suivant, que Mme de Lamotte était heureusement accouchée de deux garçons, mais qui n'avaient vécu que quelques jours. La dernière circonstance ravalait à la classe des événements fort vulgaires un hymen qui jusque-là paraissait si étrange. Tout s'expliquait, jusqu'à l'approbation de l'évêque de Langres, qui n'avait été, de la part du prélat, qu'un consentement forcé.

Mme de Surmont avait été trompée jusqu'au bout par Mlle de Saint-Remi et par son neveu. Lorsqu'elle fut instruite de l'insulte qu'ils avaient faite à sa maison, elle en renvoya la première et en interdit l'entrée à l'autre. Ils allèrent se réfugier chez Mme de Latour, sœur de M. de Lamotte, qui, n'ayant elle-même qu'un peu moins de ce qu'il lui fallait pour vivre, ne pouvait pas longtemps supporter la survenance de deux nouveaux venus.

Mlle de Saint-Remi avait aliéné deux ans de sa pension pour le prix de 1,000 fr., avec lesquels elle pourvut de son mieux à la part de représentation que lui imposait la cérémonie nuptiale; M. de Lamotte vendit, dans le même dessein, pour 600 fr. comptant, un cheval et un cabriolet, qu'il avait acheté à crédit à Lunéville. Ainsi commença le nouveau ménage.

Les couches de Mme de Lamotte expédiées, et lorsqu'on eut le temps d'examiner sa position, on reconnut que l'embarras était extrême; il n'y avait plus d'autre parti à prendre pour Mme de Lamotte que de courir les risques d'un voyage à Paris, ce réceptacle obligé de toutes les opulences et de toutes les misères de la France. L'argent manquait; le crédit était mince. On eut le bonheur de réussir dans un emprunt de 1,000 fr. fait à mon père, qui n'avait pas oublié ces pauvres enfants de Fontete, pour lesquels il avait aumôné de quelques écus, et qui d'ailleurs se piquait de certaines démarches de générosité hardie, et celle-là en était une. Il aimait Mlle de Saint-Remi depuis qu'il était bien certain qu'elle ne serait jamais sa bru. Il avait vu son mariage avec un si parfait contentement que volontiers il eût fait les frais de la noce. J'ai déjà dit du mal de Mme de Lamotte, et j'en aurai davantage à dire; mais je veux en tout être juste avec elle : sa reconnaissance pour mon père a été parfaite; elle ne parlait jamais de lui et du service qu'elle en avait reçu qu'avec attendrissement. Dans ses courts instants d'opulence, elle n'a pas seulement rendu la somme prêtée, mais mon père a été obligé de lui renvoyer jusqu'à deux fois une boîte destinée, selon elle, à payer les intérêts, et qui valait à peu près le capital.

Le montant de l'emprunt fut partagé avec justesse, c'est-à-dire par moitié, entre M. et Mme de Lamotte. Le mari partit avec 500 fr. pour Fontete, où il allait enfin s'occuper de la rentrée en possession dans les biens de la maison de Saint-Remi, et Mme de Lamotte se rendit à Paris avec la même somme, pour y faire fructifier les découvertes de son mari. Elle y descendit, rue de la Verrerie, à l'hôtel *de Reims,* espèce d'auberge d'aussi bon renom que celle *la Tête-Rouge,* à Bar-sur-Aube.

C'est de là que je reçus, un matin, un billet de Mme de Lamotte qui m'annonçait son arrivée, et qu'elle était chargée pour moi d'une lettre de mon père qu'elle désirait me remettre le jour même. Il y avait pour moi plus d'un motif d'empressement; je me rendis à l'instant auprès d'elle.

J'eus la permission de lire la lettre de mon père, qui contenait l'expression d'un véritable intérêt pour Mme de Lamotte. Mon père m'invitait à examiner avec attention si ses prétentions avaient quelque fondement, et, dans ce cas, de les seconder de ce qui était en mon pouvoir. Il ajoutait que cette dame était fort aimable (je l'avais su avant lui), qu'elle reconnaissait la triste position où elle s'était placée, et qu'il serait inhumain de l'y abandonner. Il ne me parlait pas de l'humanité qui l'avait déterminé à un prêt de cent pistoles.

Je pris l'affaire au sérieux et tel que le désirait mon père. Je donnai le plan d'une recherche de titres aux archives publiques, des lieux où étaient situés les biens de la maison de Saint-Remi. Je m'occupai moi-même de fouiller aux archives de la chambre des comptes de Paris. Facilement je retrouvai les lettres-patentes de Henri II, qui portaient donation à son fils naturel des terres dans lesquelles il était question de rentrer; mais je ne pouvais pas établir la filiation des actes qui avaient fait passer ces terres des mains des Saint-Remi dans celles de différents propriétaires étrangers à la famille; le dernier d'entre eux était un M. Orceau de Fontete, intendant de Caen, qui venait de les remettre au roi, à titre d'échange : circonstance très-favorable à notre réclamation, puisqu'il suffisait au roi d'ouvrir les mains pour rendre aux Saint-Remi la fortune de leurs pères. Peut-être on l'aurait obtenue si les enfants se fussent présentés sous d'autres auspices et étaient parvenus à intéresser à leur réclamation quelque puissance du moment.

Mes efforts étaient fort ingrats. M. de Lamotte ne comprenait pas le premier mot à tout ce que je lui demandais.

Un premier moyen de succès avait été à ses yeux une sorte d'entrée triomphale dans les lieux qui avaient été témoins de l'extrême misère des premières années de sa femme. Il avait déjà trouvé l'à-propos d'y faire chanter un *Te Deum*, on ne sait trop pourquoi, mais, en tout cas, fort prématuré, et, en sortant de l'église, il avait jeté de l'argent au peuple, en diminution des 500 fr. destinés aux dépenses de son voyage et de ses recherches. À Paris, sa femme n'entendait guère mieux raison : dès que je lui rendais compte de ce que j'avais déjà fait, de ce que je voulais faire, des obstacles et des difficultés, elle haussait les épaules et me reprochait de traiter son affaire en style et avec l'esprit d'un procureur. Elle était cependant toute simple, cette affaire : les terres d'Essoyes, Fontete et Verpillières avaient appartenu à ses ancêtres, cela est prouvé; on dit aujourd'hui qu'elles sont dans les mains du roi; que lui importe? On prend son bien où on le trouve. Il ne reste plus qu'à s'en mettre en possession, et il faut seulement indiquer à M. de Lamotte ce qu'il doit faire pour cela. Si je n'ai pas l'esprit de le deviner, elle s'en charge et va envoyer ses instructions à son mari. — Et moi de trembler d'effroi, parce que je la sais aussi capable de prescrire des sottises que son mari de les exécuter.

Quand M. de Lamotte eut épuisé son capital en repas, en *Te Deum* et en distributions au peuple, ce qui ne fut pas long, il revint à Bar-sur-Aube, chez sa sœur, aussi avancé que s'il n'en fût pas sorti, et seulement avec 500 fr. de moins. Il envoya à Paris une liste de trois ou quatre praticiens pris sur les lieux et avec lesquels je pourrais m'entendre de certains détails où un homme de son étoffe ne pouvait pas entrer. Je ris de pitié, et je signifiai à sa femme que je répudiais l'honneur d'une telle correspondance. Ici finirent toutes les recherches locales.

A Paris, nous avancions davantage : j'avais composé un mémoire qui n'était pas dénué d'intérêt. J'y présentais, comme une insulte de plus de la fortune contre les Valois, le sort d'un rameau détourné de cet arbre antique qui avait si longtemps recouvert de son ombre royale la France et d'autres États de l'Europe. J'avais lardé mon écrit de réflexions philosophiques alors fort à la mode, et je demandais aux Bourbons de payer la dette naturelle de ceux dont ils avaient recueilli le magnifique héritage. Je soumis ma composition à M. Élie de Beaumont, avocat célèbre et même homme de goût, et qu'à ce dernier titre on consultait sur les productions du barreau qui sortaient des sentiers battus. M. Élie de Beaumont eut la bonté de me lire, et celle plus grande de m'indiquer d'utiles corrections. « Il » est fâcheux, me disait-il, que nous ne puissions pas atti- » rer semblable affaire au parlement; elle suffirait pour » faire votre réputation. » Mais je ne recueillis pas même de mes peines les honneurs de l'impression. L'affaire, disait-on, était dans le domaine des grâces, et c'eût été offenser le respect dû au roi que de rien imprimer. J'eus beau essayer de me retourner de plus d'une manière, jamais je ne parvins à faire sortir mon affaire de ce domaine, où toute publicité était un manquement envers le roi.

Ce mémoire me releva beaucoup dans l'esprit de Mme de Lamotte; elle crut avoir ville gagnée; mais l'avocat ne partageait pas la confiance de sa cliente. Je demandais toujours pour le succès, du crédit, des puissances, de l'argent, et tout cela manquait. Je n'en composai pas moins un nouveau mémoire ou plutôt un placet au roi, que j'essayai de rendre fort court pour qu'il pût être lu par les personnes qui se chargeraient de le présenter, et si Dieu le voulait, par le roi lui-même. Hélas! c'est en tenant à la main la production de ma Minerve que Mme de Lamotte a commencé ses intrigues effrontées. Je me console en pensant que du moins mon placet n'a pas servi à la négociation du collier.

Ces travaux m'avaient beaucoup occupé pendant l'été de 1783. Mme de Lamotte habitait toujours l'hôtel *de Reims*, et avait d'excellentes raisons pour ne pas le quitter : son crédit dans cet hôtel avait singulièrement baissé, et deux prêts de dix louis chacun, que je lui avais faits à distance, ne l'avaient que faiblement relevé. Je ne pouvais pas l'inviter à manger chez moi, parce que je n'avais pas de ménage monté, mais une ou deux fois par semaine elle me faisait la grâce d'accepter à dîner au Cadran-Bleu, et elle y étonnait ma jeunesse de son appétit. Les autres jours elle avait recours à mon bras pour la promenade qui aboutissait constamment dans un café. Elle avait un goût singulier pour la bonne bière et ne la trouvait mauvaise nulle part. Elle mangeait par distraction deux ou trois douzaines d'échaudés, et ces distractions étaient si fréquentes qu'il fallait bien m'apercevoir qu'elle avait légèrement dîné, si elle avait dîné.

Un matin, je vois arriver chez moi Mme de Lamotte rayonnante de joie. Elle avait obtenu, à la recommandation de Mme de Boulainvilliers, une audience de M. le grand aumônier (cardinal de Rohan). L'audience lui est indiquée pour le lendemain à midi, et elle vient me demander bien vite trois choses : ma voiture, mon domestique pour la suivre, et mon bras pour l'accompagner. « Tout

» cela, me dit-elle, m'est indispensable, d'après votre
» principe qu'il n'y a dans ce pays-ci que deux bonnes
» manières de demander l'aumône : aux portes des églises
» et en carrosse. » J'en tombe d'accord; je n'élève donc
pas de difficulté sur les deux premiers points; mais je refuse mon bras, parce que je ne peux me présenter avec elle
devant M. le cardinal qu'au titre de son avocat, si l'Éminence en avait été prévenue et si elle l'avait permis. Cela
est trouvé juste, et l'on admet pour terme moyen que je
l'accompagnerai, mais qu'elle me descendra au jardin de
Soubise, où elle viendra me reprendre au sortir du Palais-Cardinal. Tout cela s'exécute. La première entrevue que
le grand aumônier ait eue avec Mme de Lamotte a duré
une demi-heure. Elle en sortit pleine d'espérance. Son
Éminence avait promis d'appuyer de son crédit les réclamations de la famille de Saint-Remi. Deux fois il avait lu
le placet au roi, et ne revenait pas de son étonnement de
l'abandon où la cour laissait les descendants de Henri II.
Il avait touché l'article d'un secours, mais doucement et
avec délicatesse, et Mme de Lamotte m'assurait qu'elle avait
suivi le conseil que je lui avais donné de ne pas gâter cette
première entrevue par un tableau de sa misère et en tendant la main.

Quelques jours se passent. J'étais rentré dans mon cabinet, et j'avais demandé un répit à Mme de Lamotte, même
pour les promenades, parce que j'avais un mémoire à faire
dans un procès fort grave qui allait se juger au parlement
entre plusieurs communes du duché de Nevers et M. le duc
de Nivernais. Les gens d'affaires de ce seigneur exerçaient
avec une dureté incroyable des droits féodaux au moins
douteux. Depuis deux ans, j'avais travaillé à ce procès; et

on me demandait un précis soigné pour le style, où je ferais une sorte d'appel à M. le duc de Nivernais lui-même, à ses douces vertus, contre la conduite acerbe de ses intendants. Il est dans la nature de mon esprit d'être tout entier à ce que je fais et de détester qu'on m'y vienne interrompre. Si on ajoute à ce défaut celui de m'appliquer à faire moi-même ce que je pouvais faire faire par d'autres, on aura le secret de cette foule d'ennemis que j'ai suscités fort gratuitement contre moi lorsque j'ai occupé de grandes places, et qui se composaient de tous ceux à qui je faisais payer, et quelquefois un peu cher, le tort de m'avoir interrompu. J'acquérais, même en passant les nuits à mon bureau, le renom de paresseux, et non sans quelque raison; car, tandis que je m'occupais de mémoires et de rapports, les portefeuilles s'amoncelaient autour de moi. Je n'avais pas apprécié tout ce qu'il vaut, ce mot de M. de Choiseul : « Il y a assez d'encre dans l'écritoire d'un ministre quand » il y en a ce qu'il faut pour signer son nom. » Le défaut que j'accuse ici tenait à l'emploi de mes premières années. Quoi qu'on en dise aujourd'hui, l'éducation du grand monde est nécessaire à ceux qui sont destinés aux grandes places. J'ai porté au ministère l'ancienne habitude et le goût d'écrire sur un sujet donné et de soigner mes productions : j'y poursuivais de la meilleure foi du monde des succès de barreau. Le véritable homme d'État dédaigne les uns et les autres ou du moins les juge de haut.

J'étais tout entier à mon mémoire contre M. le duc de Nivernais, lorsque Mme de Lamotte arriva un jour chez moi dans un nouvel accès de joie : elle venait de recevoir de M. le cardinal un billet qui l'invitait à passer à son palais. Le style en était affectueux, mais sans oubli de la dignité. On me demanda encore les trois choses dont on s'était si bien trouvé pour la première visite. Ce jour-là je n'étais pas d'humeur à les accorder. Je n'augurais que médiocrement du succès de l'affaire à laquelle je travaillais. Enfin on m'interrompait, et je reçus assez mal, suivant mon ordinaire, celle qui en était coupable.

Je restai quelques jours sans la voir ; elle porta dans l'intervalle ses plaintes à Mme de Crozat, de qui j'ai déjà eu occasion de parler. Elle me peignit comme un homme fantasque qui était un jour de feu et le lendemain tout de glace dans ses affaires, qui même la traitait souvent fort mal, et elle citait en preuve que la dernière fois qu'elle s'était présentée chez moi j'avais été tout près de la mettre à la porte de mon cabinet. Depuis quelque temps c'était à Mme de Crozat que Mme de Lamotte s'adressait pour en avoir les petits prêts dont elle ne pouvait pas se passer, sinon pour se soutenir honorablement dans son auberge, au moins pour n'en être pas renvoyée. Mme de Crozat convenait de tous les torts de Mme de Lamotte ; elle s'effrayait avec moi des vices de son caractère, mais elle finissait toujours par le même refrain : « Elle est si malheureuse ! Qui » sait si, à sa place, nous vaudrions mieux qu'elle ? »

Il fut convenu que le dimanche suivant je viendrais dîner chez Mme de Crozat ; que Mme de Lamotte s'y trouverait, sous les auspices de la maîtresse de la maison, et que la paix serait faite entre nous.

Au dîner du dimanche, Mme de Lamotte fut aimable avec la société, et seulement polie avec moi. Je crus remarquer dans ses traits et dans ses manières quelque chose de tranquillisé ; une pointe de hauteur s'y faisait déjà sentir, et, au lieu de m'attendre pour que je la reconduisisse, comme cela lui arrivait toujours dans cette maison, dès sept heures du soir elle demanda une voiture et se retira seule. J'en conclus que la deuxième visite à M. le cardinal avait avancé ses affaires. J'avais la sottise d'en être presque jaloux, et surtout j'étais fort curieux des détails; dès le lendemain j'étais à son chevet. Je lui demande des explications. Je veux savoir si elle a remis le grand mémoire à M. le cardinal, si Son Éminence a promis de l'adresser lui-même à M. de Bonnaire de Forges, alors intendant des finances, chargé du domaine; s'il appuiera la demande d'un secours sur les fonds libres de la caisse aux deniers? A chacune de ces demandes spéciales elle ne répond que par des généralités : que M. le cardinal est excellent, qu'il est parfait pour elle, qu'il fera tout ce qu'on lui demandera. Quand j'insiste en posant les demandes qu'il faut lui faire, on me répond d'être sans inquiétude, qu'on ne peut pas traiter les affaires avec un cardinal comme avec un procureur; mais que tout va bien. Elle m'ajoute qu'elle a depuis peu obtenu une audience de M. le maréchal de Richelieu qui, encore aimable et toujours galant, lui a fait un accueil ravissant. Elle fonde encore de grandes espérances de ce côté. Voilà déjà Mme de Lamotte placée entre le plus vieux et le plus maladroit courtisan du siècle! Il ne restait guère de place au milieu pour un petit avocat. J'en conclus que le moment de la retraite était arrivé. Cependant, et pour connaître sur-le-champ ce qui me reste de crédit, je propose un dîner au Cadran-Bleu pour le mercredi suivant; il est accepté.

Je retrouve à ce dîner Mme de Lamotte et toute sa bonne humeur; mais elle l'épanche en malices sur nos connaissances communes et sur moi-même. Vainement j'essaye de la ramener à des idées plus sérieuses. Je m'aperçois que c'est chez elle un parti-pris de manger mon dîner et de me mystifier. Le dépit me saisit, et je la menace de l'abandonner à toutes ses folies. Elle me répond, toujours gaiement, qu'elle n'a plus besoin de moi. Ma figure se contracte; elle me voit près de m'échapper. Alors elle prend la peine de m'expliquer que je lui ai été fort utile pour débrouiller ses affaires, composer des mémoires, des placets, enfin tout ce qui est du ressort d'un avocat; mais qu'au point où elle en est, il lui faut des conseils d'un genre différent. Il lui en faut qui lui indiquent les moyens d'arriver jusqu'à la reine et au contrôleur général; qui sachent aussi bien ce qu'il faut faire que ce qu'il ne faut pas faire, enfin qui soient capables de lier une bonne intrigue et de la faire réussir. Or, il faut pourtant bien que j'entende de sa bouche, sans faire une plus laide grimace de la mienne, que je suis sur tous ces points le plus inepte des hommes. Déjà elle a fait quelques pas sans moi et sans mes conseils : l'état de son mari était un ridicule dans le monde et par conséquent un obstacle; elle vient de lui faire quitter la gendarmerie; il entre surnuméraire dans les gardes de M. le comte d'Artois; c'est une espèce de pierre d'attente qui peut s'avouer, tandis que l'état de gendarme ne s'avoue pas. Elle y trouve d'ailleurs le moyen d'attirer son mari à Versailles pour y faire son service; et du moins il ne s'y donnera pas sottement en spectacle comme il le fait en province. Elle-même va s'y fixer pour saisir tous les moyens d'arriver et surtout d'intéresser la reine en sa faveur. C'était la première fois qu'en ma présence elle prononçait le nom de sa souveraine.

Je conviens qu'il y a dans tout cela quelque chose de

vrai et même de bon. J'applaudis surtout à la résolution de quitter ce sale hôtel *de Reims* et d'aller se fixer à Versailles ; mais je la supplie de bien regarder aux gens qui vont l'entourer et de se défier de ces intrigants de profession qui cherchent fortune sur le pavé de Versailles, et qui sont toujours prêts à conseiller et même à exécuter *ce qu'il ne faut pas faire*. Je réserve ma bonne volonté et mon zèle à la servir pour la circonstance où elle aurait quelque bon procès ; jusque-là, je ne l'importunerai plus de mes avis ni de ce qu'elle appelle mes grimoires. Mme de Lamotte n'avait pas oublié ces paroles lorsque, moins de deux ans après, et du fond de la Bastille où elle était enfermée, elle m'écrivit pour me sommer de tenir ma promesse et de la défendre dans sa déplorable affaire.

Je cessai donc dès lors les sages et très-utiles conseils que je prodiguais à Mme de Lamotte, et de m'occuper en rien de ses intérêts ; mais je ne renonçai point à sa société : le soir même, je la conduisis à la Comédie-Italienne, à une représentation de *Richard Cœur-de-Lion*, et nous nous séparâmes doucement, sans être ni trop satisfaits ni trop mécontents l'un de l'autre.

J'appris quelques jours après, par mon loueur de carrosses, qui venait me répéter le prix de certaines journées de remises fournies à Mme de Lamotte, sous mon cautionnement, qu'elle était partie pour Versailles, et j'étais en souci de savoir où elle s'était procuré de l'argent. Le dernier prêt fait par Mme de Crozat remontait à six semaines. Déjà, dès longtemps, elle avait eu la discrétion de ne plus attaquer ma petite réserve. Je découvris par pur hasard qu'elle avait reçu de la Grande-Aumônerie un secours de 2,400 fr. Il n'y avait là rien de plus qu'un emploi naturel ;

et dans de justes proportions, de l'argent que le roi destinait annuellement à des aumônes. Je revins à mesurer la distance de M. le cardinal de Rohan à Mme de Lamotte, et je me reprochai la légèreté avec laquelle j'avais soupçonné quelque liaison étroite entre eux.

A son arrivée à Versailles, Mme de Lamotte courut au-devant des piéges contre lesquels j'avais essayé de la prémunir : elle fut bien vite entourée de ces fripons patentés qui, repoussés de toute carrière honnête, cherchent des intrigues à exploiter, en trouvent, et en vivent tant bien que mal. Mme de Lamotte apportait au jeu un nom et du malheur; les autres se chargèrent de tenir les cartes. On fit faire à cette malheureuse femme, et sans avoir besoin de l'en presser, des démarches extravagantes, et, pour n'en citer qu'une seule, elle feignit un jour de tomber de défaillance dans le salon de service de Madame. On s'était ménagé un compère dans la maison de la princesse, qui l'avertit qu'une femme de qualité était mourante de faim dans son antichambre. Madame, dans un premier émoi de pitié, envoya ses femmes au secours, se fit remettre le placet de la femme de qualité, le lut, et lui envoya une aumône de quelques louis. Lorsqu'on voulut depuis revenir à la princesse, elle soupçonna l'artifice dont on s'était servi la première fois pour arriver jusqu'à elle, et ne voulut pas qu'on lui parlât de Mme de Lamotte. Une tentative d'un aussi mauvais goût ne réussit pas mieux auprès de Mme la comtesse d'Artois. Mme de Lamotte ne vit, durant ce premier séjour à Versailles, ni l'une ni l'autre des princesses, aucun homme en place, ni même personne d'honorable. Elle sema ses placets dans les mains de ces fanfarons de crédit à qui on ne refuse rien, parce qu'il ne

leur est pas seulement permis de demander, et parvint en
assez peu de temps à discréditer sa personne et son affaire.

Mais il faut placer ici une triste réflexion et qui donne
la clef du roman de Mme de Lamotte. La reine avait alors
une réputation de légèreté que sans doute elle n'a jamais
méritée. On la supposait aux prises avec des besoins d'argent que provoquait son goût pour la dépense. On citait
d'elle des traits, des paroles qui la faisaient descendre du
rôle de reine à celui de femme aimable. On se familiarisait avec elle à ce dernier titre par la pensée et par la manière de s'exprimer sur son compte. Les gens de la cour,
qui allaient plus loin, excitaient dans les autres classes ce
travers nouveau. La reine n'était plus la grande dame de
Versailles placée au-dessus des soupçons comme des regards. Marie Leczinska, quoique arrivée à ce haut rang
par une sorte de miracle, en avait encore soutenu la dignité;
mais il semblait, qu'en mourant, elle en eût emporté le
modèle.

Avant que parût Mme de Lamotte, il ne manqua pas de
femmes intrigantes pour exploiter cette dangereuse disposition des esprits. Une dame Cahouette de Villers, à qui le
hasard avait fourni l'occasion d'approcher de la reine, et
qui avait obtenu quelques grâces de son inépuisable bonté,
avait fini par en vendre beaucoup plus qu'elle n'osait en
demander. Une lettre de cachet vint interrompre le trafic
de ce crédit imaginaire; mais un premier exemple était
donné.

A quelque temps de là, l'une des femmes de la reine
s'adressa à M. Béranger, fermier général, comme
chargée par sa maîtresse de solliciter de lui un prêt de
400,000 fr. Il avait été, disait-elle, signalé à la reine

comme un homme serviable, excellent, et l'habile intrigante rendait à M. Béranger les expressions dont la reine s'était servie, en imitant pour plus de vérité l'accent un peu allemand dont cette princesse n'a jamais su se défaire. M. Béranger demandait deux lignes, un mot écrit de la reine ; on lui répondait qu'à cette condition la reine trouverait, et de reste, des millions ; qu'il ne s'agissait ni de billet, ni d'écrit, ni d'un prêt enfin, mais d'un service momentané que la reine voulait devoir uniquement à sa confiance. Le prêteur renonce à rien d'écrit, mais il demande qu'au moins la reine dise un mot, fasse un signe, et il représente, avec toute humilité, que cependant la chose en vaut la peine. L'adroite friponne se plaint de la défiance, paraît vouloir rompre, et dit que la reine trouvera en cent endroits le service dont elle avait eu beaucoup de peine à lui faire accorder la préférence. M. Béranger se réduit à un signe, un coup de tête, en passant dans la galerie ; Mme L... se rend, l'engage à venir à la messe le dimanche suivant, et à se placer dans la troisième travée, du côté de la reine. Là il sera plus facile à la reine de lui exprimer quelque chose du geste de la tête qu'en marchant entourée de toute sa suite. Mme L... fait un conte assez joli à la reine sur la manière bizarre dont seront coiffées ce jour-là deux femmes de la cour qui seront à la messe, et ajoute qu'elle-même se placera dans la troisième travée pour juger de l'effet de la mascarade. Sa Majesté soutient que cela n'est pas possible. La camériste fait insinuer à ces dames que la reine aura le dimanche un genre de coiffure tout nouveau et qu'elle veut absolument faire prendre, et Mme L... donne le dessin ridicule dont elle a amusé Sa Majesté. Ces dames sont prises au piége ; elles trouvent la coiffure assez ridicule, en effet, mais elles n'en sont que plus empressées à l'adopter. Le dimanche, tous les acteurs sont à leur poste. M. Béranger occupe une place dans la troisième travée. Mme L... vient se placer derrière lui ; la reine paraît. Son premier mouvement la porte à regarder les deux dames de la cour qui lui ont été indiquées ; en apercevant la première, elle porte les yeux sur la troisième travée, où est sa femme de sa chambre, lui sourit, et fait de la tête un premier signe d'approbation. En apercevant la seconde, elle répète le même mouvement et d'une manière plus prononcée. Le pauvre M. Béranger prend le tout pour lui. « Vous ne douterez plus, lui dit en souriant » Mme L..., la reine, à qui j'ai dit que vous étiez un incré- » dule, s'y est reprise à deux fois pour vous convaincre. » — M. Béranger n'hésite pas, il charge Mme L... de faire agréer ses excuses à Sa Majesté, lui remet les 400,000 fr., avec lesquels, dans la nuit même, la friponne part pour l'Angleterre avec son amant.

Ces aventures étaient connues avant l'affaire du collier. Elles faisaient gémir les hommes sensés, amusaient les hommes légers, et étaient pour les fripons et les intrigants un sujet continuel d'excitation. Je me souviens d'avoir entendu souvent conter la dernière histoire ; elle n'indignait en vérité personne. C'était le pauvre Béranger qui était la victime partout immolée. On trouvait Mme L... spirituelle à ravir, et il s'en fallait d'assez peu qu'on ne l'offrît en exemple. — Telles étaient les mœurs d'un temps que j'entends regretter tous les jours, par des hommes qui se proclament eux-mêmes religieux et royalistes par excellence.

Maintenant, que l'on considère Mme de Lamotte arrivée à Versailles, mourant de faim, sans principes arrêtés sur rien; de plus se croyant tout permis contre un ordre social qui lui a tout ravi, et jetée dans ces cavernes de la civilisation où d'élégants coquins racontent, louent, exaltent des horreurs dont la bonne compagnie elle-même ne fait plus que rire. L'éducation d'une telle femme déjà ébauchée sera bientôt accomplie dans le mal. Elle rencontra d'ailleurs à Versailles et s'associa bientôt un nommé de Villette, camarade de son mari dans la gendarmerie. Ce Villette n'était pas aussi sot que son frère; il était même au-dessus de ses camarades par quelque teinture de la littérature et des arts. Son patrimoine avait promptement disparu devant les prodigalités de sa première jeunesse; les dettes qu'il laissait partout ne lui permettaient de séjourner nulle part; il circulait alors de Paris à Versailles sans qu'on pût définir ses moyens d'existence. Naturellement souple et insinuant, son état de pauvre diable n'avait point altéré son caractère; il y avait même ajouté ceci, qu'il approuvait avec douceur et dans des termes fort polis les plus sales moyens de se tirer d'affaire, et était toujours disposé à les employer. Il était le *Philinte des escrocs*. C'est ce malheureux qui contrefaisait ou croyait contrefaire l'écriture de la reine chaque fois que Mme de Lamotte réclamait de lui ce service. Dès son premier voyage à Versailles, Mme de Lamotte éleva Villette au rang de secrétaire, et les billets ou les lettres qu'elle était censée lui dicter ne manquaient ni d'esprit ni de quelques grâces.

Je partis de Paris pour aller passer les vacances en Champagne, sans avoir vu davantage Mme de Lamotte, et je le regrettai peu. Il m'était démontré qu'il était impossible de la soutenir sur les voies de la sagesse et de la raison, et j'en désespérai tout à fait quand je fus informé de son entourage à Versailles et de ses premières caravanes. En arrivant à Bar-sur-Aube, il y avait foule pour m'interroger sur Mme de Lamotte. Je ne répondis qu'avec réserve à toutes les questions. Je n'entrai dans les détails qu'avec mon père à qui je fis entendre comment il n'y avait plus moyen, pour quelqu'un qui se respectait le moins du monde, de se mêler des affaires de sa protégée.

Mes vacances se passaient assez doucement ; chaque année je rapportais dans ma ville natale un peu plus de gravité. Je ne me bornais plus à la société de Mme de Surmont ; je consentais à aller de temps en temps m'ennuyer à l'assemblée, et je commençais à faire quelque cas des vertus modestes et un peu sévères dont elle offrait le tableau, lorsque je reçus de Mme de Lamotte une lettre tout aimable, et où elle m'annonçait qu'ayant quelques jours libres, elle venait les passer à Bar-sur-Aube avec ses amis. Elle m'indique d'une manière dégagée et comme toute simple, qu'elle a fait partir en avant son fourgon et ses chevaux de main, qui resteront cinq jours en route, parce qu'elle a fort recommandé de ne pas les fatiguer, et qu'elle arrivera deux jours après. Elle prévient sa belle-sœur de son arrivée à peu près dans les mêmes termes, et lui prescrit seulement quelques dispositions particulières pour loger elle et sa maison. Mme de Latour accourt chez moi toute ébahie, et me demande ce que cela veut dire. Je lui réponds que je n'en sais pas plus qu'elle ; nous nous communiquons nos dépêches, et nous tombons d'accord qu'il y a sous tout cela de la mystification, et de la pire espèce. Il est convenu que nous n'en serons dupes ni l'un ni l'autre ; qu'elle ne fera aucun préparatif pour loger la princesse et sa suite, et que tous deux nous garderons le silence sur les lettres que nous avons reçues.

Mais quel ne fut pas notre étonnement lorsqu'au jour indiqué nous voyons arriver un fourgon très-chargé, traîné par un bel attelage et suivi par deux chevaux de main de grand prix! Il n'y avait plus à douter, plus à reculer. Pour loger ce qui est déjà arrivé et ce qui est annoncé, on renvoie promptement de chez lui le propriétaire d'une maison assez vaste; on en prépare les appartements à la hâte. Un maître-d'hôtel, arrivé avec le fourgon, met en réquisition plus d'approvisionnements qu'il n'en faudrait pour alimenter pendant six mois la meilleure maison de la ville. On se regardait en se rencontrant dans les rues; on se demandait quel était ce supplément aux *Mille et une nuits*, lorsque M. et Mme de Lamotte, précédés de deux courriers, arrivent dans une berline très-élégante. On n'est pas sitôt arrivé qu'on m'envoie inviter à souper.

Mon père, tout sage qu'il était, se laissa entraîner aux apparences et fut intérieurement satisfait de trouver ma prévoyance en défaut. « Mon fils, me disait-il, vous avez
» le malheur de juger très-vite et trop vite. Parce que
» Mme de Lamotte n'a pas assez apprécié ce que vous avez
» écrit pour elle, vous l'avez, de votre aveu, traitée avec
» dureté. Cela n'est pas bien. Je me connais aux affaires
» domaniales peut-être aussi bien que vous. Je n'ai jamais
» regardé comme impossible sa rentrée en possession dans
» les terres de sa famille. Cela est bien avancé, car on m'a
» confié que la reine s'y intéressait. Vous ne quittez point
» ce malheureux Latour que j'ai cessé de voir, parce qu'il
» dirait du mal de Dieu le Père s'il descendait sur terre;
» ne soyez pas de moitié dans ses méchancetés, et montrez-

« vous ce que vous n'auriez pas dû cesser d'être pour
» Mme de Lamotte, respectueux et dévoué. Pauvre enfant!
» s'écriait mon père dans un moment d'attendrissement;
» quand je songe aux petits écus que je donnais au curé de
» Fontete pour aider à l'habiller! »

M. de Latour, que mon père avait cessé de voir, parce qu'il aurait dit, dans l'occasion, du mal de Dieu le Père, était en effet le fléau du pays pour ses bons mots et ses moqueries. C'était un homme plein d'esprit, du meilleur ton quand il le voulait, parlant avec grâce, et qui avait l'art singulier de faire sortir le ridicule des sujets où aucun autre que lui ne l'aurait soupçonné. Il est vrai qu'il y procédait sans être arrêté par rien. Homme d'honneur au demeurant, incapable d'une mauvaise action; mais, ce qui ne vaut guère mieux, toujours capable d'un propos méchant. Le roman de sa vie l'avait confiné, je ne sais comment, à Bar-sur-Aube, où il avait fait un mariage de garnison, en épousant la sœur de M. de Lamotte. Il n'y était guère à sa place : son vrai domaine était Paris, où un pareil homme aurait été détesté et recherché.

Je me trouvai seul avec lui chez Mme de Lamotte, le jour de l'arrivée de celle-ci. Il m'aborde en riant de toutes ses forces et veut absolument que je me mette à l'unisson :
« Parbleu! me dit-il, n'ai-je pas mille fois raison quand je
» soutiens que Paris renferme les gens les plus bêtes qu'il
» y ait au monde? Dans quel autre pays, je vous le de-
» mande, cette petite mégère et son grand flandrin de mari
» seraient-ils parvenus à escroquer ce qu'ils viennent nous
» étaler ici? La dame, vous la connaissez, et de reste; on
» ne passe pas une demi-heure avec elle sans en avoir
» par-dessus les yeux de ses mensonges et de ses imper-

» tinences de bas lieu. Quant au mari, c'est un gendarme
» assez dispos pour bien porter sa botte de foin du magasin
» de fourrage au quartier; mais ne lui en demandez pas
» davantage. Votre bonhomme de père excepté, la prin-
» cesse avec ses appas, et le prince avec son génie, n'au-
» raient pas trouvé ici qui leur prêtât un petit écu, et voilà
» une demi-heure qu'on déballe plus d'argenterie qu'il n'y
» en a dans la ville même, en y comprenant les calices et
» le saint-sacrement de l'autel. Oh! Paris, cité sainte des
» fripons et des sots, je te salue encore une fois pour cette
» merveille de plus! — Finissez, lui dis-je, au bout du
» compte ils sont vos alliés; vous soupez chez eux, et
» savez-vous qu'il se répand que Mme de Lamotte est pro-
» tégée par la reine? — Je suis leur allié, *dont ça me*
» *poise;* car, après avoir bien ri de cette fantasmagorie,
» je serai peut-être condamné à en pleurer, et vous savez
» mon aversion naturelle pour ce genre de grimace; quant
» à leur souper, si bon qu'il soit, vous et moi leur faisons
» beaucoup d'honneur en venant le manger. Je ne vous
» réponds rien sur l'article de la protection de la reine.
» Je soupçonne entre nous l'épouse du seigneur roi de
» n'être pas des plus prudentes; mais, miséricorde! elle
» n'est pas assez folle pour s'engouer de pareilles espèces.
» Au surplus, soupons de notre mieux, et surtout n'ayons
» pas l'air d'être le moins du monde étonnés de toute cette
» magnificence. C'est le meilleur moyen de faire pester
» nos gens au fond de l'âme. »

On sert un souper qui eût paru magnifique à Paris pour toute espèce de convives. Nous étions huit, y compris les maîtres de maison. Quoique la ville de Bar-sur-Aube soit l'une des anciennes cités des Gaules, jamais peut-être pareil luxe n'avait été étalé dans son sein, même quand César lui fit, dit-on, l'honneur de s'y arrêter pour faire pendre les maire et échevins de l'époque. Fidèles à la consigne, nous mangions, Latour et moi, de bon appétit, mais sans y regarder et comme habitués à de pareils festins; nous affections de soutenir la conversation sur des sujets où il était difficile au plus habile interlocuteur de faire entrer l'éloge de ce que nous avions sous les yeux. M. de Lamotte n'y tenait pas; il voulait nous faire admirer des ustensiles de table d'un usage nouveau et d'un travail très-fin. Latour soutenait qu'ils étaient connus depuis longtemps, mais qu'on y avait renoncé à cause de leur incommodité. Le *nil mirari* fut gardé en tout et jusqu'au bout.

Enfin Mme de Lamotte crut trouver grâce à nos yeux en vantant une volaille des plus fines qu'on venait d'enlever de la table, et en nous prévenant qu'elle avait donné des ordres pour que le courrier en apportât la provision tant qu'elle resterait à Bar-sur-Aube, parce qu'à son gré la volaille du pays n'est pas mangeable : « Madame, je vous
» demande bien pardon, mais je ne suis pas du tout de
» votre avis, reprit Latour d'un ton sérieux, je trouve un
» chapon du pays, comme vous venez de le dire, engraissé
» par les soins et un peu par les mains de Mme de Latour,
» et mieux encore de Mme de Surmont, supérieur à tous vos
» coqs-vierges et vos poules de Normandie et du Mans,
» dont la chair est molle, fade et dégoûtante de graisse;
» mais, après que le chapon a été nourri en bon lieu, il faut
» qu'il soit rôti de la bonne manière, et pour cela je fais peu
» de cas du tourne-broche, je lui préfère de beaucoup la
» broche tournée par un petit garçon, de la famille ou
» étranger, ou même par un chien. »

Mᵐᵉ de Lamotte perd patience en entendant ainsi faire les honneurs de la parenté de son mari devant quatre grands coquins de laquais qu'on avait amenés de Paris, chargés d'une livrée galonnée sur toutes les tailles. « Monsieur,
» dit-elle à Latour avec l'accent du dépit, je suis édifiée
» de vos préférences : c'est un goût du pays ; on sait que
» vous le poussez fort loin. — J'en tombe d'accord, ré-
» plique Latour, goût du pays ou goût de la famille ; c'est
» à peu près la même chose. Vous savez, madame, que
» je fais autant de cas de l'un que de l'autre. »

Cette conversation abrégea le souper. « Comment trou-
» vez-vous, me dit tout bas Latour, que j'aie payé mon
» écot ? — Vous avez été libéral jusqu'à la grossièreté. —
» Non, mais j'étais résolu de relancer celui du mari ou de
» la femme qui aurait l'insolence de me proposer quelque
» chose à admirer. Le bal masqué qui a commencé ce soir
» est pour ces gens-ci une sorte de triomphe ; et je me ré-
» serve le rôle du soldat qui lançait en route de bonnes
» vérités au héros de la fête. »

Mᵐᵉ de Lamotte me fait passer dans son cabinet, et se plaint de l'insolence du beau-frère de son mari. Elle me dit que sa fortune a changé, qu'elle est dans une position heureuse pour elle-même et pour les siens, et que nous sommes tous intéressés à prendre avec elle un ton nouveau. Elle glisse quelque chose sur les relations très-élevées qu'elle entretient à Versailles, et termine par me dire qu'elle ne sait seulement pas si elle pourra nous accorder les quinze jours qu'elle nous a promis. Je lui donne un premier exemple du ton nouveau qu'elle ré-
clame en ne me permettant de l'interroger sur rien ; seu-

ment je lui promets d'engager son beau-frère à plus de retenue, sans me flatter de beaucoup de succès de mon intervention.

Le surlendemain elle fait des visites générales ; elle est habillée avec tout le goût que suppose l'excès de la magnificence, et déjà étincelante de diamants. A ce ridicule près, partout elle se montre prévenante et familière avec noblesse. Grands et petits en sont enchantés. On lui rend exactement ses visites ; mais dès qu'elle veut aller plus loin et donner quelques petites fêtes, les dames respectables de la cité s'excusent sous des prétextes divers, et Mme de Lamotte est réduite aux jeunes gens et aux femmes de la famille de son mari : tant, à cette époque, le respect des mœurs était encore tout entier dans une petite ville de province. « Mme de Lamotte, me disaient ces bonnes dames,
» est charmante, et nous l'aimons de tout notre cœur ;
» mais pourquoi voulez-vous que nous allions donner à
» nos pauvres filles des idées dont elles n'ont pas besoin,
» et peut-être éveiller chez elles des désirs qu'elles ne pourront
» jamais satisfaire ? »

J'étais fidèle au respect et à la discrétion avec Mme de Lamotte. Elle semblait avoir complétement oublié nos anciennes relations ; et j'étais à l'unisson avec elle. Aussi étais-je devenu pour elle l'homme bien élevé, et avec qui on pouvait parler. Elle me disait donc les déboires secrets qu'elle éprouvait de son séjour à Bar-sur-Aube et du ton déplorable de la famille de son mari. Je l'en consolais de mon mieux, tout en lui faisant observer que le séjour d'une petite ville était dans sa position un véritable contre-sens ; qu'il lui fallait un hôtel à Paris et un château à la campagne. Elle me disait qu'elle ne voulait point acheter de terre, parce qu'elle allait incessamment rentrer dans celles de sa famille, où elle se proposait de bâtir. L'hôtel de Paris allait sans dire, mais elle voulait en avoir un à Bar-sur-Aube, où elle passerait l'été en attendant que le château qu'elle projetait fût élevé. Je prenais la liberté de contrarier le projet d'acheter une maison à Bar-sur-Aube, et je soutenais qu'il était de bon goût d'habiter une chaumière durant le temps qu'on bâtissait un château à côté. Mais Mme de Lamotte, qui avait déjà reçu d'assez bonnes leçons sur ce chapitre, n'en persistait pas moins dans le travers commun d'étaler sa magnificence aux lieux qui avaient été témoins de sa misère. Elle acheta malgré moi une maison à Bar-sur-Aube, la paya le double de ce qu'elle valait, et la livra à des architectes qui se mirent en devoir d'y faire toutes les folies que comportait le terrain, et même un peu plus.

Je remarquai avec un singulier étonnement que, dans ses relations de société, Mme de Lamotte savait garder la mesure. Elle rendit aux autres tout ce qu'ils pouvaient lui demander, et parut peu exigeante pour elle-même. Elle répandit des aumônes et paya exactement ses dettes. Un matin, elle fit une visite amicale à mon père et lui rapporta, comme je l'ai dit, les 1,000 fr. qu'il lui avait prêtés dix-huit mois auparavant, et en se retirant elle laissa sur la cheminée une boîte d'or. Mon père tint, je ne sais à quel titre, ce témoignage de reconnaissance pour une insulte, et renvoya la boîte. Mme de Lamotte, qui, à plus juste titre, aurait pu se fâcher du renvoi, ne le fit point et me pressa de reprendre ce petit cadeau et de faire entendre raison à mon père. Comme je savais que sur certains articles la chose n'était point facile, je n'acceptai point la commission. En désespoir de cause, elle voulait me faire accepter à moi-même cette malheureuse tabatière, et je refusai encore pour ne pas commettre l'inconvenance d'accepter un présent repoussé par mon père, ce qu'il ne m'aurait d'ailleurs jamais pardonné.

Le temps du séjour à Bar-sur-Aube se passa fort doucement, et sur la fin on était fâché de ne pas oser voir Mme de Lamotte. Le seul M. de Latour ne se laissait point fléchir. Je le suppliais cependant de considérer le notable changement que l'opulence, quoique soudaine, avait apporté dans le ton, et même la conduite de M. et Mme de Lamotte : « J'en tombe d'accord pour moitié, me
» répondait-il, la femme est une drôlesse qui a gagné
» en profondeur; le mari a perdu : il est parti sot et
» il revient fat, mais je persiste à en mal penser, voire
» même à en mal dire, tant qu'ils ne m'auront pas ré-
» vélé par quel honnête métier ils ont acquis en quatre
» mois ce qu'ils étalent si sottement aujourd'hui; mais
» vous-même qui avez pris le rôle de Philinte dans cette
» comédie, à qui persuaderez-vous que le roi, la reine, le
» comte d'Artois, le contrôleur général, je ne sais quelle
» puissance enfin, a jeté l'or par monceaux à des gens
» qui demandaient tout simplement du pain? L'époque,
» je le sais, est fertile en extravagances, mais pas tout à
» fait de ce genre-là. On a semé à petit bruit autour
» de moi que madame était en faveur auprès de la reine,
» je les épie depuis quinze jours sur ce chapitre, et
» si on en eût touché un traître mot en ma présence,
» j'avais une histoire prête de la *comtesse Du Gazon* et
» de la *reine de Congo* avec laquelle j'aurai fait pouffer
» de rire les assistants, à leurs dépens. Mon cher ami,

» cela est au bout du compte par trop impertinent, et
» il y a de la véritable honte à être dupe à si bon marché.
» Acceptez-la, si cela vous convient ; pour mon compte,
» je n'en veux point. Je m'en tiens à ce que je sais : or,
» je sais, et par vous, que madame a des relations avec
» le cardinal de Rohan ; puisqu'elle a été portée cinq à six
» fois, à vos dépens, au palais de Son Éminence ; probable-
» ment qu'elle s'y sera transportée, depuis, de son pied
» léger. De toutes les connaissances de ladite dame, le
» cardinal de Rohan est le seul à qui la prodigalité ne
» soit pas impossible. Il faut donc de deux choses l'une :
» qu'il ait fourni tout ce que nous voyons, ou qu'on l'ait
» volé. Je veux bien vous faire grâce du second membre
» de mon dilemme, mais à condition que vous m'accor-
» derez le premier ; et encore je ne pourrai comprendre
» qu'avec une peine extrême qu'une petite coquine de
» village ait pu séduire un prince, un prélat, un vaurien
» de cette importance. »

Je trouvais bien quelque chose de vrai dans les rudes déductions de M. de Latour. Je me réfugiais dans les lieux communs de la modération : « Je ne prononce pas
» encore : je veux attendre. Je blâmais hier ce qui était
» mauvais, pourquoi n'applaudirais-je pas de bon cœur
» aujourd'hui à ce que je trouve bon ? » Mme de Lamotte possédait dès lors une magnifique parure en diamants et une autre en topazes ; elle avait des robes en pièces brodées de Lyon qu'apparemment elle avait apportées pour le plaisir de les montrer, et qui en valaient la peine. Son service d'argenterie était complet et d'un goût nouveau. M. Target s'est trompé quand il a placé toutes ces magnificences à la suite et comme conséquence du vol du

collier, elles existaient neuf mois auparavant. La source en était bien sûrement dans deux secours de 60,000 fr. chacun, accordés à M™° de Lamotte sur les fonds de la Grande-Aumônerie, et une somme de 30,000 fr. de délégations sur le trésor particulier de M. le cardinal. Avec ces 150,000 fr., elle avait pu se procurer pour une valeur double d'effets mobiliers plus ou moins précieux, et n'avait pas manqué un pareil emploi; d'abord elle y avait trouvé la petite joie de venir étaler toutes ces richesses à Bar-sur-Aube; mais après avoir, par mon avis, demandé l'aumône en carrosse, ce qui lui avait assez bien réussi, il fallait le prendre de bien plus haut, et l'apparence d'une richesse à volonté lui devenait nécessaire pour inspirer confiance dans le crédit imaginaire qu'elle allait affecter.

Je vis M™° de Lamotte le jour de son départ; elle semblait fort satisfaite du séjour qu'elle venait de faire à Bar-sur-Aube, et se louait du bon accueil des habitants, comme s'il eût été réel. Elle sembla se rappeler comme par hasard qu'elle me devait quelque argent; moi-même je l'avais oublié et je croyais peu que sa mémoire fût susceptible d'un si mince détail. Elle me remit négligemment un rouleau de 1,200 francs. Je lui remontre que je ne veux peux pas lui dire précisément ce qu'elle me doit, mais qu'à coup sûr cela ne va pas à 1,200 francs. « Prenez » toujours, me dit-elle, s'il y a de trop vous le donnerez » à votre mère pour ses pauvres. »

Tout compte fait, je remis vingt louis à ma mère qui en était transportée, et qui n'a cessé de défendre l'innocence de M™° de Lamotte, même après son jugement; et lorsque cette infortunée, fuyant de la Salpêtrière, vint se cacher dans des carrières voisines de la ville, ma mère eut le courage d'aller l'y chercher pendant la nuit, et lui rapporta fidèlement au nom de la religion le secours qu'elle lui avait confié pour les malheureux dans le temps de sa prospérité. Elle y ajouta : elle fit plus, elle releva à ses propres yeux cette femme alors flétrie, en approchant d'elle la plus pure vertu.

II

AFFAIRE DU COLLIER

1785

Portrait du cardinal. — M. d'Ambray. — M. Séguier. — M. d'Aguesseau. — M. Joly de Fleury. — Le Lycée. — Tableau de la France en 1785. — Souper avec Cagliostro. — Ses opérations prétendues magiques. — Mlle d'Oliva. — Escroquerie du collier. — Le château de Brienne. — Le duc de Penthièvre. — Arrestation du cardinal et de Mme de Lamotte. — Procès.

Mme de Lamotte était repartie pour Paris vers la fin de novembre. Je n'y retournai moi-même qu'au milieu de janvier suivant. Je commençais à me familiariser avec l'idée du retour définitif en province. Aussi je prenais plus d'intérêt aux affaires du pays. On s'en apercevait et partout je recevais un meilleur accueil. On me regardait comme un homme avec qui chacun était intéressé à bien vivre. Ma conduite, durant le séjour de Mme de Lamotte, avait été appréciée. On me rendait cette justice, que je n'avais partagé ni la ridicule admiration de quelques-uns pour elle et sa fortune, ni le dédain d'un plus grand nombre. Toutes les bonnes têtes disaient comme moi : il faut attendre et faire des vœux pour que cela dure.

A mon retour à Paris je me confirmai dans la pensée que l'opulence de Mme de Lamotte tenait à sa liaison intime avec M. le cardinal de Rohan, et je réglai ma

conduite avec elle sur cette donnée. Je me présentais à sa porte avec discrétion. J'attendais pour y aller manger qu'elle me fît l'honneur de m'inviter. Je la mettais à son aise et sur son terrain, en affectant le respect avec elle. Cependant elle laissait couler devant moi ses projets avec cette négligence qui suppose la facilité du succès : elle allait tirer son frère de la marine, service ingrat et ennuyeux en temps de paix : un régiment lui est assuré ; elle a acheté une réforme pour son mari afin de lui donner rang de capitaine ; après quoi elle verra si elle pourra le faire nommer colonel en second. Quant à sa sœur, elle n'entend pas qu'elle aille l'imiter en faisant quelque sot mariage ; elle sera, ne lui en déplaise, chanoinesse à Douxières ou à Poulangy, parce que toutes les places à Remiremont sont gardées pour dix ans. « Si j'avais, disait-
» elle, épousé un homme de nom et qui fût à la cour,
» comme cela m'était si facile, j'irais plus vite ; mais mon
» mari est pour moi un obstacle plutôt qu'un moyen ; il
» faut pour que j'arrive à quelque chose que je fasse passer
» mon nom sur le sien, et cela blesse toutes les conve-
» nances. »

Par ces propos, et quelques autres, je m'apercevais qu'elle avait gagné dans la société de M. le cardinal, et qu'elle commençait à parler une langue qu'elle y avait apprise.

Elle m'avait invité quelquefois à dîner ; je m'y présentais toujours en habit noir et en cheveux longs, et ce signe de respect lui convenait beaucoup.

Elle ne manquait jamais de me présenter comme un jeune magistrat, et me plaçait immédiatement après les gens titrés. Le ton de la maison était, du moins ces jours-

là, celui de la bonne compagnie. Je rencontrais chez elle
le marquis de Saisseval, alors gros joueur, riche et faufilé
à la cour; l'abbé de Cabres, conseiller au parlement;
Rouillé d'Orfeuil, intendant de Champagne; le comte d'Estaing; un receveur général nommé Dorcy, et Lecoulteux
de La Noraye, qui aspirait au poste de directeur de ses
affaires et de ses finances. Je rappelle ces particularités,
parce qu'elles redressent l'une des erreurs où sont tombés
les avocats de M. le cardinal. Ils ont représenté Mme de
Lamotte comme une aventurière tout à fait méprisable,
sans songer qu'ils faisaient alors de M. le cardinal un franc
imbécile; et il ne l'était certainement pas. Voici ce qui
était plus vrai :

Mme de Lamotte, comme je l'ai dit, avait de l'esprit
naturel, de rares dispositions à l'intrigue et des grâces
extérieures qui pouvaient justifier une préférence. Dès que
M. le cardinal en eût fait la connaissance, il lui porta
l'espèce d'intérêt qu'un homme de son rang ne pouvait pas
refuser aux derniers débris d'une famille illustre. Après son
apprentissage à Versailles, l'intrigante entama son roman et
l'ourdit avec adresse. Elle sema doucement autour d'elle le
mensonge de ses relations mystérieuses avec la reine. Le
bruit en glissa jusqu'à M. le cardinal, que des exemples du
passé disposaient à y croire. Elle soutint d'ailleurs cette partie
de son roman par des apparences de discrétion et de retraite
propres à en imposer. A cette époque moi et mes pareils
fûmes tenus à distance, et on éloigna ceux à qui la loi du
respect paraissait trop lourde. Le sentiment que M. le cardinal avait porté à Mme de Lamotte dès les premières entrevues prit par ces révélations un caractère plus vif, et bientôt
M. le cardinal eut tant d'intérêt à ce que les bruits que

semait cette femme fussent vrais, qu'il finit par n'en plus douter. Il faut aussi se rappeler sa position à la cour. Il avait, aux yeux de Marie-Antoinette, l'irréparable tort d'avoir peint de couleurs assez vraies, lorsqu'il était ambassadeur à Vienne, l'archiduchesse alors destinée au trône de France. Cette conduite d'un honnête homme était devenue le tourment de sa vie. Le roi, suivant son usage, le supportait en lui vouant peu d'estime, comme à tous les prélats affichés pour leurs mœurs. Or, M. le cardinal de Rohan était de tous les courtisans sans faveur celui que sa position rendait le plus malheureux: Il ne cessait pas d'en être tourmenté : c'est de Mme de Lamotte qu'il attendait sa réconciliation avec la souveraine, et tout ce qu'avait besoin d'en obtenir un homme qui n'était encore que prince de la maison de Rohan, cardinal, grand aumônier de France, par suite commandeur de l'ordre du Saint-Esprit, évêque de Strasbourg, prince souverain d'Hildesheim, abbé de Noirmoutier, de Saint-Waast, proviseur de Sorbonne, etc., membre de toutes les académies, et la coqueluche de toutes les grandes dames de Paris : au demeurant possesseur de sept à huit cent mille francs de rentes en biens de l'Église et, comme de raison, criblé de dettes.

A l'époque où ses rapports avec Mme de Lamotte étaient devenus intimes, une ardente ambition se confondait chez lui avec une affection très-tendre. Chacun de ces deux sentiments s'exaltait l'un par l'autre, et ce malheureux homme était livré à une sorte de délire. Dans une circonstance dont je rendrai compte, j'ai pu lire en courant quelques-unes des lettres qu'il écrivait alors à Mme de Lamotte; elles étaient toutes de feu : le choc ou plutôt le mouvement des deux passions était effrayant. Il est heureux pour la mémoire du prince que ces lettres aient été brûlées. C'est une perte pour l'histoire du cœur humain ; elles auraient éclairé un coin de plus de la caverne. A l'époque où je m'arrête, M. le cardinal n'avait fait encore qu'accorder sans mesure à Mme de Lamotte des secours sur la Grande-Aumônerie et quelques sommes sur son trésor particulier : elle aurait pu exiger davantage, le temps des refus était déjà loin ; mais bientôt on peut tenter la magnifique escroquerie du collier ; les voies sont tellement aplanies qu'elle réussira, malgré les invraisemblances les plus grossières, les déceptions les plus brutales. M. de Rohan croira tout ; il n'est plus capable de bien juger. Voilà une partie de ce qu'il aurait fallu savoir pour avancer vers la vérité dans cette étrange affaire ; mais il semble qu'on se soit donné le mot pour ne présenter Mme de Lamotte que comme une aventurière des plus communes, qui un jour s'avise d'un vol qu'elle commet le lendemain ; et, dès lors, l'affaire du collier est devenue une énigme dont chacun a cherché le mot sur la voie de ses passions et de ses commentaires vrais ou faux ; et les jugements les plus téméraires dans leur absurdité ont été attaquer l'innocence jusque sur le trône.

J'avais laissé, comme je l'ai dit, Mme de Lamotte à ses hautes intrigues, et j'avais repris mes études au Palais et mes anciennes sociétés. Je n'étais pas chargé d'autant d'affaires que si j'avais suivi la carrière du barreau pour en faire mon état ; cependant, celles dans lesquelles j'avais anciennement travaillé m'étaient toujours dévolues. Je fus encore assez heureux pour plaider deux causes à l'audience de relevée, et non sans quelque succès, et j'écrivais dans les procès appointés. Je suivais les consultations de la bibliothèque et un cours de droit canon que faisait un abbé Berthier. C'est là que j'ai eu l'avantage de me rencontrer pour la première fois avec M. d'Ambray, alors avocat général à la cour des Aides, le prince des jeunes orateurs et le plus riche espoir de la magistrature française. M. d'Ambray ne trouvait à s'exercer à la cour des Aides que sur des sujets naturellement arides; mais à un esprit juste et pénétrant, il joignait l'élocution la plus brillante et la plus facile à la fois; et tel était le charme qu'il répandait sur tout ce qu'il touchait que nous quittions l'audience de la grand'chambre, occupée des plus grandes causes et par les avocats les plus diserts, pour courir à la cour des Aides, quand nous avions l'espoir d'y entendre le plus jeune des avocats généraux de l'époque. M. d'Ambray était magistrat jusque dans l'intérieur de ses foyers. Il recouvrait d'une douce gaieté des mœurs sévères, le respect et la pratique de la religion, et on le citait en exemple pour ses vertus autant que pour ses talents. La grande succession de gloire de d'Aguesseau lui était promise.

Il avait à la cour des Aides deux confrères qui avaient été créés exprès pour servir d'ombre à ce magnifique tableau du soleil levant. L'un était M. Clément de Barville, excessivement janséniste, et non moins médiocre, comme toute la race des Clément, et un M. Durfort de Rochefort. Ce dernier avait fini par attraper l'intendance de Bretagne par le canal du premier président de Barantin, devenu garde des sceaux. Il vit encore et se traîne quelque part dans une place que lui a donnée à son tour M. d'Ambray : c'est un échantillon des plus curieux de l'ancien régime. Ses parents prétendent qu'il n'a rien perdu de ses facultés; il faut bien les en croire, et alors il est à citer comme l'exemple d'un singulier oubli de la nature dans la répartition des intelligences humaines.

Le parquet du parlement était alors occupé par MM. Séguier, d'Aguesseau, Joly de Fleury, qui reproduisaient trois noms illustres. Je ne partageais pas l'admiration que le Palais professait alors pour M. Séguier. Comme orateur, il n'avait pas l'extérieur heureux : d'une taille médiocre et doté d'un embonpoint incommode, il avait encore l'organe nasillard et l'habitude, lorsqu'il parlait, de se bercer nonchalamment sur ses jambes; mais ces défauts, j'en conviens, étaient recouverts de je ne sais quelle teinte d'esprit répandu sur le geste comme sur le discours. On vantait ses connaissances et la fermeté de son jugement; d'autres allaient plus loin et prétendaient qu'il était le dernier modèle de la bonne école oratoire; et on citait ses trois discours aux lits de justice de 1771. Ces discours firent alors un prodigieux effet, et cela devait être; mais, en les relisant aujourd'hui, on trouve qu'ils respirent plutôt le magistrat courageux que le grand orateur : c'est Caton peut-être; ce n'est pas Cicéron. M. Séguier était rentré au Palais entouré de l'auréole qu'il avait conquise aux jours de danger. La réputation que sa conduite lui avait conciliée était si grande qu'il s'en répandit un peu trop sur son talent. On trouve de sages développements des anciens principes, opposés à la turbulence des opinions nouvelles, dans ses divers réquisitoires contre les productions toujours renaissantes de la philosophie, dans ses principaux plaidoyers, et surtout dans sa réfutation du mémoire de Dupaty dans l'affaire des roués de Chaumont. C'est un athlète laborieux de la bonne vieille cause; ce n'est pas un athlète brillant. Les coups qu'il porte n'étonnent que rarement et n'entraînont jamais. Comme M. d'Ambray à la cour des Aides, M. Séguier était assisté, au parlement, de deux pauvres collègues : le premier, M. d'Aguesseau, petit-fils du chancelier, beau jeune homme bien blond, bien fade, bien frisé, et qui débitait en écolier les plaidoyers que fagotait pour lui, tantôt bien, tantôt mal, l'avocat Blondel. Cela était tellement public au Palais que, si M. l'avocat général avait donné des conclusions saugrenues, c'était à Blondel qu'on s'en prenait. Celui-ci se défendait comme il pouvait, mais sans oser dire que M. d'Aguesseau fût pour rien dans l'affaire, car on lui aurait ri au nez. J'ai assisté à la rentrée du parlement, à la plaidoirie d'une affaire fort remarquable de rapt entre la famille Hamilton d'Angleterre, plaignante, et un M. Beresford, accusé. Les circonstances rapportées composaient un roman des plus intéressants, et l'affaire se compliquait aussi de questions politiques par la qualité des plaignants et de l'accusé, qui étaient également étrangers. M. d'Aguesseau devait y parler, et nous répétions que l'affaire était dévolue de deux générations trop tard au nom qu'il portait. Toutefois Blondel fit effort, appela du secours, et le plaidoyer fut trouvé beau. L'exorde nous avait particulièrement frappé par un style châtié et des pensées prises hors du cercle de celles qui circulaient au Palais ; par exemple, M. l'avocat général en appelait à Richardson, dont le génie n'aurait pas créé une fiction plus étonnante que la réalité sur laquelle le parlement allait prononcer. Les jeunes avocats avaient unanimement prononcé sur l'exorde.

Blondel, au sortir de l'audience, se laissa mettre sur la sellette, et convint que l'exorde était de Laharpe, qui corrigeait à son tour les mémoires de Legouvé et d'Élie de Beaumont, et composait des discours académiques pour les avocats qui n'en savaient pas faire. Le troisième collègue de M. Séguier était ce M. Joly de Fleury, que nous avons vu depuis procureur général. Il traînait alors au Palais la plus complète et pourtant la plus déplaisante médiocrité qu'on y eût jamais vue, et c'est bien mieux à lui qu'à son oncle qu'on aurait pu appliquer l'explication que donnait Voltaire des noms *Omer-Joly de Fleury*, que celui-ci portait aussi : « Quand on le lit, ce n'est pas » *Homère* ; quand on le voit, il n'est pas *joli*, et, quand » il parle, il n'est pas *fleuri*. » On comprend mal aujourd'hui ce qui pouvait porter un tel homme à l'une des places les plus importantes de l'État, à celle de procureur général du parlement de Paris. Il faut revenir à l'ordre de choses qui existait alors. La famille des Joly était ancienne dans la robe; elle avait produit un magistrat dans le procureur général contemporain de d'Aguesseau et presque son émule. Depuis lors cette famille était ancrée au conseil et au grand banc du parlement. Elle avait contracté des alliances honorables, et lorsque tous les membres de cette famille unissaient leur crédit pour une transmission dans la même carrière de la place du père au fils, de l'oncle au neveu, le ministre n'était pas assez fort pour résister, même dans l'intérêt de l'État et du roi. Les premières familles du parlement de Paris composaient une sorte d'oligarchie, au milieu de laquelle le ministre était souvent fort embarrassé, parce qu'il n'avait à y placer ni des peines ni des grâces.

Je suivais assidûment les cours du Lycée. J'avais été l'un des fondateurs, et je devais, avec quelques-uns de mes amis, travailler à un ouvrage périodique où on aurait reproduit ce qui avait occupé la séance de chaque cours, en laissant, autant qu'il se pourrait, au professeur sa manière et sa couleur. L'ouvrage ne réussit pas, parce que chaque professeur voulait garder sa leçon intacte pour en tirer parti dans l'avenir, ainsi qu'ils l'ont presque tous fait; et je me rappelle une scène assez vive que nous eûmes avec Laharpe, à qui nous voulions supprimer des paroles âcres contre la religion, qu'il entremêlait, sans motifs comme sans excuses, à d'excellentes discussions littéraires. Non, pas que nous fussions contraires à la philosophie du XVIIIe siècle, il s'en fallait de beaucoup; mais nous passions la moitié de notre vie au Palais où les vieilles doctrines se prêchaient tous les jours; nous avions des rapports avec des magistrats dont les uns étaient sincèrement religieux, et les autres l'étaient du moins pour nous ; nos mœurs se formaient ainsi d'elles-mêmes à quelque chose de grave, et du moins au respect extérieur de ce qui devait être généralement respecté. L'Académie, ou plutôt le parti philosophique, procédait bien autrement. L'attaque à *l'infâme* était publiquement à l'ordre du jour; les maximes irréligieuses trouvaient place partout; dans les ouvrages d'histoire naturelle, de géométrie, de médecine, dans les voyages, dans les discours académiques, et presque dans les sermons. Laharpe était maître dans le parti : le patriarche de Ferney avait fait choix de lui pour son disciple favori, et il justifiait cette haute adoption par un surcroît d'ardeur, de fiel et d'insolence. Il a fait de ses fautes une si large pénitence qu'on les peut rappeler sans troubler le renom de sainteté qui a illustré son déclin.

Qu'il était donc étrange le spectacle qu'offrait alors la France! Aussi longtemps qu'avait duré la guerre d'Amérique, le sort de cette guerre avait tenu les esprits en suspens, et tous les sentiments étaient venus se confondre dans un véritable patriotisme. La paix venait d'être conclue et non pas sans gloire. Le but qui avait fait entreprendre cette guerre était enfin rempli. Nous y avions gagné quelques colonies de peu d'importance, à la vérité ; mais, ce qui en avait beaucoup, nous avions prouvé qu'en ralliant l'Espagne sous notre pavillon, nous pouvions tenir tête à l'Angleterre. La honte du traité de Paris était effacée, le présent semblait assuré, et l'avenir ne s'offrait que sous de riantes couleurs. L'abondance régnait dans nos ports et sur nos marchés. Les capitaux de l'Europe affluaient à Paris, et comme si les dons du ciel avaient dû couronner ceux de la politique, les récoltes en tout genre des années 1784 et 1785 avaient été admirables. La liberté était venue s'établir au milieu de la France sans que personne l'eût appelée. On savait que les lettres de cachet, jadis si redoutables, n'étaient plus qu'en secours à quelques familles malheureuses. On écrivait, on parlait, on discutait de toutes matières. Le clergé était constamment en aide au gouvernement ; jamais en contradiction ; il allait lui-même au devant de la tolérance pratique.

Les parlements restaient un peu en arrière, comme des pères qui disaient aux enfants : Usez, mais n'abusez pas. La cour péchait par la légèreté, mais ce défaut n'affectait que son souvenir ; elle n'en paraissait dans le présent que plus aimable aux yeux de la ville et des provinces. Un air de contentement animait d'un charme nouveau nos lieux de réunion, nos spectacles, nos sociétés de famille ; il semblait qu'on respirât dans ce beau pays de France le parfum de la félicité publique. Mais ce bonheur nous a bientôt ennuyés ; il nous a fallu des distractions à tout prix, et on a vu un vertige général s'emparer des esprits : on courait à ce baquet de Mesmer autour duquel des gens bien portants se tenaient pour malades, et des gens mourants s'obstinaient à se croire guéris. Marat, qui n'était encore qu'un professeur de physique, faisait le procès au soleil ; il lui disputait d'être le père de la lumière, et il trouva des insensés pour l'écouter et même pour l'applaudir. La cour et la ville délaissent les chefs-d'œuvre de la scène française pour aller prostituer leurs applaudissements à d'indignes tréteaux, déjà trop bas pour la populace. Des charlatans de toutes les couleurs se font suivre : à Strasbourg, c'est un Cagliostro, né dans les ruines de Memphis, et élevé au sein des Pyramides ; il a le don des miracles, il guérit les malades, il sème l'or et les bienfaits au sein de la pauvreté et du malheur, sans qu'on puisse découvrir d'où lui viennent et cet or et cette puissance. Il étale les diamants les plus rares, et n'y attache aucun prix. Possesseur du grand-œuvre, il hésite sur le choix du mortel qu'il fera participant de ce secret immense. Et c'est un prince de l'Église, un cardinal de Rohan qui est aux pieds du sycophante pour obtenir d'en être adopté ! A Paris, c'est un Bliton qui aperçoit clairement des sources d'eau à cent pieds sous terre, et même, nouveau Moïse, les fait jaillir à volonté de son coudre magique. On entendait, dans la société, des gens graves, des hommes de la cour, qui se donnaient pour des témoins oculaires de tous ces miracles.

Le contrôleur général fait la faute, ou si l'on veut, introduit la nouveauté de rendre négociables, par un simple transfert, les coupons de l'emprunt de 1783, et voilà que, le mouvement une fois donné, l'agiotage fait des progrès inouïs. Alors apparaissent sur la place ces coupons d'emprunt flanqués des actions de la Compagnie des Indes, des actions des eaux de Paris, des actions de la caisse d'escompte, des actions des têtes génevoises, des papiers sur l'étranger, etc., etc. L'agiotage trouve, dès son berceau, des adeptes qui en eussent remontré à ceux d'aujourd'hui, et voilà le gouvernement réduit à trembler devant ce nouveau Moloch.

Dans le même temps, Montgolfier fait la curieuse et inutile découverte des ballons, et toutes les têtes sont en l'air : on ne fait pas de doute sur leur prochaine direction. C'est, en attendant, à qui obtiendra l'honneur de courir le risque de se casser le cou, et l'exemple de quelques insensés qui se le cassent en effet n'est pas suffisant pour en arrêter d'autres. Cependant, des jeunes gens de la cour s'ennuient de n'être que Français ; ils courent aux manœuvres de Potsdam pour pouvoir embrasser la botte du grand Frédéric tandis qu'il est encore de ce monde, et transformés par l'attouchement de la relique, ils reviennent à Paris Prussiens de la tête aux pieds. Ils ne rêvent plus que l'ordre mince, les coups de canne, la longue queue, et les chasseurs légers, suivant le système du grand Frédéric, et entreprennent de bonne foi de soumettre les soldats français à un régime approprié de longue main à des automates allemands.

Voilà comment l'ennui du bonheur nous a conduits à l'extravagance. Bientôt les esprits seront tellement pervertis, tellement agités en sens contraires, que les anciens liens sociaux ne suffiront plus pour les contenir. Ces liens se briseront avec fracas, et la révolution sera arrivée.

Dès que je fus instruit de l'arrivée de Cagliostro à Paris

et qu'il était descendu au Palais-Cardinal, je ne doutai pas
que bientôt quelque affinité ne s'établît entre lui et Mme de
Lamotte, et j'espérai que celle-ci me procurerait le plaisir
de souper avec un personnage aussi curieux. Elle y fit
beaucoup de façons : le comte de Cagliostro s'était annoncé pour ne manger chez personne, autrement il serait
assailli des invitations de la cour et de la ville ; déjà il avait
positivement refusé sur ce point à M^{r} le comte d'Artois et
à M. le duc de Chartres, et il avait pris ainsi l'engagement
de n'accepter chez personne.

Au Palais-Cardinal, il ne mangeait même pas avec Son
Éminence et se faisait servir dans son appartement. J'étais
revenu à la charge, sans plus de succès. A quelque temps
de là, Mme de Latour, excédée des mauvaises plaisanteries
de son mari, l'avait quitté, et était venue à Paris s'établir
chez Mme de Lamotte avec sa fille, jeune beauté de quinze
ans, d'une finesse et d'une blancheur remarquables, celle-
là même qui fut bientôt après inscrite au grimoire de Cagliostro pour le rôle de *jeune innocente*. J'appris de ces
dames que Cagliostro et Mme de Lamotte étaient les deux
doigts de la main, qu'il venait souvent souper chez elle.
Alors je me plaignis vivement à ces dames du refus de Mme de
Lamotte de me faire trouver avec lui. J'y joignis d'autres
plaintes de quelques procédés de la dame peu aimables
pour moi, et j'annonçai le parti pris de ma part de ne plus
m'exposer à ses refus et à ses incartades. Cette menace ne
fut pas sans succès : à quelques jours de là je reçus de
Mme de Lamotte un billet où elle me traitait d'homme très-
injuste, et cependant m'invitait à souper pour le surlendemain, et en me recommandant d'être arrivé avant dix
heures. J'arrivai à l'heure dite. Mme de Lamotte voulait

me prévenir qu'elle serait obligée de désarmer l'inquiétude du comte de Cagliostro, qui, pour rien au monde, ne resterait à souper s'il se doutait que quelqu'un y eût été invité pour le voir. De plus, elle me priait de ne l'interroger sur rien, de ne pas l'interrompre et de le satisfaire avec grâce sur les questions qu'il pourrait m'adresser. Je souscrivis à ces conditions : j'en eusse accepté de plus dures pour satisfaire ma curiosité. A dix heures et demie, on annonce le comte de Cagliostro, et on lui donne les deux battants; Mme de Lamotte quitte précipitamment son fauteuil, court au-devant de lui et l'entraîne dans un coin du salon, où apparemment elle se fait pardonner ma présence. Cagliostro s'avance et salue, sans paraître le moins du monde embarrassé de trouver là une figure étrangère.

Cagliostro semblait moulé exprès pour le rôle du *Signor Tulipano* dans la comédie italienne : il était d'une taille médiocre, assez gros, avait le teint olive, le cou fort court, le visage rond, orné de deux gros yeux à fleur de tête, et d'un nez ouvert et retroussé. Je n'ai vu personne qui lui ressemblât autant que d'André, de l'Assemblée constituante, qui est mort depuis peu directeur des forêts de la liste civile, avec cette différence que d'André s'était ravalé par calcul à la tournure et aux manières d'un paysan, tandis que Cagliostro, par calcul aussi, avait monté tout son extérieur au rôle d'un charlatan. Sa coiffure était nouvelle en France; il avait les cheveux partagés en plusieurs petites cadenettes et qui venaient se réunir derrière la tête, et se retroussaient dans la forme de ce qu'on appelait alors un *catogan*.

Il portait ce jour-là un habit à la française gris de fer, galonné en or; une veste écarlate brodée en large point d'Espagne, une culotte rouge, l'épée engagée dans les basques de l'habit, et un chapeau bordé, avec une plume blanche; cette dernière parure était, au reste, encore obligée pour les marchands d'orviétan, les arracheurs de dents et autres artistes médicaux qui pérorent et débitent leurs drogues en plein vent. Mais Cagliostro relevait ce costume par des manchettes de dentelle, plusieurs bagues de prix, et des boucles de souliers, à la vérité d'un vieux dessin, mais assez brillantes pour qu'on les crût de diamants fins. Il n'y avait au souper que les personnes de la famille, dans laquelle je comprends un Père Loth, minime de la Place Royale, qui accommodait, je ne sais comme, le froc qu'il portait avec la place de secrétaire en second de Mme de Lamotte; il lui disait la messe le dimanche, et se chargeait, le reste de la semaine, des commissions au Palais-Cardinal que le premier secrétaire, Villette, trouvait au-dessous de sa dignité. On ne tenait pas non plus pour étranger un chevalier de Montbruel, vétéran de coulisses, mais encore beau parleur, affirmatif, qui se trouvait par hasard partout où apparaissait Cagliostro, témoignait des merveilles qu'il avait opérées, et s'en offrait lui-même en preuve comme guéri miraculeusement de je ne sais combien de maladies dont le nom seul portait l'épouvante. Nous étions donc neuf ou dix à table. Mme de Lamotte avait à côté d'elle Cagliostro et Montbruel, et j'étais à côté de Mme de Latour en face du premier. Je ne le regardais qu'à la dérobée, et ne savais encore qu'en penser : cette figure, cette coiffure, l'ensemble de l'homme m'imposaient malgré moi. Je l'attendais au discours. Il parlait je ne sais quel baragouin mi-partie italien et français, et faisait force citations, qui passaient pour de l'arabe, mais qu'il ne se donnait pas la peine de traduire. Il parlait seul et eut le temps de parcourir vingt sujets, parce qu'il n'y donnait que l'étendue de développement qui lui convenait. Il ne manquait pas de demander à chaque instant s'il était compris, et on s'inclinait à la ronde pour l'en assurer. Lorsqu'il entamait un sujet il semblait transporté et le prenait de haut du geste et de la voix ; mais tout à coup il en descendait pour faire à la maîtresse de la maison des compliments fort tendres et des gentillesses comiques. Le même manége durant pendant tout le souper, je n'en recueillis autre chose sinon que le héros avait parlé du ciel, des astres, du grand arcane, de Memphis, de l'hiérophante, de la chimie transcendante, de géants, d'animaux immenses ; d'une ville dans l'intérieur de l'Afrique dix fois plus grande que Paris, où il avait des correspondants ; de l'ignorance où nous étions de toutes ces belles choses, qu'il savait sur le bout du doigt, et qu'il avait entremêlé le discours de fadeurs comiques à Mme de Lamotte, qu'il appelait sa biche, sa gazelle, sa *cygne*, sa colombe, empruntant ainsi ses appellations à ce qu'il y a de plus aimable dans le règne animal. Au sortir du souper, il daigna m'adresser des questions coup sur coup. Je répondais à toutes par l'aveu le plus respectueux de mon ignorance, et je sus depuis, de Mme de Lamotte, qu'il avait conçu l'idée la plus avantageuse de ma personne et de mon savoir.

J'insistai pour revenir chez moi seul et à pied. C'était par une de ces nuits de printemps où la lune semble, par une lumière encore plus douce, se mettre en harmonie avec les premiers moments du réveil de la nature. La ville était solitaire et silencieuse comme elle l'est après minuit dans le quartier du Marais. Je m'arrêtai à la Place Royale, pressé par le besoin de méditer sur le spectacle que je venais d'avoir sous les yeux. Je pris en pitié la pauvre espèce humaine, en réfléchissant que des puissants de la terre se réfugiaient dans les misères de l'extravagance contre la satiété des biens dont l'ordre social les accablait dès le berceau. Je me représentais ce malheureux cardinal de Rohan, entre Cagliostro et Mᵐᵉ de Lamotte, qui, je le vois bien, sont déjà d'accord pour le conduire aux bords de l'abîme ; et ma propre curiosité est-elle bien innocente ? Que vais-je faire dans cette caverne dorée qu'habitent des êtres que je méprise, mais qui devraient me faire horreur ? Je me rappelle mes premières années si doucement écoulées sous le toit paternel, celles qui se sont passées au collége entre l'étude des lettres et celle de la vertu, et encore le temps où j'étais séduit par des erreurs qui peuvent laisser des regrets, mais non pas des remords. Je m'accuse de faiblesse, et je prends la résolution de me séparer sans éclat mais tout à fait de Mᵐᵉ de Lamotte et de sa bande.

Cagliostro, devant qui je n'avais pas desserré les lèvres, m'avait jugé un homme fort savant. Ces dames avaient confirmé un jugement si honorable pour moi, et la semaine suivante je reçois de Mᵐᵉ de Lamotte une invitation pressante à souper. Je ne peux pas douter que ce ne soit une seconde représentation de Cagliostro. J'avais assez de la première : je refuse en mettant en avant quelque honnête excuse. Mᵐᵉ de Latour, que je rencontre chez Mᵐᵉ de Crozat, me reproche ma singularité. « Vous avez été tout de
» feu, me dit-elle, pour connaître le comte de Cagliostro ;
» huit jours se passent, et vous refusez de souper avec lui.
» — Cela s'explique à merveille, répondis-je ; si M. le
» comte de Cagliostro n'est à mes yeux qu'un homme

» d'une espèce particulière, curieux à voir une première
» fois et fort ennuyeux la seconde, pourquoi voulez-vous
» que j'affronte cet ennui-là ? Permettez-moi de réserver
» les bontés de madame votre sœur pour une meilleure
» occasion. — Mais, en vérité, je ne conçois pas que vous
» traitiez si mal le comte de Cagliostro ; c'est un homme
» extraordinaire ; vous ne savez pas tout ce qu'il peut faire.
» — Je m'en doute un peu, et je ne me soucie pas d'en
» être témoin. — Monsieur, vous prenez avec nous le
» mauvais ton de M. de Latour. — Je ne sais, madame,
» si votre mari a un bon ou mauvais ton avec les femmes,
» mais ce n'est pas de vous que je devrais l'apprendre. »
La dame me quitte fort piquée, et je m'applaudis tout bas
d'être déjà brouillé avec celle-là.

Je ne savais pas ce qui fondait la crédulité, les espérances, les rêves de Mme de Latour. L'un des prestiges de Cagliostro était de faire connaître à Paris un événement qui venait de se passer à l'instant même à Vienne, à Londres, à Pékin, ou bien qui se passerait dans six jours, dans six mois, dans six, dans vingt ans. Mais il avait besoin pour cela d'un appareil ; cet appareil consistait dans un globe de verre rempli d'eau clarifiée et posé sur une table. Cette table était couverte d'un tapis fond noir, où étaient brodés en couleur rouge les signes cabalistiques des roses-croix du degré suprême. Sur cette table et autour du globe se plaçaient, à des distances religieusement gardées, différents emblèmes, entre lesquels de petites figures égyptiennes, des fioles antiques pleines d'eau lustrale, et même un crucifix, mais différent de celui qu'adorent les chrétiens. Cet appareil préparé, il fallait placer à genoux, devant le globe de verre, une *voyante*, c'est-à-dire une jeune personne qui aperçût les scènes dont le globe allait offrir le tableau, et qui en fît le récit; mais une *voyante* était difficile à trouver, parce qu'il y fallait plus d'une condition. La jeune personne devait être d'une pureté qui n'eût d'égale que celle des anges, être née sous une constellation donnée, avoir les nerfs délicats, un grand fond de sensibilité, et les yeux bleus. Par un bonheur indicible, Mlle de Latour, nièce de Mme de Lamotte, après avoir été dûment examinée par Cagliostro, fut déclarée remplir toutes les conditions d'une *voyante* et proclamée telle. La mère faillit en mourir de joie, et crut que les trésors de Memphis et de la grande ville de l'intérieur de l'Afrique allaient tomber sur sa famille, laquelle en avait prodigieusement besoin.

La jeune innocente ou la voyante agenouillée et les yeux fixés sur le globe rempli d'eau, l'évocation commençait. Celui qui présidait ce mystère redoutable devait être affilié à un ordre d'hommes qui, depuis l'origine des choses, gardent le grand secret, dont quelques parcelles ont été révélées, par-ci par-là, aux mages, aux prêtres d'Égypte, aux hiérophantes, aux magiciens, aux templiers, aux roses-croix. L'évocateur appelle les génies par un concours d'emblèmes et de paroles cabalistiques, et les somme d'entrer dans le globe et d'y représenter les événements passés qu'on ignore, ou ceux à venir dont on veut avoir connaissance. Il paraît que ce jeu n'amuse pas du tout les génies, parmi lesquels il s'en trouve de têtus qui ne se soucient pas d'aller se blottir dans un globe de verre rempli d'eau pour y être aux ordres d'un magicien, et même des brutaux qui se battent vigoureusement avec lui. Quelquefois l'évocateur sue sang et eau, et pendant des heures entières, pour vaincre la résistance des génies, et n'en vient pas à son honneur. Dans ce cas il déclare qu'il est au bout de son savoir et de ses forces, et on remet à un autre jour. Si, au contraire, les génies cèdent, alors ils entrent pêle-mêle dans le globe de verre, l'eau qui y est contenue s'agite et se trouble : la voyante éprouve des convulsions; elle s'écrie qu'elle voit, qu'elle va voir, et demande à grands cris qu'on la secoure. L'évocateur la soutient comme il peut devant le globe, et lui ordonne, de par le Grand Être, de dire ce qu'elle voit. Il paraît qu'à son tour elle y éprouve plus ou moins de tourment; mais les ordres se succèdent, toujours au nom du Grand Être; ils deviennent de plus en plus pressants, et vont jusqu'à la menace. La pauvre voyante tombe et roule par terre ; on la relève, on la soutient en face du globe, tremblante et échevelée, elle accuse l'apparition à ses yeux, mais encore incertaine et confuse, des choses et des personnes qui doivent composer la scène qu'on veut connaître. L'évocateur ne la tient pas quitte à si bon marché; il faut qu'elle reconnaisse les personnages, qu'elle accuse les habits qu'ils portent, les gestes qu'ils font, et répète enfin les paroles qu'ils prononcent. On obtient tout cela avec beaucoup de patience, à travers des contorsions, des grincements de dents, des convulsions si fortes, qu'à la fin de la séance on porte la voyante à demi-morte sur un lit.

On aurait de la peine à croire que de telles scènes se passaient en France à la fin du xviiie siècle; elles occupaient cependant des gens considérables à la cour et à la ville. Le comte d'Estaing s'était laissé séduire par ces folies et s'en portait le défenseur. Le cardinal de Rohan s'émerveillait de l'avantage que la nouvelle divination allait lui procurer sur ses ennemis, et il se répandait que M. le duc de Chartres, à la cour duquel on avait décidé de ne plus croire à Dieu, était tout disposé à croire à Cagliostro, tant il est vrai qu'il y a dans la faiblesse humaine une source toujours ouverte à la crédulité, et que, si cette source n'est pas épuisée par la religion et ses mystères, elle s'épanche au hasard sur des sujets ou ridicules ou dangereux. M. de Malesherbes m'a dit que Voltaire rentrait chez lui de mauvaise humeur lorsqu'il avait entendu dans la campagne des corneilles croasser à gauche, et Bonaparte croyait à la fatalité.

J'avais laissé, comme je l'ai dit, Mme de Lamotte à ses intrigues, à ses grandeurs et à ses miracles, et je me partageais entre le travail et les sociétés qui étaient par elles-mêmes et pour moi de la bonne compagnie. Deux fois par mois, tout au plus, je passais chez Mme de Lamotte; si elle était absente, je m'inscrivais à sa porte, et la visite comptait; si je la rencontrais, il y avait entre nous une sorte de langage convenu. Elle ne me disait plus rien de sa fortune, de ses liaisons et de ses affaires à Paris; nos relations ne consistaient donc plus que dans des rapports de froide politesse.

Le hasard me conduisit au dernier souper que j'ai fait chez elle : un de mes confrères avait parlé au Palais, devant moi, de l'arquebuse de Paris, et y avait ajouté la circonstance qu'un président à mortier, M. Piñon, en était le colonel. Je savais que l'arquebuse de Bar-sur-Aube tenait le premier rang entre les institutions militaires de la cité. Je ne croyais pas qu'on connût rien d'aussi ridicule à Paris. Je fus curieux de le vérifier : mon confrère m'en offrit les moyens et me proposa de me conduire à une fête de l'arquebuse qui devait être justement célébrée quelques jours après. J'accepte, et nous nous y rendons.

Nous nous amusons pendant quelques moments de la tournure assez ridicule des petits bourgeois de Paris, revêtus de très-riches uniformes, et du caractère assorti de la fête, à laquelle présidait en effet M. Pinon fils.

Mon confrère était attendu à une soirée; je le force de partir dans mon cabriolet, et je reste encore quelque temps au bal où figuraient de fort jolies femmes. Je sors à pied, sur les dix heures, et je côtoie le boulevard dans le dessein de prendre une voiture de place à la station de la rue Saint-Louis. Parvenu à la hauteur de la rue Neuve-Saint-Gilles, où demeurait Mme de Lamotte, je descends cette rue machinalement et me trouve à la porte de son hôtel. Je me reconnais et je demande s'il y a quelqu'un ; on me répond que les maîtres sont tous absents, et que je ne trouverai que Mlle Colson. Je n'en suis que plus enclin à m'arrêter. Cette demoiselle Colson est une parente de M. de Lamotte, que madame avait qualifiée et élevée au rang de dame de compagnie; elle ne manquait ni d'esprit ni de malice, et quand je l'avais en rencontre, nous faisions des mains à fond sur les extravagances et les ridicules des maîtres de la maison; on ne lui disait rien, mais elle devinait tout.

« Je crois, me dit-elle ce jour-là, Leurs Altesses occu-
» pées de quelques grands projets. On passe la vie à des
» conseils secrets où le premier secrétaire est seul admis.
» Sa Révérence, le second secrétaire, en est réduit à écou-
» ter aux portes, et il fait trois voyages par jour Vieille-
» Rue-du-Temple, sans deviner un traître mot des mes-

» sages qu'on lui confie. Le frocard s'en désole, car il est
» curieux comme une vieille dévote. »

Nous passons deux heures à médire ainsi du prochain, à deviner, à prophétiser. Quand je veux me retirer, Mlle Colson me montre la pendule : il est minuit. Je ne trouverai plus de voiture sur la place; puisque me voilà si avancé, il ne me reste plus d'autre parti que d'attendre le retour de Mme de Lamotte, qui me renverra ; je consens. Entre minuit et une heure, nous entendons enfin le bruit d'une voiture, d'où descendent M. et Mme de Lamotte, Villette, et une femme de vingt-cinq à trente ans, blonde, fort belle, et remarquablement bien faite. Les deux femmes étaient mises avec élégance, mais avec simplicité; les deux hommes en frac; de sorte qu'on avait l'air de revenir d'une partie de campagne. On commença par des plaisanteries obligées sur mon tête-à-tête avec Mlle Colson, sur le chagrin que nous ressentions d'avoir été sitôt troublés. On déraisonnait, on riait, on fredonnait, on ne tenait plus sur ses jambes. L'inconnue partageait l'allégresse commune, mais elle gardait de la mesure et de la timidité. On se met à table, la joie continue, elle s'exalte, elle devient bruyante ; nous gardions, Mlle Colson et moi, l'air étonné et chagrin qu'on prend nécessairement au milieu de gens très-gais, lorsqu'on ne saurait partager leur joie dont on ignore la cause. Cependant la bande livrée à cet accès d'hilarité était gênée de notre présence, parce qu'elle l'empêchait de parler à cœur ouvert du sujet de sa joie et d'en savourer toutes les circonstances. M. de Lamotte consultait Villette pour savoir s'il y avait tant de danger à parler. Villette répondit qu'il ne tenait pas pour vrai l'adage qu'on n'était trahi que par les siens, qu'on l'était par tout le monde, et qu'en vérité la discrétion... Il en était là quand Mme de Lamotte, à côté de laquelle il était à table, lui porta vivement la main à la bouche, et lui dit du ton le plus impératif : « Taisez-vous, » M. Beugnot est trop honnête homme pour nos confi- » dences. » Je rends ses termes sans y changer une syllabe. Le compliment eût été flatteur si, dans le langage ordinaire, Mme de Lamotte ne se fût pas indifféremment servi des mots *honnête homme* et de *bête,* comme synonymes.

Mme de Lamotte, suivant son usage avec moi, détourna la conversation sur Bar-sur-Aube, sur ma famille, sur l'époque où je comptais retourner. Chacun aspirait à la fin du souper. Je demande à Mme de Lamotte ses chevaux pour me reconduire. Elle n'y élève qu'une légère difficulté : il faut qu'elle renvoie l'inconnue qui était à souper; elle décide que le plus éloigné jettera l'autre chez lui. Je m'en défends : je demande à la belle dame la permission de la reconduire, quel que soit le quartier qu'elle habite, et je me plains de ce qu'il sera toujours trop près. La figure de cette femme m'avait jeté dès le premier coup d'œil dans cette sorte d'inquiétude qu'on ressent devant une figure qu'on est bien sûr d'avoir vue quelque part, sans qu'on puisse se rappeler dans quel endroit et dans quel temps. J'avais l'espoir de m'en éclaircir en la reconduisant. Je lui adressai différentes questions pour qu'elle me mît sur la voie : mais je n'en pus rien tirer, soit que Mme de Lamotte, qui lui avait avant son départ parlé en particulier, eût recommandé de la discrétion avec moi; soit, ce qui me parut plus probable, qu'elle eût naturellement plus de dispositions pour les scènes muettes que pour les scènes parlées. Je déposai cette belle silencieuse rue de Cléry. L'inquiétude que m'avait causée sa figure était sa parfaite ressemblance avec la reine, car la dame n'était rien moins que M{^{lle}} d'Oliva, et a joie qui agitait les convives était occasionnée par le succès complet de la fourbe que l'on venait de jouer dans les bosquets de Versailles, lorsque le cardinal de Rohan, trompé par la ressemblance, reçut de M{^{lle}} d'Oliva quelques paroles et une rose, qu'il crut, dans son délire, tenir de la reine elle-même. Je n'eus pas alors le mot de l'énigme; mais quand l'affaire éclata il me fut promptement donné; je perdis dès lors le droit d'avoir un doute sur les vrais coupables.

Quoique nous ne fussions encore qu'au mois de juillet, je me décidai à retourner en Champagne. Ma sœur partait avec son mari pour la Provence, et je voulais l'embrasser avant son départ. Je craignais pour mes parents une solitude à laquelle ils n'étaient pas habitués, et je regardais le sacrifice de quelques mois de séjour à Paris comme un devoir. J'allai prendre congé de M{^{me}} de Lamotte, qui me fit de vifs reproches de ce départ précipité, et qui me dit qu'elle n'avait le projet de quitter Paris que vers le commencement du mois d'octobre.

Je fus fort surpris de la voir arriver dans les premiers jours d'août avec toute sa maison, le mari compris. Le seul Villette était resté à Paris, comme en sentinelle perdue; et, ce qui paraissait plus étrange, il arrivait chaque jour des fourgons chargés de meubles, en plus grande quantité que la maison n'en pouvait contenir, et des meubles magnifiques. Deux services d'argenterie complets et des porcelaines de la plus grande beauté complétaient ce riche mobilier. Pour comble d'imprudence on étalait un écrin qui contenait pour plus de 200,000 francs de diamants. Le mari en était fourni plus qu'il n'appartient à un honnête homme, et on n'avait pas une voiture qui n'eût été confectionnée en Angleterre avec un soin et une intelligence de détails qui annonçaient que la dépense était la dernière chose dont on s'était occupé.

On signalait, parmi ce mobilier, de ces coûteuses fantaisies dont les arts s'avisent pour tenter la plus haute opulence ; deux serins automates qui chantaient un air à deux parties; des boîtes d'or qui renfermaient des orgues dans leur fond, meuble devenu commun depuis, mais encore rare à cette époque ; des pendules armées de mécaniques qui offraient des scènes diverses à chaque heure qu'elles sonnaient. Et, en présence de ces objets, on devinait qu'ils n'avaient pu être achetés que par des gens qu'ennuyait leur argent, et qui étaient pressés de le jeter par les fenêtres. Toutefois on s'accordait à penser que M. le cardinal de Rohan faisait les frais de ce brillant gaspillage, et on admirait le bon emploi que faisait Son Éminence des fonds de la Grande-Aumônerie. La première représentation que le ménage avait donnée de sa magnificence avait étonné ; celle-ci inquiétait et était tout près d'indigner. Le mari et la femme ne donnaient aucun signe d'inquiétude : la table était excellente, les fêtes se succédaient. On essayait d'attirer la ville chez soi et de se répandre dans les environs ; mais on ne réussissait que médiocrement à l'un comme à l'autre. J'en fis un jour une triste expérience.

Brienne était à cette époque l'un des châteaux de France le mieux habité. Il y venait de Paris des personnes considérables et des hommes de lettres distingués ; et la noblesse du canton y faisait une cour assidue. On y jouait la comédie, comme partout. M. de Lamotte me dit un jour qu'il est invité par M. de Brienne et me propose une place, si je suis curieux du spectacle ; j'accepte. Nous partons dans une voiture fort brillante, attelée de quatre chevaux et trois laquais derrière. Prêt à monter, j'aurais voulu me dédire, parce que je sentais que j'allais avoir ma part du ridicule de cette ostentation ; nous descendons, au grand scandale de ceux que nous avons en rencontre. Heureusement pour nous, les apprêts de la comédie absorbaient toutes les attentions et entre autres celles des maîtres de la maison. Nous entrons au salon, afin qu'on nous y ait vus, et nous passons dans la salle de spectacle. J'étais à côté de M. de Lamotte, et je m'aperçus bientôt qu'il était le point de mire de lorgnettes malveillantes qu'on se passait de main en main avec des rires moqueurs ou en haussant les épaules. Il y fournissait sujet : il était mis avec une singulière recherche, et ce qui était du plus mauvais goût, il était parvenu à faire entrer des diamants dans sa toilette, à une époque où régnait déjà beaucoup de simplicité dans le costume. Il portait, en effet, un frac uni, de drap couleur bleu céleste, un gilet blanc brodé en passé, et une culotte de taffetas serin. Ceci n'annonçait encore qu'un élégant un peu fade ; mais voici ce qui complétait la sottise. On portait déjà comme aujourd'hui les fracs croisés sur le devant, mais avec des revers plus larges. Mme de Lamotte avait imaginé de faire broder sur le revers gauche de l'habit de son mari un beau bouquet de lis et de roses entremêlés. Cette parure n'avait été portée par personne jusque-là et ne l'a jamais été depuis. Chacun de se demander ce que cela pouvait signifier, et qui que ce soit ne se doutait que c'était une sorte de parodie de l'écusson réuni de Monsieur et de Madame, dont l'un contenait des fleurs de lis et l'autre des roses. La bêtise et la fatuité ne pouvaient pas aller plus loin.

En sortant de la comédie on revint au salon. La réunion se composait de la noblesse des environs et de gens de lettres de Paris ; de l'abbé Morellet, de Laharpe et de Masson de Morvilliers. Je saluai Mme de Brienne qui à peine me le rendit d'un coup de tête et me tourna le dos ; l'accueil du maître de la maison se réduisit à un « bonsoir Monsieur, » prononcé d'un ton sec. On est mal à l'aise au milieu d'un cercle nombreux quand on a été froidement accueilli des maîtres de la maison. Je restais debout, ne sachant où porter mes pas dans ce camp ennemi, quand mon étoile amena au salon le comte de Dampierre : il s'empara de ma personne dont je ne savais que faire. C'était une bonne fortune pour lui que de me parler des innovations de toute espèce qui fermentaient déjà dans sa tête ; c'en était une bien meilleure pour moi que de l'écouter. Pour ne pas être distrait par le souper, il m'entraîne à table, à côté de lui, et m'offre dans sa personne le double mérite de parler avec chaleur et de manger à la fois avec un brillant appétit. J'étais un peu distrait par le soin de vérifier quel était le sort de mon compagnon de voyage. M. de Dampierre me ramenait toujours au sujet qu'il traitait : « Ne
» prenez pas garde, disait-il, c'est un pauvre diable d'élé-
» gant qui est là-bas, et aux dépens de qui ces gens-ci
» s'amusent depuis deux heures ; le connaissez-vous ? —
» Oui, un peu. — Eh bien ! qu'est-ce que c'est ? est-il des
» nôtres ? comprend-il où nous sommes ? — Pas le moins
» du monde. — Eh bien ! qu'ils en fassent ce qu'ils vou-
» dront. » Puis, M. de Dampierre de reprendre avec la même force la suite du discours. Le souper avait fini,

mon interlocuteur n'était pas au bout, et, en sortant de table, je l'écoutais avec un surcroît de complaisance, parce que le rôle d'auditeur était une contenance précieuse pour moi. Je ne sus ce qui s'était passé que par les récits de quelques convives qui venaient nous raconter les tours qu'on avait joués à M. de Lamotte pendant le souper. Il avait été à la rigueur sevré de toute nourriture, en dépit du repas splendide qui était sous ses yeux, et il s'était levé de table aussi mal lesté que Sancho Pança au sortir du premier festin qu'on lui servit dans son gouvernement. Cela n'avait pu se faire que par un concert de bons tours dont le succès ravissait les inventeurs. C'était à qui viendrait nous raconter ceux de sa façon. Le comte de Dampierre pestait contre les interrupteurs : « C'est bien, c'est
» très-bien ! mais laissez-nous donc tranquilles, nous
» n'avons ni culotte serin, ni bouquet brodé à la bouton-
» nière ; voilà votre homme blotti dans la cheminée ; allez
» rire à ses dépens, puisqu'il est d'humeur à le souffrir,
» et laissez-nous parler raison. » M. de Lamotte s'enhardit ; il vient jusqu'à moi et me propose de partir. Je consens de grand cœur ; mais il restait encore quelque chose au fond du calice ; quand je vais, en grande humilité, saluer M. de Brienne et lui demander, presque en tremblant, s'il aurait quelque ordre à me donner pour Bar-sur-Aube, il me fait signe d'avancer, et, en sortant des mains de M. de Dampierre, qui n'était jamais prêt de finir, je retombe dans celles de M. de Brienne qui ne lui cédait guère. Ce dernier ne s'était pas mis à table et n'avait été pour rien dans les plaisanteries dont M. de Lamotte avait été victime. Il avait même repoussé avec humeur le compte qu'on lui en avait rendu ; mais il n'approuvait pas

pour cela que je me fusse présenté chez lui en une telle compagnie. Je m'excuse de mon mieux en affirmant que M. de Lamotte m'a dit qu'il était invité à Brienne pour ce jour-là même. M. de Brienne me prouve que, M. de Lamotte invité ou non, j'avais eu le plus grand tort de l'accompagner. J'en tombe d'accord et j'en demande pardon, parce que c'était le moyen le plus court d'en finir. Et la conversation s'établit de suite sur un autre sujet. Il n'y avait presque pas d'affaires du canton où M. de Brienne ne prît intérêt, et toujours dans les vues les plus respectables. J'étais consulté dans beaucoup. Il y avait donc entre nous plus d'un sujet d'entretien ; celui-là fut long. Le pauvre M. de Lamotte se tenait à distance, épiant nos gestes et attendant le moment où j'aurais ma liberté ; et pendant ce temps-là on passait et repassait devant lui avec des signes de mépris ou de pitié. Je n'osais pas prononcer son nom et faire observer qu'il m'attendait depuis une heure. Je risque un premier salut comme pour prendre congé. M. de Brienne n'en fait œuvre et continue de parler. Quelques minutes après je recommence, et il me propose de coucher à Brienne. Pendant ce débat, mon compagnon de voyage était sur des charbons. Enfin une petite pointe de courage me saisit et je prends définitivement congé. Je sors avec M. de Lamotte et nous montons dans son magnifique équipage, ayant derrière deux laquais avec des flambeaux allumés, et, outre ces deux, un nègre couvert d'argent de la tête aux pieds. Les fenêtres du salon de Brienne donnent sur la terrasse du Nord qui forme la cour d'honneur du château. Mme de Brienne et toute l'assistance sont aux fenêtres pour contempler la magnificence de notre départ, et le saluer par des battements de mains, des rires et des moqueries qui arrivent très-distinctement à nos oreilles. La voiture n'en descend que plus vite. Je prends le parti de sembler ne m'être aperçu de rien de ce qui s'est passé. M. de Lamotte prend celui de ne pas s'en plaindre. Nous nous rejetons l'un et l'autre sur le spectacle auquel nous avons assisté; sur la manière dont la comédie a été jouée, et nous tombons à qui mieux mieux sur madame de Brienne, qui, à son âge et avec sa figure, a la hardiesse de se charger des rôles des plus jolies et des plus fines soubrettes. De retour chez nous, M. de Lamotte se tait par modestie sur l'accueil qu'il a reçu, j'en fais autant par générosité; mais bientôt l'aventure s'ébruite et s'embellit par les récits de ceux qui y avaient joué des rôles, et elle partage pendant quinze jours, avec l'énigme du *Mercure*, l'intérêt et la curiosité de tous les châteaux des environs. Mme de Brienne n'a cessé de la raconter et de s'y plaire qu'en cessant de parler, quoique j'aie pris quelquefois la liberté de lui dire que c'était l'un des moments de sa vie où la bonté lui avait manqué.

Quelques jours après, Mme de Lamotte me propose de l'accompagner dans une visite qu'elle va faire à M. le duc de Penthièvre, qui se trouvait alors à Châteauvilain. La plaie de Brienne était saignante encore, et j'ai juré mes grands dieux qu'on ne m'y reprendrait plus : je refuse. Elle insiste; je lui fais observer que n'ayant aucun titre à être reçu du prince, ni rien à lui demander, je ne veux pas subir le dîner de son gentilhomme d'honneur, ni même le café de Son Altesse. Il faut que j'ajoute, pour l'intelligence de ce que je viens de dire, que, dans aucune des maisons des princes du sang, l'étiquette n'était plus scrupuleusement gardée que chez M. le duc de Penthièvre. Son humilité toute chrétienne ne dépassait pas le sanctuaire. Mme de Maintenon avait profondément inculqué au duc du Maine qu'il devait être d'autant plus sévère à se faire rendre ce qui lui était dû comme prince du sang, qu'il pourrait trouver disposés à se mettre à l'aise sur ce point ceux qui s'obstinaient à faire quelque différence entre un prince légitime et un prince légitimé.

La tradition des leçons de la royale institutrice s'était gardée dans cette branche détournée de la famille de Louis XIV. Elle n'était pas encore perdue pour la vertueuse famille de M. le duc de Penthièvre, qui, facile dans le commerce de la vie, n'en affectait pas moins sur certains points des prétentions exagérées, sans vouloir reconnaître qu'elles n'étaient plus du tout de saison. Lorsqu'on se présentait à Châteauvilain, le matin, pour faire sa cour, on sollicitait cet honneur par un des gentilshommes du prince, et il était accordé pour le jour même, au sortir de la messe. Le prince accueillait avec une égale et douce bonté tous ceux qui lui étaient présentés. Les nobles étaient invités à dîner avec lui, les autres chez son premier gentilhomme. MM. du Hausier et de Florian, qui en remplissaient tour à tour les fonctions, étaient deux modèles de la plus gracieuse urbanité. Après le dîner du premier gentilhomme, on proposait ou de prendre le café chez lui ou d'aller le prendre avec le prince. Le second parti ne pouvait manquer d'être adopté. On passait au salon, où se trouvaient, en force et le ton haut, ceux qui avaient eu l'honneur de dîner avec Son Altesse. Ils ne manquaient pas de saluer les arrivants avec une complaisance pleine de protection. Il y en avait dans le nombre d'assez mal vêtus, d'autres qui ne paraissaient pas merveilleusement élevés; mais déjà tous, dans la crainte d'être confondus avec des non nobles, avaient ressaisi la vieille épée ou le couteau de chasse, car les deux ornements étaient également admis à la cour de Châteauvilain. Ensuite M. de Penthièvre poussait les attentions jusqu'à la recherche pour les nouveaux venus. Cette figure d'une sérénité si touchante, le son de sa voix, le maintien, tout était en accord chez ce prince pour exprimer la plus haute et la plus aimable vertu. On y reconnaissait un dernier reste du temps de Louis XIV, qui nous avait, il est vrai, été transmis par les grâces, mais que la religion avait sanctifié. On ne pouvait pas trop payer le plaisir de jouir, même pour quelques instants, de sa douce présence. Cependant, tout ce qui n'était pas noble ne se présentait à Châteauvilain que s'il dépendait du prince ou s'il avait quelque grâce à en solliciter. J'y avais été une fois dans ce dessein, non pas cependant pour un intérêt qui me fût personnel. Je ne pouvais assurément que me louer de la réception qui m'y avait été faite; toutefois, je n'avais nul désir d'y retourner.

Je résistai donc à Mme de Lamotte. Je lui proposai seulement de me jeter à Clairvaux, qui se trouve sur la route de Bar-sur-Aube à Châteauvilain, et de venir m'y reprendre le soir, après sa visite faite. Les choses ainsi arrangées, nous partons le 17 août 1785, jour que je ne peux oublier, à huit heures du matin. Mme de Lamotte me laisse à Clairvaux, comme nous en étions convenus, et se rend à Châteauvilain; elle y dîne et y reçoit un accueil qui étonne ceux qui composent cette cour. Le prince la reconduit jusqu'à la porte du deuxième salon donnant sur le grand escalier, honneur qu'il ne fait point aux duchesses et qu'il réserve pour les princesses du sang, tant les leçons de Mme de Maintenon sur les honneurs à rendre à l'illégitimité étaient toujours présentes à son esprit.

Pendant que Mme de Lamotte faisait sa visite, je restais à Clairvaux, où j'étais habitué de la maison. L'abbé m'engage à y passer trois jours, si la fête de saint Bernard ne me fait pas peur, et me promet pour ma récompense que j'entendrai l'abbé Maury, qui arrive le soir même pour prêcher le panégyrique du saint. J'accepte de grand cœur. C'était une grande affaire à Clairvaux que le jour de la Saint-Bernard. Les pauvres qui se présentaient à la porte de l'abbaye y recevaient des distributions, et les bourgeois de Bar-sur-Aube ou des environs étaient admis à dîner au réfectoire, où M. l'abbé présidait, ce qui ne lui arrivait que cette seule fois dans l'année. Je désirais assister à ce dîner, un peu pour me moquer de l'abbé, qui avait parlé devant moi de cet usage comme d'une vieillerie qu'il allait supprimer, et traité avec mépris les convives qui s'y présentaient. Cet abbé était de belle taille, de belle et gracieuse figure, à ce point que quand, après son élection, il eut l'honneur d'être présenté au roi, à Versailles, la reine, frappée de son extérieur et de la noblesse avec laquelle il portait le costume de son ordre, ne put retenir cette exclamation : « Ah ! le beau moine. » Dom Rocourt était poli avec les hommes, galant avec les femmes, et, avec ou malgré tout cela, fort bête. Je n'ai jamais pu lui faire comprendre, au commencement de la révolution, que c'était fait de lui, de son abbaye et de ses moines, lesquels l'abandonneraient avec toute sorte de joie. Il disposait de trois ou quatre cent mille livres de rentes, avait de belles voitures, ne marchait qu'avec quatre chevaux et un piqueur en avant.

Il se faisait donner du Monseigneur par ses moines et les gens de sa cour, et aussi par ceux en grand nombre qui avaient besoin de lui. Il gouvernait despotiquement je ne sais combien de couvents d'hommes et de femmes qui dépendaient de son abbaye, et se plaisait beaucoup à la visite de ces derniers. Quand la révolution l'eut dépouillé de tout cela, il ne restait plus qu'un bellâtre insignifiant, qui s'était retiré à Bar-sur-Aube avec une gouvernante et une fille qu'il lui avait faite. A l'époque du Concordat, j'essayai de le tirer de là et de le porter à un évêché. Portalis y était tout disposé : nous lui avions même réservé Châlons ; mais, après avoir quelque temps balancé, mon homme finit par refuser. Il aurait fallu qu'il renonçât à son entourage pour se vouer sérieusement au ministère apostolique, ce qu'il ne voulait ou plutôt ce qu'il ne pouvait pas faire.

Je reviens à Mme de Lamotte. Elle fut de retour vers huit heures ; je lui fais part de l'engagement que j'ai pris ; elle veut être de moitié et rester aussi pour la fête de saint Bernard. L'abbé s'excuse : cette solennité est toute religieuse, les dames qui habitent communément Clairvaux en fuient pour ce jour-là, et l'abandonnent à la religion de saint Bernard et à ses enfants ; mais elles reviennent dès le lendemain, et l'abbé presse Mme de Lamotte d'en augmenter le nombre. Il se confond en respects et en adorations. M. l'abbé savait, à n'en pas douter, les liaisons intimes qui subsistaient entre le cardinal de Rohan et Mme de Lamotte, et il la traitait comme une princesse de l'Église.

On fait une promenade et une partie en attendant l'abbé Maury et le souper ; neuf heures sonnent, et l'abbé Maury n'est pas arrivé ; à neuf heures et demie on décide de ne

plus l'attendre. A peine chacun était à sa place qu'on entend le bruit d'une voiture : c'était le panégyriste de saint Bernard; l'abbé court à sa rencontre et le force d'entrer dans la salle à manger, sans lui donner le temps de quitter son habit de campagne. A peine on avait pu déployer les serviettes que l'abbé demande au voyageur, qui arrive de Paris, ce qu'on y dit, ce qu'on y fait et s'il y a des nouvelles. « Comment des nouvelles ? reprend
» l'abbé Maury; mais où vivez-vous donc ? Il y a une
» nouvelle à laquelle on ne comprend rien, qui étonne, qui
» confond tout Paris. M. le cardinal de Rohan, grand
» aumônier de France, a été arrêté mardi dernier, jour de
» l'Assomption, en habits pontificaux et en sortant du ca-
» binet du roi. — Sait-on le motif d'une arrestation aussi
» violente? — Non, pas précisément. On parle d'un collier
» de diamants qu'il a dû acheter pour la reine, qu'il n'a
» pas acheté. On ne conçoit pas que, pour un pareil chif-
» fon, on ait arrêté le grand aumônier de France en habits
» pontificaux, vous l'entendez, en habits pontificaux, et en
» sortant du cabinet du roi ! »

Dès que la nouvelle avait frappé mes oreilles, j'avais jeté les yeux sur Mme de Lamotte, qui avait laissé tomber sa serviette des deux mains, et dont la figure pâle et immobile restait perpendiculaire à son assiette. Le premier moment passé, elle fait effort et s'élance hors de la salle à manger. L'un des dignitaires de la maison la suit, et, quelques minutes après, je quitte la table et vais la retrouver. Déjà elle avait fait mettre ses chevaux ; nous partons. Voici à peu près notre entretien : « J'ai peut-être eu tort
» de quitter si brusquement, surtout en présence de
» M. l'abbé Maury? — Pas du tout; vos liaisons avec

» M. le cardinal sont connues et presque avouées.
» Il va ici de sa vie peut-être; votre rôle est de courir
» au-devant des lettres, des courriers, des nouvelles.
» Vous eussiez été coupable de perdre le temps à souper
» à Clairvaux; mais pouvez-vous vous expliquer à vous-
» même cette arrestation? — Non, à moins que ce ne soit
» pour quelque tour de main de son Cagliostro; le cardi-
» nal en est infatué; ce n'est pas ma faute, je n'ai cessé
» de l'avertir. — A la bonne heure; mais qu'est-ce que
» cette histoire d'un collier que le cardinal a dû acheter
» pour la reine? comment charge-t-on un cardinal d'a-
» cheter un collier? et comment la reine aurait-elle choisi
» pour cette commission le prince Louis, qu'elle déteste
» ouvertement? — Je vous répète que c'est du Cagliostro
» tout pur. — Mais vous avez reçu ce charlatan, et ne
» vous êtes-vous compromise en rien avec lui? — Abso-
» lument rien, et je suis tout à fait tranquille; j'ai eu grand
» tort de quitter le souper. — Ce tort n'en est pas un. Si
» vous êtes tranquille pour votre compte, vous ne devez pas
» l'être sur celui d'un ami malheureux. — Ah bah! vous
» ne le connaissez pas; puisque le voilà dans l'embarras,
» il est capable de dire cent sottises pour s'en tirer. —
» Mme de Lamotte, vous dites là bien plus que je n'aurais
» voulu en entendre; j'ai un dernier service à vous pro-
» poser : il est dix heures du soir, nous approchons de
» Bayet; je vais vous y déposer à la garde d'un ami dont
» vous savez que je peux répondre. Je retournerai avec
» votre voiture à Bar-sur-Aube; j'avertirai M. de La-
» motte, qui, dans une heure, peut venir vous chercher
» dans un cabriolet de poste attelé de vos deux meilleurs
» chevaux. Il y chargera ce que vous avez de plus pré-

» cieux, et vous prendrez tous deux, cette nuit même, la
» route de Châlons, car celle de Troyes n'est pas sûre pour
» vous. Vous gagnerez la côte de Picardie ou celle de
» Normandie. Ne vous présentez ni à Boulogne, ni à
» Calais, ni à Dieppe, où peut-être vous êtes déjà
» signalés ; mais, entre ces ports, il y a vingt endroits de
» passage, où pour dix louis on vous jettera en Angle-
» terre. — Monsieur, vous m'ennuyez à la fin ; je vous ai
» laissé aller jusqu'au bout, parce que je pensais à autre
» chose. Faut-il vous répéter dix fois de suite que je ne
» suis pour rien dans cette affaire ? Je le répète : je suis
» très-fâchée de m'être levée de table, comme si j'étais la
» complice des folies de votre cardinal. — Madame, n'en
» parlons plus, je veux cependant ajouter que plus d'une
» fois, et de votre aveu, vous vous êtes repentie de n'avoir
» pas suivi mes conseils ; fasse le ciel que dans la circon-
» stance votre repentir ne soit pas plus cuisant qu'à l'or-
» dinaire ! »

Nous cheminons en silence pendant une demi-heure.
A l'entrée de la ville, je la supplie au moins de brûler les
papiers qui peuvent compromettre elle ou le cardinal :
« C'est, dis-je, une mesure commandée par l'honneur d'un
» côté, et par votre propre sûreté de l'autre. » Elle y consent. Je m'offre pour l'aider, elle ne refuse pas ; et, en
descendant de voiture, nous montons dans son appartement. Son mari, sorti le matin pour une partie de chasse,
n'était pas encore rentré. Nous ouvrons un grand coffre
de bois de sandal rempli de papiers de toutes couleurs et
de toutes dimensions. J'étais pressé d'en finir : je lui
demande s'il y a dans ces papiers des obligations au porteur ou des billets de la caisse d'escompte ; et, sur sa

réponse négative, je propose de tout jeter au feu en bloc. Elle insiste au moins pour un examen sommaire; nous y procédons, fort lentement de son côté, et précipitamment du mien. C'est là qu'en portant des regards assez fugitifs sur quelques-unes des mille lettres de M. le cardinal de Rohan, j'ai vu avec pitié quel ravage avait fait chez ce malheureux homme le délire de l'amour exalté par le délire de l'ambition. Il est heureux pour la mémoire de M. le cardinal que ces lettres aient été supprimées; c'est une perte pour l'histoire des passions humaines; mais quel était donc le siècle où un prince de l'Église n'hésitait pas d'écrire, de signer, d'adresser à une femme qu'il connaissait si peu et si mal, des lettres que de nos jours un homme qui se respecte le moins du monde pourrait commencer de lire, mais n'achèverait pas jusqu'au bout?

Entre ces papiers mélangés, il se trouvait force factures quittancées ou non, des offres de terres à vendre, des annonces d'objets précieux, d'inventions nouvelles, comme si toutes les cupidités s'étaient coalisées pour puiser dans le pactole qui coulait aux pieds de Mme de Lamotte. Je rencontrais des lettres de Bohemer et Bossange qui parlaient de collier, de termes échus; qui accusaient réception de certaines sommes, qui en demandaient de plus fortes. Je consultai Mme de Lamotte sur l'usage qu'il en fallait faire : elle hésita un moment dans sa réponse, et je pris vite le parti le plus sûr, c'est-à-dire que je jetai tout au feu. L'expédition fut longue. Je quittai Mme de Lamotte en pressant plus que jamais son départ. Elle me répondit par la promesse de se mettre au lit sur-le-champ. Je l'abandonnai donc dans ses appartements empoisonnés de l'odeur qu'avaient répandue, en se consumant, des

papiers et des cires imprégnés de vingt parfums différents.
Il était trois heures du matin ; à quatre elle était arrêtée,
et à quatre et demie, sur le chemin de la Bastille. L'examen
quoique très-superficiel que j'avais fait de ses papiers avait
fixé mes incertitudes; mais j'avais trouvé tant d'extravagance dans les lettres de M. le cardinal, que je les croyais
perdus tous deux, et l'un par l'autre.

J'appris son arrestation par M. de Lamotte, qui vint sur
les six heures du matin m'en rendre compte d'un ton
suffisant et tranquille. Il n'avait point pris part durant la
nuit à la revue des manuscrits de madame son épouse,
parce qu'en rentrant elle avait annoncé qu'elle allait se
mettre au lit et avait fermé sa porte pour tout le monde,
sans l'excepter. Il n'avait appris que le matin, et par sa
femme déjà arrêtée, ce qui se passait à Paris et pourquoi
on l'y conduisait. Il affecta avec moi un grand calme :
« Mme de Lamotte n'est partie que pour trois ou quatre
» jours au plus; elle va donner au ministre quelques expli-
» cations dont on a besoin. Je calcule qu'elle sera de retour
» mercredi ou jeudi, et il faudra nous entendre pour aller à
» sa rencontre et la ramener en triomphe chez elle. — Mon-
» sieur, lui dis-je, je vous apprends, puisque vous ne le
» savez pas, que, cette nuit même, j'ai donné à votre
» femme le conseil de partir avec vous pour l'Angle-
» terre, et par la voie la plus courte. Si elle l'eût suivi,
» elle ne serait pas sur le grand chemin de la Bastille. Je
» vous conseille d'exécuter seul ce que je proposais pour
» tous deux : cela sera, croyez-moi, beaucoup plus sûr
» pour vous que de perdre un temps précieux ou à vous
» bercer d'illusions ou à vous efforcer d'en inspirer aux
» autres. Je connais assez votre position pour vous dire

» nettement que vous jouez le rôle d'un imbécile ou d'un
» fat. — Comme vous le prenez aujourd'hui avec moi !
» Que vous a donc dit Mme de Lamotte ? — Elle ne m'a
» rien dit. Raison de plus pour que je vous conseille une
» très-prompte retraite ; vous m'entendez, très-prompte. »
— M. de Lamotte hausse les épaules et me quitte en fredonnant un air. De retour chez lui, soit qu'il ne fût venu que pour me donner le change et le donner à d'autres par moi, soit que mes conseils lui aient enfin paru bons à suivre, il monte en voiture et gagne précipitamment l'Angleterre. Ceci se passait le 18 août ; c'est quatre jours après seulement qu'on revint à Bar-sur-Aube pour l'arrêter.

Je n'ai jamais pu me rendre raison de la conduite du ministre au début de cette affaire. Le cardinal de Rohan est arrêté le 15 à midi, et, dès l'explication qu'il fournit dans le cabinet du roi, en présence de la reine, de M. de Vergennes et du baron de Breteuil, il déclare qu'il a été trompé par une femme qui s'appelle la comtesse de Valois de Lamotte. Il n'y avait pas à hésiter sur une pareille déclaration : vingt-quatre heures suffisaient pour faire arrêter Mme de Lamotte à Bar-sur-Aube. Cependant la journée du 16, celle du 17, se passent, et c'est seulement le 18, à cinq heures du matin, que s'exécute cette mesure si pressante ! Si Mme de Lamotte eût eu, comme on devait le croire, quelqu'un à Paris qui lui eût envoyé un courrier le 16 ou même le 17 au matin ; si seulement elle eût voulu profiter de l'avis qu'elle avait reçu à Clairvaux par l'abbé Maury, qui l'avait fort innocemment donné, cette femme échappait, et alors la situation du cardinal était désespérée. Mais poursuivons : il s'agit de l'escroquerie d'une

magnifique parure de diamants, opérée par une suite de
négociations assez compliquées. On arrête Mme de Lamotte,
mais on l'arrête seule. Ce n'est que cinq jours après que
l'on se présente pour arrêter son mari, comme si celui-ci,
averti par le sort de sa femme de ce qui l'attendait, avait
dû se tenir tranquille chez lui et se préparer dévotement à
un voyage pour la Bastille. Huit jours après qu'on sait le
départ de M. de Lamotte [1], on s'avise enfin de songer aux
diamants; on revient à Bar-sur-Aube les demander, et apparemment avec l'espoir de ne pas les trouver ; car comment pouvait-on supposer que M. de Lamotte, à qui on en
avait laissé le temps, ne les avait pas emportés, ou ne les
avait pas mis en lieu de sûreté? Voilà pour Bar-sur-Aube.
A Paris, on donne à Villette, le secrétaire de confiance
de Mme de Lamotte, le loisir de se retirer en Suisse, et il y
met le temps; car ce Villette, le plus lent et le plus imprudent des hommes, passe dix jours à Paris à s'informer de
tous côtés, et fort publiquement, des progrès de l'affaire,
et il ne se décide à s'éloigner que lorsqu'il y est forcé par
des gens qui lui portaient quelque intérêt. Il n'y a pas jusqu'à ce Père Loth, ce minime déhonté, à qui on laisse
le temps d'aller s'ensevelir sous un autre nom dans un
couvent éloigné de son ordre. Comment expliquer cette
conduite du baron de Breteuil? Était-ce impéritie de ses
bureaux, où, grâce à une indulgence qui datait du règne

---

[1] M. Mustiphragasis, comte de Valois, chevalier de Saint-Louis et
de la Couronne, noble à cheval d'Angoulême, vient de mourir à Paris,
très-vieux et assez pauvre. Il avait été marié à la fameuse Mme de La-
motte-Valois, qui dupa si audacieusement le cardinal de Rohan dans
l'affaire du collier. Il était généralement connu sous le nom de Valois-
Collier. (*Journal de Paris* du 12 novembre 1831.) [E.]

de Louis XIV, on avait perdu la tradition de la manière ferme et vigoureuse d'appliquer en pareil cas les ordres du roi? Faut-il en attribuer quelque chose à la singulière incapacité du lieutenant de police de Crosne, à qui les yeux manquaient pour apercevoir les ressorts si habilement montés par ses deux derniers prédécesseurs, MM. de Sartine et Lenoir? A cette époque, la police de sûreté était encore forte, parce que c'est une machine qui va d'elle-même et qu'il ne s'agit que de ne pas la déranger; mais la police politique était faible, parce qu'elle dépend en grande partie du savoir-faire de ceux qui la dirigent au sommet, et que M. le baron de Breteuil ne trouvait pas, à beaucoup près, dans le bon et crédule M. de Crosne, les secours que M. Amelot, son prédécesseur, avait trouvés dans le très-habile M. Lenoir. Ce qui est incontestable ici, c'est que la fameuse affaire du collier a été, dès l'origine, dirigée par le ministère avec une telle impéritie que les amis du cardinal ont été autorisés à accuser le baron de Breteuil d'avoir tout ménagé pour le triomphe de sa passion et de ses ressentiments. J'ai quelques raisons de croire que les deux causes ont concouru, et je trouverai bientôt l'occasion de donner les motifs de mon opinion [1].

Supposons que l'affaire ait été menée avec intelligence et fermeté. Dès le 15, on eût mis les scellés à Paris chez Mme de Lamotte, arrêté ses deux secrétaires et avec eux tous ceux qui avaient des rapports intimes dans la maison. Le

---

[1] Dans le premier instant, l'avis du roi, de la reine et des ministres fut que le cardinal, obéré de dettes, avait voulu s'approprier le collier en abusant du nom de la reine. Dès lors Mme de Lamotte se présentait aux yeux de ces personnages, non pas comme auteur de l'escroquerie, mais tout au plus comme complice du cardinal. Ce ne fut que quand la cul-

16, on eût saisi à Bar-sur-Aube M. et Mme de Lamotte, leurs papiers, leurs diamants, et encore leurs affidés dans cette ville. On eût réuni tout cela à la Bastille, et alors l'instruction eût été trop facile. Par exemple, on eût trouvé dans l'écrin de Mme de Lamotte une bonbonnière que j'y ai admirée dix fois. C'était une boîte d'écaille noire entourée de gros diamants parfaitement égaux et de la plus belle eau ; le sujet du dessus de boîte était un soleil levant qui dissipait les nuages à l'horizon ; on faisait jouer un ressort, et, sous ce premier sujet, on trouvait un portrait de la reine, vêtue d'une simple robe blanche, sans autre parure sur la tête que ses cheveux relevés à la mode de l'époque et les deux boucles qui, de chaque côté, lui tombaient sur le col, et tenant une rose à la main, précisément dans l'attitude et le costume du rôle qu'avait joué Mlle d'Oliva dans le bosquet de Versailles. On aurait rapproché de cette boîte deux lettres du cardinal à qui il paraît qu'on l'avait fait espérer comme un gage de réconciliation avec la reine. On aurait vu qu'on lui avait donné tous les détails de ce magnifique bijou, qu'il ne faisait plus de doute sur la main dont il allait le tenir, et qu'il en perdait la tête. On aurait saisi bien des détails d'un grand intérêt, mais qui devaient disparaître dès qu'on n'a plus traité l'affaire que comme une simple escroquerie où il ne restait d'extraordinaire que le nom des personnages qui y figuraient.

Je ne pouvais pas deviner jusqu'où le baron de Breteuil

---

pabilité de cette femme se laissa apercevoir que l'on sentit le besoin de s'assurer de son entourage. Voilà l'explication que, après avoir lu les *Mémoires de Georgel*, on peut donner aux retards dont l'auteur s'étonne. [E.]

pousserait en cette affaire la maladresse ou la malveillance, et, en concluant ce qu'il ferait de ce qu'il devait faire, je m'attendais à être arrêté. Je me souvenais alors de la secrète horreur que j'ai toujours éprouvée en passant devant la Bastille, et je la prenais pour un pressentiment. Je n'osais pas quitter Bar-sur-Aube et je tremblais d'y rester, parce que je me peignais le désespoir des miens, si on venait à m'enlever de la maison paternelle pour me conduire à l'entrée du faubourg Saint-Antoine. Un heureux incident me tira d'embarras. La ville de Bar-sur-Aube avait alors un procès assez sérieux prêt à être jugé au conseil. L'avocat demandait qu'on envoyât quelqu'un pour le suivre à la cour. Le choix de la municipalité tomba sur moi, et je pus regagner la capitale sans qu'il y eût de doute sur le sujet de mon voyage. Ma position y était fort délicate. L'affaire du collier occupait vivement les esprits : elle n'était cependant point éclaircie, et je ne me présentais nulle part qu'on ne me mît sur la sellette. Je pris le parti de me séquestrer de toute société. Je n'allai point au Palais, et je m'occupai uniquement de l'affaire au conseil pour laquelle on m'avait député. Cette affaire avait divisé la population de Bar-sur-Aube, comme toutes celles de quelque gravité qui naissaient alors dans les petites villes. Le parti contre lequel j'écrivais et je sollicitais à la fois trouvait ma présence à Paris fort importune, et il essaya de m'en éloigner. Je recevais des lettres dictées par l'amitié la plus pure, mais qui n'osait pas se découvrir, et où on me donnait avis que j'allais être mis à la Bastille. On me conjurait de m'éloigner bien vite. Ces avis me trouvaient d'autant mieux disposé à m'en troubler que je regardais, je le répète, mon arrestation comme fort naturelle. Le dernier que je reçus me fit impression, parce qu'on l'avait entouré de telles circonstances que je devais juger qu'il me venait indirectement d'un premier commis de la maison du roi, avec lequel j'étais étroitement lié, mais que par délicatesse je m'étais abstenu de voir. J'eus d'abord envie de recourir au grand protecteur des affligés de la province, au comte de Brienne; je lui avais donné, par ma malheureuse visite, si beau jeu pour m'accabler de reproches en cette affaire que je ne voulus pas m'y exposer. J'allai trouver un vieil ami, M. Finot, qui, fidèle à l'axiome du président de Harlay, trouvait qu'en attendant le moment de se justifier, il était toujours prudent de se mettre hors de la portée des premiers coups, et il me citait doucement, pour m'encourager à fuir, l'exemple d'un de nos clients qui était venu sous mes yeux se constituer prisonnier pour purger une contumace oubliée depuis vingt ans, et avait failli y laisser sa tête, malgré la protection du président de Lamoignon qui lui avait donné ce dangereux conseil. J'aurais, je crois, pris le parti de la fuite, si je n'eusse dans le moment dépendu que de moi; mais j'étais député de ma ville natale, j'étais chargé de la défendre dans une affaire sur laquelle le conseil allait incessamment prononcer; abandonner un tel intérêt, fuir devant un devoir sacré, c'était m'avouer coupable. Je sentis même que ce serait me rendre suspect que de consulter plus longtemps avec d'autres. Je me renfermai dans moi-même, et, après avoir balancé le pour et le contre, je me déterminai à rester, quelque chose qu'il pût m'en coûter. Au bout du compte, je n'avais pas à me reprocher une seule démarche, un seul conseil que pût désavouer un honnête homme; je n'avais donc rien à redouter, si, ce qui ne paraissait pas d'abord probable, l'affaire était renvoyée devant les tribunaux ; et si elle était traitée comme une affaire d'État, tout ce qu'il pourrait en résulter de plus fâcheux pour moi serait de passer six mois, un an tout au plus, à la Bastille. On rencontrait chaque jour dans le monde des gens à qui cela était arrivé et que cela n'avait en rien diminués. Mon parti une fois pris, j'essayai de m'apprivoiser avec la retraite dont j'étais menacé : je préparai mon nécessaire de Bastille. Je le composai de petites éditions de nos meilleurs auteurs que l'on appelait alors des *Cazins*, du nom du libraire qui les publiait. J'y ajoutai un étui de mathématiques, un atlas, une suffisante provision de papier, de plumes, d'encre et du linge de corps. Je distribuai le tout dans une malle que je rangeai au pied de mon lit, comme un ami placé en sentinelle pour me suivre à quelque heure qu'il me fallût déloger. Je fis plus : j'allai deux ou trois fois à l'entrée du faubourg Saint-Antoine et au jardin de l'Arsenal pour m'apprivoiser avec la vue de la Bastille et pour la détailler autant qu'il se pouvait de loin. En comptant les soupiraux étroits qui servaient de fenêtres, j'essayais de deviner quel était celui qui serait chargé de m'apporter de la lumière. C'est ainsi que je parvins à me familiariser insensiblement avec l'idée qui m'avait causé d'abord tant d'effroi. Le gouverneur de la Bastille, l'infortuné M. Delaunay, était de mon pays. Je l'avais entendu défendre plus d'une fois contre les imputations calomnieuses que Linguet s'était permises contre lui dans ses *Mémoires sur la Bastille*, et, à ce sujet, j'avais entendu dire qu'il apportait à ses pénibles fonctions toute la douceur et toute la politesse compatibles avec ses devoirs. Et on ne m'avait pas trompé ; car les personnes arrêtées, et qui ne se trouvèrent pas compromises dans l'affaire du collier, rendaient à l'envi justice au gouverneur pour le traitement qu'elles en avaient reçu. M. Delaunay a été la première victime d'une révolution qui en a fait tant d'autres, et j'éprouve quelque plaisir à avoir été ainsi conduit par mon sujet à payer un tribut à sa mémoire. J'étais donc encore rassuré de son côté. J'éprouvai cette fois combien il est essentiel de prendre son parti et d'y tenir. Je me débarrassai tout à fait de la peur et je me remis à composer dans l'affaire de Bar-sur-Aube, et avec une entière liberté d'esprit, le meilleur mémoire que j'aie fait de ma vie. Je partis pour le voyage de Fontainebleau, durant lequel l'affaire fut jugée, et je la gagnai, au rapport de M. de la Galaisière, qui voulut bien me dire, au sortir du conseil, que j'avais rendu les questions tellement claires que leur solution n'avait pas éprouvé la moindre difficulté. L'envoi à Bar-sur-Aube de mon mémoire, et de l'arrêt du conseil qui l'avait couronné fut pour moi un petit triomphe local qui chassa bien loin les préventions que mes liaisons avec Mme de Lamotte auraient pu y laisser. J'avais refusé de rien recevoir pour les frais de ma députation, et mes concitoyens, qui voulaient cependant me témoigner leur reconnaissance, m'élurent, quoique je n'eusse pas encore vingt-cinq ans, pour l'un des notables de leur ville, place qui est représentée aujourd'hui par celle de membre du conseil municipal. C'est le premier choix dont mes concitoyens m'aient honoré, et aucun ne m'a apporté un contentement plus vif, quoique depuis j'aie réuni leurs suffrages pour les emplois publics les plus éminents dont ils aient eu à disposer.

L'affaire de Mme de Lamotte avait été pendant le voyage renvoyée devant le parlement. On avait pris le change sur le but de ce renvoi. Le parlement avait été saisi de l'affaire en vertu de lettres-patentes et par forme de commission. On n'avait certainement voulu, en adoptant cette forme, qu'éviter de faire subir au procès les deux degrés ordinaires de juridiction, mais on n'en jugeait pas de la sorte dans le monde, où on connaissait à peine ce qu'étaient deux degrés de juridiction. On savait mieux que cette forme de commission avait été imprimée aux parlements lorsqu'on en avait attendu une justice plus prompte et plus sévère. Les exemples ne manquaient pas à l'appui de cette opinion. On se souvenait des procès du connétable de Bourbon, du maréchal de Biron, du connétable de Montmorency, du garde des sceaux de Marillac, du cardinal de Retz, et, plus récemment, du comte de Lally. Il était d'autant plus permis de croire qu'un grand exemple de sévérité de plus allait être fourni que les lettres-patentes, dans leur préambule, donnaient pour avérés tous les faits qui se rapportaient à l'achat du collier par le cardinal pour le compte de la reine et à son escroquerie par Mme de Lamotte. Il n'y avait donc plus matière à instruction sur ces faits; car dès qu'ils étaient mis en avant par le roi, et que le parlement avait enregistré les lettres-patentes qui les contenaient, sans y faire de remontrances, ils étaient à tous les yeux d'une irréfragable vérité. On aperçoit combien, dans les principes qui nous régissaient alors, il était absurde de faire rechercher par le parlement si ce que le roi avait avancé par des lettres publiques était vrai ou faux. Une pareille théorie ne heurtait pas seulement tous les principes de la monarchie, elle aboutissait jusqu'au crime de lèse-majesté. Puisque le parlement avait adopté les lettres-patentes, il devait en suivre l'esprit. Tenant donc pour avérés tous les faits qu'elles contenaient; il devait soigneusement rechercher jusqu'à quel point la majesté royale en avait été offensée. La négociation, l'achat, l'escroquerie du collier étaient des moyens plus ou moins coupables, mais au bout du compte n'étaient que des moyens. Le grand fait qui dominait cette triste affaire était celui-ci : que M. et Mme de Lamotte avaient eu l'audace de feindre que la nuit, dans l'un des bosquets de Versailles, la reine de France, la femme du roi, avait donné un rendez-vous au cardinal de Rohan, lui avait parlé, lui avait remis une rose et avait souffert que le cardinal se jetât à ses pieds; et que, de son côté, un cardinal, grand officier de la couronne, avait osé croire que ce rendez-vous lui avait été donné par la reine de France, par la femme du roi, qu'il s'y était rendu, en avait reçu une rose et s'était jeté à ses pieds. C'est là qu'était le crime dont le respect de la religion, celui de la majesté royale et des mœurs au dernier point outragées, provoquaient à l'envi la punition. Peut-être il était temps encore de réprimer, par un exemple sévère, cet aveugle emportement qui se jouait de ce qu'il y avait eu jusque-là de plus sacré. Aujourd'hui que la révolution n'a que trop affaibli la religion du respect pour les personnes royales, aujourd'hui même, qui peut concevoir que le parlement n'ait envisagé la scène du bosquet de Versailles que comme une escroquerie, et ceux qui y ont figuré que comme des escrocs et une dupe? La révolution était déjà faite dans les esprits qui ont pu considérer une pareille insulte au roi, dans la personne de sa femme, avec cette indifférence coupable ou ce sang-froid insolent.

Au début on n'avait pas pu croire à une telle issue du procès devant le parlement; et j'étais persuadé que Mme de

Lamotte serait traitée plus rigoureusement qu'elle ne l'a été, c'est-à-dire, qu'elle y perdrait la vie. Quelques jours après mon retour de Fontainebleau, je reçus de M. de Crosne, sur les dix heures du soir, l'invitation de passer sur-le-champ chez lui. Je ne savais à quoi attribuer un tel message qui me donnait quelque souci. Je regardai mon nécessaire de Bastille qui n'était pas encore dérangé, et je crus cette fois qu'il allait me servir ; mais, puisque le parlement était saisi du procès, je ne serais pas longtemps privé de ma liberté. Je me rends chez M. le lieutenant de police. « Monsieur, me dit M. de Crosne en me voyant,
» c'est pour Mme la comtesse de Lamotte que j'ai à vous
» parler. Je suis fâché de vous avoir dérangé si tard, mais
» j'étais pressé de vous voir. » Ce début n'avait rien de rassurant. M. de Crosne ajoute : « Mme de Lamotte, que je
» quitte, vous a choisi pour conseil. Voilà votre ordre de
» passe pour la Bastille. Je vous engage à y être demain
» pour l'ouverture, de 9 à 10 heures. Cette pauvre dame
» n'a pas vu de figure amie depuis deux mois, et je lui ai
» bien promis que demain sans faute vous seriez dans la
» matinée à ses ordres. » Je remercie M. de Crosne de sa lettre de passe, et je lui réponds que je ne puis pas accepter le choix que Mme de Lamotte a fait de moi ; son affaire est des plus graves ; je n'ai ni l'expérience, ni le talent qu'elle requiert. Il y aurait de ma part excès de présomption à m'en charger, et je refuse. M. de Crosne insiste ; il objecte que si j'ai besoin d'être aidé, ce qu'il ne croit pas du tout, j'appellerai tels de mes confrères et au nombre qu'il me plaira ; il me fait surtout observer que c'est une affaire qui va jeter le plus grand éclat et qui peut suffire à la réputation d'un jeune avocat ; et surtout il insiste sur ce

que j'obtiendrai toutes les communications et tous les secours que je pourrai désirer. M. de Crosne, qui était peut-être éloquent pour la première fois de sa vie, ne parvient pas à me séduire. Nous nous quittons. Le lendemain, nouveau message de M. de Crosne; nouvelle visite de ma part. Il me remet une lettre ouverte de Mme de Lamotte, qui ne conçoit pas les difficultés que je fais de me charger de sa défense, et me presse de venir la voir. Le magistrat y joint des commentaires très-pressants, et juge, à l'instance de mes refus, ou peut-être par ce que Mme de Lamotte lui avait dit, que je crois qu'il y a quelque danger attaché au rôle qui m'est proposé. Il cherche surtout à me rassurer à cet égard, et finit par m'engager à voir M. le baron de Breteuil. Je m'en défends encore; je ne pourrais rien dire au ministre, que je ne lui aie dit à lui-même, et il n'obtiendrait pas de moi ce que je refuse à M. le lieutenant de police. M. de Crosne insiste de plus fort, je ne sais en vérité pourquoi, et me fait pressentir que plus de condescendance de ma part aux vues de l'autorité ne nuira pas à mon avancement et à ma fortune, et son refrain favori est toujours : « Voyez M. le baron de Breteuil. » Je lui proteste que je n'aurai point cet honneur, parce que je ne vois pas à quoi cela pourrait me conduire, et je le quitte après lui avoir demandé la permission de lui adresser une lettre en réponse à celle de Mme de Lamotte. Il avait pu savoir par l'un de ses hommes de confiance, avec qui je m'en étais expliqué, que je traitais l'escroquerie du collier comme un pitoyable incident, mais que la scène du bosquet me semblait capitale. C'est apparemment ainsi qu'il voyait lui-même, et il lui convenait que les conseils de Mme de Lamotte partageassent au fond son opinion. Je répondis à la lettre qu'elle m'avait écrite, en fondant uniquement mon refus sur mon défaut d'expérience et de talent, pour une affaire aussi grave; mais j'ajoutai que vainement elle insisterait davantage, parce que ce refus qui m'était dicté par ma conscience était sans retour. Je n'en entendis plus parler.

A ma place, M. de Crosne donna M⁰ Doitot pour conseil à M™⁰ de Lamotte; cet avocat était celui de la famille de M. le lieutenant de police. Il avait plaidé longtemps et non sans quelque renommée; parvenu à l'âge de soixante et quelques années, il s'était retiré dans son cabinet où il était encore recherché comme un jurisconsulte éclairé. Ce vieillard n'approcha pas impunément de M™⁰ de Lamotte : elle lui tourna la tête. Il crut sur parole tous les contes qu'elle lui fit, se passionna pour elle et pour son innocence, et débuta dans l'affaire par un mémoire imprimé, le plus extravagant qui soit sorti de la plume d'un avocat depuis que les avocats font des mémoires. Il n'eut pas moins un succès fou, parce que c'était la préface des *Mille et une Nuits*; et elle était fournie par une vieille perruque de soixante-dix ans.

Cagliostro était violemment attaqué par le mémoire de M™⁰ de Lamotte. M⁰ Thilorier se lança dans la carrière pour défendre l'homme des miracles. Pour la première fois on parla au Palais des souterrains de Memphis, d'où était sorti le héros, et du dédale des Pyramides où il avait été élevé; l'obscurité religieuse qui couvrait son origine, son éducation, sa vie tout entière, furent données comme les présages des merveilles qui devaient se dévoiler un jour et étonner l'univers. En attendant, pour préluder à des destinées surhumaines, Cagliostro avait guéri les malades, secouru les pauvres, consolé les affligés, laissé percer par-ci par-là quelques lueurs de la lumière infinie; mais il ne

concevait pas pourquoi il se trouvait à la Bastille impliqué
dans une affaire à laquelle il était entièrement étranger.
Cette folie dont l'avocat Thilorier, homme de beaucoup
d'esprit, riait le premier, fut tenue pour convenable et bien
à l'ordre du jour.

La femme de Cagliostro avait été mise à la Bastille en
même temps que son mari. Vite un avocat, Me Polverit,
s'empare de sa cause et nous donne dans un mémoire spiri-
tuel et bien écrit la défense de Serafina Feliciani. — « On
ne sait pas mieux d'où elle vient que d'où vient son mari.
C'est un ange sous des formes humaines, qui a été envoyé
sur la terre pour partager et adoucir les jours de l'homme
des merveilles. Belle d'une beauté qui n'appartint jamais à
une autre femme, elle n'est pas un modèle de tendresse,
de douceur et de résignation; non, car elle ne soupçonne
même pas les défauts contraires; sa nature nous offre, à
nous autres pauvres humains, l'idéal d'une perfection que
nous pouvons adorer, mais que nous ne saurions comprendre. Cependant cet ange, à qui il n'est pas donné de
pécher, est sous les verrous; c'est un contre-sens cruel
qu'on ne peut pas faire cesser trop tôt. Qu'y a-t-il de commun entre un être de cette nature et un procès criminel? ».
— Cette nouvelle folie a aussi son succès.

L'avocat Blondel se présente pour Mlle d'Oliva. Son mémoire court, habile et bien écrit, est un petit modèle : il
glisse sur la condition de Mlle d'Oliva, qui ne partage pas
tout à fait l'innocence de Serafina Feliciani; mais l'avocat
la présente comme une jeune personne qui a été trop facile
à tromper, et à qui on a fait jouer dans le bosquet de Versailles un rôle dont elle ne pouvait pas se douter. Tel fut
l'art de l'avocat et telle est en général la puissance d'un

écrit bien fait et dans une juste mesure, que le public se prévint favorablement pour Mlle d'Oliva, et que cette prévention passa du public dans le parlement.

Villette paraît à son tour sur la scène, défendu par Me Jaillant-Deschainets, petit avocat bossu, aussi malin que le comportait sa constitution. Il sait encore tirer parti de la position de ce malheureux. Il le peint, ainsi qu'il l'était en effet, comme un homme facile à l'excès, toujours prêt à rendre les services qu'on lui demande, sans trop en discerner la portée. Il avoue que Villette a tracé au bas de la lettre qui amena le marché du collier, les mots *Marie-Antoinette de France;* mais cette forme de signature n'est pas celle de la reine, elle n'est celle de personne. Or, tracer une ligne insignifiante de tout point au bas de quelque acte que ce soit, n'est pas un délit. Jusque-là tout est bien; mais l'avocat Jaillant reproche ensuite à Mme de Lamotte d'avoir enlacé Villette au milieu de ses piéges, et il est vrai que déjà il était venu s'y offrir, et déjà il était tout meurtri des blessures qu'il s'était faites dans des piéges qui ne valaient pas mieux que ceux de Mme de Lamotte.

Chacun de ces mémoires avait beaucoup de vogue et mettait en lumière les avocats qui les écrivaient, et ceux qui en fournissaient la matière. Voilà qu'un homme jaloux de ce dernier genre de renommée paraît tout à coup sur la scène où personne ne l'attendait. Il publie un mémoire; il dit s'appeler Bette d'Etienville et être un magistrat de province. Il a depuis deux ans accompagné Mme de Lamotte comme son ombre. Il a tout vu, tout entendu; il a assisté à toutes les scènes. Il passe en revue le cardinal, Cagliostro, sa femme, enfin les personnages du procès. A chaque acte il se ménage un rôle et ce rôle est celui d'un homme fort habile. Il lutte avec son génie contre ceux réunis de Mme de Lamotte et de Cagliostro. La lutte est parfois douteuse, mais toujours il finit par triompher. On a beau s'écrier : Mais d'où vient ce nouveau venu! A qui en veut-il? De quel droit publie-t-il un mémoire? Ce mémoire est un roman, qui a du mouvement, de l'intérêt, du style. Tout le monde le lit et s'intéresse pour M. Bette d'Etienville sans se soucier de savoir si c'est un personnage réel ou un être fantastique.

Tels sont les jeux puérils dont on entourait l'une des affaires les plus graves qui aient été présentées au jugement du parlement. Comment lui-même souffrait-il que ces saturnales de l'esprit remplaçassent sous ses yeux les formes graves de la défense? Était-ce un parti pris que d'ensevelir sous l'indécence et le ridicule le crime qu'on ne voulait ni poursuivre ni punir? Il est permis de le croire. La maison de Rohan, puissante par elle-même, par d'illustres alliances, voulait à tout prix sauver l'un des siens dangereusement compromis. Le prince de Condé ne lui avait pas refusé l'appui qu'il devait à une famille alliée. De tels suffrages pesaient de tout leur poids sur la haute société de Paris, que l'arrestation violente du cardinal avait indisposée dès l'origine, et que la dureté passionnée du baron de Breteuil n'avait pas ramenée. Des clients de la maison de Rohan partout répandus faisaient pénétrer l'intérêt pour le cardinal jusque dans les classes moyennes. On espérait, non sans raison, que cette masse d'opinions s'élèverait vers le parlement et suffirait pour détourner les voies de la sévérité. Ce grand corps commençait à perdre de son aplomb. Le parti de l'opposition à la cour s'y fortifiait tous les jours. Le ministre des finances, de Calonne, avait aliéné le premier président d'Aligre pour quelques affaires où ce dernier avait des torts réels; mais le moment était mal choisi pour les ébruiter. M. d'Aligre n'avait aucune des qualités qui fondent un grand magistrat. Il avait plutôt les défauts opposés; mais il était d'une singulière dextérité à manier sa compagnie, et il y avait, depuis 1774, ménagé constamment la majorité à la cour. A cette condition, l'ancien gouvernement était encore possible pour quelque temps du moins. Mais si, en 1786, M. d'Aligre ne favorisa pas l'opposition dans le parlement; il la laissa se former : elle trouvait, chose inouïe, des encouragements à Versailles et même près du trône. A l'époque du procès du cardinal, cette opposition n'était pas encore prononcée, mais elle existait déjà, n'attendant que l'occasion. On conçoit qu'elle ait fait l'essai de ses forces dans cette malheureuse affaire. Elle n'y exerça que trop d'influence : la cour en fut blessée, et M. de Calonne profita de ce moment d'irritation pour faire passer son assemblée de notables. Le parlement ne pouvait pas douter que cette assemblée n'ait été imaginée contre lui. Il ne la pardonna pas, même aux successeurs de M. de Calonne; et on sait quels désastreux ont été les résultats de ces premières intrigues. On a besoin de rassembler les traits épars de ce tableau pour se rendre raison de ce qu'il y a d'étrange et de scandaleux dans la poursuite et le jugement de l'affaire de M. le cardinal de Rohan.

LES ÉLECTIONS EN 1789.

III

LES ÉLECTIONS EN 1789

Élections aux États généraux. — Tableau des élections du bailliage de Chaumont.

......Je partis de Paris emportant avec moi le fameux résultat du conseil qui accordait la double représentation au tiers-état, et le retentissement de l'effet prodigieux que la publicité de ce résultat avait produit dans la capitale. En passant par Châlons, je le remis moi-même à l'intendant et aux procureurs-syndics provinciaux. Il ne pouvait plus être question de l'affaire qui m'avait conduit à Paris; de trop grands intérêts occupaient alors l'attention pour qu'on pût en revendiquer la plus légère dose pour une petite querelle entre deux administrateurs subalternes dans un coin de la province. On me fit même l'honneur de croire que je m'étais servi de cette querelle comme d'un prétexte pour arriver à la cour de M. Necker et me faire connaître du grand homme du jour. Je laissai passer cette interprétation, parce qu'elle était encore moins ridicule que la réalité.

Je retournais à Bar-sur-Aube pour me mettre en mesure

d'accomplir l'engagement que j'avais à peu pris avec Mme de Staël, de me faire nommer député. J'avais d'abord été servi à souhait; car, durant et malgré mon absence, mes concitoyens m'avaient nommé électeur pour l'assemblée bailliagère. Malheureusement pour moi, Bar-sur-Aube ne nommait pas directement aux États généraux. Cette ville, celle de Joinville et leurs ressorts, venaient se réunir à Chaumont, chef-lieu du bailliage électeur; or j'étais précédé à Chaumont d'une défaveur de circonstance, car c'était aux dépens du ressort de cette ville que six mois auparavant j'avais composé le présidial de Bar-sur-Aube. Néanmoins je me confiais dans la masse de suffrages que je traînais après moi. Mon espérance s'accrut encore lorsque je trouvai à Chaumont, avec les mêmes titres et la même ambition que moi, M. Becquey, qui remplissait aussi à Joinville la place de procureur-syndic du tiers-état. M. Becquey était de mon âge; j'avais fait sa connaissance au Palais, lorsque tous deux nous y suivions les audiences, et déjà il avait, entre les jeunes gens, la réputation qu'il a conservée sans nuage jusqu'aujourd'hui, celle d'un galant homme et d'un homme de beaucoup d'esprit. On ne jurait que par lui à Joinville, et il y était au moins aussi accrédité que je l'étais à Bar. La coalition entre nous était faite par nos positions respectives. Il paraissait évident qu'en réunissant les deux masses des électeurs de Bar et de Joinville nous emportions les deux tiers des suffrages, et comme il ne fallait que la majorité pour être nommé, notre nomination, même en faisant la plus grande part aux défections, semblait assurée. Nous y prîmes tous deux trop de confiance. Ce n'était pas sans une secrète joie et beaucoup de mépris apparent que nous entendions nommer les hommes vulgaires qu'on nous opposait. M. Becquey a dans le caractère l'espèce de hauteur qui préserve de toute démarche équivoque. Ce sentiment est honorable, et par conséquent contagieux; il me l'avait communiqué. D'ailleurs nous étions tous deux un peu frottés d'orgueil par le rôle que nous avions joué dans l'assemblée provinciale, et nous rejettions comme fort au-dessous de nous les démarches indispensables en pareil cas pour se faire un parti quand on n'en a pas, et, ce qui est plus difficile, pour conserver son parti quand on en a un.

Les électeurs des trois ordres arrivèrent en foule à l'assemblée générale, présidée par le baron de Mandat, grand bailli de Chaumont. Le baron de Mandat était un gentilhomme dans la pleine acception du terme; plein d'honneur, généreux jusqu'à la prodigalité, et qui contentait tout le monde, excepté ses créanciers. Les électeurs se réunirent sous sa présidence pour assister à la messe du Saint-Esprit, préliminaire respectable et obligé de nos grandes assemblées. La chose qui frappait le plus les regards était le costume du grand bailli : chapeau garni de plumes, petit manteau à l'espagnole, cravate tombante, l'épée haute, la rosette aux souliers. Nous n'avions pas encore pris, quitté et repris des habits de toutes formes, et nous étions facilement étonnés de tout ce qui excédait le vêtement de tous les jours; d'ailleurs M. de Mandat, petit de taille, facétieux d'esprit, avait du comique dans le caractère et sur la figure, et il ne ressemblait pas mal, dans son costume de grand bailli, à Crispin en habit des dimanches. La messe fut célébrée tant bien que mal, au milieu du bruit. Mais, au sortir, chacun de se précipiter sur le passage de M. le grand bailli pour jouir de son aspect. Il marchait précédé de deux hallebardiers, qui frappaient à droite et à gauche, et rudement, sur les électeurs trop curieux. L'un d'eux fut jeté à terre et foulé aux pieds; les autres prirent son parti. Le tumulte éclatait avec violence, et le souverain au berceau allait déjà faire des siennes, quand M. Becquey s'élança dans la chaire de Saint-Jean pour essayer de séparer les combattants par le glaive de la parole. Ce jour-là était le premier des nouveautés : c'en était encore une qu'un profane dans la chaire de vérité. Elle produisit un effet prompt; la figure de M. Becquey dans la chaire devint le *forte virum quem;* on cessa de se prendre aux cheveux pour le plaisir de l'entendre. En orateur habile il prit d'abord son auditoire par son faible ; il s'étendit sur la dignité et l'inviolabilité des électeurs, et gourmanda les hallebardiers de M. le grand bailli pour avoir blessé l'un et attenté à l'autre; mais, au nom de cette dignité même, il engagea MM. les électeurs à ne pas être aussi prompts à se faire justice et à garder plus sévèrement le décorum. Il promit que M. le grand bailli punirait le zèle un peu trop brutal de ses hallebardiers. Ses dernières paroles furent une touchante exhortation à la paix, à la confiance et à l'émulation à qui remplirait mieux les hautes fonctions d'électeur. Des applaudissements unanimes se firent entendre au lieu même où à l'instant éclataient des cris de fureur, et chacun retourna tranquillement chez soi. Le triomphe de M. Becquey fut complet, et il paraissait difficile qu'on n'envoyât pas aux États généraux un jeune orateur si habile à calmer les passions et à prêter à la sagesse toutes les séductions de l'esprit.

Les trois ordres se réunirent en assemblée générale. Le procureur du roi y fit un discours fort long et assez insignifiant. Le grand bailli, heureusement assez expéditif de sa nature, y ajouta quelques mots, et renvoya chacun des ordres dans sa chambre respective.

L'ordre du clergé nomma pour président l'abbé de Clairvaux et deux curés pour secrétaires. Les curés étaient de beaucoup les plus nombreux dans cette chambre, où ils apportaient une envie déchaînée contre les moines et contre le haut clergé. Sans nul doute il faut faire la part à d'honorables exceptions; mais en général ces prêtres imprudents et fort ignorants, avaient perdu le respect de la chaîne sacrée qui unit entre eux les divers degrés de la hiérarchie ecclésiastique; ils marchaient en aveugles à la conquête des dîmes, à l'abaissement du haut clergé, à la dispersion des ordres religieux; si on leur en eût laissé le temps et les moyens, ils auraient établi le presbytéranisme sans le vouloir et sans le savoir. Les curés avaient nommé pour leur président l'abbé de Clairvaux, mais ils avouaient tout haut qu'ils n'avaient décerné cet honneur qu'à la fortune de l'abbé, et parce qu'il était, sans nulle comparaison, le membre de la chambre qui pouvait le plus magnifiquement représenter, c'est-à-dire leur donner les meilleurs dîners. Quelque excellents que fussent ceux qu'il donnait, ils n'empêchèrent pas qu'on ne l'abreuvât d'amertumes durant sa présidence; il lui fallut subir, de la part d'ecclésiastiques, ces reproches et ces quolibets contre les moines que les séculiers bien élevés ne se permettaient plus, et personne ne justifiait moins cette persécution que le dernier abbé de Clairvaux, dom Rocourt; c'était un bel homme, de formes élégantes, d'une politesse recherchée avec les hommes et qui aboutissait à la galanterie avec les femmes. Un extérieur aussi heureux lui avait donné la réputation d'un homme supérieur. Il ne l'était par aucun côté : il avait l'esprit peu étendu, peu ou point d'instruction, et pas la moindre prévoyance. Il regardait comme impossible qu'on renversât l'édifice de saint Bernard. Quand il l'a vu renversé sous ses yeux, à peine il a pu y croire, et il est mort trente ans après en espérant toujours son rétablissement. Assurément il y avait de l'inhumanité à persécuter un aussi honnête homme.

Le grand bailli présidait de droit la chambre de la noblesse. Le comte de Choiseul-d'Aillecourt et *** furent nommés secrétaires. Les premières maisons de France figuraient à cette assemblée, mais la plupart par procuration. L'esprit qui l'animait n'était pas bien prononcé. Le duc d'Orléans était le plus grand propriétaire dans l'étendue du bailliage de Chaumont, il avait chargé de ses pouvoirs le vicomte de Montmorency-Laval. La femme de ce seigneur, séparée de biens d'avec lui, figurait aussi parmi les propriétaires de ce bailliage; mais moins confiante que le prince, elle n'avait pas cru devoir accorder à son mari l'honneur de la représenter; et comme il fallait avoir soi-même voix délibérative dans l'assemblée pour y représenter quelqu'un, on aurait pu contester à M. le vicomte de Laval l'entrée de la chambre. Quelques hommes sévères le proposèrent; le plus grand nombre passa sur la difficulté.

Le vicomte de Laval avait quitté le Palais-Royal avec la confiance qu'il enlèverait toutes les nominations pour le parti d'Orléans, dont il était le noble émissaire. Il s'était fait précéder d'un projet de cahier pour les communes, de la composition de l'abbé Siéyès, et qui avait été envoyé à toutes celles où M. le duc d'Orléans était seigneur. De plus, il apportait avec lui un projet de cahier, du même auteur, pour l'assemblée bailliagère; et dans le dessein de renforcer son apostolat, on l'avait flanqué d'un abbé de Limon, l'un des roués du Palais-Royal, de la seconde classe, conséquemment homme d'esprit et d'audace, et qui présentait réunis dans sa personne tous les scandales que son habit pouvait comporter. Enfin, pour que rien ne manquât à la provision, ces messieurs apportaient avec eux bon nombre de cordons d'un chapitre de femmes, qui à la vérité n'existait pas encore, mais que le duc d'Orléans avait le projet de créer, et dont, attendu l'urgence, il distribuait dès à présent les décorations aux femmes dont le crédit pouvait le servir. Si on ajoute à ces honorables moyens de séduction quelques autres plus usuels, tels que des dîners, des bals, des soirées, des promesses de toute étendue, des engagements qu'on appelait sacrés, et tout cela au milieu d'une petite ville de province peuplée de pauvres Champenois, il faudra bien pardonner à M. le vicomte de Laval de n'avoir pas, au début, douté du succès.

Ce seigneur était d'ailleurs orné d'un grand fonds de confiance en lui-même : laissant à son frère aîné, le duc de Laval, le renom des paroles singulières, il s'était emparé de celui des actions ; on l'avait vu courir aux manœuvres de Potsdam et y baiser la botte du grand Frédéric, puis venir s'en targuer à Paris comme de quelque chose d'héroïque ; il avait, bien entendu, rapporté de ce célèbre pèlerinage un enthousiasme permanent pour la discipline et les manœuvres prussiennes. On le comptait parmi les zélateurs de l'immobilité machinale, de l'ordre mince et des coups de plat de sabre. Longtemps il avait tourmenté le beau régiment d'Auvergne, dont il était colonel, de sa manie d'innovations, de ses caprices et de sa sévérité, et comme il n'employait à tout cela que peu d'esprit et beaucoup de faux dans le peu qu'il en avait, qu'il menait d'ailleurs une vie déréglée, il avait parfaitement déplu à Louis XVI, et s'était jeté, comme de raison, dans le parti d'Orléans. Vingt ans plus tard je l'ai retrouvé en Allemagne, au service de l'Empereur et à la tête d'un corps de nouvelle formation, qu'on appelait, je crois, les *Gendarmes d'ordonnance*. J'ai même été chargé de la douloureuse mission de le licencier lui et son corps. Si j'arrive jusque-là de mes Mémoires, je dirai ce que je lui ai vu faire, et on sera fort habile si on y reconnaît même le vicomte de Montmorency-Laval que je viens de peindre.

Mais c'était encore, à l'époque dont je parle, un seigneur de la cour de France, poli et d'assez bonnes manières, quoique affectées. Apparemment on lui avait indiqué M. Becquey et moi comme des hommes essentiels à gagner. La connaissance se fit à ses fêtes et à ses dîners, et il nous invita à passer un matin chez lui pour nous communiquer quelque chose d'essentiel. Nous y accourons, attendant quelque nouvelle inopinée de Paris; c'était pour nous lire, en grande solennité, le projet de cahier de l'abbé Sieyès. Il fallait qu'on eût donné à M. le vicomte de Laval un maître de déclamation moderne avant que de le laisser partir pour sa mission; il lisait son cahier avec une emphase soutenue, et affectait de faire sonner fortement la lettre M lorsqu'elle suit immédiatement la lettre I, et que celle-ci est l'initiale du mot; comme le mot *impôt* s'offrait à chaque instant dans le discours, le lecteur, qui allait en s'animant, enchérissait sur la manière de le prononcer, et finissait par le chanter. Nous étions prévenus, et de reste, de ce que contenait le fameux cahier.

Nous n'étions donc intéressés que par la déclamation,

mais elle excitait, chez M. Becquey et chez moi, une égale et très-vive envie de rire, et c'est à notre bonne fortune que nous devons de n'avoir pas éclaté. Il nous resta la force de remercier M. le vicomte de Laval de sa communication, d'applaudir aux idées généreuses que contenait le cahier, et de voir boire un verre d'eau à l'orateur exténué; mais nous n'eûmes pas sitôt franchi le pas de la porte, que nous rîmes à cœur joie du lecteur et de la confiance où il était qu'il nous avait frappés d'admiration et de reconnaissance.

Quelque peine qu'y ait prise M. le vicomte de Laval, et malgré les efforts de son entourage, poussés jusqu'à l'indécence, il ne put jamais prévaloir dans la chambre de la noblesse; il ne fut pas plus heureux lorsqu'il s'adressa pour être nommé à la chambre du tiers-état. Le terrain était excellent pour le parti d'Orléans, qui comptait surtout dans la chambre du tiers un grand nombre d'officiers, de régisseurs, de fermiers principaux, tous hommes influents; mais dès lors ce parti excitait une défiance qui, à Chaumont, avait gagné toutes les classes, et rien n'était moins propre à l'adoucir que la manière dont M. le vicomte de Laval s'y était pris. Il en fut donc pour ses dîners, ses bals, ses déclamations, voire même ses cordons, car, avant de faire retraite, il avait employé cette réserve. Dans un bal donné par le lieutenant-général du bailliage il avait reçu deux chanoinesses. L'endroit était assez singulièrement choisi pour faire des religieuses; mais celles-là étaient à tous égards des religieuses pour rire.

On ne pouvait jusque-là qu'applaudir à la prévoyance de la chambre de la noblesse, mais elle donna ensuite une preuve singulière d'ingratitude en repoussant M. le comte de Brienne. Ce seigneur, respectable de tous points, ne partageait pas la défaveur qui s'attachait au seul nom de son frère; on savait que s'il avait paru au ministère avec lui, c'était qu'il n'avait pu s'en dispenser; car il était sans ambition personnelle. Protecteur chaud et assidu, la chambre de la noblesse semblait, s'il est permis de s'exprimer de la sorte, pavée de gentilshommes qu'il avait relevés, placés, établis. On s'attendait que la noblesse profiterait d'une circonstance unique de lui prouver sa reconnaissance, et voudrait le consoler en famille de l'espèce de disgrâce qu'il venait d'essuyer en public : il n'en fut rien. On voyait cabaler tout haut contre lui des jeunes gens, créatures de la maison de Brienne, qui devaient au comte leur récente promotion dans les premiers grades de l'armée, et lorsque je leur en adressais assez vertement le reproche, ils me répondaient froidement : « Oui, le comte de Brienne est un » excellent homme, mais c'est un homme fini; il faut le » laisser tranquille chez lui. » La déloyauté fut portée à ce point que je ne sais pas si ce bienfaiteur de la contrée réunit autant de voix que moi. Les suffrages se réunirent sur le comte de Choiseul-d'Aillecourt, colonel de cavalerie, homme assurément honorable à plus d'un titre, mais à qui on supposait des talents qu'il ne déploya point à l'Assemblée nationale; on lui donna pour collègue M. Clermont d'Esclaibes, gentilhomme inconnu jusque-là, et que sa présence à l'Assemblée n'a pas fait connaître davantage.

La chambre du tiers n'avait pas d'esprit prononcé. Les électeurs, en grand nombre, circulaient dans les rues ou obstruaient les cabarets, en attendant ce qu'on voudrait faire d'eux; on les avait réunis pour former le bureau, ou plutôt pour nommer des secrétaires; car le lieutenant du grand bailli était le président-né. Nous fîmes, M. Becquey et moi, la première faute de négliger cette nomination, qui nous eût alors réussi. Lorsque les partis ne sont pas encore formés, il est utile d'apprivoiser, par ce premier scrutin, les électeurs avec votre nom. Les secrétaires restent d'ailleurs constamment sous les yeux de l'assemblée; ils sollicitent sans rien dire, et ce n'est pas là la plus mauvaise manière. Les secrétaires nommés, l'assemblée se divisa en bureaux pour examiner les cahiers des communes et rédiger un projet de cahier du bailliage qui serait rapporté à l'assemblée. Nous fûmes nommés, M. Becquey et moi, pour nous occuper en particulier de ce travail, et nous le prîmes fort à cœur. Je ne fus frappé de rien de remarquable dans la liasse de cahiers qui me passa sous les yeux; sans doute il eût été d'un véritable intérêt d'y lire l'expression naïve des besoins et des doléances du tiers-état d'un bout de la France à l'autre. Là eussent été déposés les meilleurs éléments de l'histoire de l'époque; mais tous ces cahiers avaient été copiés sur des cahiers imprimés qui circulaient alors, avec quelques additions qui étaient toujours l'œuvre du praticien de l'endroit. Par exemple, dans les communes, en grand nombre, dont M. le duc d'Orléans était seigneur, on avait religieusement copié le cahier rédigé par l'abbé Sieyès, et ce qu'on y trouvait quelque part d'ajouté formait d'étranges contrastes avec le reste. Ainsi, après avoir vu demander la séparation sévère du pouvoir législatif, exécutif et judiciaire, la liberté de la presse, le jugement par jury, l'abolition de toute servitude, les habitants insistaient pour que leurs chiens de basse-cour fussent délivrés du *billot*, espèce de piquet fort lourd qu'on suspendait, par ordre du seigneur, au col de ces pauvres bêtes

pour les empêcher de saisir un lièvre, si, par hasard, il s'offrait à leur portée ; je dis par hasard, car les chiens de cette espèce ne sont point disposés à la chasse et s'écartent rarement des habitations ; mais on tenait tellement à la suppression du *billot* que la demande en est, malgré mes représentations, restée au cahier du bailliage. Plus loin, toujours après avoir voté pour toutes les libertés déjà échappées du cerveau de l'abbé Sieyès, les habitants demandaient encore qu'il leur fût permis d'avoir des fusils chez eux pour se défendre des loups. Un seul de ces cahiers me parut mériter qu'on s'y arrêtât ; c'était celui d'une commune voisine de Châteauvillain : le rédacteur avait accumulé une foule de vœux plus ou moins exagérés, et il terminait par cette formule insolente : « Donnons pouvoir à
» nos députés de solliciter du seigneur roi son consentement
» aux demandes ci-dessus ; dans le cas où il l'accorderait,
» de l'en remercier ; et dans le cas où il le refuserait, de le
» *déroiter.* » Le dernier mot était souligné. Je portai ce cahier au procureur du roi, à qui je remontrai qu'il me paraissait convenable qu'il dénonçât ce cahier à la chambre, d'abord pour qu'il fût retranché du nombre de ceux dont elle s'occuperait, et qu'il fît ensuite ses réserves d'en poursuivre les auteurs et rédacteurs par la voie criminelle. Le procureur du roi parut effarouché de la découverte et me promit bien de sévir, mais il avait des prétentions à la députation ; il craignit de se dépopulariser en faisant son devoir : l'insulte à la majesté royale ne fut point relevée ; le mot transpira et fut répété ; on finit même par le trouver plaisamment imaginé. L'auteur n'avait probablement voulu faire qu'une misérable plaisanterie, et ne se doutait guère qu'il avait fait un pronostic !

Tandis que je m'occupais ainsi de l'examen des cahiers, on ourdissait contre moi une forte intrigue. La ville de Chaumont, ancien rendez-vous de chasse des comtes de Champagne, est perchée sur un rocher entouré de tous côtés d'un pays stérile. On y avait établi, pour corriger le malheur de cette position, un présidial dont le ressort, très-étendu, embrassait Bar-sur-Aube et Joinville. Chaumont ne vivait que de sa juridiction. Rien ne pouvait attirer sur ce rocher qu'un procès, et le seul commerce qu'on y fît était celui du papier timbré. Aussi grand y était le nombre des conseillers, des avocats, des procureurs, des greffiers, des huissiers, des cabaretiers; c'était la ville. Bar-sur-Aube, mieux partagé à tous égards que Chaumont, cherchait depuis longtemps à secouer le joug de sa juridiction, et y était parvenu un instant à la faveur des édits de mai 1788. On savait que Joinville, qui avait la même ambition, allait obtenir le même succès, lorsque les édits furent retirés; Chaumont attachait donc l'intérêt de son existence à ne pas envoyer aux États généraux des députés pris à Bar-sur-Aube et Joinville, et surtout qui eussent donné des gages au système qui avait compromis son existence. Cette prévoyance de sa part était fort juste. Que devions-nous donc faire, M. Becquey et moi ? Lier fortement ensemble les électeurs de Bar et de Joinville, et marcher en front de bandière contre les électeurs de Chaumont. Le parti le plus fort l'eût emporté; mais nous ne préparâmes même pas l'ordre de bataille. Les électeurs qui hantaient les salons nous restaient fidèles, mais on nous en débauchait chaque jour parmi ceux plus nombreux qui obstruaient les cabarets et que nous affections de négliger. Un incident qui m'était personnel affaiblit aussi notre parti. Les commissaires pour

la rédaction du cahier se réunissaient tous les soirs dans le réfectoire du couvent des capucins, pour préparer leur travail; cette réunion m'accordait quelque confiance. On avait déjà passé les articles du retour périodique des États-généraux : le partage de la puissance législative entre eux et le roi, la réserve de la concession de l'impôt au tiers-état seul. On s'était habitué à m'écouter, et je prenais autorité. De là, je crois, un coup monté contre moi : on en était arrivé à l'ordre judiciaire, et un membre de l'assemblée, le bailli de Châteauvillain, le seul publiciste qu'il y eût là, demande : « Que faire des parlements ? » Je réponds sèchement et fort imprudemment : « Les supprimer. » A ces mots, une sorte de fureur électrique s'empare des honorables assistants; chacun de me menacer du geste et de la voix. Un avocat de Montiérender, nommé Delassire, quitte sa place et se rue sur moi à poings fermés pour me frapper. Je crus que j'allais être immolé pour la plus grande gloire des parlements. La scène se passait, au reste, après dîner. Mme de Sévigné a dit quelque part que c'est un prochain fort peu aimable que le prochain de Bretagne après dîner; celui de Champagne ne vaut guère mieux. Tout ce que purent faire les hommes restés froids au milieu de cette bagarre, fut de protéger ma fuite, et dans la rue, mes enragés collègues me poursuivaient encore en criant : « Au La-
» moignon ! à la cour plénière ! au valet de Brienne ! » et autres gentillesses fort propres à me faire assommer sur la place, si les forts du parti n'eussent pas alors été enfoncés dans les cabarets.

On croira sans peine que cette scène me découragea complétement; elle me révélait le danger ou au moins la difficulté de ma position; que je n'avais fait jusque-là qu'entrevoir. Je crus qu'il me fallait renoncer et à la rédaction des cahiers et à la candidature. Le soir même de ma triste aventure, je reçus la visite du bailli de Châteauvillain, qui se reprochait d'avoir été la cause innocente du tumulte, et de quelques membres de l'assemblée, honteux de ce qui s'y était passé; ils me pressaient de revenir le lendemain, d'expliquer toute ma pensée, et m'assuraient que la majorité s'entendrait pour que je fusse écouté avec le respect qu'on devait à mon opinion et à ma personne.

Je n'eus pas le courage de leur obéir : je me retirai dans ma tente, sans songer que les Grecs se garderaient bien de m'y venir chercher. On n'avait pas du tout besoin de moi pour la prise de Troie. Je ruminais des projets ridicules de vengeance contre l'avocat Delassire; je voulais lui envoyer un cartel; on me répondait que l'avocat Delassire était un homme de soixante ans, qui ne s'était battu de sa vie qu'à coups de plume ou à coups de verres, et qui se rirait de ma proposition. Je voulais l'attendre dans la rue pour lui administrer une volée de coups de canne; on m'en détourna fort, parce qu'il était capable de me fournir une réplique collective et que je n'en serais pas bon marchand. Je me réduisis à ronger mon frein à part et à ne sortir de chez moi que pour accomplir l'indispensable devoir d'aller déposer mon scrutin dans l'urne. Cette molle résolution rendait mes affaires comme désespérées.

Dupont de Nemours m'a raconté qu'à la même époque il s'était trouvé dans une position à peu près semblable et pour le même sujet. Il était aussi commissaire à la rédaction des cahiers de son bailliage, et lorsqu'on en fut venu à l'article des parlements, il vota, en franc économiste, pour leur suppression. Comme à Chaumont, l'excitation qu'éveilla cette proposition fut extrême : mais le danger était plus grand, parce que l'assemblée se tenait au premier étage; on voulut jeter Dupont par la fenêtre; déjà elle était ouverte, et des hommes furieux se mettaient en mesure d'exécuter cet arrêt de mort, lorsqu'il aperçut entre les assistants un homme fort replet, et qui tranquillement laissait faire. Dupont s'élance sur lui et le serre à bras-le-corps de la plus forte étreinte qu'il peut. On ne parvient point à l'en arracher. « Mais que voulez-vous donc ! » s'écriait le gros homme. — « Ma foi, monsieur, répond Dupont, sauve qui peut! on va me jeter par la fenêtre, et je prétends que vous me serviez de matelas. »

Cet à-propos plaisant et courageux à la fois tourna la fureur en rires. Dupont ne démordit point de sa rédaction contre les parlements, parce qu'il n'a de sa vie démordu de rien, et, de plus, il fut nommé député. Peut-être autant m'en serait-il advenu si j'avais bravement soutenu la partie contre Delassire et compagnie; mais Dupont n'avait pas son égal en bonté comme en courage.

La rédaction du cahier du bailliage fut adoptée dans toute son élégance, et telle qu'elle est imprimée, à l'éternel honneur des rédactions collectives faites, après dîner, dans le réfectoire des capucins de Chaumont. On passa ensuite à la nomination des quatre députés, qui, alors, avait lieu individuellement. Le premier nommé fut le procureur du roi. A ce scrutin, M. Becquey avait encore une bonne partie des voix de Joinville, et moi de celles de Bar-sur-Aube; mais on nous portait tous deux à la fois; et Chaumont, avec qui nous aurions lutté pour un seul des deux, nous battait réunis. Le même défaut d'intelligence de notre part lui donna l'avantage pour la seconde nomination, qui fut obtenue par un sieur Laloi, médecin-chirurgien-apothicaire, et de plus facteur de vins à Chaumont; bonhomme au demeurant et qui ne manquait pas de sens, mais de mœurs communes et dénué de toute instruction. A la troisième nomination, nous commencions à nous entendre, et le danger devenait pressant par la cabale chaumontaise. Elle imagina alors de faire demander à grands cris un agriculteur. Le procureur du roi, le lieutenant-général s'évertuaient en pastorales à qui mieux mieux : ils vantaient dans leurs discours les champs et les plaisirs des champs, et les hommes des champs. C'est pour ces derniers surtout que les États généraux étaient convoqués : malheur au pays qui n'y enverrait pas des agriculteurs! Le son de ces pipeaux caressait les oreilles de la grande majorité des électeurs; et elle se rallia sur un sieur Morel, cultivateur, qui s'était absenté de l'assemblée pour cause de maladie. Lorsqu'il connut l'honneur qu'elle lui avait déféré, il le refusa nettement et eut le bon esprit de ne pas quitter sa charrue pour la politique. Il restait encore un député à nommer. Il n'y avait plus rien à faire de notre parti trois fois battu, parce que, dans la guerre des élections comme dans l'autre, chaque défaite entraîne des désertions. Cependant la cabale crut devoir encore composer avec les électeurs de Bar-sur-Aube. Elle leur offrit de prendre un député parmi eux, pourvu que ce ne fût pas moi. Après beaucoup de contestations sur le choix, on se rallia sur M° Jauny, avocat à Brienne. M° Jauny avait été vingt-cinq ans durant avocat sur le tableau à Paris, sans avoir jamais plaidé une cause ni fait prononcer son nom nulle part. Il était des deux ou trois cents pauvres diables d'avocats qui venaient, robe traînante, au Palais, avec des figures blêmes et des pas mal assurés, pêcher à la ligne quelques pièces d'écriture à faire, ou quelques signatures de complaisance à donner pour de l'argent. Jamais, depuis qu'on appelle la Champagne de son nom, jamais humain n'offrit pour la tournure, l'esprit et la figure, un type plus parfait du Champenois, et la province lui devait la députation. Retiré depuis quelques années à Brienne, il n'avait pas trouvé au château plus d'accueil que n'en comportait son amabilité personnelle, et il s'était fait parlementaire, moitié par ressentiment, moitié par l'orgueil de son titre d'avocat au parlement de Paris. Il faisait à Brienne une petite opposition qui ne se composait guère que de lui et de sa vieille servante. C'en était assez pour que la cabale chaumontaise s'en emparât avec chaleur. M° Jauny, dépouillé de sa robe, ne trouvait plus, comme ses pareils, que des vêtements bizarres à endosser. Celui qu'il portait à l'assemblée bailliagère ne ressemblait pas mal à l'accoutrement du *valet de cœur*, et comme, d'autre part, il y avait assez de ressemblance entre les deux figures, les électeurs l'appelaient le *Quinola*. Ce surnom se changea pour lui en bonne fortune ; on procédait à la dernière nomination, et chacun de s'écrier : *le Quinola à la bonne !* A force de le crier, le Quinola fut mis à la bonne, et M° Jauny, nommé.

La cabale, qui croyait avoir rempli de la sorte le vœu de Bar-sur-Aube, voulut aussi se réconcilier avec Joinville. Elle avisa de faire nommer un suppléant, et des électeurs se présentèrent chez M. Becquey pour savoir s'il voudrait bien accepter cette couronne tardive. Il était absent, et les électeurs ne trouvèrent à parler qu'à M. Guillaume, dans la maison duquel il logeait comme moi. J'ai déjà eu occasion de dire ce qu'était M. Guillaume; c'est-à-dire

l'homme le mieux disposé que j'aie connu de ma vie à porter la plaisanterie au milieu des choses sérieuses. « Messieurs, répondit notre facétieux hôte, vous faites bien de
» l'honneur à M. Becquey; mais je doute qu'il accepte la
» charge très-lourde de suppléant; il n'est pas de force pour
» cela; vous avez nommé M. Morel qui est, dit-on, malade;
» M⁰ Jauny n'a que le souffle ; M. Becquey n'est pas vigou-
» reux; c'est *Gombert-le-Chevaux* qu'il vous faut : il por-
» terait, au besoin, notre députation tout entière sur ses
» épaules. »

Les assistants, du nombre desquels j'étais, répétèrent à M. Guillaume ce qu'on lui avait mille fois dit : que ses plaisanteries sont toujours hors de saison, et qu'il ferait mieux de s'informer où peut être M. Becquey pour le rendre juge de la proposition qui lui est faite. On le presse de remplir ce devoir, parce qu'il n'y a pas de temps à perdre. « Non,
» reprend M. Guillaume; il n'y a pas de temps à perdre :
» je pars à l'instant, mais pour proposer Gombert-le-
» Chevaux, et je ne rentre pas chez moi qu'il ne soit nommé.
» On croit que je ne suis pas bon patriote, on va voir des
» miennes! »

Et en effet, il jette de côté son bonnet de nuit, qu'il ne quittait jamais qu'à l'instant de se mettre à table, et, dans son négligé du matin, qui était le plus souvent l'habit de toute la journée, il s'élance dans la rue, parcourt les cabarets, s'arrête sur les places et demande à grands cris Gombert-le-Chevaux : c'est le salut de la patrie; c'est le seul homme capable de soutenir la députation. M. Guillaume se fait suivre de groupes nombreux qui l'applaudissent. Il marchait à leur tête au Palais, où siégeait l'assemblée électorale; il rencontre, au bas du perron, Gombert lui-même qui lui demande raison de sa plaisanterie et le menace de lui en payer sur-le-champ le salaire. Il se mettait en demeure de le faire, et M. Guillaume n'eut d'autre moyen d'échapper que de monter précipitamment les degrés et de se réfugier dans le Palais. Là, se croyant en sûreté contre les témoignages de reconnaissance de Gombert, il continua de plus belle à insister sur sa nomination : on s'étonne, on rit du candidat, du patron ; de l'allure de l'un, du costume de l'autre. Cependant on ouvre le scrutin : les uns en plaisantant, les autres sérieusement, laissent tomber le nom de *Gombert-le-Chevaux* dans l'urne, et il est nommé.

Ce Gombert était un homme de la plus robuste constitution : larges épaules, grosse tête, taille carrée ; une sorte d'Hercule mal fait. Il avait une voix de stentor, et comme la brutalité de ses manières était en harmonie avec les proportions de sa personne, le peuple qui frappe assez à propos dans les quolibets qu'il distribue, avait senti que ce n'eût pas été lui rendre justice que de le nommer simplement Gombert le cheval, et sans s'embarrasser de la règle du nombre, il avait appelé le pluriel au secours de ce que le singulier avait ici visiblement de trop faible. M. Gombert était donc connu par le surnom assez extraordinaire de *le Chevaux*. On le lui donnait et il le recevait sans qu'on voulût lui faire et sans qu'il crût qu'on lui fît injure.

Ainsi se trouva plus que complétée l'élection du bailliage de Chaumont pour les États généraux. M. Morel, ainsi que je l'ai déjà dit, n'accepta point sa nomination ; et il se trouva que, en ne croyant faire qu'une plaisanterie, on avait nommé un député dans la personne de M. Gombert. Ce dernier, au reste, n'en fit ni plus ni moins à l'Assemblée constituante que les sept autres députés du bailliage; pas un ne dit un mot ou n'écrivit une ligne. Les deux députés de la noblesse siégèrent au côté droit; l'avocat Jauny, dans l'endroit où il pouvait être mieux caché; les deux curés et les quatre députés du tiers-état, au côté gauche. Tous passèrent trois ans inaperçus dans cette assemblée, et en sortirent un peu plus obscurs qu'ils n'y étaient entrés.

L'étrange succès de la dernière nomination, la part que M. Guillaume y avait eue, et la gloire qu'il en tirait, avaient mis en gaieté les hôtes de sa maison. En gens d'esprit nous nous consolâmes par des chansons. Le parti vainqueur était un peu honteux de sa victoire, et nous faisions en sorte qu'il la subît tout entière. Après quelques jours donnés à siffler la pièce, dont nous avions toute raison d'être mécontents, je me séparai de M. Becquey, qui alla passer quelque temps dans la famille de sa femme, l'une des plus honorables et des plus aimables de la province, et, de mon côté, je me rendis chez mon beau-père. C'est de cette époque que j'ai contracté avec M. Becquey une sorte de fraternité d'armes qui a déjà duré quarante ans, toute en bons offices, en soins touchants, en procédés généreux de sa part, et de la mienne toute en reconnaissance et en dévouement.

Nous avons souvent examiné si nous avions à regretter ou à nous applaudir de n'avoir pas été nommés tous deux à l'Assemblée constituante, et nous avons fini par tomber d'accord d'en remercier la Providence. Nous étions également jeunes et non sans quelque ambition de renommée que de précoces et faciles succès nous avaient inspirée. Qui sait jusqu'où ce premier sentiment nous eût égarés? Si nous avions eu le malheur d'être applaudis pour une première erreur, nous en eussions promptement embrassé une seconde. Et combien alors n'était-il pas facile de s'égarer ! La route des illusions était si large et si attirante ! sans doute nous serions arrivés avec des âmes honnêtes et des intentions pures ; mais pour cela nous eussions embrassé au début la cause du tiers-état qui nous avait députés, et à quelle époque, comment nous en serions-nous séparés ? Et si nous y étions demeurés attachés, jusqu'où n'aurions-nous pas été conduits ? Le peu d'hommes qui restent de cette époque n'est pas encore corrigé, et le père des incorrigibles, M. de Lafayette, compte, à des degrés différents de ferveur, autant de coreligionnaires qu'il reste de constituants du côté gauche.

LES PREMIERS TEMPS
DE LA RÉVOLUTION

1789-1790

IV

Triomphe de M. Necker. — Mme de Brionne. — Commencement des violences dans les provinces.

A mon arrivée chez mon beau-père, j'eus toute sorte de peine à lui faire croire que je n'étais pas nommé aux États généraux; je lui citais les noms de ceux qui avaient eu l'avantage sur moi, et je n'oubliais pas, comme de raison, M. Gombert-le-Chevaux; alors il s'emportait, et il prenait la vérité pour l'un de ces contes que ses gendres se donnaient quelquefois la liberté de lui faire. Quand enfin il en fut réduit à me croire, toute réflexion faite, il me félicita de n'avoir pas été mis en aussi mauvaise compagnie. « Ils voulaient, me disait-il, me nommer aussi électeur à
» l'assemblée de Langres, mais ils me donnaient pour aco-
» lytes trois manants que je fais manger à ma cuisine;
» je les ai envoyés à tous les diables. Il n'y a rien que je
» ne fasse pour le bien; mais chacun sa place. — Oui, lui
» répliquais-je, pourvu que chacun y puisse rester. — Oh!
» vous avez toujours peur. Est-ce que le roi n'a pas cent
» cinquante mille hommes? »

Les cent cinquante mille hommes du roi étaient la réponse souveraine de mon beau-père à toutes mes appréhensions : c'est avec ce moyen commode qu'il levait tous les doutes et tranchait toutes les questions.

Cependant je considérais le petit arsenal dont il était entouré ; je le voyais continuer avec une grande plénitude de confiance son ancienne tyrannie sur les habitants de la baronnie de Choiseul. Je ne croyais pas que cela pût durer longtemps sur le même pied. Je m'en inquiétais pour la personne de mon beau-père qui n'était pas homme à entendre à la moindre concession. Je m'adressai à Mme Morel : on était sûr d'en être écouté, dès que, en quoi que ce soit, on accusait son mari. Je lui exprimai mes inquiétudes, qu'elle eut bientôt partagées, et je lui recommandai de la douceur dans l'exercice de droits rigoureux contre lesquels on déblatérait de tous côtés : elle me promit de s'y employer et le fit en effet à ses risques et périls de tous les jours. Je jetai ainsi dans son esprit des germes de patriotisme qui s'y sont développés par les contradictions mêmes qu'elle éprouvait de la part de son mari, et qui ont fini par nous donner des inquiétudes d'un genre tout différent.

Après avoir rempli ce petit apostolat dans la maison de mon beau-père, je retournai à Bar-sur-Aube ; mes concitoyens m'y firent un bon accueil. On savait que c'était pour la cause du pays que j'avais été battu aux élections, et on me sut gré de ma défaite. Au reste, l'homme qui avait eu l'avantage sur moi était si ridicule qu'on ne se l'expliquait pas ; on se contentait d'en rire. Je repris donc au bureau intermédiaire mes travaux accoutumés, et je m'y appliquai plus fortement que jamais ; mais les temps avaient subitement changé : dans l'année précédente, la confiance élargissait les voies que parait encore l'espérance ; cette année, les esprits étaient en proie à cette anxiété qui signale l'attente de quelque grande catastrophe. La crainte ou l'espérance de l'avenir dévoraient le présent. Je l'éprouvais moi-même : je partageais cette illusion que les États généraux ne toucheraient pas aux assemblées provinciales. Mais je voyais remettre en question tant d'autres points aussi graves ; les esprits me paraissaient si échauffés et si violemment entraînés en des sens contraires, que je me sentais paralysé par une sorte de terreur vague. Ma position avait d'ailleurs changé : il ne s'agissait plus pour moi que d'agrandir, tant que je le pouvais, le cercle de mes attributions, dussé-je trouver sur mon chemin l'intendant ou son subdélégué, rôle qui allait à merveille à ma jeunesse et à mon ardeur ; les dépositaires de quelque autorité que ce fût l'exerçaient avec timidité, ou étaient tenus de la défendre contre des hommes qui avaient rapporté des assemblées bailliagères une audace toute nouvelle, et qui déjà préludaient au rôle qu'ils ont joué depuis. Chaque jour faisait éclore des pamphlets virulents contre le clergé ou la noblesse. On voyait se développer le dessein de tenir le tiers-état dans une irritation toujours croissante contre les deux autres ordres ; et des recherches historiques publiées par des écrivains connus semblaient n'avoir pas d'autre objet. C'est à travers ces rumeurs que l'on arriva au moment de la réunion des États généraux. Assurément tous les antécédents eussent été démentis si cette réunion s'était opérée paisible entre les trois ordres et respectueuse pour le trône. J'y étais donc préparé, et je fus plus attristé que surpris de la prise de la Bastille, de l'insurrection parisienne, de l'arrivée du roi à l'Hôtel-de-Ville, du discours de M. Bailly, et de la paraphrase de l'*Ecce Homo* de M. Lally-Tollendal.

Dès que la nouvelle de la prise de la Bastille parvint à Bar-sur-Aube, je craignis pour la prise de quelques châteaux de moindre importance, et j'accourus bien vite à Choiseul. Je trouvai, en approchant de Chaumont, la population éparse sur la grande route, et d'abord j'en fus effrayé; mais je me rassurai en voyant chaque habitant un rameau vert à la main, et en entendant par-ci par-là les sons discordants de quelques racleurs de village. Je demandai la raison de tant de joie, et on me répondit qu'on attendait M. Necker, qui allait arriver ou qui peut-être était déjà arrivé à Chaumont. Je pressai le pas, et j'appris en entrant dans la ville que M. Necker venait lui-même d'y entrer et qu'il était descendu à l'auberge de la Fleur-de-Lys. J'y courus à l'instant même, et j'eus toute sorte de peine à percer, pour parvenir jusqu'à l'auberge, une foule de peuple émerveillé, enchanté, attendri, qui criait, les larmes aux yeux : « Vive notre sauveur ! vive notre bon » ministre ! vive M. Necker ! » Les plus robustes de la bande étaient déjà préparés à traîner sa voiture, et je me souviens que j'étais moi-même fortement remué par ce tableau tout nouveau pour moi. Je parvins jusqu'à M. Necker, non sans beaucoup d'efforts et par l'autorité de mon beau-frère, alors officier municipal de Chaumont. Cette autorité n'eût pas encore suffi sans le secours d'un stratagème que M. Guillaume seul pouvait imaginer ; il prit un chiffon de papier, le roula dans sa main, puis, l'élevant au-dessus des assistants, il leur criait : « Mais, messieurs, laissez-moi donc passer;

» M. Necker m'a envoyé lui acheter du tabac, et en
» voilà que je lui porte. »

Chacun se pressait sans élever de doutes sur la bizarrerie
du message et du messager, et nous parvînmes jusqu'au
ministre. Je le trouvai dans la compagnie de sa fille et de
Dufresne Saint-Léon qui avait été dépêché à sa poursuite.
J'en fus fort bien accueilli ; mais à peine eus-je le temps de
balbutier dans mon émoi quelques mots de félicitation qu'on
lui vint annoncer que Mme la comtesse de Brionne venait
d'arriver à Chaumont et qu'elle était descendue à l'auberge
même. L'arrivée d'un tel hôte et dans un pareil moment,
étonna d'une façon désagréable le père et la fille. M. Necker
dit à Mme de Staël : « Il faut savoir si elle veut nous rece-
» voir. » Mon beau-frère se chargea de la commission, et
rentra en disant que dans un moment Mme de Brionne serait
visible ; ce moment fut celui d'une sorte d'anxiété ;
M. Necker passa bientôt avec Mme de Staël dans l'appartement de Mme de Brionne. Mon beau-frère, présent à la
scène, m'a rapporté qu'elle avait reçu les triomphateurs
avec une dignité calme. La conversation s'était de suite
établie sur les causes qui avaient pu déterminer Mme de
Brionne à une si prompte retraite. Elle avait répondu à
M. Necker : « Monsieur, tout ce qui se passe à Paris, et
» que votre présence, je l'espère du moins, va faire cesser ;
» vous aurez beaucoup à faire. » Et comme Mme de Staël
exprimait des regrets sur ce que Mme de Brionne avait pris
si tôt son parti : « Madame, lui répondit-elle, vous êtes dans
» l'âge de la confiance et dans un instant de bonheur,
» jouissez du triomphe de monsieur votre père ; personne
» plus que moi ne désire qu'il soit durable ; mais permettez
» que j'aille aux portes de France attendre l'issue de tout

» ceci. » Et on se sépara après des protestations respectueuses d'un côté, mesurées et un peu fières de l'autre.

Au retour de chez Mme de Brionne, les moyens de départ pour les illustres voyageurs ou plutôt les instruments de triomphe étaient disposés. Les palmes, les couronnes, la musique, les hommes attelés à la voiture, les cris de joie de toute la population, on n'eut que le temps de m'accorder quelques signes d'intérêt. M. Necker et sa fille, tout en paraissant pénétrés jusqu'aux larmes, mais confus de cet excès d'honneur, s'y livrèrent, probablement pour ne pas perdre du temps à le tempérer. Et qui m'eût dit que deux ans se seraient à peine passés, que, non loin de Chaumont et aussi dans une auberge, j'aurais bien de la peine à défendre M. Necker des insultes de ce même peuple qui s'attelait aujourd'hui à son char de triomphe? Combien de fois dans ma vie ce rapprochement douloureux a frappé ma pensée!

Mme de Brionne, dont je viens de parler, avait été l'une des plus belles femmes de son temps, et la dignité de son caractère l'avait préservée des dangers dont la beauté était alors entourée. Elle n'avait pris de son siècle que ce qu'elle n'avait pu refuser sans paraître ridicule, et sur tout le reste elle était restée une grande dame, dans toute l'étendue du mot. Avant la révolution, elle était liée avec l'abbé de Périgord, devenu évêque d'Autun, et qui lui-même était célèbre par l'étendue et l'élégance de son esprit, mais sous lequel il recouvrait déjà le grand fonds d'orgueil de sa race, qui ne l'a pas encore abandonné. C'était un titre auprès de Mme de Brionne.

Au moment de la première insurrection de Paris, l'évêque d'Autun, député aux États généraux, apprend que

Mme de Brionne est sur le point de s'enfuir ; il court chez elle : « Pourquoi cette résolution si prompte, madame ? — » Parce que je ne veux être victime ni témoin de scènes qui » me font horreur. — Mais faut-il pour cela quitter la » France ? — Et où voulez-vous que j'aille ? — Je ne vous » conseille pas de rester à Paris, puisque vous êtes effrayée, » ni même de vous retirer dans l'une de vos terres ; mais » allez passer quelque temps dans une petite ville de pro-» vince où vous ne serez point connue ; vivez-y sans vous » faire remarquer, et personne n'ira vous y découvrir. — » Une petite ville de province, fi ! M. de Périgord ; *paysanne* » *tant qu'on voudra, bourgeoise jamais.* » Le mot est digne d'une Rohan, veuve d'un prince de la maison de Lorraine.

A l'instant où j'écris nous n'avons plus d'aristocratie, et la langue en est perdue. Il est cependant bien de conserver quelques-uns de ces mots d'une haute insolence, qui sont comme des médailles où est empreint l'esprit du siècle dans lequel ils ont été prononcés. Le dernier archevêque de Narbonne était Dillon, de son nom, oncle de tous les Dillon que nous avons vus courir par le monde avec leur nom et leurs belles figures pour toute fortune. Lui-même était un homme de cinq pieds six à sept pouces, bien fait, de poitrine large, et chez qui la tournure d'esprit, l'air de tête, le geste, la voix déposaient d'une supériorité naturelle. Son défaut le plus apparent était un goût effréné pour la chasse. Louis XV lui en fit le reproche à son lever. M. de Dillon n'était alors qu'évêque d'Évreux, mais ses équipages de chasse scandalisaient déjà la Normandie. « Vous chassez beaucoup, M. l'évêque, lui dit le » roi ; j'en sais quelque chose. Comment voulez-vous in-

» terdire la chasse à vos curés si vous passez votre vie à leur
» en donner l'exemple? — Sire, pour mes curés la chasse
» est leur défaut, pour moi, c'est celui de mes ancêtres. » Le
même M. de Dillon, nommé archevêque de Narbonne, ne
rabattit rien de ses goûts, et ses somptuosités l'eurent bientôt
mis très-mal dans ses affaires. Il revint à Louis XVI qu'il
était fort endetté. Ce prince, ami de l'ordre, et effrayé du
triste exemple que venait de donner le prince de Guémé-
née, prêchait du matin au soir l'économie et le payement
des dettes. Il dit un jour à M. de Dillon : « Monsieur l'ar-
» chevêque, on prétend que vous avez des dettes et même
» beaucoup? — Sire, répond le prélat, je m'en informerai
» à mon intendant, et j'aurai l'honneur d'en rendre compte
» à Votre Majesté. » Il n'y a plus de place aujourd'hui dans
la société pour le sentiment qui dictait ces réponses hau-
taines que ne comprennent plus les descendants de ceux
qui les ont faites, car la bourgeoisie a étendu partout, avec
son pouvoir, ses pensées, ses façons et son langage.

Je rencontrai sur la route bon nombre d'attroupements
à qui je distribuai l'heureuse nouvelle du passage de
M. Necker par Chaumont, et partout on en parut charmé.
J'arrive enfin à Choiseul ; tout encore y était dans le calme.
On y était seulement curieux de savoir ce qui se passait à
Paris. J'en donnai des nouvelles satisfaisantes que je cou-
ronnai par celle du retour de M. Necker, que j'avais rencontré à Chaumont. On voulait savoir si je l'avais bien vu ;
je l'affirmai de toutes mes forces, et tout le reste de la
journée on accourut au château pour voir un homme qui
avait vu M. Necker. Quelque calme succéda à son retour,
au moins dans la province que j'habitais. Cependant je n'é-
tais pas sans sollicitude sur les moyens de préserver d'in-

sulte la maison de mon beau-père, et j'y fis venir ma femme et sa belle-sœur. Toutes deux étaient chères aux habitants, parce qu'elles ne se lassaient pas d'intercéder pour eux. Ma femme surtout en était singulièrement aimée, et même après son mariage ils ne l'appelaient que *notre bonne demoiselle*. Ces dames arrivèrent, elles se rirent de mes appréhensions; leur présence attira de la société au château.

La confiance s'y établit, et j'admirais combien était heureuse la vie que nous y menions, lorsque Paris était si cruellement agité. Une nouvelle qui éclata sur la France comme un coup de foudre, celle des brigands, nous ravit à notre sécurité. Dans l'une des belles soirées du mois d'août, nous soupions tranquillement; la famille était renforcée de quelques convives étrangers, lorsque survint tout en émoi un laboureur de Choiseul qui nous dit que les brigands étaient répandus dans la contrée et s'avançaient vers le château pour le piller. Chacun de s'écrier : « Mais comment des brigands? d'où viennent-ils? » Je ne pousse pas la question plus loin, je veux seulement que le laboureur dise s'il a vu ces brigands; il l'affirme, et qu'il en a reconnu une première bande longeant le bois de Montot, une autre le bois de Pennecière, deux bouquets de bois peu distants du château. Je commence à croire, d'autant mieux que ce laboureur ne manque pas de sens et qu'il était l'homme de confiance de la maison. M. Morel, persuadé de la vérité du récit, ne veut pas qu'on perde le temps à délibérer; son vieux courage reparaît tout entier, il ordonne de charger les armes, et me fait remarquer que l'arsenal dont je m'étais tant moqué n'est pas de trop aujourd'hui. Il place trois hommes en vedettes : l'un sur la montagne Saint-Nicolas à laquelle le château est adossé ; les deux autres sur les chemins des bois de Montot et de Pennecière, avec l'ordre, à la première apparition des brigands, de se retirer sur le corps de la place. Il garnit d'hommes armés les deux entrées par où le château est abordable, et se réserve pour lui le poste du centre dont tous les ordres partiront. Il m'accorde de rester auprès de lui et d'être son chef d'état-major; ses dispositions prises, il fait faire une bonne distribution d'eau-de-vie à sa troupe, et prévient ces dames qu'au premier coup de feu elles auront pour agréable de descendre dans les caves. Je ne peux m'empêcher de rire en me souvenant de leur anxiété; elles auraient préféré de s'éloigner de la place menacée du siége. Elles le proposaient avec timidité à M. Morel, qui ne voyait à leur départ que des difficultés et des dangers. D'ailleurs le plan de défense une fois arrêté, le vieux militaire était tranquille et abandonnait le reste à la fortune. La nuit se passa sans que les vedettes se soient repliées, que la garde ait été attaquée, que l'état-major ait eu un ordre à donner et que les dames aient pris le chemin des caves ; le lendemain matin, elles riaient de grand cœur de leur propre frayeur et de l'appareil militaire de la veille. Cependant M. Morel ne jugea pas prudent de lever encore l'état de siége. Les brigands ne s'étaient pas, à la vérité, présentés sur les points indiqués la veille, mais ils avaient incontestablement paru et même opéré dans les environs. On citait des châteaux brûlés, d'autres qui brûlaient encore, et mon beau-père disait tout haut qu'ils n'avaient apparemment pas osé se frotter à celui qu'il habitait ; mais il en concluait que c'était une raison de plus de faire bonne contenance; de sorte que l'état de siége, qui perdait cependant chaque jour de sa rigueur, ne disparut entièrement qu'à la fin de la semaine.

J'ai fait alors ce qui était en mon pouvoir pour éclaircir par quel canal cette annonce de brigands était parvenue dans la localité que j'habitais, parce que de l'effet bien constaté on eût pu remonter à la cause. Je n'y ai trouvé que du doute et de l'incertitude. Le laboureur de Choiseul, qui nous avait apporté cette nouvelle, l'avait reçue, disait-il, d'un habitant de Collombey, village voisin. Il était plein de cette idée en arrivant à Choiseul, et à la clarté incertaine de la lune, il avait vu ou cru voir les brigands sur les deux points qu'il avait indiqués; je remontai à l'habitant de Collombey, et celui-ci me dit qu'il la tenait d'un habitant de Montigny. Je négligeai des recherches ultérieures, parce que je vis bien que je n'arriverais qu'à des instruments qui s'étaient transmis cette nouvelle et effrayés réciproquement de la meilleure foi du monde. J'ai eu occasion alors de lire des lettres de députés du tiers-état qui mandaient, en effet, que des brigands parcouraient la France et qu'il fallait s'armer pour les repousser : ces députés, au reste obscurs, n'étaient encore que des instruments de première ligne ; mais on m'a pas su d'où partait la première pensée de cet étrange moyen. On l'a attribuée à Mirabeau, mais il n'en recevait pas l'honneur, et se plaignit à moi de ce qu'on ne prêtait qu'aux riches.

Cette peur des brigands enfanta le brigandage. Tout homme qui avait une arme s'en saisit; celui qui n'en avait pas s'en faisait donner, et en un moment la France fut couverte de bandes armées au hasard, sans discipline et sans frein. Cette institution d'une force militaire intérieure a été organisée depuis en garde nationale; mais à son début elle n'était qu'une force aveugle. A l'exemple des États généraux, devenus l'Assemblée nationale, et où les comités se multipliaient tous les jours, chaque ville et chaque bourgade eut son comité de surveillance, son comité permanent de garde nationale; et les mouvements irréguliers de ces corps de nouvelle fabrique servirent merveilleusement à paralyser l'action des anciennes autorités. La baronnie de Choiseul échut en partage au comité de surveillance de Montigny-le-Roi, bourg considérable et l'une des clés du Bassigny, au midi, comme Clefmont l'est au nord.

Dans les premiers jours du mois d'août ce comité envoya des commissaires fouiller le château de Choiseul pour reconnaître si le marquis de Vaubecourt ne s'y trouverait pas caché. J'écartai mon beau-père de la maison; j'en fis les honneurs à ces messieurs, je leur fis ouvrir les portes de tous les lieux, même les plus secrets. MM. les commissaires y pénétrèrent avec le courage que la religion du devoir est seule capable d'inspirer, et quand ils furent convaincus que M. de Vaubecourt n'était caché nulle part, et pas même dans les tiroirs du secrétaire de mon beau-père, je leur demandai de me faire l'honneur d'accepter à déjeuner. Les commissaires, tranquillisés sur l'objet de leur mission, acceptèrent obligeamment. Lorsque la petite familiarité de la table les eut déridés, je les priai de m'expliquer par quelle loi il était interdit, à M. le marquis de Vaubecourt, de venir habiter le château de Choiseul, si la fantaisie lui en prenait, et ce qu'ils auraient fait de lui si par hasard ils l'y eussent rencontré. Il me fut répondu que M. de Vaubecourt était un aristocrate et dénoncé comme tel; que si on l'avait trouvé on l'aurait amené au comité qui aurait décidé ce qu'on en devait faire. Ces messieurs ajoutaient que je pouvais être bien tranquille, parce qu'ils n'agissaient pas sans ordres. Je feignis en effet d'être tranquille, mais je ne l'étais ni pour M. de Vaubecourt ni pour mon beau-père.

Le surlendemain de la visite de ces commissaires, les arrêtés de la nuit du 4 août furent répandus avec profusion dans le Bassigny. J'en conclus qu'il n'y avait plus rien à sauver et je pressai mon beau-père de se retirer dans sa propriété d'Arbigny. Je ne parvins pas à l'y décider. Il recevait des lettres de M. de Vaubecourt qui lui recommandait de tenir ferme et de ne pas transiger sur le moindre de ses droits, parce que tout ceci n'était qu'un feu de paille ; et outre qu'il y était personnellement disposé, il s'y tenait obligé par la reconnaissance qu'il devait à M. de Vaubecourt. Il y fut fidèle, et par la suite il faillit perdre la vie pour avoir doublement payé le prix de sa terre, dans l'intérieur à la république, et au dehors à son propriétaire et à son ami. Il osa jouer ce rôle si dangereux et si honorable jusqu'au jour où, dénoncé par un porteur infidèle, il fut arrêté et traduit, pour cette bonne action, au tribunal révolutionnaire de Paris. Je ne doute pas que l'une des lettres de M. de Vaubecourt n'eût été ouverte par le comité de surveillance de Montigny, et que nous n'eussions été redevables à cette circonstance, alors fort commune, de la visite de messieurs les commissaires.

A la publication des arrêtés du 4 août, le comité de surveillance de Montigny, renforcé de tous les patriotes de la contrée, descendit comme un torrent sur la baronnie de Choiseul, et en trois ou quatre jours extermina sans pitié les lièvres et les perdrix qui, grâce à la tendresse que leur portait mon beau-père, y avaient vécu si longtemps respectés. On pêcha ses étangs, et on vint jusque dans la cour du château tirer sur le colombier et détruire les pigeons. Ces braves poussaient ensuite l'insolence au point de se présenter chez mon beau-père, pour offrir de lui vendre de son poisson, dont ils avaient de trop, et de ses pigeons dont ils ne savaient que faire. J'étais fort peu ému de ces saturnales patriotiques; j'avais assez à faire de contenir mon beau-père dont on avait prudemment écarté tout ce qui pouvait fournir des armes à sa fureur.

Je veux cependant rendre cette justice aux habitants de la baronnie que pas un seul ne se mêla à ces bandes, composées des patriotes de Montigny, de contrebandiers ou de mauvais sujets des environs. Les habitants avaient très-bien compris que c'était des lois seules qu'ils devaient attendre l'amélioration de leur sort, et que des excès de leur part ne leur tourneraient ni à honneur ni à profit. M. Morel s'emportait contre eux parce qu'ils ne prenaient pas sa défense; mais, de bonne foi, pouvait-on leur demander de défendre un ordre de choses sur lequel je veux m'arrêter un instant?

Les meilleures terres dans les trois villages appartenaient au seigneur, et on les désignait sous le nom de corvées. Les habitants étaient tenus de les labourer, de les semer, de les moissonner pour le compte du seigneur et d'en amener le produit dans ses granges; chaque pièce de terre, chaque maison, chaque tête de bétail lui devaient une redevance; il avait le droit de garder pour son compte toute propriété vendue, à la charge, toutefois, de rembourser à l'acquéreur le prix qu'il en avait payé, mais en prélevant à son profit le droit des lods et ventes. Il y avait banalité de fours, de poids et de halle. Enfin les enfants ne succédaient à leurs parents qu'à la charge de demeurer avec eux ; s'ils étaient absents à l'époque du décès, c'était le seigneur qui héritait. La charte qui établissait ces droits datait du xıı° siècle, et avait été accordée aux habitants de la baronnie par un Gauthier de Choiseul, à titre de grâce et par forme d'affranchissement. Comment en était-il donc auparavant ?

Assurément, lorsque les arrêtés de la nuit du 4 août tombaient soudain au milieu d'une population aussi maltraitée, quelques excès eussent été pardonnables à l'effusion de sa joie. Il n'en fut, comme je l'ai dit, commis d'aucune sorte, et même après que les étangs eurent été pêchés, les lièvres massacrés et les pigeons détruits par des étrangers, les choses reprirent à peu près leur cours accoutumé.

Cependant je recevais des lettres pressantes qui me rappelaient à Bar-sur-Aube, où les choses ne se passaient pas autrement qu'ailleurs. Tout le mal me semblait fait à Choiseul. Je me reposais d'ailleurs sur Mme Morel, qui, moitié par politique, moitié par haine de la tyrannie domestique qu'elle confondait avec la tyrannie publique, avait arboré la cocarde tricolore, prêchait la liberté à la barbe de son mari, et s'était déjà fait une réputation distinguée de patriotisme à quelques lieues à la ronde. Je partis donc de Choiseul avec ces dames. Nous étions dans une voiture assez élégante. Nous arrêtons au village de Mandres qui est intermédiaire entre Choiseul et Chaumont, et où nous étions dans l'habitude de faire rafraîchir les chevaux. Nous trouvons dans une première pièce de l'auberge une douzaine de paysans réunis autour d'une table garnie de verres et de bouteilles, et entre lesquels on remarquait une écritoire, des plumes et quelque chose qui ressemblait à un registre. Je passe avec ces dames dans une seconde pièce. La maîtresse de l'auberge, qui nous portait intérêt, vient nous avertir d'être sur nos gardes, et surtout de ne rien dire aux habitants de la première pièce. « Je ne sais ce qu'ils font, ajoutait la bonne femme, » mais ils sont là, du soir au matin, à boire, à jurer et à » tempêter contre tout le monde, et ils disent qu'ils sont » un *comité*. » Je n'en demandai pas davantage ; j'appelle le postillon qui nous conduisait, et je lui ordonne de remettre sur-le-champ ses chevaux, qu'ils aient rafraîchi ou non, parce que je veux repartir bien vite : ce que je recueillais des délibérations du comité redoublait mon désir de mettre quelque distance entre nous et cette puissance nouvelle. Quand de la fenêtre j'aperçois que les chevaux sont mis, je presse ces dames de partir, et surtout je les supplie de tempérer, en passant par la première pièce, l'hilarité que leur inspirait ce qui se passait. Je les suis, non sans inquiétude sur ce point ; au passage, un honorable membre leur dit : « *Bon voyage, mes belles dames !* » Une d'elles répond d'un ton un peu moqueur : « *A revoir, messieurs du tiers-état.* » Quoique l'injure ne fût que dans la manière dont cela fut dit, elle produisit une explosion : les honorables membres se lèvent furieux pour s'élancer sur ces dames. Je me jette en avant ; elles ont le temps de passer la porte, montent précipitamment en voiture et le postillon pique des deux, elles fuient ; mais je restais engagé pour elles. L'un des plus violents me saisit au collet de l'habit et me dit que je payerai pour ces insolentes ; on répète en chœur que je payerai pour ces insolentes, et de fait je reçois une grêle de coups de poings, sous laquelle je serais tombé si celui qui me tenait au collet n'eût lâché prise. La femme

de l'auberge, à cet aspect, crie au meurtre, à l'assassin !
ses cris étaient si effroyables que je les entends encore.
Son gendre et deux ouvriers qui travaillent dans la maison
accourent, s'interposent vivement dans la mêlée, et obtiennent, sinon qu'on me dégage, au moins qu'on m'écoute.

« On ne vous a pas mis comité, disait le gendre, pour
» battre les passants, mais pour les interroger, eh bien !
» faites votre métier. » L'observation apporta quelque
calme. L'un des membres du comité se plaça devant le registre avec un chagrin visible de la difficulté qui l'y attendait. Le président, qui m'avait tenu jusque-là par le collet
de l'habit, me demanda, sans le quitter, « pourquoi je me
» trouvais à Mandres, *et si je n'étais pas contre la nation.*
» — Mais quelle question faites-vous là ? reprend la maî-
» tresse de l'auberge ; mais c'est le grand monsieur qui
» passe dix fois l'année par ici, c'est M. Beugnot ; » et la
voilà qui défile mon nom, ma qualité, ma demeure, qui y
ajoute ceux de mon père, de mon beau-père et de mes deux
parentés et avec tant de certitude, qu'on aurait dit qu'elle
lisait le préambule de mon contrat de mariage. Le secrétaire du comité ouvrait de grands yeux où se peignait le
désespoir de ne jamais pouvoir écrire tant de choses. Je
sentais le poignet du président se détendre insensiblement
sur mon collet, et je recouvrai ainsi ma liberté, à la sourdine. Un membre du comité se lève, me toise, et s'écrie :
« Mais oui, mais c'est M. Beugnot, je le reconnais, il était
» à nos assemblées de Chaumont. » Il interpelle un de
ses collègues, qui avait aussi été électeur et qui me reconnaît comme lui. Le président n'en eut pas le démenti :
« C'est sa faute, tant pis pour lui ; pourquoi n'a-t-il pas

» voulu parler? On doit dire son nom devant un comité. »
La maîtresse de l'auberge, tremblante de colère, crie plus
fort que le président : « Est-ce que vous lui en avez donné
» le temps, vieux brutal? C'est indigne; allez tenir ailleurs
» votre sabbat. Je n'ai pas envie que vous déshonoriez mon
» auberge. » Le comité se partage sur cette réplique, et
les honorables membres allaient en venir aux mains entre
eux; de victime que j'étais à l'instant, je deviens concilia-
teur, je demande la paix à grands cris. On me propose de
boire à la santé de la nation : j'accepte; à la santé des
braves députés : j'accepte encore. On veut me donner des
compagnons qui attesteront mon patriotisme sur la route.
J'ai beaucoup de peine à repousser cette attention délicate,
et je m'échappe, meurtri de coups, fêté et honoré par les
mêmes individus, dans l'espace d'un quart d'heure.

J'espérais trouver la voiture à quelques pas de là, et je
cheminais lentement, repassant par ma pensée combien était
augmenté depuis deux mois le chapitre des événements im-
prévus. Qui m'eût dit, en sortant de Choiseul que j'éprou-
verais un pareil traitement avant que d'arriver à Chaumont?
Comment avait si promptement disparu cet ordre public
sous lequel j'avais toute ma vie voyagé tranquille? Où était
donc cette sécurité aussi naturelle à la France que l'air qu'on
y respirait?

Je me rétablis à Chaumont des fatigues de la route;
mon beau-frère m'apprit qu'il y avait là aussi une garde nationale, deux ou trois comités qui travaillaient à qui mieux
mieux; que j'allais en trouver au moins autant à Bar-sur-
Aube, et que les anciennes autorités n'avaient rien de mieux
à faire que de céder la place; puis, sans trop s'embarrasser de ma mauvaise humeur et de mon état souffreteux, il

ne cessait de plaisanter *du bon peuple en goguette*, et même de ma triste aventure. Je lui en faisais vivement le reproche : « Que voulez-vous ? me répondit-il ; on ne saurait
» garder le sang-froid devant ces turpitudes et ces folies.
» Il faut en pleurer ou en rire ; l'un ou l'autre est une
» grimace ; je choisis la plus gaie ; mais comme cette idée
» du comité de surveillance de Mandres, de se placer dans
» un cabaret sur la grande route, est excellente, dès demain
» je propose à celui de Chaumont d'en faire autant. »

De retour à Bar-sur-Aube, je trouvai que mon beau-frère ne m'avait pas trompé : des moteurs d'anarchie avaient été semés sur la France avec assez de symétrie. Le comité de surveillance avait l'air de trembler des projets des aristocrates, et plus il avait peur, plus il étendait sa mission ; le comité de la garde nationale s'efforçait d'armer la ville et les villages. Ces comités s'étaient formés par je ne sais quelle inspiration dont personne ne pouvait rendre compte, et ils entretenaient correspondance avec l'Assemblée nationale. Je trouvai l'ancienne municipalité en irritation contre ces nouveaux venus. Je la calmai et lui conseillai de supporter ce qu'elle ne pouvait empêcher. J'adoptai le même conseil pour moi-même, en reprenant au bureau intermédiaire les fonctions de procureur-syndic. Je m'occupai uniquement des contributions et des routes, et aussi d'apaiser les débats auxquels donnait lieu le conflit des autorités anciennes et de celles qui apparaissaient inopinément partout. Le bureau intermédiaire s'y entremit avec un zèle que je veux encore louer, aujourd'hui qu'il ne reste plus un seul des hommes excellents qui le composaient, et il ne contribua pas peu à préserver l'arrondissement de Bar-sur-Aube des excès déplorables dont les arrondissements voisins étaient le théâtre. En cette année, les assemblées provinciales, les parlements, les États, enfin les institutions de premier ordre furent mis en vacances. La commission intermédiaire de l'assemblée provinciale fut donc chargée de faire les travaux attribués à cette assemblée même ; et, par analogie, les bureaux intermédiaires de faire ceux attribués aux assemblées d'arrondissement. Ce changement imposé par les circonstances augmenta la somme du travail qui m'était délégué ; et quoique avec la confiance que je m'en acquittais pour la dernière fois, je ne m'en acquittai pas avec moins d'attention et de zèle. Ces devoirs remplis, je fus curieux d'aller considérer de près ce pouvoir nouveau, mais immense, qui remuait la France jusque dans ses fondements : je partis pour Paris, un ressentiment irréfléchi m'y conduisait aussi. La loi sur la division de la France en départements était portée, et je voulais obtenir que le district de Bar-sur-Aube fût distrait du département de Chaumont et rattaché à celui de Troyes. Je l'obtins aisément, parce qu'il s'y trouvait en effet des convenances qui s'accordaient avec ma petite passion, et qui valaient mieux qu'elle.

SOUVENIRS DE 1793

V

Arrestation. — La Conciergerie. — Les Girondins. — Fauchet. — Bailly. — Houchard. — Mme Roland. — Eglée.

.... J'avais été prévenu dans les premiers jours d'octobre 1793 (vieux style) qu'un mandat d'arrêt avait été lancé contre moi [1]. Il n'y avait plus de milieu entre fuir ou souffrir l'exécution. L'orage de sang qui devait bientôt inonder la France commençait dès lors à gronder. Un essaim d'hommes barbares avait jailli, on ne sait d'où, on ne sait comment, et couvrait la surface de la république d'espions, de délateurs, d'administrateurs, de juges et de bourreaux. Il n'existait plus d'endroit écarté où la vertu pût respirer tranquille. Les courages étaient abattus, les âmes flétries, les visages défaits. On tremblait de parler, de jeter un regard, de s'arrêter, d'entendre; et, dans ces jours d'opprobre, les Français eussent perdu la mémoire avec la parole, s'il était aussi facile d'oublier que de se taire. Comment un proscrit aurait-il trouvé un asile au sein de cette consternation? Où aller invoquer l'hospitalité, alors que la mort était le salaire de cette antique vertu? Pressé

[1] L'auteur était alors député de Bar-sur-Aube à l'Assemblée législative. [E.]

de fuir ou d'attendre les fers que le tyran m'avait préparés, je voulais prendre mon parti avec réflexion pour y tenir avec fermeté. J'avais besoin du calme de la solitude. Je marchai vers le Jardin des Plantes, et, arrivé là, je montai lentement le labyrinthe en comparant par la pensée les motifs de me décider. La raison me conseillait de fuir. Je connaissais les hommes à qui le destin venait de livrer ma patrie. Je savais bien qu'ils étaient trop stupides pour la gouverner ; mais je savais aussi qu'ils étaient assez féroces pour essayer de la dévorer. L'ami généreux qui m'avait averti de mon sort m'offrait des moyens à peu près sûrs d'échapper. Je penchais pour la fuite, et j'étais parvenu sans m'en apercevoir au sommet du labyrinthe. De là je jetai machinalement un regard sur cette magnifique cité que la tyrannie couvrait de son crêpe. Un jour pur l'éclairait encore. A cette hauteur, elle paraissait tranquille et environnée de tous ses instruments de bonheur. Je ne sais quel mouvement se passa alors dans mon âme ; mais une foule d'objets que j'avais jusque-là regardés avec indifférence vinrent se peindre à ma pensée sous une forme touchante. Je les parcourais, je les détaillais, je ne pouvais plus m'en arracher. Un comble me rappelait l'édifice qui avait été le témoin des études et des jeux de mon enfance ; plus loin, ce dôme réveillait des sentiments plus profonds et le souvenir de plaisirs mieux sentis ; quelques lieux me reprochaient des erreurs qu'on regrette. Enfin ce beau jour, ce fleuve, ces palais, cette verdure m'arrachèrent à la raison pour m'élever au sentiment. Le souvenir de ma femme, de ma fille, de mon vieux père acheva de me troubler ; et comme si j'avais craint de délibérer encore en leur présence, je m'écriai avec un sanglot : Non ! non ! je ne fuirai pas. Plutôt mourir mille fois au milieu d'eux! Malheureux, qui avez sans cesse le mot de patrie à la bouche, oui, il y a une patrie! je le sentais alors. — Oui, la patrie se compose pour l'homme vertueux de toutes les jouissances que la nature lui a préparées et que la société lui garantit. Il y a une patrie pour le bon fils, pour le père tendre, pour l'époux fidèle, pour l'homme sensible et pieux; et il n'y en a point pour le crime, et vous n'en eûtes jamais : votre patrie, à vous, c'est un antre.

Je descendis du labyrinthe, satisfait de n'avoir plus à délibérer. Il me semblait que j'avais laissé au sommet un fardeau pesant. Je saluais avec attendrissement, en descendant, une foule d'objets que je n'avais pas seulement aperçus en montant. Il n'y avait plus rien d'indifférent pour moi. Tous les objets inanimés qui m'entouraient me paraissaient autant de vieux amis dont j'avais été près de me séparer et au sein desquels je me retrouvais avec délices. Enfin, je prolongeai jusqu'au soir le rêve du sentiment. J'eus la faiblesse d'aller visiter les lieux qui m'avaient frappé davantage du haut du labyrinthe, et, à chacun d'eux, je répétai ma protestation de ne pas m'en séparer.

Ma résolution bien prise, je rentrai tranquillement chez moi. J'y pris les précautions que la prudence m'indiquait. Je confiai mon argent à un homme que je croyais probe, mes papiers à un autre, et je versai dans le sein d'un troisième un secret qui pesait sur mon cœur. De ces trois dépositaires, le premier m'a volé, le second s'est approprié mes papiers, le dernier m'a complétement trahi, et rien de tout cela ne m'a surpris. Un homme poursuivi n'était plus un homme, c'était, s'il est possible, quelque chose de pis.

Il fallait alors un effort de courage pour ne pas le renier ou l'outrager, et il faut le dire, à la honte de l'humanité, fort peu de gens s'en sont montrés susceptibles.

Quinze jours se passent sans que j'entende parler de rien; et j'avoue ma faiblesse, je commençais à espérer. J'avais eu depuis deux ans une scène assez violente avec le tyran en titre, et Couthon, son invalide *Omar*, était mon débiteur; mais il m'avait oublié si persévéramment à ce dernier titre; l'autre me semblait agité de si vastes pensées, leurs valets si nombreux étaient tellement occupés, que je calculais sur la faiblesse humaine pour l'omission de quelques détails, et je m'appropriais modestement l'un de ces détails-là. Mon erreur ne fut pas longue.

Le 18 vendémiaire, sur les neuf heures du matin, deux inconnus se présentèrent dans mon cabinet. A leur allure mystérieuse et à leur ton forcément poli, je devinai le sujet de leur mission. L'un décline sa qualité : c'était l'inspecteur de police. L'autre balbutie quelques mots mal assortis pour m'instruire de la sienne : je n'entendais point du tout la langue qu'il parlait, mais je ne sais quoi de bas et de sinistre répandu sur sa figure et sur toute sa personne servit de commentaire à son discours, et je compris que le second individu était un de ces brigands patentés qu'on distinguait alors sous le titre de membres du comité révolutionnaire. Je demande à l'inspecteur communication de son ordre. Il me développe une liste fort sale qui contenait quelque vingtaine de noms, et me prie avec modestie d'y démêler le mien. Je parcours la liste et je lui réponds, ce qui était vrai, que je ne me reconnais dans aucun des noms, et qu'il s'est probablement trompé; l'inspecteur hésite, il paraît décidé à se retirer. Par réflexion, il propose au membre du comité de se rendre à la police et de demander s'il n'existe pas contre moi un mandat d'arrêt. Il lui donne pour renseignement une note au crayon dans laquelle il estropie mon nom et ma qualité. Celui-ci accepte le message, part et me laisse seul avec l'inspecteur de police, qui ne manque pas de se répandre en vœux pour n'avoir fait qu'une fausse démarche, et qui me prévient cependant avec une candeur niaise que la livrée de Robespierre est à ma porte, c'est-à-dire que les avenues de mon appartement, que la maison, que la rue, sont obstruées par des sbires déguenillés.

Je lui réponds par quelques observations sur la légèreté de sa démarche, et la conversation allait s'échauffant quand mon homme, jetant un regard sur le jardin, me prévient d'un ton sec que nous allons savoir à quoi nous en tenir, parce qu'il voit accourir un gendarme. Il me quitte ensuite précipitamment pour aller au-devant de ce nouveau venu, et lui parle quelque temps dans une antichambre. Probablement il l'avertit que je suis un personnage irrévérencieux envers les exécuteurs d'ordres arbitraires ; car je ne peux attribuer qu'à une forte prévention, appuyée sur un plus fort déjeuner, la manière stupide et barbare dont ce gendarme a débuté avec moi. Il entre dans mon appartement le sabre nu, et après quelques minutes d'imprécations, demande où je suis et qui je suis. L'inspecteur me désigne à ses yeux hagards, échauffés de colère et humides d'eau-de-vie. « C'est bien lui ! » s'écrie-t-il, je le reconnais. Le voilà ; il y a quinze jours » que je le cherche sans pouvoir le rencontrer. Son affaire » est bonne ; pieds et poings liés, à la Conciergerie ! c'est du

» gibier de guillotine! » — Et mon homme se promène fièrement dans ma chambre, distribuant de droite et de gauche des coups de sabre en l'air, en vociférant les proverbes du père Duchesne dont il me fait de temps en temps des applications qui égayent d'autant l'honorable assistance. J'attendais froidement que ses poumons ne répondissent plus aux efforts de sa mémoire. Ce moment arrive; j'en profite pour demander la représentation du mandat d'arrêt. Le gendarme s'y oppose, et revient à son refrain favori de me lier les pieds et les poings. J'insiste; l'inspecteur appuie; j'obtiens enfin la lecture d'un mandat d'arrêt signé *Soulès* et *Marino*, qui m'envoie en effet en droite ligne à la Conciergerie. La lecture de cet arrêt de mort me rendit tout mon courage, et je me montrai comme un homme qui n'a plus que quelques jours à vivre. J'élevai la voix et je demandai quel était l'officier civil, l'homme de la loi. Personne ne répondait : « Eh bien! dis-je au membre du
» comité révolutionnaire, puisque vous ne le savez pas, je
» vous apprends que c'est vous, vous, qui venez de faire
» le rôle d'officieux valet, qui êtes ici l'homme de la loi.
» A ce titre je vous demande d'abord de me débarrasser
» (en montrant le gendarme) de cet insolent qui m'outrage,
» à votre honte, depuis une demi-heure. Sa place n'est
» point ici; elle est à ma porte pour y attendre vos ordres,
» si j'oppose quelque résistance; et vous avez une infail-
» lible garantie de ma soumission, c'est que vous êtes
» vingt contre un. » J'exige ensuite qu'on me conduise devant une autorité constituée quelconque, parce que je déclare que je ne me reconnais point dans le mandat qu'on vient de me lire. « Prenez garde à ce que vous allez faire :
» il ne s'agit point ici d'une arrestation ordinaire, mais

» d'éclaircir si je suis ou si je ne suis pas un *criminel d'É-*
» *tat.* » A ce discours prononcé avec force, et surtout à ce mot de criminel d'État, mes trois hommes se troublèrent. Le gendarme, qui deux minutes auparavant m'envoyait sans façon à la guillotine, fixa sur moi un regard stupide comme sur un objet rare et qu'il voyait pour la première fois. Il semblait se dire à lui-même : Voilà donc comme est fait un criminel d'État. L'inspecteur de police protesta qu'il ne prendrait rien sur lui, et le membre du comité, embrassant étroitement son corps avec ses bras, levait les yeux au plafond en signe d'embarras. On le députe de nouveau vers la section. Il part et revient avec cette décision précise : Il n'y a rien à faire qu'à mettre le scellé et emmener le citoyen. « Comment, repris-je, je ne serai
» pas entendu ? — Non, citoyen. — Mais quelle atroce vio-
» lation de toute raison, de toute humanité ? N'a-t-on
» affiché les droits de l'homme à tous les coins des rues
» que pour les déchirer plus à son aise ? — Citoyen, il ne
» s'agit pas de cela. — Eh bien ! puisqu'il ne s'agit pas de
» cela, j'ai tort. Mettez donc les scellés, emmenez-moi.
» Votre métier est de faire des hommes ce qu'il vous plaît,
» c'est vous qui avez raison. »

On ferme les portes de mon appartement ; on les scelle ; on scelle les fenêtres, et on arrive enfin au moment du départ. Le gendarme, qui était devenu prévenant pour moi depuis qu'il savait que j'étais un criminel d'État et que j'avais proposé de le mettre à la porte, m'observe que je n'ai pas fait de paquet. « Pourquoi un paquet ? lui dis-je. Croyez-
» vous que je languirai longtemps où je vais ? — Citoyen,
» votre affaire durera six semaines ou deux mois. — Et sur
» quel fondement calculez-vous de la sorte ? — J'ai entendu

» ce que vous venez de dire ; votre affaire n'est-elle pas
» comme celle de Custine ? — Pas tout à fait, repris-je en
» souriant ; mais l'issue pourrait bien se ressembler. » Nouvel embarras, le scellé était mis sur ma garde-robe. Il
s'agit de le lever. Mes gens délibèrent s'ils en ont le droit.
La patience m'échappe, j'approche d'un scellé, je le déchire
avec violence. — « Allons, messieurs, leur dis-je, la ques-
» tion est résolue ; donnez-moi du linge et finissons. »

On s'empresse de me satisfaire. Enhardi par ce premier
succès, je demande s'il m'est permis d'emporter quelques
livres. On me répond que oui, pourvu qu'on sache quels
sont ces livres. « J'emporte, leur dis-je, s'ils ne vous sont
» pas suspects, Epictète, Marc-Aurèle et Thomas-A-Kem-
» pis. » Ces trois auteurs passent sans difficulté, à la faveur
de leur obscurité. Mais le Tasse m'étant tombé sous la
main, j'eus la maladresse de l'appeler par le titre de l'ouvrage plutôt que par le nom de l'auteur. — « Vous me
» permettez, continuai-je, d'y joindre *la Jérusalem dé-*
» *livrée ?* — Pour celui-là, me dit gravement l'inspecteur,
» cela n'est pas possible. » Je ne devinai pas ce que le
Tasse pouvait avoir à démêler avec les captureurs de
l'an II de la République. J'insistai ; le gendarme s'approche
de moi, m'appuie la main sur l'épaule en signe d'intérêt
et me dit à voix basse : — « Citoyen, croyez-moi, laissez
» ce livre-là ; tenez, dans ce moment-ci, tout ce qui vient
» de Jérusalem ne sent pas bon. — Vous avez raison, ré-
» pondis-je au faquin, marchons. »

Nous montons dans un fiacre que mon gendarme bel
esprit avait eu soin d'appeler. Nous étions environnés
d'hommes à piques qui se disputaient les places dans la
voiture ou sur le siége du cocher. Cette émulation de bas-

sesse m'indigna. Je le dis très-haut, et j'obtins que le cortége se réduirait à cinq personnes, et en cela je fis bon nombre de mécontents. J'arrive à ma destination vers midi. Les escaliers du Palais étaient garnis de femmes qui semblaient assises à un amphithéâtre, attendant un spectacle favori. En effet, le char de la mort était à la porte; il attendait deux infortunés destinés aux bêtes pour ce jour-là. Lorsque je descendis de la voiture, l'amphithéâtre se leva tout entier et poussa un long cri de joie. Des battements de mains, des trépignements de pieds, des rires convulsifs, exprimaient le féroce plaisir de ces cannibales, à l'arrivée d'une proie nouvelle. Le court espace de chemin que je traversai à pied fut encore assez long pour que je reçusse à la figure des ordures qui pleuvaient de toutes parts sur moi, et je pus juger, par la réception qu'on me faisait en entrant, de celle qui m'attendait à la sortie.

Le guichet était pour le moment un port de salut, et je le vis s'ouvrir sans peine. Me voilà donc englouti dans cette vaste antichambre de la mort qu'on appelle toujours la Conciergerie. Je traverse une espèce de lanterne et j'arrive dans une pièce, à gauche, où est placé le greffe de la prison. Cette pièce est coupée en deux par une cloison à jour. Le fauteuil du greffier, son bureau, les registres, sont placés dans la partie qui donne sur la cour du Palais ; c'est là qu'on reçoit, qu'on enregistre, qu'on signale un nouveau venu ; l'autre partie est destinée à recevoir les condamnés durant ces heures éternelles qui séparent la condamnation de l'exécution. Un nouveau venu les voit, leur parle même, s'il en a le courage ; et la faible barrière qui les sépare est un emblème qui semble placé là pour les avertir qu'il n'y a plus qu'un pas entre eux et l'échafaud.

Le jour de mon entrée, deux hommes attendaient l'arrivée du bourreau. Ils étaient dépouillés de leurs habits et avaient déjà les cheveux épars et le col préparé. Leurs traits n'étaient point altérés. Soit avec ou sans dessein, ils tenaient leurs mains dans la posture où ils allaient être attachés, et s'essayaient à des attitudes fières et dédaigneuses. Leurs regards lançaient le mépris sur tout ce qui les approchait et je jugeai par quelques mots qui leur échappaient par intervalles, qu'ils n'étaient pas indignes du sort qu'ils éprouvaient. Une espèce d'officier municipal eut l'insolence de vouloir leur adresser des mots de consolation et de leur demander s'ils savaient le nom du président qui les avait jugés. — « Non, lui répondit l'un des condamnés : mais tais-» toi : je ne veux pas emporter au tombeau le nom d'un pa-» reil scélérat. — J'espère toujours, dit le second d'un ton » plus doux, que ce président n'est pas un Français. » — Infortuné, tu aimais donc encore ton pays! Ah! je salue tes mânes pour cet héroïque amour et ta noble espérance. Tu avais raison ! Ces monstres que la nature enfante dans un moment d'égarement n'appartiennent à aucune contrée. Celui qui te livrait à la mort est né et est mort au milieu de nous; mais la France, déchirée par ses mains impies, s'indignerait qu'on l'appelât du nom de ses enfants. Quel spectacle présentait le lieu où ces malheureux attendaient leur dernière heure ! Des matelas étendus sur le plancher indiquaient qu'ils y avaient passé la nuit, qu'ils avaient déjà subi le long supplice de cette nuit. On voyait à côté les restes du dernier repas qu'ils avaient pris; leurs habits étaient jetés çà et là, et deux chandelles qu'ils avaient négligé d'éteindre, repoussaient le jour pour n'éclairer cette scène que d'une lueur funèbre. Je détaillais l'horreur de ce sépulcre animé, quand la porte s'ouvrit avec bruit; je vis paraître des gendarmes, des guichetiers, des bourreaux. Je n'en vis pas davantage : j'éprouvai un saisissement subit ; il me semblait que tout mon sang venait de se glacer dans mon cœur, et je tombai sur une banquette du greffe, poursuivi par cet appareil de la mort.

Le départ de ces deux malheureux avait occupé le greffier, et nous étions quatre arrivants qui attendions notre destination. Je restais sur ma banquette, abîmé dans une rêverie douloureuse. Ce ne fut qu'au bout d'un certain temps, et qu'après en avoir été froissé plus d'une fois, que j'aperçus parmi les nouveaux venus un élégant qui n'avait encore rien rabattu de l'impertinence de ses manières. Son habit, sa frisure, sa chaussure, déposaient de son respect pour les ridicules les plus en vogue. Il abusait d'un espace fort resserré pour s'y promener avec nonchalance, marchait sur les pieds de ses voisins, se confondait en excuses, recommençait, et fredonnait sur le tout un air italien. Au foyer de l'Opéra même il eût été remarquable, tant il affichait la perfection de la sottise. Son nom ressemblait beaucoup au mien et nous n'avions que cela de commun. Il était arrêté pour fabrication de faux assignats, et moi par mesure de sûreté générale. Le greffier, homme d'ailleurs fort exact, se trompa, peut-être pour la première fois de sa vie. Il appliqua mon mandat d'arrêt sur la figure insouciante de l'élégant et me gratifia du sien. Il faut être juste ; mon allure sombre et misérable aidait à la méprise. On nous distribue à des guichetiers qui conduisent l'élégant à la chambre que je devais occuper dans cette division de la prison qu'on appelle l'Infirmerie, et je vais prendre sa placé dans un cachot qui était encore, à ce que je crois, sous l'invocation de saint Charles.

Ce cachot était de quinze pieds en carré, et ne recevait, par un trou pratiqué dans la porte, que la portion de lumière suffisante pour en éclairer l'horreur. J'y trouvai deux compagnons. L'un, accusé d'avoir assassiné sa mère, était un homme de quarante ans. Soit prévention, soit réalité, je ne crois pas avoir rencontré de figure sur laquelle le crime ait été écrit en caractères plus lisibles. Il avait le teint plombé, les yeux louches et la bouche contournée. Ses sourcils se contractaient dès qu'il voulait fixer un objet, et ses lèvres s'agitaient incessamment d'un mouvement convulsif. Cette mobilité imprimait à l'ensemble de ses traits une horreur menaçante. Il parlait peu, avait les manières violentes et se courrouçait contre tout ce qui l'environnait. Le malheureux paraissait brouillé avec la nature entière, avec lui-même. Par un concours assez singulier d'événements, il a subi la mort le jour même où j'ai été rendu à la vie, à la liberté ; et j'y ai trouvé une occasion de plus de reconnaître et d'adorer cette éternelle Providence, qui daigne parfois s'associer à la justice humaine.

Mon second compagnon était un jeune homme de vingt à vingt-cinq ans. Je crains que dès cet âge il n'ait tenu l'un des premiers rangs parmi cette société d'escrocs qui s'est établie en permanence dans la capitale. Sa figure agréable et ouverte formait un contraste parfait avec celle de l'assassin. Il avait dans ses manières de cachot une sorte de politesse que l'emportement continuel de l'autre faisait ressortir davantage. Celui-là m'accueillit avec bienveillance, plaignit en fort bons termes notre sort commun ; et, comme nous sommes toujours disposés à faire les honneurs dans le bien que nous pensons d'autrui, je me persuadai qu'il était comme moi au secret, sur la paille, au cachot, par mesure de sûreté générale.

J'achevai la journée sans communiquer avec mes camarades. Je ne répondais qu'en termes fort serrés aux questions qu'ils m'adressaient ; le plus souvent je ne répondais pas du tout. J'éprouvai sur le soir une fièvre violente. Mes idées étaient sans suite et sans liaison ; je rêvais les yeux ouverts, et mon imagination égarée absorbait heureusement ma raison. La seule sensation bien distincte que j'éprouvais était un besoin : c'était la soif, et je buvais de l'eau avec excès. Ce régime ne me réussit pas. Je passai une nuit douloureuse. Le lendemain je restais abattu sur la paille, succombant sous la lassitude de la veille. Je ne formais pas davantage d'idées suivies ; une seule dominait toutes les autres, c'est que j'étais destiné à mourir. Je n'allais pas plus loin, et je n'avais plus la force de m'effrayer ou seulement de m'occuper du temps et de la manière.

Mon jeune camarade prit pitié de moi. Il devint empressé, importun même ; mais il l'était avec tant de grâce qu'il parvint à me ranimer malgré moi. Dès le soir du second jour, une sorte de confiance s'était déjà établie entre nous. J'étais au sein de Paris tel qu'un voyageur perdu au milieu du désert ; un abîme immense me séparait du reste du monde, et, dans cette position, la rencontre de son semblable est un présent du ciel ; il n'est plus possible de rester indifférent devant lui. Je parlai donc à mon compagnon. Il eut mon secret qui n'en était pas un. Son embarras le trahit au moment d'expliquer le sien. Quelques questions imprudentes qu'il me fit sur la procédure par jurés, achevèrent de m'apprendre à qui j'avais affaire, et je rabattis avec peine de l'estime que je lui portais de si bon cœur. Je passai la nuit assez tranquillement ; la nature reprit ses droits : je dormis. Mais comme je payai cher le bienfait de cet anéantissement passager quand il fallut en sortir ! Non, je ne connais rien de cruel comme le moment du réveil au milieu d'un cachot; dans un lieu où le songe le plus horrible est moins horrible que la réalité. On est déjà éveillé; on souhaite, on s'efforce de rêver encore. Le sentiment essaie de faire reculer la raison qui s'obstine à rebâtir autour de vous les instruments de votre supplice, et vous les voyez toujours pour la première fois. Le moment du réveil pénétrait chaque jour mon âme d'un trait de désespoir, et lorsque par la suite j'ai pu disposer de mon sort, j'ai été cent fois tenté d'user d'un moyen que j'avais de me rendormir pour ne me réveiller jamais.

Cette troisième journée se passa avec moins d'embarras; déjà chacun avait sa place. L'assassin restait dans son coin, en proie à son humeur farouche. Le jeune homme me portait les mêmes soins et ne cessait de s'étonner qu'on nous eût placés l'un et l'autre à un secret aussi rigoureux ; car il avait la prétention de n'avoir été arrêté que pour fait de police, et il confondait sans façon sa cause avec la mienne. Sur le soir de cette journée, les guichetiers vinrent nous rendre leur visite accoutumée. Le jeune homme plaida notre cause commune avec chaleur et même avec quelque adresse. Il me citait en exemple d'une persécution inouïe, et insistait sur ce que je périrais au cachot si on m'y laissait encore deux jours. Le porte-clefs rétorquait ses arguments avec un laconisme brutal; cependant il voulut voir ma figure pour reconnaître l'individu qui excitait un si bel intérêt; il lui prit même la fantaisie de m'interroger. Il me demande pourquoi je suis arrêté. Je lui réponds : par mesure de sûreté générale. Il s'étonne aussi de me trouver là, et veut en apprendre la raison ; je lui réponds que je l'ignore. Il s'informe de ce que j'ai fait dans la révolution, je l'explique en peu de mots ; de mon nom, je le décline.

« Je parie, dit le guichetier, que c'est là l'homme du mi-
» nistre de l'intérieur. Attends, je vais achever la fermeture
» et je reviens. »

Ce mot : que je suis l'homme du ministre de l'intérieur, me déroutait ; je ne devinais pas comment je pouvais être l'homme du citoyen Parey, à qui je n'avais parlé de ma vie ; mais d'un autre côté, depuis trois jours, rien n'avait plus droit de m'étonner. J'étais dans cette perplexité, quand le guichetier revient, m'ordonne de sortir du cachot, et me vante l'adresse qu'il a eue de m'y déterrer.

Je me mets en devoir d'obéir ; mais auparavant je veux exprimer ma reconnaissance à mon compagnon de cachot. Le guichetier s'y oppose et prétend que c'est un coquin qui m'a volé. Je proteste du contraire. Le guichetier insiste et m'ordonne de faire la récapitulation de mes effets. Je la fais, et je trouve exactement tout ce que j'avais apporté. Le guichetier ne se tient pas pour battu ; il soutient qu'il n'est pas possible que je n'aie pas été volé, tonne de nouveau et menace de revenir armé d'un instrument terrible, si on ne me restitue pas à l'instant tout ce qu'on m'a pris. Je prie, je supplie, j'obtiens avec peine qu'il ne mettra pas mes pauvres camarades en pièces, parce qu'ils ont dû me voler, encore qu'ils n'en aient rien fait.

Chemin faisant, je demande à ce guichetier ce que signifie ce qu'il a dit que j'étais l'homme du ministre de l'intérieur. Il me répond que je le saurai au greffe. Le greffier me montre, en effet, une note qu'il a reçue du citoyen Grandpré, premier commis de l'intérieur, qui lui recommande d'avoir pour moi les soins compatibles avec les règlements, et de me fournir tout ce dont j'aurai besoin. J'apprends encore, que sur cette note on m'a cherché sans succès dans différentes chambres, pendant un jour, et que le mouvement continuel de la prison avait fait oublier, dès le lendemain, ma personne et la recherche. Je me suis depuis trouvé à la Force avec le citoyen Grandpré, dont le crime était d'avoir voulu faire pénétrer dans les prisons les bienfaits de la révolution du 10 thermidor, dès le 11 ou le 12. Barère lui donna en passant cette petite leçon de politique, mais heureusement elle ne fut pas longue, et j'eus le regret de n'apprendre qu'après sa sortie de la Force que c'était à lui que j'avais l'obligation d'avoir été tiré du cachot de la Conciergerie.

La protection du citoyen Grandpré et plus encore mon visage pâle et défait, me firent obtenir une place à l'infirmerie, qu'on me vantait comme un lieu privilégié pour les détenus. Or, cette infirmerie était bien l'hôpital le plus horripilant qui existât au monde. L'édifice est de vingt-cinq pieds de large sur cent pieds de long, fermé aux deux extrémités par des grilles de fer, et recouvert d'une voûte surhaussée. Il est construit en pierres de taille, pavé de longues dalles, et, au reste, comme sa construction est ce qu'il y a de plus lourd dans cet affreux genre, on croirait qu'il a été taillé dans un rocher. Les vapeurs du charbon et des lampes ont empâté la pierre d'une teinte sombre. La lumière ne parvient que par deux fenêtres en abat-jour très-étroites et ménagées dans les cintres de la voûte, en sorte que rien ne ressemble mieux à ces palais des enfers que l'on voit à l'Opéra. C'est là que l'architecte a probablement été chercher ses modèles. Quarante à cinquante grabats garnissaient les deux parois de ce boyau, et on voyait jetés sur ces grabats, deux à deux et souvent trois à trois, des malheureux atteints de maladies différentes. Il était impossible d'y renouveler l'air, on ne songeait pas seulement à le purifier; on ne songeait pas davantage à changer la paille des grabats et à nettoyer les couvertures, en sorte que le malheureux porté là était soudain enveloppé dans un tourbillon de méphitisme et de corruption. Elle était telle, cette corruption, qu'elle germait sur les dalles du pavé, et que par le temps le plus sec on ne passait pas par l'infirmerie sans en avoir sa chaussure souillée. Pour comble de misère, les commodités de cette partie de la prison sont placées au milieu de l'infirmerie, sans moyens, sans séparation, et, comme elles sont insuffisantes pour le grand nombre, les environs y suppléent, et ces environs sont l'infirmerie même. Nulle part, au reste, on ne se jouait de l'humanité d'une manière aussi barbare, aussi dégoûtante. Il m'est arrivé souvent de trouver au milieu de ces commodités, couchés sur le pavé et recouverts de leurs ordures, des malades qui avaient fait effort pour s'y traîner et qui y étaient tombés de faiblesse et de douleur. Ils y seraient morts si leurs compagnons d'infortune ne les en avaient pas tirés. Je pourrais ici multiplier les tableaux hideux : un malade venait-il d'expirer, on lui recouvrait la tête d'une partie de la couverture commune à lui et à son voisin, et ce dernier, plus malheureux sans doute, gelait de froid, en attendant qu'on le détachât de ce cadavre. Il y avait une heure marquée pour cela, et d'ailleurs on ne se serait pas mis en frais de transport pour un seul homme mort ; le contingent de la journée était de trois ou quatre. Au-dessus de tous ces fléaux, il en était un plus grand : un médecin, homme farouche et barbare. Ce misérable était le seul qui eût pu faire croire à un malade qu'il n'était pas disgracié de la société tout entière. Jamais un mot consolateur n'est descendu de sa bouche ; jamais il n'a donné un signe d'intérêt à l'humanité souffrante et tourmentée. La visite journalière durait ordinairement dix-huit minutes, quelquefois vingt, vingt-deux, et n'a jamais passé vingt-cinq. J'ai résisté à l'indignation pour la calculer, et, en vingt-deux minutes il avait visité quarante malades, ce qui donnait un peu plus d'une demi-minute par individu. Sa recette habituelle était de la tisane, de la tisane pour tous, et jamais que de la tisane. Son insouciance prévenait au moins en ce point les effets de son ignorance, et peut-être les malades y gagnaient-ils. Ce qu'on raconte de lui dans l'*Almanach des Prisons* est de la plus exacte vérité. Il est positivement vrai qu'on a substitué plus d'une fois dans le même lit un malade à un homme mort de la veille, sans que ce cruel Sangrado s'en soit aperçu, et, croyant toujours avoir affaire au dernier, il ne trouvait rien à changer au régime et prescrivait de continuer la tisane. Au reste, tout cela s'explique : ce médecin était très-riche, il avait ci-devant possédé une charge importante ; il avait hanté les heureux de la terre, il s'était frotté auprès d'eux de préjugés, de morgue et d'insolence. Un tel homme était fort déplacé à l'infirmerie d'une prison. Oui, docteur Thierry, vous y étiez très-déplacé. Je vous connais ; il vous faut des grands, des palais, de l'or, des cuisiniers, et vous ne trouviez là que des malheureux. Or, vous êtes trop vieux pour apprendre et trop endurci pour sentir que le malheureux est un objet sacré; que votre art, le plus beau des arts, est sublime alors qu'il s'exerce autour de lui, et que c'était par l'application courageuse et assidue de leur savoir au malheur que les médecins de l'antiquité avaient mérité d'être appelés des hommes divins. Aussi, consolez-vous; je crois bien que vous pourrez préparer quelque illustre pour le Panthéon, s'il a la sottise de prendre vos ordonnances, mais je vous garantis que vous n'y aurez jamais de place.

A la vue de ce repaire de toutes les horreurs et de toutes les douleurs qui peuvent affliger l'humanité, je maudis la protection du citoyen Grandpré et je regrettai mon cachot. Je calculais combien la société produit de degrés de misère dont le commun des hommes naît, vit, meurt, sans seulement avoir une idée, et je m'expliquais comment le philosophe de Genève avait eu raison de regretter les bois, et comment encore il avait rencontré tant de beaux esprits sincèrement déterminés à le trouver fou. Je préparais ainsi un commentaire à Hobbes, quand un compagnon d'infortune vint m'arracher à ma méditation. Cet homme, heureusement né, avait conservé, au milieu de l'infirmerie, du sang-froid, de l'originalité et même une sorte de gaieté. C'était un légiste angevin de soixante à soixante-dix ans. Il me complimenta sur mon arrivée à l'infirmerie, qu'il avait la bonté d'appeler la salle la plus tranquille et la plus commode de la prison. Qu'on juge du reste ! — « Vous n'êtes
» pas très-malade, me dit mon avocat; si vous voulez, nous
» ferons société de table et de lit; je suis propre et bon vi-
» vant; nous nous arrangerons bien ensemble. » Cependant il veut savoir avant tout si je suis un révolutionnaire et pourquoi je suis arrêté. Je le satisfais sur ces deux points,

et sur-le-champ il entame le récit de son aventure. Sa famille était fort connue en Anjou. Quant à lui, il s'était modestement réduit à la profession d'avocat par goût pour l'indépendance et la littérature. Il avait composé quelques écrits qui avaient fait du bruit dans son canton, et s'étonnait de la meilleure foi du monde qu'ils ne fussent pas parvenus jusqu'à moi. La révolution avait distrait ses concitoyens de la haute considération qu'ils lui portaient; il s'était vu froissé par des hommes nouveaux, par des institutions nouvelles; la bile du vieillard s'en était émue, et, dans un accès d'humeur, il avait composé un dialogue entre la nation et Henri IV. Le roi parlait le premier et parlait haut, et même d'une manière irrespectueuse à la nation. L'auteur en était là de son ouvrage, et la nation n'avait encore rien dit, quand un comité révolutionnaire surprit mon avocat d'Anjou et son dialogue, et les emballa par le même coche pour le tribunal révolutionnaire. J'eus beau me défendre et me récuser, il me fallut subir dès le soir même la lecture du dialogue et donner mon avis. Il ne me fut pas possible de dissimuler que je trouvais Henri IV d'une insolence toute royale. — « Tant mieux, me dit mon
» avocat, morbleu! tant mieux. C'est là où je vous atten-
» dais. Voilà la preuve que j'ai conservé la vérité de l'his-
» toire; car cet Henri IV était un gaillard à poil. Vous le
» voyez avec son panache, sa longue épée, sa moustache;
» vous vous rappelez sa harangue à l'assemblée de Rouen;
» et je m'en rapporte à vous, pouvais-je faire autrement? —
» Vous pouviez mieux faire, lui dis-je. — Et comment, s'il
» vous plaît? — Vous pouviez ne pas le faire parler du tout.
» Si vous aviez des vérités utiles à révéler, pourquoi ne
» choisissiez-vous pas un autre organe? Vous savez que

» nous ne voulons plus de rois, de panaches ni de mousta-
» ches. — A la bonne heure, reprend mon avocat ; mais
» c'est une chose faite. Au reste, depuis que je suis ici,
» j'ai fait répondre la nation, et, ma foi, je trouve qu'elle
» n'est pas en reste. Vous allez en convenir vous-même. »
Pour cela je demandai grâce jusqu'au lendemain matin,
au grand regret de mon avocat, qui prétendait que son
ouvrage était de ceux qu'il fallait lire de suite, si on voulait
en sentir tout le mérite.

Le roulement des verrous, le bruit des clefs, les cris des
chiens, nous annoncèrent la nuit. Mon avocat me pressa
de partager son lit. Je redoutais la société intime du chancelier de Henri IV; je préférai passer la nuit sur un banc
posé autour du poêle, entre un officier de la marine mar-
chande, qui n'avait fait qu'un saut des grandes Indes à la
Conciergerie, et un tailleur de Paris qui y était descendu
de la rue Mouffetard. Ainsi cette tyrannie, la plus puissante et la plus hideuse qui ait jamais désolé l'espèce humaine, frappait au même instant dans des climats opposés
en même temps qu'elle dévorait autour d'elle. Elle fran-
chissait les espaces et s'élançait aux quatre coins du
monde pour y saisir ses victimes. Fléau prodigieux! sa
naissance, ses progrès, sa chute, lasseront longtemps la
réflexion humaine. L'officier de marine, plus habitué que
d'autres à des lits mal faits, reposa fort bien sur son banc ;
le tailleur s'endormit en me racontant comment il se trouvait à la Conciergerie pour avoir fait des manches trop
courtes à des habits de hussards, et, malgré le mérite de
la matière, il ne m'endormit pas. Me voilà donc seul, veil-
lant au milieu de l'infirmerie de la Conciergerie.

Je me trompe ; la douleur tenait éveillés plusieurs malheureux sur leurs grabats. Je sentis alors toute la profondeur de ce vers de Colardeau :

> Que la nuit paraît longue à la douleur qui veille !

J'entendais à mes côtés des cris plaintifs, des gémissements. Plus loin un malheureux, poursuivi par un rêve affreux, poussait des cris qui me glaçaient d'effroi. Je distinguais assez bien les mots de sang, de bourreau, de mort ; ces mots circulaient autour de ces couches funéraires, et, d'heure en heure, l'airain mesurait par des sons tardifs cette éternité de souffrances. Les chiens répondaient à l'horloge par de longs hurlements. Et vous, vous qui n'avez pas passé une nuit là, au milieu de cet assemblage d'horreurs, vous n'avez encore rien éprouvé, rien souffert au monde. Pour surcroît de supplice, un escalier qui conduit à je ne sais quelle salle du Palais, est adossé au mur de l'infirmerie. Il faut que cet escalier conduise à une salle des tribunes du tribunal révolutionnaire ; car, dès cinq heures du matin, tous les malades qui pouvaient dormir furent éveillés en sursaut par le bruit des amateurs qui se pressaient, qui se disputaient, qui se battaient à qui aurait les premières places, et ce vacarme, effrayant à plus d'un titre, se renouvelait chaque jour et se prolongeait longtemps dans la matinée. Ainsi, la première sensation qui frappait un malade à son réveil, c'était la crainte que ce ne fût pour le plaisir de dévorer ses derniers moments qu'on se battait au-dessus de sa tête ; car, dès lors, c'est-à-dire dans les premiers jours de brumaire, la maladie, l'agonie même, ne dispensaient plus de paraître au tribunal, et j'y ai vu porter un prêtre d'Autun à qui on ne donnait pas douze heures à vivre, et qui est mort, en effet, à l'instant où on le jetait sur la charrette. En présence de tant et de si profondes misères, j'ai rougi d'être né homme. Le désespoir avait traversé mon âme ; j'avais les yeux secs et le sang brûlant ; j'errais à pas précipités dans l'infirmerie, attendant et redoutant également la lumière qui commençait à percer les barreaux. Poursuivi par les images de la nuit, inquiet de ce qui m'attendait pour la journée, si on m'eût alors appelé pour le supplice, j'y aurais volé avec transport. J'ai fait plus d'une fois cette réflexion, que la mort sur un échafaud n'inspire tant d'horreur au commun des hommes que parce qu'ils la comparent à l'état de paix, de jouissances et peut-être de bonheur qu'ils éprouvent ; mais la mort considérée au fond d'un cachot, et, ce qui est pire, de l'un des grabats dont je parle ; la mort, quand l'existence tout entière est changée en tourments, n'est plus le comble des maux, elle en est le remède. Le courage de la plupart de ceux qui ont péri dans ces derniers temps se composait pour beaucoup du contentement d'arriver au terme de leurs souffrances : « Il y a trop longtemps que » ces gens-ci m'ennuient, me disait Biron ; ils vont me » couper le col, mais du moins tout sera fini. »

L'infirmerie n'eut pas sitôt reçu la faible portion de lumière qui lui était dévolue, que mon avocat vint obligeamment s'informer de la manière dont j'avais passé la nuit. J'étais à mille lieues de ses aventures et de son Henri IV ; je le reçus fort mal. Il attribua ma mauvaise humeur à la fatigue que j'avais éprouvée et me tança d'avoir dédaigné ses conseils et passé la nuit sur un banc, à côté d'un poêle. Il y avait, selon lui, de quoi me faire mourir. — « Encore » passe si j'avais réussi, » lui répondis-je avec aigreur, et là-dessus mon homme m'enfila un fort beau sermon sur la patience, et arriva toujours à son point favori, à la lecture de la deuxième partie de son dialogue. — « Vous m'avez » fort bien préparé, lui dis-je : voyons. » Il lit la réponse de la nation à Henri IV. Ici le bonhomme s'était fourvoyé. La nation parlait comme une traînée. Elle disait des injures à perte de vue, et rien que des injures. Je le lui fis remarquer ; je lui observai que personne n'y serait pris, que dans la première partie du dialogue il travaillait de génie, et qu'on sentait son Apollon à l'aise, tandis que dans celle-ci, il sortait péniblement de son caractère et bronchait à chaque pas. Le vieillard trouva quelque chose de vrai dans mon jugement. Je caressais son opinion et je flattais son faible sans m'en douter ; il en conçut de moi une idée favorable et qu'il conserva jusqu'au bout. Quelque temps après, et la veille de sa mort, car le pauvre auteur la reçut pour prix de son dialogue, il mit ordre à ses affaires ; il confia au général Marcé ses dispositions domestiques et me rendit dépositaire de ses productions littéraires, pour les publier ou les supprimer à mon gré. Je ne manquai pas de profiter de l'option.

J'ai dit que l'infirmerie était grevée d'une insupportable servitude envers des habitants de cette partie de la prison. Je les passai tous en revue dans la matinée, et je reconnus bon nombre de nos camarades. La plupart m'accueillirent avec un intérêt consolant. Je quittai promptement l'infirmerie par leurs soins empressés, et je passai dans une chambre qu'on appelait *la petite pharmacie*. Cette chambre était destinée à recevoir une femme fameuse, aussi avait-elle de plus que les autres une double porte de cinq pouces d'épaisseur, revêtue de fer et chargée de trois énormes serrures. De deux fenêtres qui l'éclairaient auparavant, l'une était hermétiquement bouchée, l'autre presque entièrement ; mais en revanche, elle était tapissée d'un papier qui multipliait autour de nous les emblèmes, et les mots de *liberté, égalité, droits de l'homme, constitution;* il était impossible de lever les yeux sans rencontrer le mot de *liberté* ou des barreaux, celui d'*égalité* ou des verrous. Au reste, cette chambre prédestinée pour un usage peu commun était occupée alors par la représentation nationale. Ses hôtes étaient tous des députés anciens ou actuels. Le procès des vingt-un députés était à son terme. Un spectacle d'un intérêt plus relevé fit promptement diversion à tout ce que j'avais senti, pensé, éprouvé jusque-là. J'avais sous les yeux la lutte du talent, du savoir, de tout ce que les hommes sont habitués à chérir et à honorer, mais du talent, du savoir, chargés d'indignes fers, contre l'ignorance en crédit, la scélératesse en action et le crime tout-puissant. Déjà un écrivain éloquent a excité la curiosité du public sur les derniers moments de ces hommes célèbres. Je me garderai de reproduire des détails si vrais et si intéressants sous sa plume; il faut prouver son respect pour le tableau des maîtres en se gardant d'y toucher. Le fond du procès reste encore sous les yeux de la France et de l'Europe; mais la postérité, ce juge irrécusable des hommes et des choses, s'avance pour le décider. Déjà il est reconnu que le mot de *fédéralisme* est un monstre moral, sorti de la tête d'un scélérat en délire, comme la figure hideuse qui le représente est sortie de la tête d'un ouvrier de mauvais goût; que l'un n'a pas plus existé en politique que l'autre n'existe dans la nature. Déjà la Convention a cédé au retour de la saine raison en ordonnant la démolition de tous ces monuments ridicules que la tyrannie avait disséminés sur le sol de la république pour donner de l'existence à ce fédéralisme, dont elle a tiré un si grand parti. Ainsi, il faut chercher ailleurs les véritables motifs de la perte des premiers Français immolés à cette sanglante chimère, de ceux qui ont les premiers dénoncé les règnes des Marat, des Robespierre, et de tous ces misérables, l'opprobre de l'humanité et la honte de la nation.

Je considérais chargés des mêmes fers que moi, ces hommes dont j'avais souvent admiré les talents, que j'avais vus naguère au plus haut degré de crédit et de puissance, et qui m'avaient écrasé avec tant d'autres du poids de leur immense popularité. Quelles réflexions ce spectacle m'inspirait ! La révolution, disais-je à l'un d'eux, c'est la mort. Elle brise impitoyablement tout ce qu'elle rencontre : il n'y a pas d'âge, d'opinion, de crédit, de vertu, de richesses, de talents qui défendent de ses coups. La postérité demandera avec inquiétude quel étrange concours de circonstances a pu précipiter à l'échafaud ces fondateurs de la république. Le temps de les comparer n'est pas encore arrivé ; mais on peut dire, dès aujourd'hui, que le parti de la Gironde a fourni des orateurs, des métaphysiciens, des écrivains distingués, et pas un homme d'État ! La plupart d'entre eux, élevés à l'école de l'ancien barreau, avaient contracté une confiance ridicule dans l'art de parler, et se persuadaient qu'ils avaient tué leurs ennemis avec un sarcasme bien aiguisé ou un discours d'apparat. C'étaient là leurs grands moyens. Ils picotaient le tigre quand il avait la gueule ouverte pour les dévorer. Ils avaient d'ailleurs donné prise sur eux en ne suivant pas avec vigueur une conception d'abord assez forte, assez ingénieuse. Le parti de la Gironde avait tenu une marche tortueuse dans l'Assemblée législative. Tour à tour ami ou ennemi de la cour, à mesure que celle-ci lui abandonnait ou lui retirait le gouvernement, il était encore en pourparlers avec elle peu de temps avant le 10 août. Ce jour-là même, à sept heures du matin, la Gironde n'avait pas encore pris de couleur; ce ne fut que deux heures après, et lorsque la victoire était décidée pour le parti populaire, qu'elle s'élança à la tête de ce parti. La journée finie, la Gironde jugea que les résultats en seraient glorieux, et elle voulut se les approprier aux yeux de la France. Elle n'était pas aussi contente des moyens qui avaient accompagné ou suivi cette journée, et elle essaya d'en renvoyer la honte aux véritables auteurs du 10 août. Cette conception, je le répète, était habile, et d'abord on n'oublia rien pour la faire réussir. Roland déploya toute l'énergie de sa vertu, et, ce qui était un peu plus sérieux, tout le talent de sa femme contre Danton, contre la Commune, contre les dilapidateurs du château; Brissot composa des diatribes contre les Jacobins, Vergniaud, Guadet, Gensonné imprimèrent le mouvement à l'assemblée. C'était à qui fêterait le mieux le 10 août, à qui s'en approprierait le plus sûrement l'honneur, et à qui déchirerait à plus belles dents les véritables auteurs de cette journée. Le parti contraire sentit tout ce que la marche des Girondins avait de cruel et d'insultant pour lui, et en devint furieux. Il accumula les horreurs au sein de la capitale, et, pour dégoûter la Gironde du 10 août, il ne manquait pas de confondre avec cette journée les massacres de septembre. Ces massacres, de déplorable et honteuse mémoire, offraient à la Gironde un moyen puissant de pousser son système aussi loin qu'elle le voudrait. Il fallait qu'elle en déclarât, qu'elle en poursuivît les auteurs à la face de l'Europe. Elle disposait des départements par Roland, de l'armée par les généraux ; la majorité de la Convention arrivait pénétrée d'indignation contre les bourreaux de septembre : elle pouvait reconquérir la Commune en laissant Pétion à la place de maire. On n'est qu'embarrassé dans l'énumération des moyens dont elle disposait alors. Qu'a-t-elle fait avec tous ces moyens ? Elle a perdu trois mois à se débattre contre Marat et à composer, sous le titre de constitution, je ne sais quel amphigouri métaphysique dont on ne se souvient plus, dont on ne se souvenait plus huit jours après qu'il avait paru. Or, un mois, un jour, est un siècle en révolution. Le parti contraire a louvoyé dans les premiers mois de la Convention ; mais quand il a vu que la Gironde avait laissé passer le moment favorable, il l'a prise dans son propre piége. Il a accepté tous les reproches qu'elle lui prodiguait, a avoué les excès qu'elle n'avait pas su punir, et les a mis sous la sauvegarde de son crédit naissant. Fatigué de la défensive, il a attaqué à son tour. Fort de tous les scélérats dont il était l'espoir, de tous les crimes dont il était l'appui, il a chassé Roland comme un radoteur incommode, exalté Marat comme un juste persécuté, comblé les administrations de ses créatures, nommé des ministres de son choix, et, lorsqu'enfin il a eu la plénitude du pouvoir, il a renversé la Gironde pour avoir eu la prétention de rivaliser de gloire et de puissance avec lui, sans avoir rivalisé de crimes.

D'ailleurs ce parti avait sur celui de la Gironde l'avantage de s'associer bien mieux et bien plus promptement par ses principes; ou son défaut de principes, aux vœux de la populace déchaînée et furieuse. L'anarchie permanente sous le nom de liberté; l'envahissement des propriétés sous celui d'égalité, les assassinats, les supplices, les vols consacrés comme des moyens de régénération, tous les vices en crédit, les noms de vertu et d'honneur devenus ridicules ou dangereux, telle était la doctrine ou l'instinct de ce parti qui devait trouver et qui a trouvé un nombre effrayant de sectateurs au milieu d'un peuple corrompu par un long esclavage. Après l'ébranlement terrible que la révolution avait occasionné, lorsque tous les ressorts de l'ordre social avaient été rompus avec fracas, une pareille doctrine faisait plus de fortune que le galimatias de Condorcet, les diatribes apologétiques de Brissot ou les sophismes de Guadet. Les sans-culottes n'entendaient rien à tout l'esprit de ces messieurs; mais ils comprenaient fort bien Marat lorsqu'il conseillait de pendre les épiciers pour piller plus facilement leurs boutiques; Danton, quand il faisait décréter qu'on leur accorderait quarante sous par séance à la section; Barère lui-même, quand il leur promettait les biens des aristocrates; enfin, ceux-ci distribuaient des valeurs réelles, des brevets de municipaux, d'administrateurs, de voleurs, d'assassins, de commissaires, de gardiens, tous inviolables. A ces signes, les sans-culottes reconnaissaient leur souveraineté; mais ils n'en voyaient que le mot dans les productions de la Gironde, dont le sens, l'expression et l'intention étaient pour eux également problématiques. Ainsi la France a été soumise, par la force des événements et la faiblesse de ceux qui n'avaient su ni les prévoir ni les diriger, à parcourir tous les degrés du malheur, jusqu'à ce que ses salutaires et cruelles leçons aient éteint les illusions dans la dernière classe de la société et y aient appris que là, comme ailleurs, et peut-être plus qu'ailleurs, le bien est dans la modération et le bonheur dans la règle.

Mais jusqu'à ce que l'infortune extrême eût désabusé tous les esprits, il devait périr une foule d'hommes, et, par préférence, ceux qui, étant placés à la tête des affaires, offraient quelque résistance au torrent, et ensuite ceux qui, jetés au milieu de la société, réclamaient par leur présence seule contre ce débordement de sottises et de crimes. Sans doute, c'en était un digne de mort aux yeux des Maratistes que d'être remarquable par son intégrité, son savoir ou ses richesses; et si ce parti a commis une faute, c'est de n'avoir pas avoué hautement ses titres de proscription et de les avoir dérobés sous des formules contradictoires ou ridicules. S'ils avaient jeté le masque au lieu de le lever, s'ils avaient marché en sectaires décidés et conjurés publiquement contre tout ce que la république renfermait d'hommes vertueux, instruits ou propriétaires; s'ils avaient ainsi sarclé la France avec audace, au lieu de la faucher sans prévoyance et sans mesure, ils auraient effacé impunément jusqu'aux traces de la civilisation et organisé au milieu de l'Europe la horde de barbares la plus dangereuse qui ait jamais effrayé le monde.

On voit comment ils devaient débuter par les députés qui les gênaient davantage, c'est-à-dire par ceux qui, composant le parti contraire, ont défendu la vertu sous les poignards du crime, la propriété sous les piques de la convoitise et la liberté sous le fer des tyrans.

Sept de ces députés habitaient la même chambre avec

Lamourette et moi. Le jour du jugement nous étions restés seuls ; nous étions loin de mesurer toute la profondeur de cette horrible trame, car nous conservions des espérances. Nous savions bien que la plupart des députés n'échapperaient pas aux haines puissantes qu'ils avaient excitées, mais nous ne concevions pas quelle sorte d'intérêt on pouvait avoir à immoler Ducos et Fonfrède, qui ne s'étaient pas prononcés dans le principe avec force, et qui tous deux avaient reçu en partage une douceur de mœurs, une franchise, une amabilité qui font partout le charme de la société, et qui ne font nulle part ombrage au gouvernement. Nous placions encore dans l'exception Fauchet, le républicain Fauchet, à qui on ne pouvait même pas reprocher le fédéralisme, puisqu'il avait combattu tant qu'il avait pu la réunion dans le Calvados, surtout depuis qu'il avait su que Wimphen en était le chef militaire ; enfin nous ne concevions pas qu'on pût refuser aux Jacobins ce misérable Boileau, de l'Yonne, qui déshonorait ses fers par ses plaintes, ses larmes, ses regrets d'avoir assisté à la commission des douze, et ses protestations d'être un ami de Robespierre et un digne montagnard.

Le 2 novembre, sur les deux heures du matin, nous entendîmes la porte de notre chambre s'ouvrir avec fracas. Trois guichetiers armés de flambeaux y entrent avec empressement. Ils font l'inventaire du frêle mobilier de nos compagnons, et se mettent en devoir de l'emporter. Nous leur demandons s'ils sont jugés. Ils nous répondent que non, mais qu'ils ne reviendront plus en prison, quel que soit l'événement du procès, et que c'est toujours chose faite que de débarrasser la chambre de leurs meubles. L'heure où se faisait cette expédition fournissait un triste commentaire au discours de ce guichetier, mais il est difficile de cesser d'espérer ce qu'on désire fortement. Nous cherchions toujours à soulager notre douleur de la perte des autres en nous flattant que Ducos, Fonfrède et Fauchet auraient échappé. Cette espérance s'accrut même pour le dernier lorsque, sur les sept heures et demie du matin, il envoya chercher son bréviaire qui avait échappé à l'inventaire des guichetiers. Nous présumions que peut-être dans ces moments extrêmes quelques-unes des victimes avaient été agitées par des souvenirs religieux, et que Fauchet restait auprès d'elles pour leur offrir des consolations. Nous nous trompions : Fauchet partageait l'honorable sort de ses collègues et il voulait consacrer ses derniers moments à l'accomplissement d'un des devoirs de son état. Des philosophes de la façon d'Hébert et de Chaumette souriront de pitié sur les derniers moments de l'évêque du Calvados ; de vrais philosophes ne se hâteront pas de prononcer. Fauchet était né avec un cœur brûlant, une imagination vive jusqu'à l'exaltation, le goût du merveilleux, et, ce qui est le résultat de cette organisation, un penchant décidé vers la crédulité. Élevé dans le culte catholique et nourri dans ses écoles, son esprit s'était fourvoyé de bonne heure au sein des prophéties, des miracles, des prestiges. Destiné lui-même à prêcher cette religion, il s'y était attaché par goût, et, comme il n'est pas aisé de s'arrêter en si bon chemin, il avait failli devenir prophète lui-même. L'évêché du Calvados l'avait distrait des rêveries du Cercle Social, et il avait fini par être un prêtre de bonne foi. Dans un moment où les hommes n'ont plus ni le besoin ni le dessein d'en imposer, il proclamait sa ferme croyance et mettait sa conduite en harmonie avec ses principes. Il protestait fortement contre les apparences du contraire qu'offraient quelques parties de sa vie, et il s'attachait à persuader qu'il était sans reproches sur l'article où le public était habitué à lui en faire davantage. Chaque jour il disait son bréviaire avec piété, lisait l'Écriture sainte et déclamait un chapitre de l'Imitation. Le livre de l'Écriture pour lequel il avait le plus de penchant était l'Apocalypse. Il prétendait que c'était précisément la révolution française que saint Jean avait vue de l'île de Pathmos, et convenait que jusqu'à l'époque de la prise de la Bastille il n'était pas aisé de l'entendre. Mais depuis, l'explication coulait d'elle-même. Fauchet trouvait dans l'Apocalypse la naissance, les progrès, les triomphes des Jacobins, le règne de Robespierre, les noyades de Carrier, les fusillades de Collot et jusqu'aux carmagnoles de Barère. Il faisait souvent des rapprochements si frappants et les développait avec tant d'éloquence qu'il émouvait le froid, le matérialiste Gensonné, et que Brissot en restait stupéfait. Au reste, ce dernier, dont on a dit tant de choses, excepté la vérité, avait aussi sa manière de crédulité. C'était un vieil enfant, toujours prêt à être dupe et tout à fait incapable d'en faire d'autres. Si jamais acception a été fausse, c'est celle que le public avait donnée au mot *brisotter*. Ce député avait beaucoup d'esprit et autant d'imprévoyance, connaissait à fond l'histoire et fort peu les hommes, embrassait aisément un cercle étendu de relations politiques et ne voyait pas au bout de son nez ; fort jaloux de prouver qu'il avait raison, il ne connaissait pas les moyens de l'avoir réellement. Il possédait enfin tout ce qu'il fallait pour faire du bruit dans un parti et le conduire à sa perte, et c'est ce qu'il a fait.

La mort des vingt-deux députés répandit au milieu des prisonniers une sombre consternation. Le regret de leur perte affectait tous les cœurs, et la manière dont on les avait sacrifiés se mêlait à ce sentiment d'épouvante. Sans doute, dès son institution, le tribunal révolutionnaire était ce qu'ont été et ce que seront à jamais toutes les commissions judiciaires, sous quelque prétexte qu'on les colore, sous quelque nom qu'on les cache, c'est-à-dire une arme, et la plus redoutable des armes, dans la main du parti dominant; mais, soit que ce parti ne régnât pas tout à coup sans partage, soit que le métier de bourreau ait aussi son apprentissage, soit politique, soit hasard, avant le massacre des vingt-deux députés il échappait quelques victimes, à de longs intervalles à la vérité, mais enfin il en échappait, et chaque prisonnier se laissait séduire par l'espoir de l'une de ces chances heureuses. Mais il n'était plus permis de s'en imposer à soi-même depuis que les fondateurs de la république avaient été sacrifiés avec une impudeur et une barbarie inconcevables. Il était évident que la tyrannie avait essayé par ce coup hardi s'il existait encore quelque vigueur dans le corps politique, et que, n'y ayant trouvé que la déplorable immobilité d'un cadavre, elle allait assouvir sur lui toute sa rage et le déchirer en lambeaux. C'est ce que les députés avaient répété jusqu'au lieu de leur supplice. Le peuple de Robespierre, c'est-à-dire tous les scélérats et tous les imbéciles de Paris, poursuivaient ces infortunés de leurs cris accoutumés, et leur adressaient les injures dont le comité secret des Jacobins avait dressé la veille la nomenclature. Quelques-uns souriaient de pitié; d'autres ne paraissaient pas y donner la moindre attention. Duchâtel leur répondit ces paroles prophétiques : « Pauvres

» Parisiens ! nous vous laissons entre les mains de gens
» qui vous feront payer bien cher votre plaisir d'aujour-
» d'hui. »

Depuis cette époque, le tribunal révolutionnaire prit une activité désolante ; mais il donna la priorité aux talents distingués et aux éminentes vertus C'est là, par-dessus tout, ce qu'il importe à la tyrannie de déblayer. Immédiatement après le procès ou plutôt la scène scandaleuse qui avait précédé la mort des députés, on lança Bailly sur le même théâtre. Il y parut avec le calme digne de l'un des premiers hommes de son siècle. Aucun reproche, aucune plainte n'échappa de sa bouche durant six jours qu'il fut en proie à ce simulacre de tribunal. Il répondit jusqu'au bout avec le même sang-froid, la même justesse et la même dignité ; et cependant le sang bouillonne à l'homme le plus indifférent à la lecture des questions qu'on lui faisait. Elles eussent eu quelque convenance adressées à Mandrin, à Collot-d'Herbois, ou à tout autre chef de brigands ; mais qui peut échapper à l'indignation quand on réfléchit que ce tissu de mensonges atroces était préparé pour l'un des premiers philosophes, l'un des plus tendres amis de l'humanité, l'un des savants les plus distingués dont la France puisse s'honorer ? Sans doute des ordres particuliers avaient été donnés de lui faire avaler goutte à goutte le calice qu'on lui préparait ; car, dans l'intérieur de la prison, où naguère il portait encore des consolations et des secours, où il paraissait alors dans tout l'éclat de la vertu fortunée, il était traité avec un raffinement de barbarie. Le moment de le traîner au tribunal était un quart d'heure de récréation pour les guichetiers. On l'appelait alors avec une affectation indécente, et, lorsqu'il se pressait d'obéir pour mettre fin à ces cris redoublés, les guichetiers le poussaient en sens contraire, et se le renvoyaient de l'un à l'autre en s'écriant : « Tiens, voilà Bailly ! à toi Bailly ! prends donc Bailly ! » et ils riaient aux éclats du ton grave que conservait l'infortuné au milieu de cette danse de cannibales. Oui, j'ai vu Bailly, chargé de gloire et de vertu, et respectable ne fût-ce que par ses années, Bailly, dont le nom s'associe aux actes les plus glorieux de la révolution, souillé par les mains de guichetiers dont on avait marchandé la barbarie, chancelant sous l'atteinte des uns, relevé par la brutalité des autres, et devenu leur jouet, tel qu'un homme ivre en sert quelquefois à la populace qu'il a rassemblée. Ce spectacle m'a attristé plus que n'aurait fait sa mort, quelque affreuse qu'elle ait été, car la mort d'un juste au milieu des supplices a quelque chose de grand et de sacré. On sent que les bourreaux ont beau faire, ils le consacrent à l'immortalité, et l'esprit se console par l'endroit où le cœur est déchiré ; mais il n'y a rien que de répugnant dans l'avilissement, et la vertu contrainte de le supporter n'a pas la force de l'ennoblir.

Je dois ici relever un passage de l'*Almanach des Prisons*, sur le compte de Bailly : on y dit que, descendant un jour du tribunal et interrogé par quelqu'un comment allait son affaire, il répondit, en se frottant les mains : « *Le petit bonhomme vit encore.* » L'auteur, si exact d'ailleurs, a été ici induit en erreur. Pour peu qu'on ait connu Bailly, on sait que le geste et le propos sont également hors de son caractère. Bailly ne s'est pas démenti un instant de son ton grave et doux. On a remarqué seulement dans les jours où il a paru au tribunal que sa gravité avait pris une teinte plus forte et ressemblait à de la fierté. Au reste, il évitait de parler de son affaire, et ne quêtait nulle part des consola-

tions ou des espérances. Si la conversation roulait sur la littérature, il s'y mêlait volontiers. Il laissait échapper alors des étincelles de ce savoir aimable et de ce goût délicat qui ont dicté l'*Histoire de l'Astronomie* et les *Lettres sur l'Atlantide*. Il ne manquait jamais, dès qu'il en trouvait l'occasion, de placer quelques réflexions consolantes pour le malheur, telles que celles-ci : « Le métier d'un honnête
» homme est le plus sûr, même en révolution. . . . . . .
» Il ne faut à un individu que de l'égoïsme éclairé pour le
» mettre sur la voie de la justice et de la vérité . . . .
» Dès que l'innocence peut être impunément sacrifiée, le
» crime n'est plus sûr de son fait . . . .
» Il y a une distance si grande entre la mort de l'homme
» de bien et celle du méchant, que le commun des hommes
» n'est pas capable de la mesurer . . . .
» Il est faux et très-faux qu'un crime puisse être jamais
» utile. . . . . Il faut savoir supporter la mort
» comme un inconvénient du métier de l'homme de bien ;
» mais la vie a des appas pour les cœurs vertueux, et il ne
» faut pas rougir de la regretter. J'aurais mauvaise opinion
» de celui qui n'aurait pas en mourant un regard à jeter
» en arrière. . . . . » Deux fois j'ai vu Bailly s'attendrir en parlant de sa femme, du séjour modeste qu'il s'était choisi à Melun et des jours tranquilles qu'il espérait y passer avec elle. Je ne connais Mme Bailly que par les misérables plaisanteries qu'on lui a prodiguées ; mais je ne l'en respecte pas moins. Je juge par cela même que, si elle ne suivait pas son mari dans la carrière des lettres, elle avait su se l'attacher par des vertus réelles, qui conviennent mieux à son sexe que des connaissances qui l'embellissent rarement et le corrompent presque toujours. La

tendresse que lui portait son mari en prenait même un caractère plus touchant. Le philosophe, en donnant ses larmes au souvenir d'une femme qui ne présentait aucun côté brillant, rentrait, sous ce rapport, dans la classe commune, et nous aimons les points de contact qui nous restent avec les hommes supérieurs.

Une seule fois Bailly rompit le silence qu'il gardait sur les matières politiques; c'est le jour où l'évêque Gobel préluda, par son apostasie solennelle, aux farces ridiculement impies dont la Convention a été forcée de subir tant de représentations dans son sein. Le président, homme fort obscur du reste, et dont le nom ne me revient pas, mais à coup sûr homme peu clairvoyant, applaudit tant qu'il eut de voix, et par une réponse digne de la harangue, à la démarche du prêtre déhonté. Bailly poussa un long soupir à la lecture de cet article du journal. « La démarche
» de l'évêque de Paris m'étonne, dit-il; mais la réponse
» du président m'afflige. Quel est donc ce président? »
On lut son nom : cela ne contribua pas à le faire connaître mieux. « Ah! Monsieur le président, qui que vous soyez,
» dit Bailly, que mettrez-vous à la place? J'espère que la
» Convention ne se séparera pas sans vous avoir donné
» un démenti. »

Ce préliminaire d'horreurs eut un terme. La veille de sa mort, Bailly présageait ce qui se passerait le lendemain, mais il en parlait sans émotion. « On a monté tous
» les assistants sur mon compte, disait-il, et je crains que
» la simple exécution du jugement ne leur suffise plus;
» ce qui serait dangereux pour ses conséquences, car je
» me persuade que la police y veillera. — Comment, lui
» répondis-je, mais hier encore, mais tous les jours, vous

» avez paru tranquille sur la tournure que prenaient les dé-
» bats et les dispositions du tribunal. Vous nous trompiez
» donc! — Non, repartit Bailly, mais je vous ai donné
» l'exemple de ne jamais désespérer des lois de votre
» pays. » Je le quittai le cœur brisé et pressé par le besoin
de commencer à pleurer cet homme excellent. Rentré
dans ma chambre, je ne pouvais pas me dérober à l'émotion qui m'agitait. Je répétais : Comment! des hommes qui
prennent le titre de jurés vont déclarer que Bailly est un
assassin ! « Il ne faut pas calomnier le tribunal, dit un cer-
» tain Bon, peintre de portraits, petit jacobin des plus
» sales, qui nous était tombé en partage et qui m'ennuyait
» fort; il ne condamnera pas Bailly précisément comme
» un assassin, mais comme un grand coupable. — Misé-
» rable ! répondis-je, tu ne cesses de parler de grands
» coupables et d'applaudir aux charretées de ton tribunal ;
» définis-moi ce que tu entends par un grand coupable,
» ou je t'étrangle. » Et de fait je le tenais au col, quand
Lamourette, sautant de son grabat, m'arracha ma proie,
et me tança vertement pour cet accès de fureur. Je devins
plus calme sans être plus tranquille, et j'employai la nuit
à créer des chances qui pouvaient encore sauver Bailly,
puis à les renverser. Fatigué de ne pas rencontrer d'espoir
fondé, je désirais, puisque j'étais destiné au même sort,
mourir à côté de lui. Le lendemain matin je descendis dans
sa chambre; je m'informai comment il avait passé la nuit ;
on me répondit qu'il avait dormi comme à l'ordinaire.
Déjà il était levé et prenait son chocolat. Je le félicitai sur
son appétit. Il me dit qu'il en était content ; mais qu'au
reste il aimait le chocolat, parce qu'il produisait chez lui
l'effet de soutenir son estomac sans le charger et d'adoucir

le cours des humeurs, qu'ainsi il en faisait un usage assez fréquent. Je me retirai promptement. Les moments étaient trop précieux pour lui en faire perdre un seul; mais j'épiai sur l'escalier l'instant de son passage pour lui donner un dernier adieu. Je le vis pendant trois quarts d'heure s'entretenir avec un jeune homme, habillé en garde national, et qui était un de ses parents. Le jeune homme était ému jusqu'aux larmes; Bailly conservait sa tranquillité. Vers la fin de l'entretien, il prit coup sur coup deux tasses de café à l'eau. Le jeune homme retiré, je passai dans la galerie. Il parut disposé à me parler. Je tremblais et je ne savais par où débuter. Enfin je lui exprimai mon étonnement de ce qu'il prenait du café à l'eau sur du chocolat. « J'ai pris, me dit Bailly, du chocolat parce qu'il nourrit et
» adoucit; mais comme j'ai un voyage assez difficile à
» faire, et que je me défie de mon tempérament, j'ai mis
» par dessus du café, parce qu'il excite et ranime, et,
» avec cet ordinaire, j'espère que j'arriverai jusqu'au
» bout. » On l'appela dans ce moment, je l'embrassai pour la dernière fois. Il me souhaita un meilleur sort, et me remercia tendrement de l'intérêt que je lui avais porté.

Immédiatement après Bailly, on traîna sur le même théâtre le général Houchard. Il était difficile de placer le soupçon de l'intrigue ou de la trahison sur la figure de ce vieux guerrier. Houchard avait six pieds de haut, la démarche sauvage, le regard terrible. Un coup de feu avait déplacé sa bouche et l'avait renvoyée vers son oreille gauche. Sa lèvre supérieure avait été partagée en deux par un coup de sabre, qui avait encore offensé le nez, et deux autres coups de sabre sillonnaient sa joue droite de deux lignes parallèles. Le reste du corps n'était pas mieux ménagé que la tête. Sa poitrine était découpée de cicatrices. Il semblait que la victoire s'était jouée en le mutilant. Il parlait un jargon barbare, moitié allemand, moitié français, que sa difficulté de prononcer rendait plus raboteux encore. Élevé dans la rudesse des camps, et parvenu au prix de son sang du métier de soldat au grade de général, l'âpreté de ses manières faisait encore ressortir le caractère menaçant de sa figure. J'ignore s'il fut un général habile, mais au moins il est certain qu'il avait été un général heureux. Il avait obtenu des avantages constants à la tête des armées de la république, délivré Dunkerque, remporté sur le duc d'York la mémorable journée d'Hondschott, et il n'avait pas dépendu de ses dispositions que l'armée anglaise ne trouvât dans les plaines de Flandre ses Fourches Caudines. Rappelé, embastillé, accusé par suite du système qui pardonnait encore moins à un général une victoire qu'une défaite, on avait cependant quelqu'embarras à dresser son acte d'accusation. Après le protocole d'usage sur la complicité avec ceux qui attentaient à la liberté, à la souveraineté du peuple, à l'unité et à l'indivisibilité de la république, on l'accusait *de n'avoir pas assez tué d'Anglais;* ce sont les termes. Suivant l'impertinent rédacteur, il ne devait pas en échapper un seul des plaines de Flandre, et tout Anglais vivant, après la journée d'Hondschott, était un témoin décisif contre le général français. Au reste, la bêtise, l'ignorance, et surtout l'insolence qui avaient présidé à la rédaction de cet acte d'accusation soulevèrent l'indignation du vieux guerrier. Il rédigea lui-même pour sa défense une sorte de harangue dont je regrette toujours d'avoir négligé la copie. Certes, le style n'en était pas académique, mais elle respirait une éloquence sauvage, et surtout l'indignation d'un grand courage. Il semblait entendre le Marius du marais de Minturnes. On y trouvait telle comparaison qui rappelait les chants d'Homère ou d'Ossian. J'avoue qu'après l'avoir lue, je conçus une idée plus relevée d'Houchard, et je vis que la nature lui avait départi une étincelle de génie qui n'avait point été amortie par les mœurs et le ton du jour. Il présenta modestement sa harangue à ma censure, et je me suis bien gardé de lui conseiller d'y toucher. Je l'engageai à la débiter telle qu'il l'avait écrite. Mais il ne sentit pas toute la valeur de mon avis, et à mon défaut il s'adressa à un misérable polisson nommé Osselin, qui délaya en style de Palais ce morceau vraiment remarquable, et se fit payer fort cher ce fort mauvais service. Houchard monta au tribunal muni de la pièce d'écriture d'Osselin, et assisté d'un défenseur officieux, ci-devant clerc de procureur, qui, ne connaissant de l'art de la guerre que les combats des ruelles de Paris, allait justifier les campagnes du général en chef de la république devant une bande de savetiers ivres, présidés par un moine. Tel a été en général le caractère de toutes les institutions révolutionnaires, qu'elles présentent sous une face l'excès de l'horreur, et sous une autre l'excès du ridicule; et lorsque tout condamnait l'homme sensible à pleurer, le sage était encore tenté de sourire. On devine quel fut le sort du général : il était décidé d'avance; mais ce à quoi il ne s'attendait pas, ce à quoi personne ne pouvait s'attendre, c'est que le moine Dumas osa reprocher à Houchard d'être un lâche. A ce mot, qui commençait le supplice du vieux guerrier, il déchira ses vêtements et s'écria, en présentant sa poitrine couverte de cicatrices : « Citoyens jurés, lisez

» ma réponse; c'est là qu'elle est écrite. » Ce mouvement, qui eût soulevé le peuple romain, fut jugé fort impertinent par la canaille parisienne. On imposa silence à Houchard, qui retomba sur le fatal fauteuil, abîmé dans ses pleurs. C'étaient les premiers peut-être qui échappaient de ses yeux. Dès-lors on put le juger, le conduire au supplice, l'assassiner; il ne s'apercevait plus de ce qui se passait autour de lui. Il n'avait plus qu'un sentiment dans le cœur, celui du désespoir, et qu'un mot à la bouche, et qu'il répéta jusqu'à l'échafaud : « *Le misérable, il m'a traité de lâche !* » et lorsqu'en descendant on lui demanda quelle était l'issue de son affaire, il répondait : « *Il m'a traité de lâche !* » et ne se souvenait plus du reste. Tant il est vrai que, pour un grand courage, il est une sorte d'injures plus dure à supporter que la mort.

Le tribunal révolutionnaire n'avait probablement pas assez de confiance dans la féroce constance de ses spectateurs, et il crut qu'il fallait, à l'exemple des autres tréteaux, varier son répertoire pour conserver la foule. A la tragédie d'Houchard, il fit succéder le drame de Mme Roland. On ne pouvait saisir un contraste plus complet. J'avais résisté à plusieurs de mes connaissances qui m'avaient offert de me présenter chez elle, lorsqu'elle tenait bureau politique et de bel esprit à l'hôtel du ministre de l'intérieur, et j'avais rejeté sur l'esprit de parti les éloges qu'on lui donnait et la célébrité dont elle s'était tout à coup emparée. D'ailleurs, j'avais été à portée de voir à peu près toutes les femmes qui avaient placé leur nom dans les fastes de la révolution, et j'avais fini par n'en pas estimer une seule. En y réfléchissant, j'ai vu qu'une femme ne pouvait porter, au milieu d'une aussi effroyable catastrophe, que les vices de son sexe et aucune de ses vertus. Ces vertus douces, aimantes, sensibles croissent et se développent au sein de la paix et des jouissances domestiques ; elles s'effacent, elles se perdent au milieu de la chaleur des débats, de l'aigreur des partis, du choc des passions. Le pied tendre et délicat d'une femme ne se soutient pas sur ces sentiers hérissés de fer et teints de sang. Pour qu'elle y marche avec assurance, il faut qu'elle se fasse homme : or, une femme homme est un monstre à mes yeux. Ah ! qu'elles nous laissent, à nous autres à qui la nature a départi le triste avantage de la force, le champ de la dispute et le sort des combats ; nous suffisons à cette cruelle destination ; mais qu'elles gardent un rôle plus facile et plus doux, celui de verser le baume sur les blessures et d'essuyer les larmes. Que leur âme expansive et compatissante aille chercher le malheur dans quelque parti qu'il se trouve, et qu'elles bénissent l'ordre social qui ne permet pas de haïr !

Je tenais plus que jamais à mon opinion sur ce point, quand un malheur commun m'a rapproché de Mme Roland. Son arrivée à la Conciergerie était un événement, et je fus alors curieux de connaître cette femme, qui, obscure quinze mois auparavant, devait obtenir en aussi peu de temps de nombreux amis, des ennemis plus nombreux encore, un rang très-élevé, une haute célébrité, des fers et la mort. Mme Roland était âgée de trente-cinq à quarante ans. Elle avait la figure, non pas régulièrement belle, mais très-agréable, de beaux cheveux blonds, les yeux bleus et bien ouverts. Sa taille se dessinait avec grâce, et elle avait la main parfaitement faite. Son regard était expressif ; et, même dans le repos, sa figure avait quelque chose de noble et d'insinuant. Elle n'avait pas besoin de parler, pour qu'on lui soupçonnât de l'esprit ; mais aucune femme ne parlait avec plus de pureté, de grâce et d'élégance. Elle avait dû à l'habitude de la langue italienne, le talent de donner à la langue française un rhythme, une cadence véritablement neuve. Elle relevait encore l'harmonie de sa voix par des gestes pleins de noblesse et de vérité, par l'expression de ses yeux, qui s'animaient avec le discours, et j'éprouvais chaque jour un charme nouveau à l'entendre, moins par ce qu'elle disait que par la magie de son débit. Elle réunissait à ces dons déjà si rares, beaucoup d'esprit naturel, des connaissances étendues en littérature et en économie politique. C'est ainsi que j'ai vu Mme Roland, et j'avouerai que je la voyais avec une prévention défavorable.

A l'entendre, elle avait puisé le goût, ou pour rendre ses termes, la passion de la liberté à la lecture des grands écrivains de l'antiquité. Là, elle avait vu l'humanité à un degré d'élévation dont elle avait été ambitieuse dès son jeune âge. Caton l'Ancien était son héros, et c'est probablement par respect pour ce dernier des Romains qu'elle en avait fait prendre à son mari la rudesse et le costume. Je crois volontiers que la passion de Mme Roland pour la liberté découlait en partie d'une source aussi pure ; cependant, quand on la transportait de l'histoire ancienne à l'histoire moderne, on s'apercevait que l'oubli que le gouvernement passé avait fait de ses talents, produits sous le nom de son mari, entrait aussi pour quelque chose dans sa passion en faveur du nouveau. Elle ne dissimulait pas la joie que les deux ministères de son mari lui avaient apportée, et mettait tant d'art à prouver que le ressentiment n'était entré pour rien dans sa fameuse lettre à Louis XVI, qu'elle démontrait complétement, à un observateur judicieux, qu'il y entrait pour tout.

Au reste, cette femme à conceptions vives, entraînée par sa tête plus loin qu'elle ne serait allée avec son cœur, attachait à ses opinions la violence d'une passion; elle aimait tous ceux qui les partageaient, et détestait ceux qui ne les partageaient pas. Sous ce rapport elle était souverainement injuste. Elle n'avouait le talent, la probité, la vertu, les lumières que dans Roland et ses admirateurs; partout ailleurs elle ne voyait que bassesse, ignorance ou trahison. Elle avait inspiré à tout le parti cette chaleur de prévention qui n'avait pas peu contribué à lui aliéner les esprits et à lui susciter des haines. Plus d'une fois j'en ai fait des reproches à Mme Roland, et cette matière élevait entre nous des discussions assez vives. Je me rappelle entre autres qu'un jour nous en étions sur le chapitre de Louis XVI; elle déchirait sa mémoire avec véhémence. Je la rappelais aux égards que l'on doit au malheur; je trouvais que l'homme auquel elle ne voulait rien accorder avait cependant déployé au comble de l'infortune un courage assez élevé, et qu'il s'était avancé vers la mort avec de la véritable magnanimité : « Fort bien, me dit-elle; il » a été assez beau sur l'échafaud; mais il ne faut pas lui » en faire un mérite : les rois sont élevés dès l'enfance à la » représentation. » Ironie profondément cruelle qui se ressent davantage de la corruption de l'ancien régime que de la franchise et de l'humanité républicaines.

L'amour-propre était le véhicule qui avait élevé cette femme au point où nous l'avons vue : elle en était sans cesse agitée, et ne le dissimulait pas. Au risque de ravaler son mari au métier d'automate, et de ne lui laisser que sa douteuse vertu, elle s'attribuait tout haut la meilleure partie de ses productions littéraires et toute sa gloire politique. Elle enlevait aux autres le plaisir de la célébrer, en les prévenant sur ce point. Rien ne lui paraissait si naturel, et elle se croyait encore en rapport de ce côté avec les plus fameux personnages de l'antiquité. Elle ne voulait pas voir qu'il y avait autant de différence entre la femme de Roland et le consul romain, qu'entre le Brutus du tribunal révolutionnaire et celui du Capitole.

Sans cesse emportée par l'idée de transformer les Français en Grecs et en Romains, elle ne voulait pas davantage reconnaître l'absurdité de son système, qu'elle défendait avec autant de chaleur que de grâce, et lorsque cette femme m'étonnait par la beauté de ses pensées et l'élévation de son langage, je ne pouvais plus reconnaître celle qui, de son aveu, courait les tribunes des Jacobins, et se souillait dans la fange des sociétés fraternelles.

Séparez Mme Roland de la révolution, elle ne paraît plus la même. Personne ne définissait mieux qu'elle les devoirs d'épouse et de mère, et ne prouvait plus éloquemment qu'une femme ne rencontrait le bonheur que dans l'accomplissement de ces devoirs sacrés. Le tableau des jouissances domestiques prenait dans sa bouche une teinte ravissante et douce; les larmes s'échappaient de ses yeux lorsqu'elle parlait de sa fille et de son mari : la femme de parti avait disparu; on retrouvait une femme sensible et douce, qui célébrait la vertu dans le style de Fénelon. Je n'ai pas assez connu Mme Roland; j'ignore donc si elle justifiait dans la pratique la sublimité de sa théorie. Elle me disait, en me parlant de l'union des cœurs vertueux, en vantant

l'énergie qu'elle inspire : « La froideur des Français m'é-
» tonne : Si j'avais été libre et qu'on eût conduit mon mari
» au supplice, je me serais poignardée au bas de l'écha-
» faud ; et je suis persuadée que, quand Roland apprendra
» ma mort, il se percera le cœur. » Elle ne se trompait
pas.

Il faut que j'ajoute à son avantage qu'elle s'était créé un
empire bien honorable jusque dans le fond des cachots. On
jetait indifféremment sur la même paille et sous les mêmes
verroux la duchesse de Grammont et une voleuse de mou-
choirs, Mme Roland et une misérable des rues, une bonne
religieuse et une habituée de la Salpêtrière. Cet amalgame
avait cela de cruel pour les femmes élevées qu'il leur fallait
souffrir le spectacle journalier de scènes dégoûtantes ou
horribles. Nous étions réveillés toutes les nuits par les cris
de malheureuses qui se déchiraient entre elles. La chambre
où habitait Mme Roland était devenue l'asile de la paix au
sein de cet enfer. Si elle descendait dans la cour, sa présence y rappelait le bon ordre, et ces femmes, sur lesquelles aucune puissance connue, n'avait plus de prise,
étaient retenues par la crainte de lui déplaire. Elle distribuait des secours pécuniaires aux plus nécessiteuses, et à
toutes des conseils, des consolations et des espérances. Elle
marchait environnée de ces femmes qui se pressaient autour d'elle comme autour d'une divinité tutélaire ; bien
différente de cette sale courtisane, l'opprobre de Louis XV
et de son siècle, de cette du Barry, qui se trouvait alors
dans la même enceinte, et qu'elles traitaient avec une
énergique égalité, encore qu'elle eût conservé jusque-là les
mines lubriques et les tons altiers d'une auguste catin.

Le jour où Mme Roland devait paraître au tribunal,

Clavières me chargea d'une commission pour elle. Je me
défendais : Clavières insista, en m'observant qu'une entrevue entre elle et lui à un pareil jour pourrait nuire à tous
deux; je me rendis; j'épiai le moment où elle sortirait de
sa chambre, et j'allai la joindre au passage. Elle attendait
à la grille qu'on vînt l'appeler. Elle était vêtue avec une
sorte de recherche ; elle avait une anglaise de mousseline
blanche, garnie de blonde, et rattachée avec une ceinture
de velours noir. Sa coiffure était soignée ; elle portait un
bonnet-chapeau d'une élégante simplicité, et ses beaux
cheveux flottaient sur ses épaules. Sa figure me parut plus
animée qu'à l'ordinaire ; ses couleurs étaient ravissantes,
et elle avait le sourire sur les lèvres. D'une main elle soutenait la queue de sa robe, et elle avait abandonné l'autre
à une foule de femmes qui se pressaient pour la baiser.
Celles qui étaient mieux instruites du sort qui l'attendait
sanglotaient autour d'elle et la recommandaient en tout
cas à la Providence. Rien ne peut rendre ce tableau : il
faut l'avoir vu. Mme Roland répondait à toutes avec une
affectueuse bonté ; elle ne leur promettait pas son retour;
elle ne leur disait pas qu'elle allait à la mort ; mais les dernières paroles qu'elle leur adressait étaient autant de recommandations touchantes. Elle les invitait à la paix, au
courage, à l'espérance, à l'exercice des vertus qui conviennent au malheur. Un vieux geôlier nommé Fontenay, dont
le bon cœur avait résisté à trente ans d'exercice de son
cruel métier, vint lui ouvrir la grille en pleurant. Je m'acquittai au passage de la commission de Clavières; elle me
répondit en peu de mots et d'un ton ferme. Elle commençait une phrase lorsque deux guichetiers de l'intérieur l'appelèrent pour le tribunal. A ce cri, terrible pour tout autre

que pour elle, elle s'arrêta et me dit, en me serrant la main : « Adieu, Monsieur, faisons la paix, il en est temps. » En levant les yeux sur moi, elle s'aperçut que je repoussais mes larmes, et que j'étais violemment ému ; elle y parut sensible, mais n'ajouta que ces deux mots : « Du cou-
» rage ! »

Au milieu de ces tableaux lugubres qui se renouvelaient chaque jour, les femmes françaises ne perdaient rien de leur caractère ; elles sacrifiaient avec la même assiduité au besoin de plaire. La partie de la prison que nous habitions donnait sur la cour des femmes. Le seul endroit où nous pouvions respirer un peu moins mal à notre aise était un local de dix à douze pieds de longueur sur sept de large, formé de deux cintres de voûte, qui servait de repos à l'escalier et de passage de la cour des femmes au guichet. Cette espèce de corridor était fermé, du côté de la cour, par des grilles de fer, mais dont les barreaux n'étaient pas tellement resserrés qu'un Français n'eût jamais qu'à se désespérer. Le corridor était notre promenade favorite : c'était la seule ; nous y descendions dès qu'on nous avait extraits de nos cachots. Les femmes sortaient à la même heure, mais pas aussitôt que nous : la toilette revendiquait ses imprescriptibles droits. On paraissait le matin dans un négligé coquet, et dont les parties étaient assorties avec tant de fraîcheur et de grâce que l'ensemble n'indiquait pas du tout qu'on eût passé la nuit sur un grabat, et le plus souvent sur une paille fétide. En général, les femmes du monde qu'on conduisait à la Conciergerie y conservaient jusqu'au bout le feu sacré du bon ton et du goût. Quand elles avaient paru le matin en négligé, elles remontaient dans leurs chambres, et, sur le midi, on les voyait descendre habillées avec recherche, coiffées avec élégance. Les manières n'étaient pas celles du matin ; elles avaient quelque chose de plus prononcé et une sorte de dignité : sur le soir, on paraissait en déshabillé. J'ai remarqué que presque toutes les femmes qui le pouvaient étaient fidèles aux trois costumes de la journée ; les autres suppléaient à l'élégance par la propreté compatible avec le local. La cour des femmes possédait un trésor, une fontaine qui leur donnait de l'eau à volonté ; et je considérais chaque matin ces pauvres malheureuses qui n'avaient apporté avec elles, qui ne possédaient peut-être qu'un seul vêtement, occupées autour de cette fontaine à laver, à blanchir, à sécher, avec une émulation turbulente. La première heure du jour était consacrée par elles à ces soins, dont rien ne les aurait distraites, pas même un acte d'accusation. Richardson a observé que le soin des hardes et la fureur de faire des paquets balançaient, s'ils ne dépassaient, dans l'esprit des femmes, les plus hauts intérêts.

Je suis persuadé que, à cette époque, aucune promenade de Paris n'offrait de réunions de femmes mises avec autant d'élégance que la cour de la Conciergerie, à midi ; elle ressemblait à un parterre orné de fleurs, mais encadré dans du fer. La France est probablement le seul pays, et les Françaises les seules femmes du monde, capables d'offrir des rapprochements aussi bizarres, et de porter sans efforts ce qu'il y a de plus attrayant, de plus voluptueux, au sein de ce que l'univers peut offrir de plus repoussant et de plus horrible. J'aimais à considérer les femmes à midi ; mais je préférais de leur parler le matin, et je prenais ma part des entretiens plus intimes du soir, quand je ne courais risque de troubler le bonheur de personne ; car le soir,

tout était mis à profit, les ombres croissantes, la fatigue des
guichetiers, la retraite du plus grand nombre des prisonniers, la discrétion des autres, et, dans ce moment de paix
qui prélude à la nuit, on a béni plus d'une fois l'imprévoyance de l'artiste qui a dessiné la grille. Cependant les
êtres capables de cet inexplicable abandon avaient leurs
arrêts de mort dans la poche. Au reste, j'ai été à peu près
témoin de quelque chose de plus fort en ce genre. Une
femme, âgée de quarante ans, mais fraîche encore, et qui
conservait de beaux traits et une taille élégante, fut condamnée à mort, dans la première décade de frimaire, avec
son amant, officier dans l'armée du Nord, jeune homme qui
paraissait réunir un esprit élevé à une charmante figure. Ils
descendirent du tribunal sur les six heures du soir; on les
sépara pour la nuit. La femme sut mettre en réserve des
moyens de séduction dont elle usa avec succès; elle obtint
qu'on la réunirait à son amant. Ils donnèrent cette dernière
nuit aux amours, épuisèrent encore une fois la coupe de la
volupté, et ne s'arrachèrent en quelque sorte des bras l'un
de l'autre que pour monter sur la fatale charrette.

Je n'ai jamais pu que m'étonner de cet héroïsme, pour
lequel je ne me sentais pas fait du tout. Il n'est pas encore
décidé dans mon esprit s'il dégradait ou s'il rehaussait le
peuple qui en a fourni des exemples; mais au moins est-il
vrai qu'il lui donne une physionomie qui n'est qu'à lui. Le
voisinage des femmes nous procurait des dissipations moins
sérieuses, et dont j'étais plus jaloux. Il nous arrivait souvent de déjeuner avec elles. Des bancs à peu près à hauteur
d'appui étaient adaptés de part et d'autre à la grille; on y
posait pêle-mêle, et avec toute la confusion du local et du
moment, non pas les apprêts, mais le sérieux du déjeuner,

et s'il restait quelque espace du côté des femmes, les grâces ne manquaient pas de s'en emparer. A la vérité, ce n'était pas de celles qui se déploient avec abandon sur une chaise longue et qui s'arrondissent autour d'un thé élégant, elles étaient moins empruntées et bien plus piquantes. Là, tout en dépêchant des mets que l'appétit assaisonnait en dépit du fournisseur, les propos délicats, les allusions fines, les reparties saillantes étaient échangés d'un côté de la grille à l'autre. On y parlait agréablement de tout sans s'appesantir sur rien. Là, le malheur était traité comme un enfant méchant dont il ne fallait que rire, et dans le fait, on y riait très-franchement de la divinité de Marat, du sacerdoce de Robespierre, de la magistrature de Fouquier, et on semblait dire à toute cette valetaille ensanglantée : « Vous nous tuerez quand il vous plaira, » mais vous ne nous empêcherez pas d'être aimable. » Ce détail n'a rien de paré, et on y croira volontiers, si j'ajoute que les convives étaient peut-être ce que la France conservait encore de talents distingués, et si je cite en preuve les deux seuls hommes qui aient échappé à la Conciergerie, je ne sais par quel miracle, M. Riouffe, l'auteur enfin connu des *Mémoires d'un détenu*, et M. Marchéna, que la révolution a conquis sur l'Espagne, et qui est fait pour honorer quelque pays qu'il veuille adopter.

Je ne sais quel génie fortifiait toutes les âmes, élevait tous les esprits et les trempait d'énergie ; mais je n'ai vu qu'un seul homme donner des marques de pusillanimité, ce fut M. du Châtelet. Il arriva des Madelonnettes dans un pitoyable état d'ivresse. On le jeta sur un grabat, où il passa la nuit. Le lendemain, il avait retrouvé sa raison, et n'y gagnait guère. Il colportait çà et là ses plaintes, ses larmes, ses regrets et paraissait stupéfait de ne rencontrer personne disposé à se mettre à l'unisson avec lui. Il se présenta à la grille des femmes, et là, comme ailleurs, il pleurait et marmottait des lamentations. Une fille, plus que fille, le regarde comme un objet nouveau, et se fait expliquer ce qu'il est. Mieux instruite, elle s'approche et lui dit : « Fi donc ! vous pleurez ; sachez, monsieur le duc, » que ceux qui n'ont pas de nom en acquièrent un ici, et » que ceux qui en ont un doivent savoir le porter. » On devine que le personnage de qui partait cette verte leçon était une aristocrate, et rien de si vrai. On demandera où diable l'aristocratie allait se nicher ? Elle s'est nichée là, chez une malheureuse fille des rues, qui soutint jusqu'au bout son rôle avec un genre d'héroïsme dont n'auraient été susceptibles aucune des virtuoses des salons de Coblentz.

Elle s'appelait Églé, et était âgée de dix-sept à vingt ans ; elle logeait depuis deux ans, rue Fromenteau, où elle était descendue d'un galetas du faubourg Saint-Antoine. La malheureuse avait été victime, comme tant d'autres, de la corruption de nos mœurs, et en était devenue ensuite un agent très-actif. Une âme s'était conservée forte dans ce corps flétri par mille souillures ; Églé détestait le nouvel ordre de choses, et ne s'en cachait pas. Elle publiait ses opinions au coin des rues, et en accompagnait le développement de propos et de cris séditieux. La police l'avait fait arrêter et conduire à la Conciergerie avec une de ses compagnes à qui elle avait inculqué son poison aristocratique et la rage de le répandre. Chaumette avait eu le projet de faire traduire ces deux malheureuses au tribunal, en même temps que la reine ; et de les envoyer toutes trois à la mort sur la même charrette. Rien ne s'accordait mieux avec son fameux procès-verbal, et il faut convenir que ce forçat, devenu procureur de la commune de Paris, ramait avec assez de suite. Les comités du gouvernement d'alors trouvèrent quelque inconvénient à cette gaieté; il fut décidé que Marie-Antoinette d'Autriche irait seule à la mort, et on réserva la pauvre Églé pour une meilleure occasion.

Trois mois s'étaient écoulés depuis la mort de la reine, et il est probable qu'Églé et sa compagne auraient pu se faire oublier, si la première avait gardé la retenue la plus ordinaire; mais elle aurait trouvé de la honte à dissimuler ou seulement à retenir sa pensée, et elle y donnait un essort tellement séditieux au milieu de la Conciergerie, que Fouquier voulut en finir avec elle.

On ne se donna pas la peine de dresser un nouvel acte d'accusation contre ces deux filles; on retrouva celui qui avait été préparé lors du projet de Chaumette, et il fut signifié dans sa simplicité première, en sorte qu'Églé et sa compagne se trouvaient textuellement et précisément accusées d'avoir été d'intelligence avec la veuve Capet, et d'avoir conspiré avec elle contre la souveraineté et la liberté du peuple. Je l'ai lu, et je l'atteste.

Églé était fière de son acte d'accusation, mais indignée des motifs qu'il renfermait. Elle ne pouvait pas concevoir qu'on pût mentir d'une manière aussi bête, et lançait contre le tribunal de ces sarcasmes grivois qui avaient bien leur mérite, mais dans sa bouche seulement. Je l'interrompais au milieu de l'une de ces philippiques, et je lui disais : « Malgré tout cela, ma chère Églé, si on t'eût
» conduite à l'échafaud avec la reine, il n'y aurait pas eu
» de différence entre elle et toi, et tu aurais paru son égale.

« — Oui, me répondait-elle ; mais j'aurais bien attrapé
» mes coquins. — Et comment cela ? — Comment ? au
» beau milieu de la route, je me serais jetée à ses pieds, et
» ni le bourreau ni le diable ne m'en auraient pas fait re-
» lever. » Il faut pardonner une pareille extravagance à
cette infortunée. Elle était née au sein de l'ignorance et
de la pauvreté; les distractions de son déplorable état ne
lui avaient pas laissé le temps ni de penser, ni de raisonner.
Il n'est donc pas étonnant qu'elle n'ait jamais pu s'élever
à cette hauteur de conceptions d'où les rois paraissent
tout au plus au niveau du reste des mortels; et d'ailleurs,
quelle école de mœurs et d'opinions républicaines que la
rue Fromenteau ?

Devant le tribunal, Églé avoua les propos et les excla-
mations royalistes qu'on lui imputait ; mais quand on
arriva à l'article de sa complicité avec la reine : « Pour
» cela, dit-elle en levant les épaules, voilà qui est beau,
» et vous avez, par ma foi, de l'esprit; moi, complice de
» celle que vous appelez la veuve Capet, et qui était bien
» la reine malgré vos dents; moi, pauvre fille qui gagnais
» ma vie au coin des rues et qui n'aurais pas approché un
» marmiton de sa cuisine ! Voilà qui est digne d'un tas de
» vauriens et d'imbéciles tels que vous. » Malgré cette
sortie, Églé obtint de la faveur au tribunal. Un juré ob-
serva que probablement l'accusée était ivre lorsqu'elle avait
tenu les propos qu'on lui imputait, puisque dans le moment
même, elle n'était pas de sang-froid; et quelques autres
jurés, anciennes connaissances de l'accusée, appuyaient
l'observation. Églé repoussa avec le même front et les
protecteurs et les motifs de la protection ; elle soutint que
s'il y avait quelqu'un d'ivre dans l'honorable assistance,

ce n'était point elle, et pour prouver qu'elle avait tenu à
dessein et de sang-froid les propos qu'on lui imputait, elle
se mit en devoir de les reproduire dans toute leur vérité;
et il fallut prendre des précautions sérieuses pour lui imposer silence. On la força de s'asseoir, et le tribunal passa
à sa compagne. Celle-ci trouva dans les jurés la même
sensibilité, sans doute à cause de la même connaissance:
Moins décidée qu'Églé, elle hésitait et acceptait le brevet
d'ivresse qui devait la sauver de la mort. Églé indignée
rompit le silence, et cria à sa compagne que sa faiblesse
était un crime, et *qu'elle se déshonorait* (le mot est précieux). Elle la rappela au courage et à la vérité. Celle-ci,
confuse et tremblante en face d'Églé plus encore que devant
les juges, abjura un moment d'erreur, confessa qu'elle
aussi s'était rendue coupable de sang-froid. Le tribunal
mit une juste différence dans sa décision; il envoya Églé
à l'échafaud comme une aristocrate incorrigible, et se contenta d'enfermer pour quelque vingtaine d'années sa compagne à la Salpêtrière. A la lecture du jugement, Églé
entendit en souriant les dispositions qui la déclaraient convaincue du crime de contre-révolution et la condamnaient à
la mort; mais quand on en vint à l'article de la confiscation de ses biens : « Ah! voleur, dit-elle au président, c'est
» là que je t'attendais. Je t'en souhaite de mes biens! Je
» te réponds que ce que tu en mangeras ne te donnera pas
» d'indigestion. » Églé en descendant du tribunal, plaignait
sa compagne de sa conduite, et était assez satisfaite de la
sienne; elle craignait seulement *d'aller coucher avec le
diable;* je rends ses termes. L'ange de cette prison, le bon
M. Émery, la rassura sur cette frayeur, et elle sauta sur la
charrette avec la légèreté d'un oiseau. Si cette pauvre fille

valait la peine qu'on s'informât d'où elle sortait, on découvrirait qu'elle avait reçu sans doute une éducation détestable. Quelque bonne femme avait déposé le germe des préjugés du vieux temps dans l'esprit d'Églé. L'active dissipation de sa vie l'aurait étouffé à la longue ; mais des persécutions révolutionnaires en avaient, à ce qu'il paraît, favorisé le développement, et il était parvenu à son comble dans cette âme ardente et susceptible de passions de plus d'un genre.....

SOUVENIRS DE 1794

VI

Suite du séjour à la Conciergerie. — Mort de Clavières. — Scène d'évocation. — Translation à la Force. — L'acteur Neuville. — Linguet. — Dupont de Nemours. — Danton. — Changement dans le régime de la prison. — Ferrière Sauvebœuf. — Scène avec La Noraye. — La famille de Brienne. — Fin de la Terreur. — Sortie de prison.

. . . . Je fus interrompu dans ces pensées amères par Lamourette, évêque constitutionnel de Lyon, qui partageait ma chambre. Sa société m'était douce. Lamourette était un homme instruit, bon orateur, et, au moment de la révolution, l'un des prêtres les plus distingués de l'Oratoire. Comme presque tous les membres de cette savante congrégation, il se laissa séduire par les nouveaux principes, et fut, à ce titre, nommé évêque de Lyon. Durant le siége, il déploya le zèle et le courage qui ne manquent jamais aux prêtres français au moment du danger. Il portait les secours spirituels à ses ouailles à travers les balles et la mitraille. Notre bon abbé Rosier, l'auteur du *Dictionnaire d'agriculture*, ainsi que son grand-vicaire, y furent tués; l'évêque ne fut que blessé, mais il s'attendait à ce que le fer du bourreau vînt achever l'œuvre des soldats de Dubois de Crancé. Il n'en éprouvait aucun trouble, et je n'ai vu personne pousser aussi loin le stoïcisme chrétien. On le voyait remplir régulièrement, mais sans affectation, les devoirs d'un prêtre. Quoique évêque constitutionnel et par conséquent fort opposé, en apparence, avec M. Émery, l'ex-supérieur de Saint-Sulpice, aussi rangé entre nos compagnons de misère, il était de moitié dans les bonnes œuvres de cet homme excellent. Lorsque Lamourette fut conduit au tribunal, il avoua ce dont il était accusé, comme le devoir le plus sacré de son état, confessa sa foi, fit le signe de la croix, et attendit son jugement. Il m'a chargé de publier sa rétractation du serment qu'il avait prêté à la constitution civile du clergé. Je n'y manquerai pas.

Lamourette, qui me voyait accablé de douleur en revenant du guichet, crut que j'y avais trouvé la nouvelle que je paraîtrais le lendemain devant le tribunal, et il entamait une exhortation analogue à la gravité de la position. Je l'avertis de sa méprise et lui expliquai les causes de mon abattement. Il me reprit, même vertement, et voulut me faire trouver dans l'arrivée de ma femme un sujet puissant de consolation, quelle chose qui dût suivre. A toutes mes objections il se contentait de répondre : « Sachez une bonne » fois être chrétien, et vous n'éprouverez pas ces trans» ports désordonnés. » La nuit qui suivit ce jour même, nous fûmes mis l'un et l'autre à une cruelle épreuve : le départ des Girondins avait laissé cinq places vides dans la chambre où j'étais logé ; elles furent occupées par Lamourette, par un ancien prieur de Molesme, du nom de Sauménil ; Boos, le peintre de portraits ; un tailleur de Paris, et Clavières, l'ex-ministre des finances. Cette chambre faisait exception pour l'ordre et la tranquillité qui y ré-

gnaient, et on lui avait donné le nom de la chambre des sept sages. Clavières était matérialiste, l'évêque et le prieur des prêtres fort pieux; le tailleur protestant, et le peintre rien du tout. Tout cela s'accordait à ravir. Clavières avait voulu hasarder quelques moqueries quand nos prêtres disaient leur bréviaire en commun, mais je le rembarrai alors durement, et je lui fis perdre cette mauvaise habitude. Le jour même de ma première entrevue avec ma femme, Clavières reçoit son acte d'accusation, et il est prévenu que le lendemain il sera jugé. Il lit cet acte jusqu'à la moitié, puis le foule aux pieds dans un mouvement d'indignation. Je le ramasse. « Lisez, me dit Cla-
» vières, si vous en avez le courage, et dites ce qui reste à
» faire à un homme de cœur. » Je lis en effet un long *compendium* où sont rapportés tous les crimes de Clavières, et cependant les véritables n'y étaient pas. Je lui donne le conseil d'appeler son avocat. « Pourquoi faire ? ré-
» pondit-il. J'aime mieux envoyer chercher Montessin,
» mon gendre, et m'occuper avec lui du sort de ma fille. —
» L'un, dis-je, n'empêche pas l'autre. » Tous deux il les appelle. Je l'invite à dîner en tiers avec Lamourette et moi, parce qu'il y sera mieux qu'à une table assez bruyante où il mangeait d'ordinaire et qui était composée de huit personnes. Il me refuse, se présente à son dîner comme de coutume, n'y mange ni plus ni moins et conserve son sang-froid ; seulement il escamote habilement le couteau à découper et le rapporte dans notre chambre. Il voit dans l'après-midi son gendre et son avocat, et ne nous parle plus de son procès. Il me dit seulement de cet avocat, nommé Lafeutrie, que c'est un drôle ou un imbécile, puisqu'il a essayé de lui persuader qu'il avait tiré d'affaire

des accusés plus malades que lui. « A quoi j'ai répondu,
» poursuivait-il, citoyen défenseur, vous ne m'avez pas
» tâté le pouls. Au reste, je ne vous consulte pas sur le
» fond de mon procès, mais seulement pour savoir si je
» peux demander un délai, afin de me procurer le grand
» nombre de pièces dont j'ai besoin pour réfuter vingt
» chefs d'accusation; dès qu'aucun délai n'est possible,
» il ne me reste plus qu'à vous remercier. »

L'heure de la fermeture des chambres arrive; on nous
enferme dans la nôtre et Clavières avec nous. La conversation s'établit comme de coutume sur les misères de notre condition, et Lamourette y entremêle avec adresse des réflexions sur la brièveté de la vie que la rage de nos persécuteurs n'augmente que de bien peu. Chacun se couche et s'endort ; car là même, on dort. Les premières nuits qu'on passe dans un cachot sont sans sommeil, à moins qu'on ne soit doué d'une grande force de caractère ; mais la nature ressaisit bientôt chez nous ses imprescriptibles droits, et j'ai remarqué pour mon compte que depuis le jour où j'ai été mis en prison, mes rêves sont des scènes de pleine liberté, et probablement quand j'en serai sorti, si j'en sors, je rêverai prisons et cachots. Une heure après que nous étions couchés et endormis, je suis réveillé par ce cri de Lamourette : « Clavières! ah malheureux! qu'avez-vous fait ? » et j'entends alors distinctement deux bruits également horribles : le râle d'un homme qui s'éteint et le bruit de son sang qui du lit tombe sur les dalles. Je me jette hors de mon lit; nous en faisons tous les cinq autant. Que faire ? que devenir? nul secours à appeler du dehors; pas moyen de se procurer de la lumière; seulement un réverbère, placé dans l'un des passages du Palais de Justice, et qui

se trouve en face de la croisée de notre chambre, y jette
quelques faibles rayons, assez pour indiquer cette scène
d'horreur, pas assez pour l'éclairer. Les deux prêtres se
jettent à genoux et nous invitent à en faire autant pour
demander à Dieu la grâce de l'infortuné que nous voyons
s'éteindre. Chacun se prosterne. Au bout d'une demi-heure
on n'entendait plus que le sang qui tombait encore. Nous
nous rejetons sur nos lits; mais comme nous avions foulé
aux pieds ce sang dont le pavé était recouvert, à notre
tour nous en souillons nos couches, et le lendemain, à
l'ouverture de ce lugubre réduit, il semblait une boucherie, et de quelle chair, grand Dieu! Lorsqu'une sorte de
calme eut succédé, nous pûmes rapprocher plusieurs circonstances qui auraient dû nous avertir de la détermination de Clavières. Plus d'une fois il avait protesté qu'il
n'avilirait pas la dignité de l'homme au point de paraître
devant l'infâme tribunal. Il avait consulté le peintre Boos
sur l'attitude que les statues et les tableaux donnaient aux
personnages qui se frappaient du poignard, et il avait
marqué la place du côté gauche où il faut enfoncer pour
arriver plus sûrement à l'oreillette du cœur. Enfin il était
évident, par ses discours de la veille, qu'il récusait le
tribunal, et, pour y échapper, il lui fallait mourir dans la
nuit même. Mais le genre de mort qu'il avait choisi suppose un courage incroyable : on ne conçoit pas que,
couché sur un lit de sangle et avec des points d'appui
faibles ou incertains, il ait pu, en soutenant le poignard
de la main gauche à l'endroit où il voulait qu'il pénétrât,
l'enfoncer de la main droite en frappant à coups redoublés, et cela sans jeter un cri, sans faire quelque mouvement maladroit qui nous eût éveillés. Telle a été néan-

moins, suivant le rapport des hommes de l'art, la seule manière dont il ait pu se donner la mort. Ainsi périt Clavières, le premier ministre des finances qu'ait eu la république. Il était du fameux triumvirat Roland, Clavières et Servan, qui, appelés par Louis XVI pour le défendre, le livrèrent aux Jacobins et présidèrent aux scènes qui, en redoublant chaque jour de violence, aboutirent à l'échafaud de cet excellent prince. Roland s'était poignardé sur la route de Rouen quinze jours avant Clavières; Servan avait trouvé quelque répit en se jetant dans l'armée, mais l'impitoyable destin allait l'y saisir quand la mort le préserva de la récompense que lui préparait son parti. Clavières était un Génevois, et même un Génevois distingué, c'est-à-dire qu'il était homme d'esprit, calculateur habile et bon écrivain. Il avait pris des leçons de Panchau, et passait pour l'un de ses meilleurs écoliers. Déjà Clavières avait une place dans les affaires lorsque M. Necker occupait la première. Il fut hostile à son célèbre compatriote pendant la durée de l'Assemblée constituante; il allait chercher contre lui des armes aux Jacobins, et, quand ceux-ci devinrent les maîtres, Clavières se trouva naturellement leur homme. Devenu ministre de la république, il se crut au moment de réaliser ses grands projets économiques et financiers, et de faire justice de ce qu'il appelait l'emphatique ignorance de ce pauvre Necker. Les Jacobins, qui n'y entendaient rien du tout et auxquels il refusait le pillage, le traitèrent de voleur et d'intrigant, l'arrêtèrent comme tel, et allaient lui couper le cou quand il eut l'impertinence de les prévenir.

J'avais prévu que la catastrophe de la nuit allait provoquer une enquête où figureraient, au moins comme témoins, les camarades de chambre de Clavières, et je ne me souciais pas d'y donner mon nom. Dès que j'en eus le pouvoir, je descendis au greffe de la prison où je m'étais ménagé un certain crédit en faisant des copies ou en dressant des tableaux pour le compte du greffier. Je m'ouvris à ce dernier sur la crainte de figurer au procès-verbal, et il parvint à m'en dispenser. Il me conseilla pour plus de sûreté de rester au greffe pendant le temps de l'opération. J'y étais encore lorsqu'on apporta le corps de mon compagnon de chambre, qui fut déposé dans la geôle des condamnés. Cependant des forcenés avides de sa mort sur l'échafaud l'attendaient au tribunal pour déposer dans son procès. On leur annonce qu'il s'est suicidé; ils ne veulent pas le croire, et descendent pour s'en assurer; ils arrivent devant ce cadavre, et là vomissent d'horribles injures contre le scélérat qui a osé leur dérober le plaisir de savourer son supplice. Ils arrachent le manteau qui recouvrait ce corps ensanglanté et se ruent dessus avec fureur, ils le frappent des pieds et des mains. Une danse de cannibales n'est pas à beaucoup près aussi horrible que ce tableau qui offrait à la fois la barbarie de l'homme sauvage et l'extrême corruption de l'homme civilisé. Je me sépare de cette scène dont je sens que la mémoire ne s'effacera plus de mon esprit.

Cependant le tribunal allait toujours son train, tuant à droite et à gauche ce qu'on lui présentait et sans y apporter le moindre discernement. J'avais beaucoup de peine à me persuader que ma femme pût parvenir jamais à me soustraire au sort qui atteignait mes camarades les uns après les autres. Je suis appelé de nouveau au guichet. Désormais je n'y descends plus avec trouble, mais avec l'empressement de revoir mon ange tutélaire. Je cherche des yeux ma

femme, je ne vois que plusieurs femmes de peine qui remplissaient à la porte de la prison l'office de commissionnaires. Ces femmes étaient agréées par le concierge pour faire les commissions des prisonniers, leur apporter à manger et leur rendre les petits services de la domesticité ; toutes s'en acquittaient avec exactitude et fidélité. Quelques jeunes dames qui étaient impatientes de voir des détenus et n'en obtenaient pas la permission, imaginèrent de revêtir l'habit de ces femmes, de se charger de leurs paniers et de s'introduire dans la prison sous ce déguisement. On payait ce service d'un assignat de dix francs à la femme qui fournissait le déguisement, et on en donnait un pareil au guichetier pour qu'il consentît à se tromper. Au reste, la dame déguisée était obligée de vider et d'emplir son panier comme l'eût fait la véritable commissionnaire. Ma femme avait revêtu ce costume de contrebande, sous lequel d'abord je ne la reconnaissais pas. Je m'étonnais seulement d'être abordé si familièrement par une servante. « Pour le coup, me dit-
» elle, vous ne vous plaindrez pas aujourd'hui de mon
» élégance; qu'en pensez-vous? » Au son de sa voix, je reconnais mon erreur ; je la fixe, et ma réponse est un éclat de rire fou auquel elle répond par un autre aussi bien conditionné. Après une bonne causerie : « Ce n'est pas tout,
» dit ma femme, je fais ici l'office de la commissionnaire d'un
» M. Ducourneau ; il faut que je lui donne son linge blanc,
» que je reprenne le sale ; j'ai pour lui des lettres, du tabac,
» des livres. Je ne le connais d'aucune sorte, mais la com-
» missionnaire m'a dit qu'en le faisant appeler il arriverait
» sur-le-champ. — Rien de si vrai, et je vais le faire ap-
» peler. » — Ducourneau descend : c'était un Bordelais du parti des Girondins, jeune homme plein d'esprit, et qui fai-

sait à merveille les vers. La commissionnaire l'aborde d'un air fort embarrassé : « C'est, *Monsieur*, lui dit-elle, la
» femme qui fait d'ordinaire vos commissions.... — N'allez
» pas plus loin, citoyenne, reprit vivement Ducourneau ;
» le *Monsieur*, m'a tout dit : il m'a dit que vous êtes une
» femme charmante, courageuse, un peu aristocrate. C'est
» comme cela que je les aime, et je suis à vos pieds. Laissons
» là les détails du ménage et parlons de quelque chose de
» mieux. Je félicite le citoyen Beugnot du bonheur qu'il a
» de vous connaître. — Il y en a, repris-je, une bonne rai-
» son ; c'est que la commissionnaire d'aujourd'hui est ma
» femme. » Puis il s'établit entre nous sur cette mascarade, et grâce à Ducourneau, une conversation si gaie que nulle part peut-être à Paris (à la même heure), on ne riait de si bon cœur ; et voilà comme les pauvres Français sont faits ! Ducourneau, en rentrant dans sa chambre, composa pour ma femme une fort jolie pièce de vers intitulée : *la Messa-gère révolutionnaire*. On n'a pas laissé à cet aimable enfant de la Garonne le temps de gravir les premiers degrés de notre Parnasse ; huit jours après cette scène, il avait grossi le catalogue des hommes qui sont morts en riant.

Comme je demeurai encore trois mois à la Conciergerie après l'arrivée de ma femme à Paris, j'y faisais incessamment de nouvelles connaissances que je perdais quelques jours après, mais quelquefois avec des circonstances dignes d'être retenues. Par exemple, on avait amené à la Conciergerie, avec la prévention d'être hors la loi, un député du département du Calvados à la Convention, du nom de Cussy. On sait qu'alors un individu hors la loi était tout simplement dévoué au bourreau, et que l'arrêter et l'exécuter était une même chose. Le citoyen Cussy était un

homme considérable dans son département; il avait figuré avec honneur à l'Assemblée constituante, et ses qualités personnelles excitaient de l'intérêt. Il avait d'assez bonnes raisons de croire que le décret de hors la loi, en vertu duquel on l'avait arrêté, ne lui était point applicable, et il s'adressa par une pétition à l'Assemblée conventionnelle pour le faire décider. La réponse de l'Assemblée était pour lui la vie ou la mort. Du jour où sa pétition fut envoyée à la Convention, deux de nous étaient de sentinelle au guichet pour saisir le journal du soir à son arrivée et ne le livrer aux curieux que s'il n'était pas question de Cussy, ou bien si la décision de la Convention était en sa faveur. Cette précaution nous réussit durant quelques jours. Pendant un seul elle fut en défaut, et ce jour-là le journal tomba dans les mains de notre homme. Il l'apporte, suivant l'usage, dans la chambre où les prisonniers se réunissaient pour en entendre la lecture, et entame cette lecture. Tous nous éprouvions un saisissement mortel; les regards se portaient sur les commissionnaires du guichet, et avec colère, comme pour leur reprocher leur coupable négligence. De Cussy lisait tout haut et ne semblait nullement inquiet. Il arrive à l'article de la séance de la Convention où le comité du salut public rend compte de sa pétition et propose de passer à l'ordre du jour, c'est-à-dire de n'y avoir aucun égard. Il lit le décret qui l'a ainsi ordonné. Cette ligne était pour lui le coup de hache. Il poursuit sa lecture du même ton, sans éprouver ou au moins sans laisser paraître la moindre affectation. La lecture finie, il dit d'un ton tranquille : « A la bonne heure ! ce sera pour
» demain ; j'ai la nuit pour mettre ordre à mes affaires. »
Après ce peu de paroles, il embrasse celui des assistants

qui était le plus voisin de lui et qu'il connaissait de longue
date ; par une sorte de mouvement sympathique, chacun
de nous l'embrasse à son tour ; il remercie avec émotion et
ajoute : « Chers camarades, vous consolez mes derniers
» moments, c'est comme la mort de Socrate ; mais il ne
» nous sera pas permis de discourir philosophiquement
» ensemble jusqu'à l'arrivée de la ciguë. » Il achevait à
peine, qu'un guichetier vient le saisir au collet pour le
conduire dans la loge des condamnés.

A cette époque du tribunal révolutionnaire, vers la fin
de 1793 et dans les premiers mois de 1794, deux genres
d'accusés obtenaient la préférence ; les généraux d'armée,
qui, vainqueurs ou vaincus, étaient indifféremment enve-
loppés dans l'accusation banale de trahison, et les hommes
du parti de la Gironde, qu'on ramassait de tous les coins
de la France, comme atteints du crime de fédéralisme, lequel passait pour le plus abominable des forfaits aux yeux
de gens qui ne savaient pas le moins du monde ce que le
mot signifiait. Ma femme avait exigé de moi que j'eusse
un entretien avec cet avocat Lafeutrie. J'avais d'abord refusé en répondant qu'un avocat était du luxe pour moi,
parce que, fût-il un Démosthènes, il ne me ferait jamais
absoudre une fois que je serais présenté au tribunal. Il ne
s'agissait pas précisément de préparer ma défense, mais
de savoir ce qu'au fond on pourrait me reprocher, afin de
prévenir quelques fausses démarches de la part des personnes qui s'intéressaient pour moi. Cela était surtout désiré par le citoyen Gatrez, qui avait lui-même indiqué
Lafeutrie, avec lequel il est fort lié, puisqu'il vient souper
tous les soirs chez lui. Je consens à me confesser au con-
vive de mon oncle. Lafeutrie veut savoir avant tout si je

suis fédéraliste. Je lui réponds que non, et je lui donne dix bonnes raisons pour qu'un tel reproche ne puisse pas m'atteindre. Il insiste, et je lui rappelle les termes de mon mandat d'arrêt, où je suis qualifié de *complice de Capet, de sa femme et de Lafayette.* J'ajoute qu'il se peut qu'on ait découvert quelque part une lettre que j'ai écrite à Lafayette au mois de mai 1792 pour le dissuader de son voyage à Paris, et où, entre autres motifs de s'en abstenir, je lui disais que ce voyage n'aurait certainement pas de succès aux Tuileries. Lafeutrie fut ou parut peu effrayé de cette lettre sur la découverte de laquelle nous n'avions pas au reste de certitude. Il soupçonna seulement que j'étais royaliste et me rassura sur cette triste qualité, parce que les royalistes n'étaient point à l'ordre du jour dans les comités du gouvernement. On s'occupe des fédéralistes, le tribunal en a encore pour trois mois à expédier, « et d'ici à » trois mois, ajoute élégamment le citoyen défenseur, le » roi, vous ou l'âne serez morts. — Et vous donc? — Ah! » ma foi, reprit-il, vous croyez rire; cela pourrait bien » m'arriver. » La visite de ce double faquin me fit du bien. En regardant autour de moi, je parvins à me rassurer. Je vis qu'en effet le tribunal donnait la préférence aux fédéralistes et n'interrompait cette ligne de poursuite qu'en faveur des généraux. On sacrifiait deux ou trois de ceux-ci par décade pour l'exemple, et apparemment pour entretenir l'émulation dans l'armée. C'est un grand sujet à méditer que le sort de ces généraux, hommes de force et de vaillance, qui ont conquis leurs grades par des prodiges devant l'ennemi, et que des gens qualifiés de représentants du peuple enlèvent à volonté du milieu de leurs bataillons et envoient pieds et poings liés à la Conciergerie, comme on expédie des moutons à une boucherie, et tous se laissent faire comme des moutons ! Les plus déterminés, tels que Lafayette et Dumouriez, n'ont su que prendre la fuite : c'est que le courage civil manque à tous. Les anciennes institutions de la monarchie étaient peu propres à le faire naître, le temps nous a manqué pour en essayer de nouvelles ; d'ailleurs ce courage, la première des vertus chez un peuple libre, ne s'apprend pas en un jour. Nous ne sommes encore que des Français d'avant 1789, très-façonnés à l'obéissance, et à qui un pouvoir nouveau et fort hideux assurément, n'en a pas fait perdre l'habitude.

Parmi les généraux préparés pour le tribunal révolutionnaire, se trouvait un général de division, du nom de La Marlière, qui commandait à Lille lorsque cette ville fut attaquée par l'armée autrichienne sous les ordres du duc de Saxe-Teschen. Ce général avait tenu par quelque petit côté à l'ancien régime ; il possédait avant la révolution, la charge un peu plus ridicule que les autres de *commandant des levrettes de Monsieur*. Lorsque le prince a émigré, il a laissé ses levrettes en France et leur commandant avec elles. La Marlière, qui était ambitieux, ne fut pas des derniers à retourner son habit ; il avait été constitutionnel en 1791 et républicain en 1793 ; homme d'esprit au demeurant et d'un caractère aimable, quoique porté à l'intrigue. Il n'en était pas moins accusé d'avoir trahi la république lorsqu'il commandait à Lille, et il fallait que cette trahison ait été d'une étrange nature, car le duc de Saxe-Teschen avait levé honteusement le blocus et s'était retiré non sans perte en hommes et en artillerie. La cause de ce pauvre général était vraiment très-bonne ; il se défendait avec autant d'habileté que de courage. Homme

délié s'il en fut jamais, il parvenait du fond de sa prison à intéresser en sa faveur les juges, les jurés, les gendarmes, et jusqu'aux guichetiers. Personne ne doutait qu'il ne fût acquitté, et tout le monde en était charmé. C'est lui qui fournit le sujet à une scène d'évocation dont je vais parler, et qui eut lieu à la Conciergerie, devant cinq ou six personnes, et où le rôle de la Pythonisse était joué par un aide de camp du comte d'Estaing. Le prompt accomplissement de la prédiction nous remplit tous d'épouvante. Le fait accompli avec tant de promptitude et de précision nous livrait sans défense à des idées superstitieuses, et à l'horreur du présent s'unissaient les terreurs de l'avenir ; c'était miracle que la raison la plus forte y pût résister. Et comme si tout devait être singulier dans la fin de ce pauvre La Marlière, il avait pour compagnon, en allant à l'échafaud, ce fameux Parisot, mon ancien camarade de Palais, qui avait fait depuis beaucoup de métiers sans rencontrer la fortune, et qui avait fini par celui de journaliste aristocrate où il a trouvé la mort, ainsi que je l'ai raconté précédemment. Il était monté sur l'échafaud en même temps que La Marlière qui s'avisait de haranguer l'honorable assistance, de déclarer qu'il avait toujours été et qu'il mourrait républicain, et de recommander au bon peuple sa famille et sa mémoire. Comme il n'en finissait pas, et que Parisot s'impatientait, celui-ci éleva la voix plus haut, et dit, en haussant les épaules : « Citoyens, ne l'écoutez donc pas ; c'est
» un f.... menteur : il est aristocrate, plus aristocrate que
» moi. » Ainsi mourut mon vieil ami Parisot, que j'avais connu successivement avocat, auteur d'opéras comiques, directeur de théâtre, acteur, riche, pauvre, toujours gai, philosophe pratique, à qui, à sa dernière heure, une vic-

time tombe par hasard sous la main, et qui, en dépit de la gravité de la circonstance, lui décoche un trait de sa façon comme il l'eût fait au bal de l'Opéra.

Mais venons à la scène bizarre d'évocation dont j'ai annoncé le récit.

L'aide-de-camp du comte d'Estaing avait fait la campagne d'Amérique. Il était homme instruit, de manières polies et réservées. Nous nous réunissions tous les soirs avec lui et La Marlière dans la chambre d'un nommé Bunel, conventionnel, mais tout à fait homme de bien, qui, durant un assez long séjour dans l'Inde anglaise, avait recherché curieusement les premières traces des connaissances humaines. Nous faisions une partie de whist, et, s'il nous restait du temps de reste, avant qu'on nous renfermât chacun dans notre cachot, la discussion s'établissait sur quelque point de métaphysique. Bailly ne manquait jamais de venir dans notre chambre à ce moment de la soirée, et se flattait d'y être exact, comme jadis à l'Académie. L'aide-de-camp avait pour refrain que ce que nous appelions le *possible* n'était qu'un arrêt de notre ignorance qui serait infailliblement cassé par l'avenir. Il ne manquait pas d'exemples pour prouver que les bornes du possible avaient été fort reculées depuis Pythagore et Aristote. Il accusait la religion chrétienne d'avoir comprimé l'essor des esprits et applaudissait franchement aux coups qu'on lui portait alors. Son système de religion était le panthéisme : il croyait à une quantité innombrable d'êtres animés qui ne tombaient pas sous nos sens, et tenait que l'homme était encore bien loin de la place qu'il pouvait occuper dans le grand ensemble. Bunel, qui ne voulait pas perdre, en pensant comme un autre, le temps qu'il avait mis à apprendre l'indou, ni le chemin qu'il avait fait pour visiter des pagodes, appuyait l'aide-de-camp et nous citait des autorités que nous n'étions pas préparés à aller vérifier. Le général restait fidèle à la philosophie de son ancien maître Voltaire ; il avouait des progrès dans quelques sciences naturelles, moins importantes qu'on ne voulait le faire croire, puisque rien n'avait été positivement imaginé, et qu'il est facile d'avancer dans des routes une fois ouvertes. Pour tout le reste, il ne voyait rien de si incertain que ce qu'il convenait à chaque siècle d'appeler la vérité ; il croyait que les idées humaines recevaient de chaque époque des formes différentes, mais qu'elles circulaient dans un cercle qu'elles ne pouvaient pas franchir. Je me rappelle qu'il ajoutait : « Vous applaudissez, par exemple, Messieurs, à la démarche de l'évêque de Paris, qui vient d'abjurer sa religion au sein de la Convention et aux yeux de tout l'univers ; fort bien ! nous touchons à la fin du XVIIIe siècle, et il est très-peu probable qu'aucun de nous voie le XIXe ; mais je prédis qu'il ne se passera pas sans que les Français, ou ceux qui habiteront la France, voient des processions de capucins dans les rues de Paris, et des membres de la Convention y assisteront le chapelet à la main, si on veut bien le leur permettre. » Bailly penchait pour le premier parti et pour la perfectibilité de l'espèce humaine : « L'orage qui gronde en ce moment, disait-il, ne prouve rien sans doute, et fera tomber bien des feuilles de la forêt ; il arrachera même quelques arbres ; mais il emportera aussi de vieux immondices, et le sol épuré peut donner des fruits inconnus jusqu'ici. » A la fin de l'une de ces conversations, le général La Marlière demanda à l'aide-de-camp : « Vous croyez donc à Mesmer, à Cagliostro et

» *tutti quanti?* — Sans doute, répond froidement l'aide-
» de-camp. — Je serais fort curieux de voir, avant de
» mourir, une représentation d'une scène *voyante* ou de
» somnambulisme. — Cela n'est pas facile ici, mais j'y
» ferai ce que je pourrai. »

Cet aide-de-camp, qui, je le répète, avait de l'instruction et du sens, recueille avec beaucoup de sérieux et fait entrer à la Conciergerie, sous le couvert du dîner de chacun de nous, les divers instruments dont il a besoin pour préparer cette scène. Il n'y avait pas moyen d'introduire une voyante; à la rigueur on peut la remplacer par un jeune garçon, pourvu qu'il soit âgé seulement de douze à quatorze ans, qu'il soit né sous les signes du Sagittaire, des Gémeaux ou de la Vierge, et surtout qu'il soit d'une pureté parfaite. On en trouve un; mais, avant que de l'admettre, l'évocateur prend du temps et a soin de s'assurer, par la représentation de son extrait de baptême, du jour où il est né, et de l'interroger sur ses faits et gestes. Il remplit les conditions du programme; le jour est indiqué, et l'évocateur étale ses préparatifs dans le local où nous faisions la partie de whist, mesurant avec un compas les distances respectives de chaque pièce. L'appareil est religieusement préparé et l'enfant à genoux devant le globe de verre.

« Général, dit l'évocateur, indiquez dans le passé ou dans
» l'avenir le fait que vous voulez connaître. — L'issue du
» jugement qui m'attend. — Général, faites choix d'un
» autre sujet; je serais au désespoir si la réponse était
» mauvaise. — Je persiste, et vous assure que quelle que
» soit la réponse, elle ne m'effraiera pas le moins du
» monde. — Dans ce cas, je renonce à l'évocation, et re-
» prenons la partie. — Vous me la faites trop belle. Com-

» ment! si tôt battu et même avant d'avoir commencé? Je
» me doutais bien que tout ceci n'était que de l'enfantillage.
» — Vous le voulez absolument, général? dans ce cas, je
» commence. »

Après une demi-heure d'exercice assez violent, l'évocateur et le jeune homme suaient à grosses gouttes, et chacun des trois assistants, fatigué lui-même par l'attente et par les convulsions qu'il avait sous les yeux, éprouvait une insurmontable oppression. Enfin l'eau se trouble visiblement pour tout le monde, l'enfant s'écrie « qu'il voit. — Quoi ?
» — Deux hommes qui se battent. — Qui sont-ils? — Je
» ne sais pas. — Qui sont-ils? — Je ne sais pas. — Qui sont-
ils? » Et chaque question est flanquée d'évocations, de menaces et de cris. Enfin, l'enfant répond : « Mon Dieu!
» un garde national et un officier à chapeau bordé. — Qui
» est le plus fort? — Ah! mon Dieu! le garde national étend
» l'officier par terre et lui coupe la tête! » Et l'enfant tombe à la renverse......

Nous étions consternés, et le pauvre général, esprit fort le moment d'auparavant, tremblait alors de tous ses membres. Nous nous efforçons de le rassurer; il n'y a rien de commun entre le jugement sur l'issue duquel il a interrogé et la lutte entre un garde national et un officier. Le moment de la retraite arrive, chacun reporte dans son cachot son épouvante et le regret d'avoir pris part à cette misérable scène ; elle s'était passée le 20 décembre. Le 21 au soir, le général reçut son acte d'accusation, fut condamné à mort le 23, et exécuté le même jour par le bourreau, alors habillé en grenadier de la garde nationale. — Je reste le seul témoin vivant de cette scène; je pourrais cependant invoquer M. Bailleul, conventionnel, qui habitait à la Conciergerie le même bâtiment que nous. Il n'assista point à l'évocation, mais elle fit assez de bruit dans la prison pour qu'il en ait gardé la mémoire. Je doute que ceci ait été une scène de compères : l'aide-de-camp était un homme sérieux, trop honnête pour s'être permis une plaisanterie criminelle. Il n'avait eu ni le temps ni les moyens de styler cet enfant, qui avait été choisi sur cinq ou six autres. Enfin, nous avions été sur le point de renoncer à l'entreprise dans la crainte qu'elle ne fût éventée et considérée par Robespierre comme une conjuration. Il y avait ici quelque prestige, sans nul doute : où était-il ? Je ne le sais pas.

Si quelqu'un me racontait cette scène d'évocation, je ne le croirais pas; permis donc à ceux qui me liront, si par hasard quelqu'un me lit, de ne pas y croire. On devine qu'elle fut le sujet de très-grands commentaires entre gens qui n'avaient rien à faire de mieux, et nous n'arrivions jamais à une solution satisfaisante. S'il n'y avait rien de vrai dans tout cet appareil d'évocations, c'était un tour qu'on avait joué à La Marlière; mais le coup ne pouvait partir que d'un ennemi, et le général n'avait autour de lui que les amis que donnait promptement un malheur commun ; et puis, quel horrible choix de sujet ! dans quel lieu ! pour quelle circonstance ! Jusque-là, point de probabilité qu'on ait voulu se jouer de quelqu'un. Ensuite le jeune homme était fils d'un guichetier de la porte de la rue, nommé Langlois. Tout ce qui revenait sur son compte le peignait dans l'état obligé pour son rôle, c'est-à-dire dans une innocence parfaite. Le père était présent et décidé à reprendre son fils, dans le cas où l'on eût exigé quelque chose d'indécent. Plus on avance, plus on voit augmenter le nombre embarrassant des complices de la supercherie, si on en avait voulu faire une. Et cependant, après cette scène à laquelle la mort de La Marlière avait donné beaucoup de gravité, et malgré nos recherches, nous ne découvrions aucun indice de fraude. Une pareille scène se rencontre dans la fatale intrigue du collier. Mlle de Latour y joue aussi le rôle de jeune innocente. Elle voit descendre l'archange Gabriel dans le globe rempli d'eau, et l'archange lui fait voir tout ce dont on avait besoin de persuader à l'avance le trop crédule cardinal. On conçoit à merveille que Cagliostro et compagnie aient pu arranger à leur aise cette mystification; ils en avaient sous la main tous les moyens et en disposaient fort librement. J'excepte toutefois la parfaite innocence de Mlle de Latour, que j'ai de bonnes raisons de suspecter : à cela près, le succès était facile entre une bande de coquins qui s'entendaient à merveille et ce pauvre cardinal qui croyait à tout, excepté au Dieu qui le nourrissait. Mais, en 1793, à Paris, dans une prison, et quelle prison! à la Conciergerie, on ne peut raisonnablement rien supposer de pareil. Toutefois, je ne crois ni aux sortiléges, ni aux évocations, ni aux devins, ni même aux Rose-Croix. La scène que j'ai racontée tient à des causes toutes naturelles, peut-être même des plus simples. Je m'étonne seulement de n'avoir pu les découvrir.

Malgré mes efforts pour supporter le séjour de la Conciergerie, de jour en jour j'en devenais plus impatient. Je ne crois pas que, de mémoire d'homme, il se soit rencontré un tableau hideux à l'égal de celui que j'avais assidûment sous les yeux ; ce n'était pas seulement ce sang versé à flots qui excitait ce dégoût de la vie, mais parfois des scènes horriblement immorales, desquelles on n'aurait pas jusquelà cru l'humanité capable. Ainsi j'ai vu conduire en même temps au tribunal un officier français, brillant de jeunesse et de grâces, remarquable entre les beaux hommes de son époque, et une dame belge plus âgée que lui, mais fraîche encore et du plus noble maintien. La peine de mort fut bientôt prononcée; car on les accusait d'avoir pris part à ce qu'on appelait la trahison de Dumouriez. Ils étaient porteurs de moyens de séduction dont on ne les avait pas dépouillés en sortant du tribunal; ils s'aimaient passionnément; ces moyens leur firent obtenir de ne pas être séparés durant la dernière nuit qu'ils avaient à exister; ils la passèrent dans les bras l'un de l'autre, et ne s'en arrachèrent que pour monter sur la fatale charrette. Ce trait excitait l'admiration du plus grand nombre; il me faisait trembler. Quelque chose d'aussi monstrueux se produisit pour la belle Mme de ***. J'ai vu peu de femmes aussi bien dotées par la nature; c'était la beauté des formes, la grâce, et surtout la candeur d'une vierge de Raphaël. Elle avait été dénoncée pour être rentrée d'Angleterre en France deux jours plus tard que le délai porté par la loi; le retard n'était pas bien constaté, mais elle était riche : elle fut condamnée à mort. Ce fut un deuil pour tous ceux qui avaient pu voir une fois cette adorable créature. On ne concevait pas que des hommes pussent n'être pas désarmés devant ce chef-d'œuvre de la création. Il restait un moyen extrême de prolonger son existence : c'était de se déclarer grosse. Elle le fit. Hélas! que ne peut l'horreur de la mort sur une femme de cet âge! Elle fit davantage : elle consentit au moyen de rendre sa déclaration sincère. Dargeavel, mon compatriote, fut choisi pour le héros de cette triste aventure; tout bel homme qu'il était; j'en tirai mauvais augure. La pauvre Mme de *** n'y gagna que de prolonger son

existence de quinze jours et dut déplorer amèrement sa faiblesse. Ajoutez à ces tableaux les suicides qui devenaient de jour en jour plus fréquents dans l'intérieur de la prison.
— Cabanis avait imaginé des pastilles dont la base était le laudanum, mais si bien préparées qu'elles conduisaient à petit bruit dans l'autre monde. Tous les détenus qui appartenaient à la secte philosophique en étaient pourvus; moi-même je gardais la mienne, quoique je fusse peu disposé à en faire usage. Ces pastilles nous étaient fournies par un autre médecin, le docteur Guillotin, qui ne craignait pas pour nous servir d'enlever des pratiques à sa machine. Ce pauvre homme était philanthrope, généreux, et ne manquait ni de science ni d'habileté; mais le malheur d'avoir donné son nom au fatal instrument empoisonna sa vie.

Je pressais chaque jour ma femme de me tirer de cet enfer où je ne pouvais plus vivre. J'avais successivement perdu mes amis anciens, c'est-à-dire ceux avec lesquels j'avais pu passer un mois ou six semaines en prison. Je ne me souciais pas de contracter de nouveaux liens que le fer de la guillotine tranchait au bout de la semaine, et je restais pour ainsi dire seul à la Conciergerie, quoiqu'elle fût plus remplie que jamais. Une scène qui troubla la dernière visite que ma femme m'y avait rendue diminua beaucoup l'attrait que ces visites avaient pour elle-même. Nous étions, comme de coutume, dans la lanterne qui forme un vestibule pour toutes les parties de la prison. La causerie s'était prolongée outre mesure. Un mari en prison est un amant avec sa femme, et les amants n'en finissent guère. Tout à coup un homme entouré de gendarmes traverse la lanterne pour passer à la loge des condamnés. Il s'arrête devant moi, et me dit : « Adieu, Beugnot... » Je me lève

pour accourir sur ses pas ; il est entraîné et n'a que le temps de me faire un signe dont je n'avais pas besoin pour savoir qu'il était perdu. Je reviens près de ma femme. « Quelle
» est, dit-elle, cette figure-là? Je crois la reconnaître. —
» Sans doute vous la connaissez ; c'est le duc du Châtelet.
» — Ah! que je suis fâchée de ne pas lui avoir dit bon-
» soir; où va-t-il donc ? — Il retourne, lui dis-je froide-
» ment, dans la partie de la prison où il demeure. Vous
» avez dîné quelquefois avec lui l'an passé ; mais ce n'est
» pas une raison pour que vous lui témoigniez de l'intérêt
» ici ; il faut vous réserver tout entière pour les vôtres. —
» Vous avez raison, dit ma femme, » et nous nous quittons. Le lendemain, elle voit dans son journal que le duc du Châtelet est condamné à mort, et juge que son sort était décidé lorsqu'il a passé la veille devant elle. A notre première entrevue elle me reprocha de l'avoir trompée sur M. le duc du Châtelet. — « Pourquoi ne m'avoir pas dit
» la vérité? Vous me trompez à la journée; vous ne m'avez
» pas prévenue que ce pauvre Ducourneau était mort. —
» Eh mon Dieu ! non, je ne vous trompe pas ; mais je ne
» vous dis pas toute la vérité parce qu'elle est affreuse.
» Je n'appartiens au monde que dans les courts moments
» où je vous vois ; le reste de ma vie, je le passe en enfer.
» Vos visites mêmes se mélangent pour moi de tour-
» ments et de bonheur ; de tourments, quand je songe
» que si l'officier municipal qui surveille la prison
» vous y rencontrait travestie comme vous y venez
» le plus souvent, il vous ferait arrêter, et que dès le
» lendemain nous irions tous les deux à l'échafaud, et
» moi, avec l'idée déchirante de vous y avoir conduite. —
» C'est là, reprend ma femme, ce que me répète chaque

» jour mon oncle ; mais je ne l'écoute guère. Je fais mon
» devoir, et je ne m'inquiète pas du reste. — Mais, ma
» chère amie, tant que je serai ici, ce devoir a pour vous
» trop de dangers ; obtenez ma translation dans une autre
» prison, ou ne venez dans celle-ci qu'avec une permission
» de l'accusateur public. » — Ma femme me proteste
qu'elle remue ciel et terre pour obtenir cette translation,
et me quitte en me demandant encore quelques jours de
patience. Elle me presse sur son sein et ajoute en sanglo-
tant : « Je sais que comme beaucoup d'autres vous portez
» toujours du poison sur vous ; je vous demande, au nom
» de notre pauvre petite Clémentine, de n'en faire usage
» que si vous êtes condamné. » Je lui donne l'assurance
que je n'ai pas d'autre intention ; elle me quitte baigné de
ses larmes. Une pareille entrevue m'absorbait pour quelques jours et m'empêchait de prendre part aux scènes qui se
passaient autour moi ; et d'ailleurs je finissais par m'endur-
cir au milieu de ces jugements ou de ces assassinats qui
tous se ressemblaient. La faculté de sentir et d'être ému
s'use comme une autre ; à peine je donnais de l'attention à
ce qui m'eût transporté d'indignation quatre mois auparavant.

Telle était ma position, lorsqu'un matin je reçus l'ordre
de descendre promptement au greffe. Je crus que j'y étais
mandé pour recevoir quelques états à copier pour le greffier
auquel je rendais volontiers cette sorte de service. Je me
présentai donc fort tranquillement, mais quelque chose
de plus grave m'y attendait : j'y trouvai les citoyens Soulès
et Marino, officiers municipaux, chargés d'une visite extraordinaire des prisons. Ces inspecteurs, en parcourant le
registre d'entrée à la Conciergerie, avaient découvert que

j'y étais depuis quatre mois, sans avoir été interrogé et sans qu'on se fût le moins du monde occupé de moi. Ils m'en demandent la raison ; je n'en avais point à leur donner, et ces deux municipaux font échange de paroles d'indignation contre le fait d'avoir laissé un citoyen dans les fers durant quatre mois, sans l'interroger, tandis que la loi exigeait qu'il le fût dans les vingt-quatre heures. Ils admirent ma patience, me traitent d'imbécile pour n'avoir pas réclamé, et me donnent l'assurance qu'ils vont sur-le-champ au cabinet de l'accusateur public pour lui en laver la tête et lui enjoindre de me faire interroger, sinon le soir même, au moins le lendemain dès le matin. Remonté dans ma chambre, je vis que je n'avais pas une minute à perdre. J'expédiai message sur message à ma femme pour lui dire que si elle ne me tirait pas dans la journée de la Conciergerie, je n'en sortirais plus que pour le grand voyage. Elle courut à l'instant chez son oncle qu'elle eut le bonheur de rencontrer. Tous deux se rendirent chez l'officier municipal Danges, qui avait la police de la Conciergerie et qui leur promit qu'il viendrait dans la journée même ordonner ma translation. Ma femme lui déclara qu'elle ne le quitterait pas que la chose ne fût faite, et l'entraîna avec elle à la Conciergerie, tandis que le citoyen Gatrez allait de son côté au Palais pour obtenir que l'accusateur public laissât faire. Tout réussit, et, grâce à l'énergique activité de ma femme, je doublai ce jour-là le cap le plus difficile que j'aie trouvé dans ma périlleuse route. Rappelé au greffe sur les six heures du soir, j'y trouvai le citoyen Danges qui signa ma translation et me dit que ma femme, qui n'avait voulu le quitter qu'au guichet, ne l'avait pas attendu et qu'elle avait couru à la prison de la Force pour y marquer mon logis. Je grillais d'en aller prendre possession. Je ne pus jamais remonter à ma chambre pour y faire mon petit déménagement de prisonnier ; je laissai le choix au greffier de me renvoyer ce qui m'appartenait ou de ne rien me renvoyer du tout. Mais il s'offrait encore un embarras qui retardait mon départ : il ne se trouvait de disponibles pour me conduire à la Force que de simples gendarmes, et le greffier ne voulait me confier qu'à un officier pour m'épargner l'humiliation d'être durement garrotté et traîné à la queue d'un cheval. L'officier n'était pas astreint à de si durs moyens ; il pouvait employer une voiture et faire marcher l'escorte à côté. On l'attendait donc, et moi avec une impatience mortelle. Il arriva enfin ; mais l'embarras se retourne dans un autre sens : les gendarmes n'étaient pas là, l'heure de la fermeture arrivait. Je me tenais pour perdu s'il fallait passer la nuit à la Conciergerie. Je supplie l'officier de me faire sortir, et je lui engage ma parole de le suivre partout où il voudra me conduire ; il se laisse fléchir et envoie chercher une voiture. Une demi-heure s'écoule sans que la voiture arrive. Je vois faire les préparatifs de la fermeture. Le désespoir me gagne ; je redouble d'instances près de l'officier qui me dit qu'il me sera impossible de marcher, parce qu'enfermé depuis longtemps, le grand air va me saisir. Je réponds du contraire, et mes paroles ont un accent si touchant qu'enfin l'officier me fait passer le guichet. Mais ce qu'il avait prédit m'arrive : l'impression que je ressens de l'air extérieur est telle que je ne saurais avancer, et je suis contraint de me reposer sur la première borne qui est sur le plain-pied de la cour du Palais. L'officier me propose d'y entrer quelques moments ; la seule proposition me fait jeter un cri. Je ramasse mes forces, et, aidé du bras de l'officier, je me traîne avec lui jusqu'au poste du Palais, où il me dépose, tandis que lui-même retourne à la Conciergerie pour en ramener la voiture. Ce poste était occupé par la garde nationale de cette époque, c'est-à-dire des hommes déguenillés, coiffés de bonnets rouges et armés de piques. Il tinrent assez peu de compte de la recommandation que l'officier leur avait faite de me garder à vue. Un homme arrêté de plus ou de moins était alors chose si indifférente que mes gardiens n'y donnèrent aucune attention. Le corps-de-garde était obscurci par la fumée du tabac; la plupart des braves assistants étaient ivres; les autres travaillaient à se mettre à l'unisson; en sorte que personne n'eût songé à me retenir si j'avais eu la force et la volonté de m'évader; mais l'une et l'autre me manquaient. Enfin j'entends avec bonheur arriver la voiture et j'y monte pour me rendre à la prison de la Force. Chemin faisant, je me confonds en excuses et en remerciements à l'officier de gendarmerie; mais je lui dis qu'il m'avait en dernier lieu confié à des surveillants fort peu sûrs et qu'un autre à ma place leur eût aisément échappé. L'officier en convient, mais ajoute qu'il est assez bon physionomiste, et qu'ayant d'ailleurs été averti par le greffier des causes de mon arrestation, il avait entièrement compté sur ma parole. Au reste, cet officier, qui était originaire de Nancy, servait l'année précédente à l'armée des princes et s'était tiré d'affaire par le crédit d'un oncle, député à la Convention, tant était étrange le pêle-mêle qu'offrait alors la société ou ce qui en tenait la place.

Nous arrivons à la Force. La concierge, la citoyenne Lebau, est de sa nature une bonne femme, que son métier n'a point endurcie; elle est de plus la protégée et l'obligée, à plus d'un titre, de Gatrez. J'en fus donc accueilli à merveille : elle me fit entrer dans son appartement pour y attendre ma femme qui demeurait en face, et qu'elle allait faire appeler. C'était tant de bonheur à la fois que je me tâtais pour savoir si j'étais bien éveillé. Ma femme accourt; la scène fut tout en ravissement des deux parts : nous ne serons séparés que par la rue; nous nous verrons à peu près tant qu'il nous plaira. Ce qui me reste à endurer de captivité n'est rien par comparaison avec le péril auquel je viens d'échapper. Je ne fais plus de doute que je vivrai, et je répète mille fois à ma femme que c'est à elle seule que je devrai la vie; elle me répète qu'elle est encore plus heureuse que moi, mais qu'au bout du compte elle n'a fait que son devoir et que tout autre à sa place en eût fait autant. Nous nous quittons. Il fallait traverser la grande cour de la Force pour arriver à la chambre où je devais loger. Il faisait une de ces belles nuits de janvier où l'azur du ciel est pur et où les étoiles brillent de tout leur éclat. Depuis quatre mois, j'avais vécu sous des voûtes, à peu près privé de la lumière du jour. Le premier coup-d'œil du firmament me jeta dans l'extase où Milton peint le père du genre humain, quand pour la première fois il fut aux prises avec le magnifique spectacle dont il était entouré. Je priai le geôlier qui me conduisait de me souffrir quelque temps dans la cour. Je l'arpentais dans tous les sens ; voir, marcher, respirer, étaient autant de jouissances pour moi, et le guichetier fit le soir à Mme Lebau le rapport que le grand prisonnier était fou et qu'il serait mieux placé à Charenton qu'à la Force. Le lendemain matin, cette bonne femme me fit appeler chez elle et m'interrogea avec une inquiétude visible sur ma santé et sur la manière dont j'avais passé la nuit, et j'ai su depuis par elle que c'était ma santé morale qui avait causé sa sollicitude.

La chambre que je devais occuper était fort bonne pour une chambre de prison ; elle était destinée à quatre personnes. A la Conciergerie, elle en eût enfermé le double. Mes trois compagnons de chambre étaient : un ancien conseiller au Parlement de Paris, du nom de Saint-Roman ; l'acteur Neuville (mari de la Montansier), et le fameux avocat Linguet. Le sieur Roman, tout conseiller qu'il avait été dans la première des cours souveraines, était un franc original ; mais un original assez amusant. Il avait un panier à recevoir les papiers à côté de sa table, où il jetait tous les jours des petites feuilles soigneusement écrites et pliées, et lorsque je ne le connaissais pas encore, je croyais qu'il composait quelque dictionnaire, me rappelant que c'était de cette façon que Ducange avait composé le sien. Rien de pareil : les petites feuilles contenaient le menu de son dîner et le nombre des verres d'eau et de vin qu'il avait bus. Cet honnête homme était parvenu à cinquante ans sans avoir fait d'autre voyage que celui de Paris à sa maison de campagne héréditaire, située à une lieue et demie de la capitale. La translation du Parlement à Troyes, en 1787, l'avait forcé de faire une route de trente-huit lieues pour aller et autant pour revenir. Le récit de ce qu'il avait vu, de ce qu'il avait éprouvé durant le voyage ne finissait pas. Quoique j'eusse fait moi-même la route peut-être cent fois, je ne me lassais pas d'en entendre les merveilles dans la bouche du conseiller. Il était crédule jusqu'à la simplicité et nous donnait pour des vérités les contes de Peau-d'Ane de sa portière. Assez bien préparé sur les revenants et les sorciers, il n'avait de sa vie ouvert un livre de droit et n'écrivait pas un mot d'orthographe. On a tué ce pauvre homme, et à quoi bon, je le demande?

Neuville avait été créé et mis au monde pour jouer la tragédie, et si un jour il ne l'eût pas jouée trop sérieusement, il était appelé à consoler la France de la perte de Lekain, car il valait cent fois mieux que Larive. Il avait la figure expressive, un bel organe, de l'intelligence et l'attitude de la supériorité. Disciple de l'école de Clairon, il parlait des choses vulgaires de la vie du ton dont il eût déclamé le rôle de Rhadamiste. Après un début heureux à Paris, il était allé se perfectionner en province et tenait la première place dans la troupe de Rouen. Un jour qu'il était chargé du rôle de don Juan, dans *le Festin de Pierre,* son perruquier l'avait fait attendre, le spectacle en était retardé et le parterre furieux. Le perruquier se présente enfin, et don Juan, fidèle à son caractère, lui passe son épée à travers le corps et le tue raide. Le trait était bien dans l'esprit de son rôle; cependant le Parlement de Rouen ne pardonna pas à Neuville cette petite variante à la pièce de Corneille et le condamna à mort. Il eut sa grâce, mais ne put jamais obtenir un ordre de début pour Paris. Il épousa ensuite la Montansier, et devenu par son mariage tantôt acteur, tantôt directeur d'une troupe de province, et toujours très-humble serviteur de madame son épouse, il ne fut plus porté à des études sérieuses qui l'auraient fait atteindre au premier rang. Il venait de faire bâtir la salle de l'Opéra de la rue de Richelieu. On prétendait que c'était avec l'argent que Danton et Lacroix avaient rapporté de leur voyage de Belgique; cela n'était pas précisément démontré; mais, jusqu'à plus ample éclaircissement, Robespierre s'était chargé du logement de Neuville et l'avait envoyé à la Force. On croit même que c'est par là qu'a commencé l'hostilité entre Danton et son farouche rival.

J'avais abordé l'avocat Linguet avec une curiosité mêlée de respect. Son nom était entouré de souvenirs d'un haut intérêt; il rappelait un talent oratoire de premier ordre, un écrivain à part et redoutable aux gouvernements comme aux particuliers, poursuivi tour à tour par l'ordre des avocats, par le Parlement, par les ministres français et étrangers, et dont la vie n'avait été qu'un long orage. Je croyais trouver une sorte de Marius assis comme l'autre sur les ruines de Carthage; je ne rencontrai qu'un vieillard morose, mal avec lui-même et insupportable aux autres. Je n'eus besoin que de peu de jours pour comprendre à merveille quelle animadversion il avait excitée lorsqu'il se trouvait au milieu des affaires ou de la société, en contact avec ses semblables. Lorsque j'arrivai dans la chambre, il avait réduit Saint-Roman à une sorte de domesticité, mais il n'avait pas eu si bon marché du comédien que du conseiller, et la querelle était flagrante entre Orosmane et lui. J'avais essayé de garder la neutralité : elle n'était pas possible; force me fut de prendre parti, et je me déclarai contre Linguet, parce que sa conduite était déraisonnable de tous points. Dès lors il s'acharna sur moi comme sur un ennemi, et essaya de me jouer de mauvais tours en politique ; je lui échappai par la protection de la citoyenne Lebau qui me tira de l'antre de la discorde pour me placer dans la chambre du Conseil, la meilleure, la plus habitable et la mieux habitée de la prison.

Cette chambre, qui comptait douze commensaux, était remarquable par la bienséance et la politesse qui y régnaient. Le fond de la société, de la chambrée si l'on veut, se composait d'anciens et très-honorables bourgeois de Paris, qui occupaient dans la capitale les emplois réservés à leur classe, de payeurs de rentes de l'Hôtel de Ville, de receveurs des contributions, de magistrats du Châtelet, etc. Le Parisien natif a un caractère qui lui est propre, et qui se résume dans la vieille appellation de *badaud*; il est attaché à sa religion, à son roi, à sa parenté, aux anciens usages; crédule, facile à amuser et aussi à abuser. Le cercle de ses connaissances s'étend rarement au delà de celui de la capitale, et il croit sérieusement que toutes les merveilles du monde y sont rassemblées. Cette race d'hommes excellents a été poursuivie et décimée par la révolution : elle s'était élevée dans un long calme, à l'ombre d'un gouvernement qui semblait éternel ; elle est finie et ne se reproduira jamais. Des aventuriers politiques ou des hommes d'industrie vont envahir ces vieux hôtels du Marais où les générations se succédaient paisibles, et cette île Saint-Louis où l'on ne connaissait de révolutions que celles que l'hiver causait quelquefois dans le cours de la Seine.

C'était d'habitants de ces deux quartiers que la chambre du Conseil était composée; aussi tous les prisonniers n'y étaient pas admis indifféremment; par un scandale, qui à la vérité ne dura plus longtemps, on ballottait celui qui s'y présentait; et, malgré tout le crédit de la citoyenne Lebau et nos instantes prières, on en repoussa dédaigneusement le pauvre Neuville, parce qu'il avait monté sur les planches ; particularité fort curieuse pour le lieu et pour l'époque. Cette chambre avait, il est vrai, des priviléges enviables : on y faisait excellente chère ; un cuisinier *ad hoc* et des plus renommés de Paris était établi en face de

la prison pour le service de la chambre, et cet artiste, aristocrate plein de zèle, battait les quatre coins de Paris pour saisir les meilleurs morceaux à notre profit. La plupart des habitants de la chambre, qui avaient dans leurs caves de ces vins qui gagnent à se faire longtemps oublier, les exhumaient pour la circonstance, et en faisaient gracieusement les honneurs à ceux qui, tels que moi, n'avaient pas la même ressource. Dans l'après-midi, la chambre se garnissait de tables de whist, de piquet, d'échecs, qu'occupaient ceux qui ne préféraient pas travailler, et telle était la douceur de notre vie, comparée à celle du dehors, qu'un citoyen, Mercier de la Source, frère de lait de Louis XV, vieillard de quatre-vingt-six ans, et le plus beau vieillard que j'aie vu, nous répétait : « Si on voulait me mettre en
» liberté, je prierais très-respectueusement ces messieurs
» de me laisser ici. Je ne trouverais nulle part meilleure
» compagnie, et autant de soins qu'on en a pour moi dans
» votre société. »

La propreté et un ordre soutenu régnaient dans la chambre. Nous nous étions imposé la règle de faire chaque jour notre toilette, et de n'être en prison ni mieux ni plus mal que si nous étions dehors. Ce qui composait le fond de la chambre offrait peu de ressources à la conversation. Je ne trouvais guère à parler qu'avec Duquesnoy, de l'Assemblée constituante [1], et Foissey, qui avait été mon collègue

---

[1] L'article sur Duquesnoy, qu'on trouve dans la *Biographie universelle*, t. XII, p. 334, est exact. Cependant l'auteur de cet article a omis de dire que Duquesnoy, dont l'imagination était ardente et l'esprit entreprenant, après avoir fait, dans les premiers temps de l'Empire et par les moyens les plus purs, une fortune considérable, dont il usait peut-

à l'Assemblée législative, tous deux fort instruits, et le premier, homme aimable et de beaucoup d'esprit. J'avais été lié avec lui avant que le malheur commun nous réunît, et à mesure que nous nous étions connus davantage, cette liaison était devenue une étroite amitié. Il avait une femme vertueuse autant que belle, et qui était accourue au secours de son mari comme avait fait la mienne. Ces deux jeunes femmes logeaient ensemble à l'hôtel d'Espagne; elles étaient nées et avaient été mariées la même année : la position de leurs maris se ressemblait entièrement. Elles vivaient donc des mêmes craintes et des mêmes espérances; elles partageaient quelques courtes joies et de longues peines. Il n'en fallait pas tant pour fonder entre elles une liaison étroite, quand une sympathie naturelle ne les eût pas attirées l'une vers l'autre. Tous les jours, ces dames nous écrivaient, et nous ne manquions jamais de répondre; c'était par cette douce occupation que commençait la journée. Nous avions ensuite réfléchi qu'il ne fallait pourtant pas que ce temps de notre vie fût entièrement perdu pour l'instruction, et que l'étude serait le meilleur emploi de notre temps, quelque chose qui dût nous arriver. Duquesnoy reprit l'étude de l'allemand, qu'il parlait un peu par routine comme tous les gens du pays Messin ; j'en fis de même pour la langue anglaise.

Ensuite nous travaillions à éclaircir quelques points que nous trouvions obscurs dans l'histoire. Nous avions à notre disposition les bibliothèques de ceux de nos amis qui avaient échappé à la détention, et qui se faisaient un devoir de nous

être avec trop de générosité, vit cette fortune s'écrouler, et qu'il n'eut pas le courage de résister à ce revers. (*Note de l'éditeur.*)

envoyer des livres ; je ne peux pas omettre de dire la grâce qu'y mettait en particulier le respectable Dussault, traducteur de Juvénal, et notre camarade de prison. Quand il savait de quelle question nous étions occupés, lui-même cherchait les ouvrages qui nous devenaient nécessaires, et mettait toute sorte d'empressement à nous les procurer de sa bibliothèque ou de celle de ses amis.

La prison de la Force avait reçu quarante des soixante-treize députés que la Convention avait fait arrêter pour avoir protesté contre la journée du 31 mai, et parmi eux se trouvaient des gens de mérite. Dussault, dont je viens de parler, l'un de ces hommes qui justifient par leur présence seule le parti où ils sont engagés; Mercier, auteur du *Tableau de Paris* et de tant d'autres ouvrages où l'originalité ressemble parfois au génie; Aubry, militaire instruit dans les connaissances qui touchent de plus près à l'art de la guerre; Daunou, déjà recommandable par l'étendue de ses connaissances, et qui, dans le cours d'une journée, ne dérobe pas une demi-heure à l'étude; l'architecte Ledoux, si connu par la fécondité et par la bizarrerie de son imagination ; le fameux chancelier du duc d'Orléans, Latouche, qui jouit dans la prison d'un crédit suspect, et qui n'est pas, quoique détenu, étranger au parti qui nous gouverne et nous accable. Nous trouvions dans les personnages que je viens d'indiquer, ou d'autres que j'aurais pu mettre sur la même ligne, les ressources contre la complète insuffisance de la chambre du Conseil pour tout ce qui tenait aux jouissances de l'esprit.

Un trésor nous était réservé dans Dupont de Nemours, qui subit enfin la loi commune, et vint prendre sa place à la Force. J'étais son ancienne connaissance, et il était impossible de connaître cet homme et de ne pas l'aimer. Il avait appris mon arrestation et mon séjour à la Force par une amie de ma femme, et avait écrit à la dernière une lettre comme lui seul savait en écrire. Arrêté lui-même à Saint-Maur-les-Fossés et amené à Paris, il avait demandé à être conduit dans la prison où je me trouvais, et ce n'était pas sans peine qu'il l'avait obtenu. Je crus, en le voyant paraître, qu'il venait me rendre visite et je me jetai à son cou pour lui prouver combien j'en étais touché : « C'est » bien toi que je viens chercher, mon cher *Darès*, s'écrie » Dupont ; mais, par Dieu ! bien ou mal arrêté, comme toi- » même. Je suis arrivé ici comme un conscrit dans un ré- » giment ; charge-toi de mon éducation. » Elle n'était pas difficile ; car nul homme ne supporte le malheur, je ne dirai pas avec autant de courage, car le courage suppose un effort, mais avec un calme aussi parfait ; s'il en sort, c'est par quelque saillie d'esprit ou de gaieté. Son arrivée au milieu de nous fut un bienfait public ; il se multipliait pour semer partout des paroles de patience et d'espérance, et on était sûr de le trouver là où il s'offrait quelque bien à faire qui fût à sa portée. On croira qu'il ne laissa pas se perdre cette bonne occasion de professer la science économique. Il ouvrit son école ; du soir au matin il était occupé à parler ou à écrire, et comme chacun l'écoutait avec intérêt ou le lisait avec plaisir, il ne se trouvait pas que l'on fût en perte pour la science dans la retraite forcée qui était également imposée au maître et aux disciples. Cet homme qui est à part, rêve du soir au matin le bien de ses semblables et trahit sa préoccupation dans les moindres détails. Je me promenais un jour avec lui dans la cour de la Force, nous cherchions péniblement quelle était l'issue probable de ce que nous avions sous les yeux. Il aperçoit à terre un noyau de pêche, il se baisse pour le ramasser, puis choisit une bonne position au midi, fait un trou avec son couteau à la profondeur requise et y plante son noyau. Je ne pouvais m'empêcher de rire en le voyant opérer.

« Tu ris, mon cher *Darès*, me dit Dupont, rappelle-toi qu'au
» moment où j'ai aperçu ce noyau, tu me disais que nous
» avions de la révolution peut-être pour un demi-siècle.
» Eh bien ! mon ami, mon noyau aura le temps de pousser,
» de devenir un bel et bon pêcher; et que sait-on ! peut-
» être dans dix, dans vingt, dans trente ans, de pauvres
» diables, détenus comme nous le sommes par l'éternel
» droit du plus fort, verront mon pêcher, admireront sa
» fleur, son beau fruit ; ils seront consolés en voyant une
» des plus charmantes productions des environs de Paris,
» et je jouis de la pensée qu'ils m'en auront l'obligation ; et,
» comme tu le vois, cela m'a bien peu coûté. »

Aussitôt que les citoyennes Duquesnoy et Beugnot surent que Dupont avait le malheur d'être arrêté, mais que nous étions assez heureux pour l'avoir à côté de nous, elles nous demandèrent à dîner. Ce fut un plaisir tout nouveau pour la chambre du Conseil que d'offrir à dîner à des citoyennes. On changea fort peu l'ordinaire ; nos frais de toilette n'en augmentèrent pas, et cependant elles furent enchantées de l'ordonnance du repas et de la manière avec laquelle on leur en fit les honneurs. Après le dîner, elles trouvèrent à faire une partie de whist, et nous quittèrent assez peu disposées à nous plaindre, si notre captivité ne devenait pas plus rigoureuse.

Francœur, le directeur de l'orchestre de l'Opéra, faisait partie de notre chambre ; quand il vit paraître la citoyenne

Beugnot, il resta stupéfait, frappé qu'il était de sa ressemblance avec la Saint-Huberti. Il est difficile en effet que deux femmes se ressemblent à un tel degré : mêmes traits, même élégance dans la taille, chevelure blonde également magnifique, et surtout une physionomie mobile et prompte à l'expression. Ce pauvre Francœur, qui avait cru son trône musical non moins solide et héréditaire que celui des Bourbons, en avait aussi été précipité et traîné en prison. Prévenu d'avoir apporté de malins obstacles à la mise en scène d'un opéra dont le sujet était la passion de Jésus-Christ, nous étions curieux de connaître comment l'impiété avait traité un sujet sur lequel s'était plus d'une fois exercée la pieuse simplicité de nos pères. Francœur fit venir le manuscrit ; l'opéra était en trois actes : l'accusation, le jugement, l'exécution. La terrible et dernière scène du Golgotha y était tout entière. Il était impossible de n'en pas être bouleversé, tant il est vrai que les croyances religieuses pourraient être chez nous, comme elles l'étaient chez les Grecs, le ressort le plus puissant de l'art dramatique. Les comités de gouvernement n'étaient pas d'accord sur l'à-propos de la représentation. Fabre-d'Églantine était pour quelque chose dans le poëme ; c'en était assez pour que Collot-d'Herbois, son émule à plus d'un titre, fût contraire. En attendant que ces puissances se missent d'accord, on avait envoyé à la Force Francœur, qui n'avait témoigné quelque répugnance à la mise en scène que par respect pour l'honnêteté publique.

Notre situation, telle que je viens de la peindre, se soutint assez bien pendant les mois de nivôse, pluviôse et ventôse. On n'enlevait personne de la Force pour le conduire au tribunal révolutionnaire ; nous nous croyions hors de la sphère du grand orage. Le gouvernement ne voyait apparemment dans les habitants de la Force qu'une nichée de suspects, c'est-à-dire de pauvres diables insignifiants dont il s'occuperait quand il n'aurait rien à faire de plus pressé. Quel serait notre sort ? Il n'est pas aisé de le deviner ; mais la gent suspecte, grâce aux savantes définitions de Merlin de Douai, est trop nombreuse pour être conduite à l'échafaud, et même pour être déportée. On s'en débarrassera avec le temps. Déjà on a admis pour les laboureurs arrêtés une exception dont a profité le duc de Mazarin, sous le nom de Jacques Aumont; demain on en introduira une pour les cordonniers, dont tirera parti le duc de Nivernais, sous le nom de Jean Mazarin. De façon ou d'autre, si on ne peut pas nous tuer, force sera bien de nous faire sortir d'ici, car nous ne pouvons pas y attendre l'éternité.

L'étude, de bonnes conversations, un contact de tous les instants avec des hommes instruits et bien élevés, rendaient notre réclusion préférable à ce que nous eussions rencontré dans ce qui composait alors la société. Mais, vers la fin de ventôse, l'horizon se rembrunit tout à coup; Danton, dans lequel nous espérions pour notre salut, fut arrêté avec son parti et traduit au tribunal révolutionnaire sous l'accusation banale de conjuration. L'accusation n'était peut-être pas sans fondement, et voici ce qui me le ferait croire : quoique nous fussions, Danton et moi, à l'extrême des partis opposés, il n'avait pas cessé de m'être attaché. A la fin de l'Assemblée constituante, et après la triste exécution du Champ de Mars, il avait été décrété de prise de corps. Le décret m'avait été adressé, en ma qualité de procureur général syndic du département de l'Aube, pour que je le misse à exécution, et j'avais reçu en même temps l'indication que Danton devait se trouver à Arcis, chez Sannet, marchand, ou à Troyes, chez le procureur général Milard. C'était bien chez ce dernier qu'il s'était réfugié; j'en fus instruit, et je lui fis dire qu'il pouvait rester tranquille et que je ne le ferais point arrêter. Bientôt après survint l'amnistie. Quand j'arrivai à Paris, député de mon département, Danton me rechercha et voulut m'enrôler dans son parti. Je dînai trois fois chez lui, cour du Commerce, et j'en sortais toujours effrayé de ses desseins et de son énergie. Je m'en séparai sans éclat, après une conversation où il me dévoila son plan et le rôle assez peu séduisant qu'il m'y réservait. Nous avions cessé de nous voir, sans être brouillés. Il se contenta de dire de moi à Courtois, son ami et mon collègue : « Ton grand Beugnot n'est qu'une dé- » vote; il n'y a rien à faire de lui. » Cependant je me rencontrais quelquefois avec lui chez Courtois, et il gardait avec moi la rude familiarité qu'il réservait à ses amis. Dans l'une de ces rencontres, au mois d'avril 1793, il me dit que je devais quitter Paris, et même la France, si je le pouvais, sans me rendre émigré, parce que la terre devenait brûlante pour moi et mes pareils. Il s'offrit à m'y aider; et m'obtint en effet de Lebrun, ministre des affaires étrangères et son protégé, la mission de Gênes, que je finis par refuser, et qui m'aurait donné les moyens de passer à l'abri du danger l'époque de la Terreur.

L'objet de cette mission était de faciliter l'arrivée des grains en France par la Méditerranée; et, ne voyant rien là qui eût trait à la politique, j'acceptai. Pendant plusieurs jours je ne m'occupai que des préparatifs de mon départ; lorsque, traversant par hasard la rue de la Madeleine, je me souvins que, dans cette rue, habitait un vieux ami de mon père, qui avait autrefois rempli plusieurs missions semblables à celle que je venais d'accepter. J'eus l'idée de mettre à profit son expérience, et je montai. Le vieil employé des Fermes me reçut à bras ouverts, me parla avec éloges de ma conduite à l'Assemblée, et se répandit d'une manière touchante et vraie sur l'opprobre de l'époque où nous avions le malheur de vivre. Notre conversation fut longue, animée, et cependant elle se termina sans que j'eusse osé dire un seul mot de ma mission. Lorsque je fus sorti, je me mis à réfléchir à part moi sur ce qui venait de se passer, et à m'interroger moi-même. J'avais craint de blesser au cœur un homme de bien, un homme en qui mon père avait toute confiance, en lui révélant que je venais, par faiblesse, de m'associer à des gens que je détestais autant que lui. Si j'ai rougi devant celui-ci, je pourrai demain rougir devant un autre ; étais-je donc dans cette ligne du devoir dont je m'étais tant promis de ne jamais dévier? La lutte, je dois le dire, ne fut pas longue, et une heure après j'étais chez Danton, et je lui déclarais mon refus.

« Puisque telle est ton opinion, me dit-il, tu as raison ;
» mais songe bien que je n'aurai pas longtemps le pouvoir
» de te sauver. Tu vois où nous en sommes à la Convention ;
» les gens de ta couleur serviront d'enjeu à la partie qui
» va se jouer. Puisque tu ne veux ni te jeter dans la mêlée,
» ni t'éloigner, fais-toi oublier, si tu peux. » J'avais la bonne intention de suivre ce conseil : on a vu ce qui en advint.

Quand, six mois après, Danton sut que j'étais arrêté, il frappa violemment du pied en s'écriant : « Le misérable ! » que n'allait-il à Gênes ! » — C'est lui qui, ignorant encore dans quelle prison j'étais déposé, fit donner, par le

ministre de l'intérieur Parey, l'ordre dans toutes les maisons d'arrêt de m'y traiter avec les égards compatibles avec les règles de la maison. Seize jours seulement avant celui où il fut arrêté, il vint à la Force visiter la citoyenne Lebau, qui lui devait sa place, et il lui glissa dans la conversation : « N'est-ce pas chez vous qu'est le citoyen Beu-
» gnot? » — La concierge de lui répondre par l'affirmative, et même de lui proposer de me faire descendre. Danton refusa de me voir, mais il ajouta : « Retenez bien ceci :
» si, ce qui est possible, il survenait encore une attaque
» contre votre prison ou quelque grand désordre, faites
» descendre Beugnot, et enfermez-le dans votre cuisine;
» puis, dès que vous l'aurez belle, donnez-lui la clef des
» champs. » Voilà ce que m'a rapporté la citoyenne Lebau dès le lendemain de la chute de Robespierre. J'ajoute que, si Danton rencontrait le citoyen Gatrez quelque part, il ne manquait pas de lui demander de mes nouvelles, et de me faire recommander de me rapetisser tant que je pourrais, de manière qu'on ne m'aperçût pas. « Nous le tirerons
» d'affaire, ajoutait-il, le temps vient; mais il n'est pas
» encore arrivé pour lui. » Et je n'étais pas le seul dans la prison qui attendît son salut de ce côté; soit qu'en général on crût que Danton était seul capable de renverser Robespierre; soit que le premier eût des intelligences parmi les gens arrêtés, ce que je serais assez porté à croire. Quoi qu'il en soit, et depuis la mort de Danton, le régime de la prison de la Force fut entièrement changé. Les membres de la Commune qui s'étaient succédé depuis trois mois dans la surveillance de cette maison, furent conduits à l'échafaud et remplacés par des individus d'une brutalité sans pareille. Il ne fallut pas désormais songer à avoir nos

femmes à dîner; nos entrevues avec elles furent soumises à une foule d'entraves : à peine pouvaient-elles avoir lieu une fois par semaine, et elles étaient courtes et sur un qui-vive perpétuel, parce qu'on tremblait toujours d'être aperçu par l'officier municipal. Cela s'appelait avoir remis l'ordre dans la maison.

Nous en étions redevables à Trial, acteur de l'Opéra-Comique, lequel, sous son écharpe tricolore, se croyait au moins un consul romain, et nous donnait des scènes d'un ridicule neuf, inconnu jusqu'à lui, et sur lesquelles, pour comble de malheur, nous n'osions pas rire. Trial avait pour collègue un cordonnier de l'enclos Saint-Martin-des-Champs, du nom de Vassot; le premier l'emportait sans nul doute par l'éloquence, mais le second était penseur plus profond. Il apportait toutes les forces de sa tête à défendre l'égalité des atteintes que chaque jour elle éprouvait sous ses yeux, et, par conséquent, il se révoltait en comparant la bonne chère qu'on faisait dans la chambre du Conseil avec les repas plus que modestes auxquels étaient condamnés les détenus pauvres, tandis que s'il était possible qu'on fût à la fois détenu et patriote, c'était à coup sûr entre les pauvres que les patriotes étaient cachés. Il introduisit donc dans la prison la loi d'une table commune où chaque individu viendrait indistinctement s'asseoir. Le prix de l'ordinaire était fixé à 40 sous par repas; et, sur vingt convives, trois places gratuites étaient réservées à des détenus pauvres qui seraient désignés par le citoyen magistrat de la Commune. On établit dans la prison une seule cuisine, et Dieu sait ce que l'entrepreneur pouvait fournir à cette époque pour 40 sous par tête en assignats, après qu'il avait prélevé les places gratuites, et encore ce

que s'étaient réservé l'auteur de ce projet sublime et les principaux agents d'exécution ses complices. Qu'importe? il fallut s'arracher aux délices du dîner de la chambre du Conseil pour aller s'asseoir à une table malpropre, et dans un pêle-mêle dégoûtant; car nous étions placés par ordre alphabétique. La seule odeur des mets était insupportable, et l'user en était impossible, au moins pour nous; mais, parmi les égaux, nos camarades, il se trouvait des estomacs de fer et des dents d'acier, et tout ce que nous rejetions était dévoré à l'instant. Pour comble de jouissance, le municipal Vassot nous faisait la grâce de venir fréquemment assister à ce grand couvert; son compliment était toujours le même : « Eh bien! citoyens, comment ça va-t-il? l'ap-
» pétit est-elle bonne? — Oui, citoyen municipal; mais la
» soupe il est mauvais. — Ah dame! c'est que faut pas être
» nacheux, voyez-vous; il y a encore diablement de pa-
» triotes qui voudraient en avoir leur soûl. »

Les hôtes délicats de la chambre du Conseil étaient consternés. Le seul Dupont de Nemours trouvait l'invention assez divertissante, et ne concevait pas que des hommes raisonnables pussent y trouver un sujet de peine. « Par-
» bleu! mon cher Beugnot, disait-il, tu dois être ravi de
» cette table commune : encore hier, tu défendais contre
» moi ton ennuyeux Mably et ton fatigant Lycurgue; eh
» bien! ce qui te met aujourd'hui en colère est du Lycur-
» gue, et du plus friand. Patience, il nous viendra quelque
» autre ami de l'égalité mieux conditionné que le citoyen
» Vassot; celui-là recommandera le vol dans la prison,
» pourvu qu'on ne soit pas pris sur le fait. Déjà tu ne peux
» voir ta jeune et aimable femme qu'à la dérobée et pas
» autant que tu voudrais. La monnaie courante est si dé-

» criée, que bientôt il faudra, comme je l'ai prédit, traîner
» un ballot d'assignats derrière soi pour payer une paire
» de souliers. Sais-tu que voilà déjà du chemin de fait vers
» cette constitution de Lycurgue que tu admires de si bon
» cœur? Il nous manque des ilotes, mais nous travaillons
» du matin au soir à en faire, et la matière s'y prête. »

Jusque-là, nous n'étions encore aux prises qu'avec les ennuis de la prison ; mais bientôt l'inquiétude reprit tous ses droits, quand nous nous aperçûmes que le tour de la Force était arrivé de fournir son contingent au tribunal révolutionnaire. Le malheureux Linguet fut la première victime ; d'abord on ne les prit pas nombreuses, et nous nous aperçûmes qu'on le faisait avec un tel discernement, qu'il fallait qu'il y eût parmi nous quelqu'un chargé de les désigner. Nous fûmes convaincus que ce triste office était en effet rempli par un ex-comte de Ferrières-Sauvebœuf ; c'était le cadet d'une très-ancienne maison du Limousin ; je le connaissais de longue main, parce que le marquis de Sauvebœuf, son frère aîné, est établi à trois lieues de ma ville natale, où il avait épousé la riche héritière de l'abbé de Dinteville. Ferrières, presque aussi laid que Danton, en a les formes herculéennes ; il y joint de l'esprit, de l'audace, des passions effrénées, et la plus entière indifférence sur les moyens de les satisfaire. C'est un de ces hommes que les gens puissants ont toujours à leur discrétion pour leur faire faire tout le mal dont ils ont besoin. A Blois, il eût sans difficulté assassiné le duc de Guise, mais n'eût pas reculé davantage devant la robe rouge du cardinal. Il a fait un voyage assez long dans le Levant, soit qu'il y ait été seulement poussé par son esprit aventurier, soit qu'il ait eu à y remplir un genre de mission qu'on ne voulait pas confier au comte de Choiseul-Gouffier, qui, à cette époque, y était notre ambassadeur. A son retour, il a publié un ouvrage sur le Levant, qui n'a pas été sans une sorte de succès[1]. On n'était pas alors au courant, comme on l'est aujourd'hui, de ce qui se passe dans cette partie de l'Europe; et d'ailleurs il censurait la politique que nous y tenions, et c'était assez pour réussir. Il s'évertua d'abord pour se faire nommer ambassadeur en Perse; il y trouva plus d'un genre d'obstacles, et employa en intrigues plus ou moins sales les trois années qui précédèrent la révolution. On avait plus d'une fois proposé au comte de Montmorin de l'envoyer à la Bastille, et personne, en suivant la jurisprudence du temps, ne l'eût mérité davantage; mais le ministre, dont les circonstances augmentaient la timidité naturelle, ne l'osa pas. Survint la révolution : Ferrières parvint à se faufiler au comité diplomatique par la protection de Mirabeau, qui disait de lui que c'était un drôle dont il y avait quelque parti à tirer. Il fut promptement brouillé avec son illustre protecteur, qui prit la peine de le mettre lui-même à la porte du comité. Il entrait dans la nature de Ferrières de descendre tous les degrés de l'échelle de la révolution. On le retrouve donc aux Jacobins, aux Cordeliers, toujours parmi la pire espèce des assistants, et après le 31 mai, il fut ou prétendit avoir été mis, par les comités de gouvernement, en tiers avec Poterat, l'ancien agent diplomatique, et un membre de la Convention, pour je ne sais quelle intrigue à ourdir avec la Prusse, et dont le siége était à Bâle[2].

[1] *Mémoires historiques*, etc., *des voyages faits en Turquie, en Perse et en Arabie*, par de Ferrières Sauvebœuf. Paris, 1790; 2 vol. in-8°.

[2] Les détails de cette curieuse intrigue, qui montre que le comité de

Ferrières se plaignait qu'on lui eût enlevé toute la gloire de l'affaire, si gloire il y avait. Les comités, pour le faire taire ou s'en débarrasser, l'envoyèrent à la Force. Il était un prisonnier des premiers jours, et apparemment il avait la crainte ou l'espérance de rester longtemps où il était, car il choisit au rez-de-chaussée un petit appartement de deux pièces assez commode pour le lieu, et le décora avec un luxe oriental. Un divan entourait sa chambre à coucher, et c'est là que, mollement étendu, il passait sa vie à fumer, à la manière des Orientaux, avec une pipe magnifique, dernier reste de ses grandeurs diplomatiques. Il avait autour de lui tous ces jolis riens d'agrément ou de commodité dont se joue l'opulence, et mieux que cela, des rossignols élevés et entretenus avec des soins extrêmes, et qui chantaient incessamment le printemps entre les murs d'une prison de Paris. La première pièce contenait une collection de nos auteurs les plus aimables, que Cazin et Didot avaient récemment publiée en format in-18, et plusieurs cartons de gravures. Son dîner était préparé dans la cuisine même de Mme Lebau par un cuisinier à ses ordres, et qui lui servait les morceaux les plus fins que l'on pût alors se procurer; il se riait de la table commune; à ce sujet même il me plaignait, et avec moi Duquesnoy, d'être l'un et l'autre réduits à ce régime dégoûtant. Il nous proposait de ne paraître là que pour la forme, et de venir

---

salut public ou plutôt Robespierre, s'était flatté de l'idée d'amener la cour de Prusse à entrer en négociations avec la République, se trouvent dans le deuxième tome des *Mémoires tirés des papiers d'un homme d'État*, ouvrage dont les deux premiers volumes contiennent tant de révélations précieuses sur l'histoire secrète de la révolution. (*Note de l'éditeur.*)

tous les jours dîner avec lui. Nous nous laissâmes séduire une fois, et on nous servit un dîner dont le luxe nous effraya. Avertis par cette épreuve, nous nous promîmes bien de ne pas nous brouiller avec Ferrières, mais aussi de ne pas nous lier intimement avec lui, parce que l'un et l'autre pouvaient avoir son danger. Nous apprîmes ensuite qu'il sortait à peu près tous les jours de la prison, n'y rentrait que fort tard, et qu'un guichetier passait quelquefois la moitié de la nuit à l'attendre. Alors il n'était plus possible de douter qu'il eût des rapports fréquents avec les comités du gouvernement et qu'il fût leur homme à la prison de la Force. Un incident que j'aurai tout à l'heure l'occasion de raconter nous en fournit la preuve.

Au reste, s'il était permis d'user d'un pareil terme, il apportait de la conscience ou plutôt du discernement dans cet infâme métier. Une première levée faite à la Force enlève cinq mauvais sujets subalternes, de ces drôles à tous crins, qui sont indifférents au Dieu de Baal comme au Dieu d'Israël, et ne prisent d'une révolution que le relâchement de l'autorité qui rend plus facile l'exercice de l'art de vivre aux dépens d'autrui. Ils étaient au reste, autant que les honnêtes gens, innocents du crime de contre-révolution ; mais, à coup sûr, ils avaient à leur manière abusé de la révolution. Un choix aussi judicieux frappa tous les esprits, et on tomba d'accord qu'il n'y aurait rien à y reprendre, si, au lieu de faire monter ces malheureux sur l'échafaud, on les eût conduits à Bicêtre. A la même époque, on fit sortir de la Force les quarante députés de la Convention pour les réunir à leurs camarades dans la maison des Madelonnettes. Il était à peu près certain qu'ils ne seraient jamais mis en jugement, et c'était pour cette raison qu'ils avaient été déposés à la Force. Leur départ fut pour nous une raison de plus de conclure la fin de l'espèce d'immunité dont nous semblions jouir jusque-là.

Une nouvelle levée succéda à la première. Pour celle-ci on avait remonté plus haut : on avait choisi de ces jeunes élégants, la plupart bien nés, que les horreurs de la révolution n'avaient pu arracher aux délices de Capoue, et qui, tandis que leurs parents mouraient de misère à l'armée de Condé, se perdaient dans les voluptés de Paris : insensés qui croyaient que la révolution les laisserait faire, parce qu'ils en avaient arboré le costume et emprunté le langage ! Le salon de Mme de Sainte-Amaranthe était leur rendez-vous de tous les jours, et là on conservait encore le feu sacré, en dépit ou à la faveur du travestissement. La révolution fit un geste : Mme de Sainte-Amaranthe et sa charmante fille furent envoyées au tribunal révolutionnaire, et on ramassa dans les prisons de Paris, pour leur servir de cortége, tous les élégants qui avaient paré leur salon. La Force fournit huit infortunés pour cette immolation, l'une des plus cruelles qu'offrent ces annales de sang et dont la populace même parut attristée. On attribua la formation de cette deuxième liste à l'auteur de la première. Peut-être on ne se trompait pas. A quelque temps de là j'en eus une preuve sans réplique.

Nous avions dans notre chambre du Conseil, le conseiller Lecouteulx de la Noraye, qui avait partagé avec son frère et ses cousins la très-belle fortune qu'avait fondée le Lecouteulx qu'on appelait *don Louis*, le seul qui ait eu du génie entre tous ceux qui ont porté son nom. La Noraye s'était avisé d'être un personnage, quoiqu'il n'eût reçu en partage que tout juste la petite portion d'esprit qu'il lui fallait pour n'être qu'un sot. Enhardi par l'exemple de M. Necker, il avait rêvé avant la révolution de se faire contrôleur général ; il prenait de toutes mains des mémoires qu'il donnait pour siens à M. de Vergennes, à l'archevêque de Sens ; il rendit même à ce dernier le service de lui produire, pour faire le service des six derniers mois de 1788, Le Normand son ami, qui ne put pas fournir le premier sou et précipita la chute du ministre. Toutes les intrigues de La Noraye, avant et pendant la révolution, aboutirent à le faire nommer membre du conseil général du département de Seine-et-Oise, à s'en faire renvoyer et colloquer à la Force, dans la chambre du Conseil. Là encore, il s'était établi sur le pied de factotum, attirait à lui les détails et les réglait à la plus grande satisfaction. Je le laissais faire comme tout le monde ; je le laissais même me dire que si l'archevêque de Sens l'eût écouté, il serait encore premier ministre, et lui, La Noraye, contrôleur général. Cependant, soit malice, soit plutôt sottise, La Noraye me joua, à l'époque dont je parle, un tour pendable. Depuis le commencement de germinal, le gouvernement payait, à chaque individu détenu comme suspect dans les prisons de Paris, quarante sous par jour. L'avant-pensée de cette rétribution était le projet de déporter tous les suspects et de mettre dès lors même leurs biens en séquestre. N'importe, Duquesnoy et moi avions le plus grand intérêt à toujours recevoir les quarante sous par jour, parce que cela nous plaçait sur le tableau des suspects, et qu'autrement il eût fallu nous renvoyer à la Conciergerie. Le greffier de la prison, qui nous était dévoué, s'était volontiers prêté à la fraude. Nous touchons donc la rétribution pendant les mois de germinal et de floréal ; le mois suivant, elle nous est refusée : je cours au greffe pour en savoir la raison ; le greffier me la donne : c'est le citoyen La Noraye qui est venu lui dire qu'il se compromettait fort en plaçant Duquesnoy et moi sur le tableau des suspects, parce que nous n'étions rien moins que traduits au tribunal révolutionnaire et que notre place était à la Conciergerie : « Vous » connaissez, me dit le greffier, le citoyen La Noraye et » toute son inconséquence ; ce qu'il m'a dit, il va le répéter » au premier officier municipal qui fera la visite de la pri- » son ; il ne manquera pas d'ajouter qu'il m'a prévenu. Je » peux y perdre ma place, et vous savez par le temps qui » court, qu'on ne perd pas sa place toute seule : la tête » vient après. » Il me met sous les yeux le tableau qu'il a dressé pour le mois de prairial ; il n'a mis au tableau des suspects ni mon nom, ni celui de Duquesnoy ; mais après les suspects viennent les noms des condamnés, puis enfin les accusés, et c'est là que nous figurons. J'ai beau insister, prier, conjurer, je n'arrive à rien. Je porte mes chagrins à Duquesnoy qui va les partager ; il a plus d'ascendant que moi sur le greffier qui est son compatriote, et il en obtient que nos noms ne figureront ni parmi les suspects, ni à une autre place, et qu'ils seront rayés du tableau. Duquesnoy m'annonce cette victoire inespérée et m'engage à un silence absolu avec La Noraye. Je lui promets tous mes efforts. En le quittant je rentre dans la chambre du Conseil. Il faisait un beau jour d'été et tous les détenus se promenaient dans la cour. Je ne trouve que La Noraye dormant dans un fauteuil ; il s'éveille à mon arrivée, et nous voilà en tête-à-tête. Je veux sortir, il m'arrête ; malgré moi la conversation s'engage : il me reproche de lui laisser tout entier le fardeau de nos affaires de la chambre, et me presse

de me joindre à lui pour obtenir justice de cette table commune qui est un tourment de tous les jours. Je lui réponds que je n'y mets pas d'intérêt, par une raison qu'il sait très bien, que je ne dois pas être rangé entre les suspects, que je suis en fraude à la Force et que ma place est à la Conciergerie, pour être sous la main du tribunal révolutionnaire devant lequel je suis traduit. La Noraye trouve mon excuse assez bonne, mais il me fait observer que je subirai pourtant le supplice de la table commune aussi longtemps que je resterai encore à la Force. Je réplique que mon séjour ne sera pas long, si sa dénonciation au greffier Richelot produit son effet. « Je n'ai pas entendu, reprend La No-
» raye, faire une dénonciation, mais donner un avis à
» Richelot à qui je m'intéresse et qui est parent de mon
» ami Gougeon, procureur-syndic du département de Seine-
» et-Oise. » Je réponds que je me soucie aussi peu de son amitié avec Gougeon que de la parenté de Richelot avec ce dernier : que s'il n'a pas entendu faire une dénonciation contre Duquesnoy et moi, il est un dangereux imbécile, et que si la pitié ne me désarmait pas, je lui donnerais à l'instant même sur les oreilles. A ces mots, il s'empare, comme instrument de défense, de je ne sais quel ustensile de foyer qui est sous la cheminée et s'avance vers moi d'un ton assez déterminé. D'une main je lui saisis le bras porteur de l'instrument et je lui applique de l'autre un soufflet si violent qu'il retombe sur son fauteuil comme sans connaissance et répandant du sang par le nez. Je descends vite l'escalier après ce beau chef-d'œuvre et vais me cacher dans la foule des promeneurs. Le moment de rentrer dans la chambre arrive, et je remonte fort embarrassé de la figure que je vais y faire. Personne ne me dit mot. Duques-

noy me regarde d'un air consterné et hausse les épaules.
La Noraye est dans son lit, ayant autour de lui trois ou
quatre personnes qui lui donnent des témoignages d'intérêt. Je m'aperçois que j'ai été unanimement condamné. Je
demande qu'on me permette un mot d'explication ; personne ne répond ni même ne me regarde. En dépit d'une
prévention si marquée, j'entame le discours et je rends
compte des faits tels que je viens de les rapporter. Quand
j'avoue que poussant la défensive un peu trop loin, sans
doute, j'ai appliqué un soufflet à M. La Noraye, il se lève
sur son séant et me crie d'une voix de tonnerre : « Cela
» n'est pas vrai, cela n'est pas vrai ! il ne m'a pas donné
» un soufflet. » J'accepte la dénégation ; j'avoue qu'elle
décharge ma conscience d'un poids importun, et je déclare que je n'ai plus rien à dire. Chacun se regarde
d'un air étonné. Willeminot, l'ami le plus intime que La
Noraye eût dans la chambre, lui dit : « Mais mon pauvre
» ami, vous êtes donc devenu fou? — Non, non, je ne suis
» pas fou, reprend La Noraye, je sais bien ce que je dis :
» je répète que je n'ai pas reçu de soufflet, mais que le
» citoyen Beugnot m'a porté un coup de poing fermé au
» milieu du visage, et voilà pourquoi et à l'instant même
» le sang m'est sorti par le nez. » J'accepte cette dernière version ; je n'avais pas le droit d'être difficile; mais voyez dans quels plis et replis la sottise humaine va se nicher ! La couleur que La Noraye s'obstine
à donner à mon insulte en diminue considérablement la
gravité aux yeux de l'honorable auditoire. Cette insulte a
cessé d'être mortelle : l'un menaçait d'une barre de fer,
l'autre se défendait par un coup de poing; et puis, la conduite de La Noraye n'est pas nette; c'est un homme qui se

mêle de ce qui ne le regarde pas ; il manœuvre du matin au soir dans la prison, et à quoi bon ? Voyez la belle avance d'exposer deux de ses camarades à l'échafaud pour épargner quelques sous à la République ! Les bougies n'étaient pas éteintes dans la chambre que mes camarades m'avaient trouvé fort excusable, et ce pauvre La Noraye en était pour son soufflet ou son coup de poing, et en tous cas pour la honte.

Quelques jours s'écoulent. Nous avions cherché à étouffer la scène dans notre intérieur ; mais ce qui se passe entre douze personnes arrêtées n'est guère plus secret que si elles étaient en liberté. Ferrières connaissait l'aventure par le menu et ne cessait de déblatérer contre La Noraye. Duquesnoy et moi descendons chez lui sous le prétexte de voir des vues du Bosphore à l'aquarelle, dont il ne cessait de nous faire l'éloge ; mais dans le dessein d'arrêter, si nous le pouvons, sa langue infernale. Il nous parle de la scène qui a eu lieu entre La Noraye et moi. Nous en atténuons tant que nous pouvons la gravité et la réduisons à une simple plaisanterie ; mais l'homme ne se laisse pas aisément endormir ; il nous dit que cela est bel et bon, mais qu'il a aussi un compte à régler avec ce polisson de La Noraye qui a osé dire dans la cuisine de la Lebau que lui, Ferrières, était un *mouton*, et il ajoute : « Il a
» voulu vous faire aller au tribunal, soyez tranquilles, il
» ira avant vous. — Cela, reprit Duquesnoy, ne serait
» tranquillisant ni pour nous ni pour personne ; car le
» malheureux homme est si bavard et si inconséquent, que
» s'il était traduit au tribunal révolutionnaire, il serait
» capable de nous y entraîner tous trois, et je ne sais com-
» bien de personnes avec nous. — Je ne sais pas, reprit

» Ferrières, si cela lui serait aussi facile que vous le croyez ;
» mais il a droit à un chien de ma chienne, et il l'aura. »

Jusque-là, Ferrières ne justifiait déjà que trop le reproche que La Noraye lui avait adressé. Le surlendemain nous lisons dans le journal du soir que les citoyens Lecouteulx de Canteleu et Lecouteulx du Molé ont été extraits de leurs domiciles où ils étaient gardés par des sans-culottes, pour être conduits à l'Évêché, et qu'on y va réunir tous les membres de la famille comme auteurs ou complices de la conjuration qui a eu lieu en janvier 1793, pour arracher le tyran à l'échafaud.

En même temps, La Noraye reçoit l'avis qu'il doit s'attendre à être d'un moment à l'autre transféré à l'Évêché. Le titre de l'accusation était d'autant plus inquiétant, qu'il était vrai qu'au jugement du roi, Lecouteulx de Canteleu avait été chargé, par la banque de Saint-Charles, de s'entendre avec le ministre d'Espagne à Paris, et de lui fournir tous les fonds dont il aurait besoin pour procurer le salut de Louis XVI. Et Lecouteulx s'était prêté avec autant d'empressement que de courage à tout ce qu'on lui avait demandé. Je crois même que La Noraye avait été mis dans la confidence et s'était aussi conduit d'une manière honorable : quand le malheureux se vit mener de si près, il perdit le peu de tête qu'il avait, et se persuada que c'était à Ferrières qu'il était redevable du malheur qui venait d'atteindre lui et les siens. Il n'osa pas me demander des démarches auprès de Ferrières, il s'adressa à Duquesnoy qui lui répondit de moi comme de lui-même pour tout ce qui serait en notre pouvoir. Nous attaquons Ferrières ensemble et séparément ; je me mets pour ainsi dire à ses pieds pour qu'il ne poursuive pas une famille respec-

table pour l'inconséquence d'un de ses membres qui, lui-même, n'a rien moins que mérité un traitement si cruel. Ferrières se défend d'être pour rien dans ce qui se prépare contre les Lecouteulx : « Je pourrais, peut-être, faire pour
» eux ce que j'ai fait pour d'autres, retarder leur affaire
» par des moyens qui me sont propres; mais si je n'ai pas
» de motifs pour les poursuivre, je n'en ai aucun pour les
» servir. Ne m'en parlez plus, que justice se fasse. Cela
» m'est tout égal. » Nous appelons à notre aide nos femmes, que nous appelions les dames de bon secours; Ferrières, tout brigand qu'il était, semblait pénétré d'intérêt et de respect pour elles ; elles s'entremettent de leur côté. Enfin lui-même les va visiter et leur dit : « Je suis un bien
» mauvais sujet, n'est-ce pas ? Eh bien, vous avez obtenu de
» moi ce que j'aurais refusé au Père éternel et même au
» diable. Vous savez qu'avec des brins de paille on arrête
» quelquefois des torrents. Les brins de paille sont en
» place : que les Lecouteulx se taisent; ils ont du temps
» devant eux. La première preuve que je puisse vous en
» donner, c'est que La Noraye ne sera pas dérangé de la
» Force. »

Voilà comme nous nous sommes vengés de ce La Noraye qui, je dois le dire, n'a cessé depuis d'en témoigner, à moi et à Duquesnoy une profonde reconnaissance.

Nous étions dans le mois de messidor, lorsqu'un nouveau et très-cuisant chagrin vint encore m'atteindre : j'appris tout à coup que ma femme était dangereusement malade. Comme je l'ai dit, je lui écrivais et j'en recevais tous les jours une lettre. Ce commerce fut soudain interrompu. On trouva bien des excuses à me donner pour deux ou trois jours, mais il fallut en venir à la vérité : la cause de la maladie de ma femme est assez singulière pour que je la produise ici avec quelques détails. J'ai déjà trouvé l'occasion de parler de l'échange de protection et de bienveillance, d'un côté, de respect et de reconnaissance de l'autre, qui régnait entre la maison de Brienne et ma famille. Cette maison, comme quelques autres de la même époque, exerçait un haut patronage sur la province où elle était établie. Elle unissait les conditions auxquelles s'attachait alors un crédit de premier ordre : la naissance, la fortune, la possession de grandes places, l'espérance d'arriver tôt ou tard au sommet de l'État : l'aîné de la famille, l'archevêque de Toulouse, était attendu depuis vingt ans à la place de premier ministre et on semblait impatient de l'y voir arriver. Le comte de Brienne, son frère, dirigeait son ambition dans des voies plus faciles. Il avait mérité à la ville la qualification d'honnête homme et se faisait adorer dans ses terres par sa bienfaisance éclairée et toujours prête. Il passait la meilleure partie de l'année au milieu de ses vassaux; il y entretenait la paix et n'y laissait pas une misère sans secours, une douleur sans consolation. Le château de Brienne était un autre Chanteloup; on allait à celui-ci pour le passé, à l'autre pour l'avenir. L'archevêque de Toulouse avait repris les traces du duc de Choiseul, bien certain que si la reine ne parvenait pas à ramener le ministre qu'elle voulait avant tout, elle reporterait sa volonté sur l'homme d'État qui en était le plus près. Avec le temps, cette politique réchauffée par une intrigue assidue obtint un plein succès. L'archevêque parvint au poste de premier ministre et fit accepter à son frère celui de ministre de la guerre. Quand le prélat mit la main aux affaires, de toutes parts elles croulaient ; il ne fut pas assez fort pour soutenir, même quelques instants, la monarchie sur le bord de l'abîme. Il en laissa le soin à ceux à qui l'opinion supposait plus de puissance et qui ne réussirent pas mieux. Au sortir des affaires, l'archevêque courut en Italie promener sa déconvenue. Le comte revint à Brienne où il fut reçu mieux que jamais, car on ne craignait pas de le perdre. J'étais connu de l'un et de l'autre, et il suffisait d'être connu sous quelque bon rapport et d'habiter le canton, pour être accueilli à Brienne. L'esprit philosophique dominait au château, et cet esprit s'élevait au-dessus des préjugés nobiliaires qui se réfugiaient chez les hobereaux des environs, et dont on faisait dans le salon de Brienne belle et bonne justice.

La révolution survint et déploya bientôt ses rigueurs. L'archevêque prit un parti hardi : seul des anciens évêques de France il prêta le serment à la constitution civile du clergé. Je dis seul, car l'abbé de Périgord avait à peine eu le temps de revêtir l'habit d'évêque quand il en dépouilla le caractère. L'évêque de Viviers était depuis quelque temps insensé, et le coadjuteur d'Orléans, de Jarente, ne comptait qu'entre les hommes de débauche et d'infamie. L'archevêque n'en serait pas plus avancé quand nous le mettrions à la tête de ce déplorable trio. Quoi qu'il en soit, il persista jusqu'au bout dans son parti une fois pris. Le Souverain Pontife blâme le serment qu'il a prêté et lui enjoint par un bref de se rétracter : l'archevêque se tient pour insulté et renvoie au Pape son chapeau de cardinal. Il fait chaque jour un nouveau pas, jusqu'à ce que, nommé président de la société des Jacobins de Sens, il en remplit les fonctions, le bonnet rouge sur la tête. Le comte de Brienne ne poussait pas les choses jusque-là, et d'ailleurs il eût pu le faire sans qu'on en fût aussi scandalisé que de la part de son frère. Resté à Brienne, il y remplissait les fonctions de maire. Il ne s'épargnait pas plus que l'archevêque sur l'article du bonnet rouge, quand il y avait nécessité de l'arborer. Ces extérieurs révolutionnaires préservaient son crédit sur la population, et, comme avant la révolution, il l'employait à maintenir la paix et à faire le bien, personne dans tout le canton n'avait été ni recherché ni inquiété. On avait atteint la fin de germinal de l'an II, et à peine s'apercevait-on dans ce pays qu'il y eût en France une révolution. Ce calme fut tout à coup troublé par l'incident le plus malheureux : l'archevêque habitait à Sens l'abbaye de Saint-Pierre-le-Vif, qu'il avait achetée pour se procurer un logement plus commode que le palais des anciens archevêques. Il y avait avec lui la marquise de Canisy, sa nièce, femme aimable, qui pouvait entendre le prélat et savait s'en faire écouter ; et l'un de ses neveux adoptifs, l'abbé de Loménie, nommé son coadjuteur avant la révolution et qui l'aurait remplacé de toutes manières, s'il n'avait pas été entraîné comme tant d'autres dans le naufrage du clergé. Le comte de Brienne, qui rendait de temps en temps des visites à son frère, se trouvait à Sens à l'époque dont je parle, et avait amené avec lui deux autres de leurs neveux, frères du coadjuteur, le vicomte et Charles de Loménie, sujets tous deux distingués, avec des caractères différents. Cette famille se trouvait ainsi réunie à Sens. Madame de Brienne seule était restée à Brienne. Il arriva qu'un agent des comités de gouvernement vint arrêter à Sens, pour le conduire à Paris, un ancien officier de la connaissance de MM. de Loménie ; ceux-ci se crurent obligés d'aller le voir et l'embrasser avant son départ :

l'entrevue fut touchante et eut malheureusement pour témoin l'agent des comités. La pitié était alors un crime ou bien près. L'agent s'informe du nom de ces jeunes gens, de leur conduite, de leurs habitudes. On ne pouvait les lui expliquer qu'en donnant des éclaircissements sur la famille de Brienne. Il prend ses notes et repart pour Paris. Deux jours après, le même agent revient porteur de mandats d'arrêt contre chaque membre de la famille et se met en devoir de les exécuter. Cependant il laisse la nuit pour se préparer au départ. L'archevêque avait eu la précaution de se munir, depuis le commencement de la révolution, d'une pastille de Cabanis, il l'avale en se couchant. Le lendemain on le trouve mort dans son lit. Le reste de la famille est amené à Paris : elle est conduite à la prison des Madelonnettes. M. de Brienne, qui avait un accès de goutte, est descendu à son hôtel de la rue Saint-Dominique, où il reste sous la garde de quatre sans-culottes. Ma femme n'est pas sitôt instruite de ce malheur, qu'elle court à l'hôtel de Brienne. Elle s'aperçoit que le comte est fort mal gardé, et le presse une première fois de s'échapper : il répond qu'il a encore du temps devant lui et qu'il demande à réfléchir : dès le lendemain elle revient à la charge et propose les moyens d'évasion : l'hôtel de Brienne a sur la place du palais Bourbon une grille ; rien de si aisé que d'y attacher par le dehors une échelle de corde à l'aide de laquelle la grille est des plus faciles à franchir. M. de Brienne veut savoir où il pourra se cacher au sortir de là ; ma femme, qui a réponse à tout, lui dit que sa retraite est toute prête, dans un lieu non suspect, chez l'un des greffiers du tribunal révolutionnaire. M. de Brienne a l'air de consentir ; ma femme convient avec lui du jour et de l'heure. Ce jour-là, et quand tout était disposé, ma femme entre à l'hôtel; elle trouve les dispositions de M. de Brienne d'abord incertaines puis bientôt après négatives ; au bout du compte de quoi peut-on l'accuser ? Il n'a rien fait de contraire à la république ; point d'intrigues, pas d'argent envoyé aux émigrés, point de correspondances au dehors. Il reproche à ma femme de confondre ma position avec la sienne. Grande est la différence : j'ai été mis en lumière, j'appartiens à un parti ; ce parti est vaincu, et je dois craindre les vengeances ; mais contre lui, encore une fois, que peut-on alléguer ? Ma femme était en fonds pour répliquer ; mais M. de Brienne ayant ajouté qu'il était profondément touché de son dévouement, mais qu'il craignait que ses visites ne finissent par le compromettre, elle le quitta en fondant en larmes, et s'abstint de se présenter à l'hôtel de Brienne. Neuf jours se passent. Le bruit se répand que Madame Élisabeth a été condamnée et va être conduite à l'échafaud. C'est une princesse ou plutôt c'est un ange qui va rejoindre au ciel les martyrs de sa race. Madame Duquesnoy et ma femme veulent jouir de ses derniers moments sur la terre ; elles décident qu'elles iront se placer et prier Dieu pour elle sur son passage ; elles se rendent dans ce dessein au coin de la rue Saint-Honoré. Le sinistre cortége s'avance ; il était ce jour-là composé de six voitures. Ma femme jette un regard sur la première de ces voitures ; son regard tombe sur M. de Brienne qu'elle reconnaît et dont elle se sent reconnue ; ce fut pour elle un coup de foudre ; elle tomba à la renverse et sans connaissance. On la rapporte chez elle en proie à une fièvre ardente, et le cerveau déjà entrepris. Janroy, son médecin, accourt et juge la position très-dangereuse. Le danger fut en effet extrême et on ne croyait pas qu'elle dût passer la nuit du quatrième jour. Mes amis me préparaient comme ils pouvaient à cette perte déchirante. Je pris mon parti. Un seul être m'attachait encore à la vie ; c'était ma fille alors âgée de quatre ans. Je considérai que quel que fût le sort réservé à ma famille, elle trouverait un asile dans celle de sa mère dont je ne prévoyais pas le désastre; et je me prosterne à terre pour en demander pardon, mais je résolus de mourir et j'aurais infailliblement exécuté cette coupable résolution si ma femme eût succombé ! Il nous avait été recommandé de ramollir par trois ou quatre gouttes d'huile d'olive la pastille de Cabanis, si nous étions quelque temps sans nous en servir. J'usai de cette précaution. Je brûlai mes papiers et je laissai une lettre pour un ancien ami de ma famille. Libre de tout soin, je descendis au guichet avec une sorte d'indifférence barbare pour savoir si je devais ou non conserver ma vie. J'y appris que ma femme était toujours fort mal, mais qu'enfin elle avait passé la nuit. Je remontai attendri par cette lueur d'espérance et je retrouvai quelques larmes. Je ne peux pas dire si le lendemain je me serais approché de la mort avec la même impassibilité. J'en doute; à moins de s'être élevé jusqu'à un stoïcisme farouche, ou d'être en proie à une émotion physique où toute liberté disparaît, il est rare que l'on conserve longtemps et que l'on rumine à loisir le dessein de se donner la mort, et voilà pourquoi ceux-là mêmes qui n'ont réussi qu'à demi dans l'exécution reçoivent les secours qu'on leur administre et finissent par des vœux pour renaître à la vie. Cette triste position dura près de deux mois et céda insensiblement à des soins assidus et à la joie que répandait autour d'elle la révolution de thermidor. J'avais pris assez peu de part durant ces deux mois à ce qui se passait près de moi. Je ne fus réveillé de mon indifférence qu'à la nouvelle de la bataille de Fleurus.

La chambre du Conseil avait entre ses commensaux le citoyen Garat, l'un des premiers commis du Trésor; lui seul connaissait à fond le mécanisme de cette grande machine, et le député Cambon, qui prétendait la diriger, avait demandé aux comités de gouvernement de lui rendre Garat dont il ne pouvait pas se passer. Les comités le lui avaient refusé; mais, pour concilier les besoins du Trésor avec la détention de Garat, chaque matin deux gendarmes venaient le prendre à la Force et le conduisaient au Trésor, où il travaillait toute la journée, et le ramenaient coucher en prison. De plus, on lui avait imposé la loi de n'introduire dans la prison ni journaux ni nouvelles, et l'homme, assez peu communicatif de sa nature, était très-fidèle à sa consigne. Mais le jour où se répandit à Paris la nouvelle de la bataille de Fleurus, il n'y tint pas et nous éveilla pour nous la communiquer. Je m'écriai après l'avoir entendu : « Nous sommes sauvés ! la terreur ne peut pas se traîner à la suite de la victoire. » C'est, en effet, de cette époque que date la division dans l'intérieur des comités de gouvernement, qui devait aboutir à une catastrophe.

Cependant les fournées du tribunal révolutionnaire devenaient de jour en jour plus nombreuses, et l'aspect de la prison avait entièrement changé. Trente à quarante députés, entre lesquels dix au moins étaient des hommes instruits et bien élevés, avaient été, comme je l'ai dit, transférés aux Madelonnettes. Depuis l'établissement des tables communes, les vieillards ou les personnes riches, pour qui les douceurs de la vie étaient des besoins, avaient passé dans des maisons de santé. Ceux qui avaient été conduits au tribunal révolutionnaire étaient, sinon ce qu'il y avait de plus honnête parmi les détenus, au moins de plus élégant de manières, en sorte que la chambre du Conseil, à cinq ou six personnes près, ne se composait plus que d'individus qui vivaient fort isolés. Nous nous aperçûmes ensuite que la Force était devenue comme une succursale de la Conciergerie ; c'est là qu'on logeait le trop-plein qui affluait des provinces. Aussi les nouveaux venus n'y étaient que peu de jours et passaient promptement au tribunal. La forme dans laquelle on les y appelait avait quelque chose de cruel pour tout le monde. A cette époque, les formes de justice même les plus expéditives avaient été mises de côté, les défenseurs officieux supprimés : l'acte d'accusation était signifié à l'accusé à dix heures du matin, pour paraître au tribunal à onze heures ou à midi ; il était jugé à deux heures, et le jugement exécuté avant quatre. Il était difficile à l'huissier, porteur des actes d'accusation, d'aller déterrer les détenus dans les chambres qu'ils habitaient. On avait jugé plus commode d'annoncer l'arrivée de l'huissier par une cloche, au son de laquelle tous les détenus, sans distinction, étaient tenus de venir se ranger dans la galerie qui règne au premier, le long des bâtiments de la grande cour de la prison. L'huissier, escorté de gendarmes, se plaçait au centre de la cour, sa botte d'actes d'accusation à la main, et appelait à haute voix les noms qui figuraient dans ces actes. Le malheureux appelé, sans qu'il y fût préparé plus que le reste des assistants, n'avait que le temps de remettre à son voisin ce qu'il avait de plus précieux sur lui :

c'était communément le portrait de sa femme ou de sa maîtresse, des cheveux, des souvenirs, quelques bijoux, une lettre d'adieu qu'il tenait toujours prête. Hélas! plus d'une fois j'ai reçu de ces tristes dépôts de mains qui m'étaient à peu près inconnues, mais je me trouvais côte à côte de l'infortuné qui n'était pas sitôt descendu dans la cour que les gendarmes l'entouraient pour ne plus le quitter qu'au bas de l'échafaud. Quoique j'eusse sujet d'espérer que mon nom ne serait pas prononcé dans cette formidable arène, je n'en avais cependant pas la certitude; en sorte que cette loterie de sang, qui se tirait tous les jours, empoisonnait ma vie comme celle de tous ceux dont j'étais entouré, et cela à tel point que, la veille de la décade, il régnait parmi les détenus une sorte de contentement très-marqué. La décade était un jour de relâche pour le tribunal, et chaque détenu sentait sa vie assurée pour vingt-quatre heures.

Nous en étions là, quand il se répandit que les comités de gouvernement avaient enfin pris un parti sur le sort des détenus. Ceux qui n'étaient pas justiciables du tribunal révolutionnaire seraient divisés en deux classes : l'une qui serait condamnée à la déportation, et l'autre à la réclusion jusqu'à la paix. Des commissions furent en effet nommées pour s'occuper de cette grande mesure et opérer la séparation indiquée. L'une de ces commissions vint siéger à la Force pour y interroger les détenus; mais, préalablement à l'interrogatoire, on nous avait donné, pour les remplir et les signer de notre nom, des tableaux qui aboutissaient, en dernière analyse, à nous expliquer sur ce que nous avions fait pour être pendus en cas de contre-révolution. Ce tableau contenait douze colonnes; dans l'une de ces colonnes on demandait : *Où étais-tu*

» le jour de la mort du tyran ? Approuves-tu son supplice, » oui ou non ? » Et dans une autre : « Consens-tu à l'éga- » lité avec les sans-culottes, ou non ? » Quelques détenus, fort honnêtes gens en apparence, eurent la bassesse de répondre à ces questions par l'affirmative et de répéter la même assurance dans leur interrogatoire, et obtinrent la grâce d'être seulement condamnés à la réclusion jusqu'à la paix. Quant à Dupont, Duquesnoy et moi, nous n'hésitâmes pas un instant ; nous refusâmes net de remplir les tableaux qui nous avaient été délivrés, quelque chose qui nous en pût arriver. La prison était tout agitée de ce travail de tableaux à remplir et d'interrogatoires à subir, de décisions à prononcer, quand le salut arriva de tout autre côté.

Le 9 thermidor, sur les quatre heures du soir et par un beau jour d'été, je me promenais dans la cour avec Dupont et l'amiral Latouche-Tréville. Dupont discutait chaudement avec l'amiral sur le travail libre à substituer dans les îles à sucre à celui des esclaves, lorsqu'il s'arrêta tout à coup et nous dit : « Mes chers camarades, j'entends le toc- » sin. Parbleu ! oui, c'est du bel et bon tocsin ; garde à » nous ! » — L'amiral quitte à l'instant la partie, remonte dans sa chambre et s'y barricade. Nous fûmes vingt-quatre heures sans entendre parler de lui. Il nous dit depuis, que sa politique, en fait de crise révolutionnaire, était de se tenir coi jusqu'à ce qu'il fût décidé qui avait tort ou raison, et d'aller ensuite saluer le vainqueur. Nous remontons aussi dans la chambre du Conseil qui fut bientôt au complet. Là, Dupont nous pérore et explique le danger dont nous sommes menacés : « Dès que le tocsin sonne, il est possible » qu'on veuille renouveler dans les prisons les scènes

» de septembre, et pour son compte il est décidé à
» vendre chèrement sa vie. Il nous exhorte à en faire au-
» tant, et développe son plan de défense ; nous sommes
» douze qui pouvons nous armer plus ou moins bien de
» l'attirail du foyer, qu'heureusement on n'a pas enlevé,
» de deux poignards dont nous sommes en possession, enfin
» de nos couteaux et des bâtons de chaises. Il faut adopter
» l'ancien ordre de bataille, c'est-à-dire que le plus vigou-
» reux soit en première ligne, deux autres en seconde,
» trois sur la ligne suivante et quatre sur la dernière. Voilà
» le corps de bataille qui occupera dix hommes ; les deux
» hommes restant, pris entre les plus jeunes, flanqueront
» l'armée de droite et de gauche pour se porter là où le
» secours serait nécessaire. Enfin il faut songer à la retraite,
» et nous établirons avec nos lits une forte barricade, der-
» rière laquelle nous pourrons recueillir nos forces et où
» nous attendrons du secours du dehors. » Quelque inquiétant que fût le moment, il était bien impossible de ne pas rire
du sérieux avec lequel ce bon Dupont disposait son ordre de
bataille. Il comptait bien se battre ; il insistait pour une répé-
tition de la manœuvre ; on s'y refusa ; mais on lui décerna, à
l'unanimité, la dictature militaire pour le moment du danger, et nous crûmes dans la nuit que le dictateur allait commencer son terrible office. Vers minuit, nous entendîmes un
bruit extraordinaire dans la prison ; les guichetiers, qui
faisaient bonne garde dans le dessein de nous défendre ou
de nous ouvrir les portes, vinrent nous avertir que c'était
Robespierre qu'on avait amené à la Force. Nous nous le
faisons répéter plusieurs fois ; nous restions muets d'épouvante. Une demi-heure après, plus grand tapage : c'est
Robespierre qu'on vient de mettre en liberté. Les guiche-

tiers nous avaient trompés sans le vouloir : c'était bien un Robespierre qui était en jeu dans ces tours de Force; mais ce n'était pas Robespierre le Grand : c'était son frère. L'épouvante redouble au milieu de nous. Il est évident qu'on se bat quelque part; et il paraît que Robespierre, d'abord vaincu, a repris le dessus. Un incident nouveau vient confirmer ce jugement. Il nous était échu, depuis une quinzaine de jours, un certain juré du tribunal révolutionnaire, du nom de Villate. Ce Villate était l'ami de cœur de Robespierre et lui servait d'espion au tribunal. Les comités de gouvernement lui imputaient je ne sais quelle trahison dans l'exercice de ses nobles fonctions et l'avaient fait arrêter. Ce petit monsieur, âgé de moins de trente ans, était doué d'une figure attrayante et douce; il y conformait ses manières et son ton, et affectait en tout une sensibilité exquise. On pouvait dire de lui !

Un papillon blessé lui fait verser des larmes !

Et le misérable était ce qu'on appelait dans cet antre un juré solide, c'est-à-dire qu'il ne lui était pas arrivé une seule fois, depuis un an, de voter la non-culpabilité d'un accusé. A son arrivée dans la prison, on avait voulu l'assommer. Ferrières avait même insinué qu'on pouvait le faire avec impunité, et je crois qu'on l'eût fait, si Duquesnoy et moi ne nous y étions pas opposés. Dans le moment même où on avait mis Robespierre le jeune en liberté, on avait appelé Villate pour sortir avec lui. Dès lors nous crûmes que la victoire de l'aîné était complète; mais Villate, petit-maître fort recherché, avait donné quelque temps à sa toilette, et au moment précis où il se baissait pour franchir la porte de la rue, il se trouva en face de Bourdon de l'Oise, commissaire de la Convention, qui le repoussa rudement dans l'intérieur et le fit mettre au cachot.

Ces scènes en sens contraire se succédaient avec rapidité et ne ressemblaient pas mal à de la fantasmagorie. Nous ne savions plus où asseoir nos pensées, lorsque, sur les deux heures du matin, on vint nous annoncer le triomphe de la Convention, et que Robespierre et ses amis avaient été arrêtés et coupés en morceaux. Dupont déclara hautement qu'il déposait la dictature, et chacun se coucha comme de coutume ; mais personne ne pouvait retrouver le sommeil, et le jour nous surprit dissertant à perte de vue sur les causes et les conséquences probables des scènes de la nuit. Elles ne se firent pas longtemps attendre, puisque le lendemain Robespierre et les chefs de son parti furent mis à mort, et que le jour suivant les membres du conseil général de la Commune, les présidents et secrétaires des sections rebelles et l'état-major de la garde nationale subirent le même sort. Le mal était profond, mais le remède fut violent et appliqué avec une énergie aveugle. J'en veux citer un exemple. La maladie de ma femme exigeait du temps et de l'assiduité dans le traitement ; le docteur Janroy, le médecin le plus occupé de Paris à cette époque, s'était fait suppléer pour les soins de tous les jours par un jeune médecin qu'il avait pris de préférence, parce qu'il jouissait à la Commune d'un crédit qui pouvait être utile à la malade. Ma femme s'y était fort attachée, parce qu'il portait à ses fonctions un remarquable intérêt. Il était auprès d'elle dans la soirée du 9 thermidor. On vient l'appeler jusqu'à trois fois pour le conseil général de la Commune. Ma femme le pressait de s'y rendre ; il refusa obstinément, ne voulant pas la quitter au milieu de tout ce vacarme, et disant que d'ailleurs il en avait assez de ces combats perpétuels entre la Commune et la Convention. Il passa la nuit au chevet du lit de ma femme, ne la quittant que pour aller chercher dans la maison même des nouvelles qu'il lui rapportait quand elles étaient bonnes, qu'il lui arrangeait lorsqu'elles étaient mauvaises. Quand, sur les deux heures du matin, il crut que la crise avait cessé, il commença à faire à ma femme une lecture qui aboutit à les endormir tous deux. A sept heures, il était encore dans son fauteuil; lorsqu'il s'éveilla, il dit qu'il allait à l'Hôtel-de-Ville pour savoir au juste à quoi s'en tenir sur les scènes de la nuit et qu'il viendrait sur-le-champ en rendre compte. Il part, en effet. Il faut qu'en arrivant à l'Hôtel-de-Ville, il y ait été arrêté, et traité avec une telle rigueur qu'il n'ait pas trouvé à se défendre ni même à placer l'explication la plus simple, puisqu'on n'eut le lendemain de ses nouvelles qu'en lisant son nom sur la liste des membres du conseil général exécutés pour avoir pris part aux actes de la nuit du 9 au 10 thermidor. Le docteur Janroy cacha à ma femme ce cruel *quiproquo* : on lui dit que le jeune médecin avait quitté précipitamment Paris, dans la crainte d'être recherché pour des délibérations antérieures à thermidor.

Cette grande journée avait promptement porté ses fruits dans l'intérieur de la prison. Le tribunal révolutionnaire était en vacances. Les mots de justice et d'humanité commençaient à se faire jour. Nous jouissions tous par l'espérance. Les commissaires de la Commune, qui s'étaient depuis six mois relayés pour nous tourmenter, avaient tous péri, et même l'ingénieux fondateur de la table commune, le citoyen Vassot, n'avait pas trouvé grâce. Cependant la Terreur se débattait encore dans les comités de gouvernement

et à la tribune de la Convention. On y signifiait assez haut que ce n'était pas pour ses ennemis que la Convention avait fait le 9 thermidor, et que le tribunal révolutionnaire allait être rebâti pour travailler sur nouveaux frais. On nomma des officiers municipaux qui ne valaient pas mieux que les anciens. Ceux qui nous étaient échus valaient moins. Trial, l'acteur de l'Opéra-Comique, qui avait, je ne sais comment, traversé sans encombre la journée si fatale à ses amis, arrive un jour à la prison sur le midi et nous fait tous enfermer dans nos chambres, chose inouïe à cette heure du jour; puis il se les fait successivement ouvrir, pour débiter aux détenus une allocution de sa Minerve appliquée aux circonstances. Il dit entre autres belles choses, à la chambre du Conseil, qu'il savait que ceux qu'elle renfermait étaient de francs aristocrates qui ne songeaient qu'à bien boire et à bien manger; mais que nous eussions à y prendre garde, parce qu'on pourrait bien nous faire passer le goût du pain. Tandis qu'il nous débitait de ces gentillesses, accompagnées de plusieurs autres, chacun de nous affectait de lire avec attention ou de s'occuper de quelque chose pour n'avoir pas l'air de l'écouter. Il en devint furieux et nous traita de scélérats endurcis. Toujours même silence. Quand l'orateur se fut retiré, nous nous regardions, ne sachant qu'en penser et en dire. Dupont seul n'en fut pas ébranlé : « Nos coquins menacent, dit-il, donc
» ils ont peur. Vous voyez bien que ce pauvre diable a été
» soufflé je ne sais où et par qui; mais assurément par des
» gens qui ne sont pas trop sûrs de leur fait. Espérons:
» *Neque semper arcum tendit Apollo.* » Et, en effet, quinze jours ne s'étaient pas écoulés, qu'à travers les hésitations des comités de gouvernement et même leurs efforts

pour reprendre le courant de la Terreur, ils étaient emportés par un courant contraire : déjà des mises en liberté étaient prononcées, et les premières étaient obtenues par de francs aristocrates. Grand était le scandale parmi les détenus constitutionnels. Ce pauvre La Noraye envoya même là-contre une bonne dénonciation aux comités de gouvernement. Je ne pouvais pas lui faire entendre que des noms qui, par quelque motif que ce soit, n'avaient figuré en rien dans la révolution, devaient trouver grâce plus facilement aux yeux de la Convention que ceux des constitutionnels qui s'étaient trouvés à une époque quelconque en opposition avec les puissants du jour. Quoi qu'il en soit, les gens raisonnables entre les constitutionnels en prirent leur parti ; libres à peu près de toute inquiétude pour notre existence, nous nous occupâmes, en dépit de l'allocution du citoyen Trial, de mener bonne et joyeuse vie. Dupont ne parvenait même plus à nous ramener à la science économique et il s'écriait : « Voilà le danger de la victoire : » leurs esprits sont à Capoue ! »

La citoyenne Lebau m'avait prévenu que, dès que la santé de ma femme le permettrait, je la verrais aussi souvent que cela lui conviendrait. Je passai donc le premier mois sans trop d'impatience. Ma femme me fit sa première visite dans les premiers jours de fructidor. Je la trouvai détruite au physique et encore toute faible au moral. Elle avait perdu ses beaux cheveux ; sa maigreur était extrême, et ses regards effrayaient par leur fixité. Je lui voyais beaucoup de peine à rassembler ses idées, et je ne m'avisai pas de lui parler d'affaires : je savais d'ailleurs que son oncle s'occupait de moi. On éprouvait à obtenir ma liberté plus de difficulté que pour tout autre, sur le fondement qu'il existait contre moi au comité de sûreté générale des pièces accablantes. Un député de mes amis, du nom de Pierret, homme excellent de tous points, se chargea d'aller vérifier la chose ; il se fit communiquer, sous un prétexte qui m'était tout à fait étranger, le carton où étaient les pièces qui regardaient les détenus du département de l'Aube, et parvint à en soustraire cette lettre de moi à Lafayette dont j'ai déjà eu occasion de parler, et qui était arrivée là je ne sais comment par suite du procès d'un M. d'Aigremont, condamné à mort dès les premiers jours du tribunal révolutionnaire. La lettre soustraite, il ne restait plus à mon dossier qu'une dénonciation d'un autre député, du nom de Garnier, qui ressemblait à toutes les dénonciations de l'époque, mais ne contenait aucun fait précis. Quand on eut la certitude qu'il ne restait plus dans les bureaux aucune pièce à ma charge, on sollicita plus vivement ma liberté ; mais il se trouvait encore parmi les membres du comité deux des mes anciens collègues à l'Assemblée législative, avec qui j'avais eu maille à partir, et qui tenaient ferme contre moi. Le citoyen Gatrez, ennuyé de leur résistance, s'adressa pour la vaincre au fameux député de Paris Legendre, à qui il me présenta comme une vieille connaissance et un compatriote de son ami Danton, et qui apparemment à ce titre ne pouvait pas obtenir justice du comité. Legendre se rappela qu'en effet il s'était rencontré à dîner avec moi chez Danton ; ce souvenir l'enflamma, et il se rendit même au comité, à qui il commanda en termes fort durs l'arrêt de ma mise en liberté. On n'osa pas refuser. Legendre fit davantage ; il vint avec le citoyen Gatrez me chercher à la Force et me reprocha de n'avoir pas songé à lui plus tôt ; il s'applaudit surtout de sa démarche quand il apprit, par la citoyenne Lebau, quelle sorte d'intérêt m'avait porté Danton.

Je quitte donc la prison de la Force avec le regret d'y laisser mes amis Duquesnoy et Dupont de Nemours, mais aussi avec l'espérance que je vais être assez heureux pour hâter leur délivrance. Je crois avoir dit déjà de quel singulier rapprochement je fus frappé au premier pas que je fis hors de la prison. J'entendis crier à mes oreilles le jugement qui condamnait à mort le misérable assassin dont j'avais quelque temps partagé le cachot à la Conciergerie. Je sentis que l'avertissement partait de plus haut que de la terre, et je rentrai chez ma femme avec un saisissement profond. La joie de tout ce qui m'entourait ne faisait que glisser sur mon cœur; on m'en fit le reproche, mais je ne voulais pas révéler la cause de l'étonnement qui m'absorbait, parce qu'il ressemblait à de la superstition. Le lendemain, le bonheur que témoignait ma femme, tant d'objets chers retrouvés à la fois, me remirent en train de la vie, et je repris mon activité d'esprit. Je fus bientôt en mesure d'en user et même d'en abuser. Une juste reconnaissance m'avait conduit chez Legendre; je m'y trouvai avec le parti thermidorien : Tallien, Merlin de Thionville, Fréron, Barras, etc. On y établit avec raison que, tout en tuant Robespierre, on n'avait pas tué son parti; qu'il fallait que les députés de thermidor se serrassent les uns contre les autres d'aussi près que jamais, et qu'ils devaient appeler à leur aide tous les hommes de quelque valeur auxquels ils avaient rendu la liberté : on me fit l'honneur de me citer avec quelques autres, et on me pressa fort de rester à Paris......

LE GRAND-DUCHÉ DE BERG

1808

VII

Je suis envoyé dans le grand-duché de Berg [1]. — Peinture de ce pays. — Murat. — M. Agard. — Le duc de Gaëte. — Le duc de Bassano. — Regnault.

...J'attendais à Paris une mission nouvelle. L'Empereur, qui tenait une partie du continent sous ses lois et qui dévorait le reste par la pensée, avait des agents nombreux à expédier sur tous les points. Je m'attendais à être envoyé en Espagne, où le grand-duc de Berg, Murat, marchait dans une voie qui ne pouvait pas convenir. Quelques mots que j'avais recueillis entretenaient mon espoir et le dirigeaient de ce côté. Dans l'intervalle, survinrent dans la Péninsule les événements qui appelèrent l'Empereur au

---

[1] Après le 9 thermidor, le comte Beugnot vécut dans la retraite jusqu'au 18 brumaire. Lucien Bonaparte, alors ministre de l'Intérieur, l'appela près de lui et le chargea de l'organisation des préfectures. Il fut lui-même nommé préfet de la Seine-Inférieure et ensuite conseiller d'État. Lors de la création du royaume de Westphalie, le comte Beugnot fut appelé au ministère des Finances du nouveau royaume. Il n'y resta que peu de temps et fut envoyé (1808) à Dusseldorf, pour organiser le grand-duché de Berg, que l'empereur destinait alors au fils du roi de Hollande. C'est son séjour dans le grand-duché que l'auteur raconte dans les fragments suivants. (E.)

château de Marac et à Bayonne. Je devais en effet être du voyage, mais l'Empereur jugea avec beaucoup de raison que l'archevêque de Malines était bien plus propre que moi à l'espèce de négociation qui devait s'y entamer, et je repris mon ancienne place au conseil d'État. Je regrettai peu d'avoir manqué cette occasion. Une nouvelle distribution de couronnes eut lieu à Bayonne. Par suite de l'étrange imbroglio qui y prévalut, le frère aîné de l'Empereur monta sur le trône d'Espagne et céda celui des Deux-Siciles au grand-duc de Berg. Le grand-duché de Berg passa au fils du roi de Hollande, à qui l'Empereur portait une affection particulière. Je reçus de Bayonne l'ordre de me rendre sur-le-champ à Dusseldorf, pour y recevoir le grand-duché des mains des ministres de l'ancien possesseur et pour en prendre l'administration. Il m'était recommandé de veiller à ce que ces ministres ne commissent de dilapidations d'aucun genre, et d'examiner de très-près dans quelle situation ils allaient me remettre les affaires. Lorsqu'alors on recevait des ordres, on ne vivait pas tant qu'ils n'étaient pas exécutés : je me décidai à partir dès le lendemain. Je me rendis sur-le-champ chez l'archichancelier pour prendre congé. Le prince me reçut avec sa grâce accoutumée, fit des vœux pour le succès de cette nouvelle mission dans laquelle il me souhaita toute sorte de bonheur, et il ajouta : « Mon cher B***, l'Empereur
» arrange les couronnes comme il l'entend ; voilà le grand-
» duc de Berg qui passe à Naples, à la bonne heure ! Je
» le trouve fort bien, mais le grand-duc m'envoyait tous
» les ans deux douzaines de jambons de son grand-duché,
» et je vous préviens que je n'entends pas les perdre ;
» vous vous arrangerez en conséquence. »

Je proteste à Son Altesse que je me trouve très-honoré de remplacer en ce point le grand-duc de Berg, et qu'il s'en apercevra à mon exactitude. Oncques n'ai manqué d'acquitter la dette aussi longtemps que j'ai administré le grand-duché, et si quelque retard survenait de la part de ceux que j'y employais, Son Altesse faisait écrire par l'un de ses secrétaires à mon maître d'hôtel pour l'en gourmander vertement. Ce n'est pas tout : il fallait aussi que ces jambons arrivassent francs de port. J'étais obligé de les réunir à Cologne, d'où on les confiait successivement aux courriers de la malle, qui ne devaient en charger que deux à la fois. Ce petit tripotage occasionnait des mécomptes qu'il me fallait réparer; et il ne m'en aurait pas coûté davantage de payer le port. Le prince ne l'avait pas permis. Il y avait un concordat entre Lavalette et lui pour que les courriers apportassent gratis de tous les points de l'empire les tributs qu'on payait à sa table, et Monseigneur tenait apparemment à l'accomplissement de ce traité autant qu'à la fourniture des jambons.

Je visitai dans la même soirée M. de Talleyrand. Là, il ne fut pas question le moins du monde de détails de cuisine. Le prince était instruit dans le plus grand détail de ce qui s'était passé à Bayonne, et il m'en parut indigné : — « Les victoires, me disait-il, ne suffisent pas pour effacer
» de pareils traits, parce qu'il y a là je ne sais quoi de vil;
» de la tromperie, de la tricherie. Je ne peux pas dire ce
» qui en arrivera; mais vous verrez que cela ne lui sera
» pardonné par personne. » Le duc Decrès m'a plus d'une fois assuré que l'Empereur avait reproché en sa présence à M. de Talleyrand de lui avoir conseillé tout ce qui s'était fait à Bayonne, sans que celui-ci eût cherché à s'en dé-

fendre. Cela m'a toujours étonné. D'abord, il suffit de connaître un peu M. de Talleyrand pour être bien sûr que, si au fond il a été d'avis de déposséder du trône d'Espagne les princes de la maison de Bourbon, il n'a certainement pas indiqué les moyens qu'on a employés. Ensuite, lorsqu'il m'en a parlé, c'était avec une sorte de colère qu'il n'éprouve qu'en présence des événements qui le remuent fortement. Au reste, il trouva ma mission fort belle; mais me recommanda de mieux arranger ma conduite que je n'avais fait à Cassel; et de travailler enfin à me rendre *indépendant*. Je sentis la portée du reproche, et tout en rendant justice au sentiment qui l'avait dicté, je me promis de continuer de le mériter.

J'arrive à Dusseldorf. C'est une jolie ville, placée dans une position pittoresque, à l'embouchure de la Düssel dans le Rhin. Le fleuve baigne ses murs et lui sert de rempart au couchant. Aux autres aspects la campagne arrive de tous côtés dans la ville ; les rues sont propres et bien espacées ; les maisons ne manquent pas d'élégance. Il est difficile de rencontrer de localité qui se prête davantage à des embellissements. J'avais trouvé beaucoup d'attrait à m'en occuper. Depuis mon départ, des travaux que je n'avais pas eu le temps de commencer ont été terminés, et on s'accorde à dire que c'est aujourd'hui l'une des villes les plus riantes de l'Allemagne. Dusseldorf était alors le chef-lieu du grand-duché de Berg, qui venait d'être formé du duché de Berg proprement dit, cédé par la Bavière; du comté de La Marck et du pays de Munster; détachés de la Prusse par le traité de Tilsitt; du duché de Nassau-Siegen échangé avec la maison de Nassau.

La population était d'un million d'individus, composant

deux cents mille ménages et distribués sur une étendue de huit cent quarante-six lieues. Je vis que cette population n'était pas mal appliquée lorsque j'eus vérifié dans quelle proportion étaient les oisifs et les travailleurs, les cultivateurs avec les ouvriers, les grandes classes d'ouvriers entre elles et tous avec les fonctionnaires. Je trouvai l'industrie parvenue dans certaines parties à un degré de perfection et d'activité que je n'aurais jamais deviné. L'agriculture n'avait pas marché du même pas. Le pays contenait une assez forte quantité de landes, de bruyères et de marais, et je vis que c'était là ce qu'il me faudrait attaquer.

Les mœurs avaient en général le caractère de douceur et de laboriosité qui est commun à tous les Allemands : puis chaque canton offrait une nuance à part qu'il avait reçue de la différence des religions et des gouvernements sous lesquels il avait vécu, et même de sa position topographique. Le pays de Münster, par exemple, trahissait une ancienne domination ecclésiastique qui avait la première occupé la place, et à laquelle la féodalité avait ensuite fourni ses fers et son ciment. Cette ville, comme son nom l'indique assez, a commencé dans le xie siècle par un monastère ; aussi contenait-elle dans son enceinte un grand nombre de communautés d'hommes et de femmes, et l'évêque en était le souverain. Lorsque la population est venue s'agglomérer autour du monastère, elle a reçu les lois féodales dans toute la pureté de l'époque, et ces lois étaient encore debout lorsque la France a pris possession du pays en vertu du traité de Tilsitt. La ville de Münster ne comptait dans son sein qu'un nombre fort borné de marchands qui lui fournissaient les premiers objets de consommation. Le reste était occupé par de spacieux hôtels où les seigneurs des environs passaient une partie de l'année. Leur luxe rappelait celui du xvii⁰ siècle en France, car ce siècle avait entraîné toute l'Allemagne dans son imitation, et on en retrouve encore les traces dans les contrées les plus reculées de ce vaste pays. A Munster, les hôtels sont en général plus étendus que commodes ; les domestiques y sont nombreux, la vieille étiquette sévèrement gardée, les meubles et le service de table d'une lourde richesse. J'avais remarqué sous les remises une sorte de cheval de bois ou plutôt de *chevalet*, sur lequel il devait être pénible de garder l'équilibre, et je demandai à quelle sorte de jeu cet instrument pouvait servir. On me répondit que ce n'était point à un jeu qu'il était destiné, mais à punir un domestique de quelques heures de monture pour les manquements dont il s'était rendu coupable dans son service, sans préjudice de peines plus graves au besoin ; mais celle-là était la plus commune, et les maîtres l'infligeaient, comme ils en infligeaient d'autres, sans qu'il soit jamais venu à un condamné la moindre idée de réclamation ou d'appel. Il y avait encore loin, à cette époque, de l'un des bords du Rhin à l'autre. Ces seigneurs, qui exerçaient sur leurs domestiques comme sur leurs colons ou leurs serfs une sorte de souveraineté, se conduisaient au reste avec eux en pères de famille. Ils accouraient quand il y avait un malheur à réparer ; ils les soignaient dans leurs maladies, donnaient des asiles à leur vieillesse ; le nombre des enfants était un sujet d'orgueil pour la famille des colons et de joie pour le propriétaire. Toutes ces bonnes choses étaient si bien passées dans les mœurs qu'elles se produisaient sans qu'on s'en aperçût. Souvent, en présence de pareils faits, j'ai remonté au principe dont ils découlaient, et j'ai cessé de m'étonner que la féodalité eût duré si longtemps. Le sort de la population, enchaînée il est vrai à la culture des terres, mais à la charge d'un profit quelconque pour prix de son travail, se trouvait au reste défendu contre les deux écueils de la pauvreté, la maladie et la vieillesse; était-elle donc, je le demande, plus malheureuse que cette nuée d'hommes que nous voyons entassés et enchaînés aussi par le besoin dans les ateliers de l'industrie qui les nourrit ou les immole avec une égale indifférence, et qui, après avoir usé leurs forces à des métiers souvent homicides, leur offre pour toutes perspectives l'hôpital s'ils sont malades, la mendicité s'ils ne peuvent plus travailler? Malheureux qui ne trouvent jamais dans ces aspérités de la vie un protecteur qui les secoure, un ami qui les console. Je ne partage assurément pas le gothique engouement du comte de Boulainvilliers, mais il se peut que ce soit encore une question indécise que celle de savoir si le système industriel est plus favorable à la classe des hommes de peine et de travail, c'est-à-dire à l'infiniment plus grand nombre, que l'était jadis le système féodal. Les gouvernements se précipitent aujourd'hui sur les voies de l'industrie comme la seule voie de salut pour eux; l'éclat que jette la Grande-Bretagne les séduit et les entraîne; mais percez à travers tout cet éclat et tous ces prestiges, qu'y voyez-vous? Un petit nombre de très-grands propriétaires, de très-riches capitalistes, d'industriels gigantesques, noyés au milieu d'une population misérable de tout point, et qui finira par se compter. Le pays de Munster dont je m'occupe, appartient encore au système différent.

Les paysans y sont généralement religieux, sobres, laborieux, et tous adonnés à la culture des terres qu'ils possèdent à titre de *colonat*. Le colonat ressemble en quelque chose à l'espèce de servage qui subsistait encore dans certaines parties de la France avant la révolution. Le seigneur, qui apparemment était dans l'origine propriétaire de l'universalité d'un territoire, l'avait distribué à des colons, à titre de bail perpétuel, dont les conditions variaient du plus au moins suivant la fertilité du territoire et le nombre des colons entre lesquels la concurrence s'était primitivement établie. Dans le plus grand nombre des colonats, le seigneur percevait une partie des produits de toute nature, y compris celui des bestiaux ; et à la mort du chef du colonat, il prenait part à l'hérédité pour une portion quelconque ; il n'avait pas toutefois le droit de retenir en glèbe un colon qui la voulait quitter ; mais celui-ci perdait tous ses droits au colonat, qui, devenu libre, était dévolu au seigneur. Les conditions de détail pour le partage entre les enfants, pour les secours en cas d'incendie, ou autres espèces de pertes, pour le sort des femmes restées veuves et des vieillards, étaient prévues avec sagesse et humanité.

Cette sorte d'établissement entretenait le travail et procurait en même temps aux travailleurs une profonde sécurité, et de là l'esprit de paix qui règne entre eux. Ces hommes uniquement occupés du travail des champs, sans cesse placés sous la voûte du ciel, en attendent la rosée qui doit féconder leurs travaux, et ils sont fort religieux. Nos Livres Saints leur fournissent tout ce qu'il leur faut de lumières, de consolation, d'espérance, et ils ne cherchent pas ailleurs. On a souvent dit qu'ils couchaient sous le même toit et sans séparation avec leurs bestiaux, et cela est vrai jusqu'à un certain point ; mais cette vieille habitude germanique n'est pas aussi répugnante que le suppose notre délicatesse. La distribution du rez-de-chaussée d'une ferme en Westphalie est plus commode et souvent plus propre que l'espèce d'étable où la plupart des fermiers de France sont parqués séparément de leurs troupeaux. La ferme de Westphalie reproduit la tente des patriarches, car, en ces premiers jours du monde, les hommes, apparemment par souvenir de la félicité d'Eden, vivaient familiers avec les animaux, qui avaient conservé quelque chose de leur douceur d'origine. Voltaire a versé à pleines mains la moquerie sur cette pauvre Westphalie, ses châteaux, ses habitants, et il n'est point de Français qui, en y mettant le pied, ne se souvienne de M. Thunder ten Tronkch. J'étais tout disposé à rire de ses semblables; l'embarras était d'en trouver. J'ai rencontré dans la noblesse de cette contrée des hommes qui ne manquaient ni d'instruction ni de dignité, et presque tous signalés par une inépuisable charité. Dans les campagnes j'ai vu des hommes doux, hospitaliers, des femmes chastes, laborieuses et des enfants soumis. Là, certainement, suivant la belle expression de Tacite, *corrumpere et corrumpi non sæculum vocatur.* Quand j'ai visité ce vieux pays, mon *Germania* à la main, j'ai reconnu la vérité des traits du grand peintre, et je ne crois plus que ses tableaux soient d'imagination.

Le comté de La Mark présentait dans le voisinage un tableau tout différent. Cette petite province avait été détachée de la monarchie prussienne par le traité de Tilsitt. Le sol en est généralement montueux, et la partie qui est en plaine est peu fertile; mais le comté de La Mark conservait des traces vivantes de la longue et attentive administration du grand Frédéric, et je ne crois pas qu'il soit possible de faire mieux que ce que j'ai trouvé : pas un cours d'eau qui n'eût été mis à profit, une communication utile qui n'eût été ouverte, un rapport de commerce présentant quelque avantage qui n'eût été établi. Aussi ce pays était-il couvert de fabriques fort actives où se pratiquaient de longue main des procédés ingénieux encore inconnus en France. Frédéric avait préposé à la tutelle de l'industrie du comté de La Mark, M. Eversmann, l'un des hommes les plus capables que j'aie jamais rencontrés. Il faisait, pendant la vie du grand Frédéric, tous les ans, le voyage de Sans-Souci. Le roi avait promptement reconnu tout ce qu'il valait et aimait à l'entendre sur les matières d'économie politique ; mais fidèle à son système de ne pas déranger un homme d'un poste où il faisait bien, pour le placer dans un autre où on croyait qu'il serait mieux, Frédéric renvoyait toujours M. Eversmann à son comté de La Mark. Ce pays, je le répète, était alors le plus avancé du grand-duché et peut-être de l'Allemagne ; mais les habitants n'étaient pas des habitants du grand-duché de Berg, ni même des Allemands, ils étaient des Prussiens ; et on trouve, si on regarde de près, que grande est la différence de ces derniers avec les autres. Les Prussiens ont de commun avec les Allemands le langage, le courage, le penchant à l'illuminisme ; mais ils sont devenus à l'école de Frédéric déliés, hardis et surtout irréligieux ; le maître leur a appris qu'en affaires le succès était tout et les moyens indifférents. Les gloires d'un long règne, le retentissement du nom de Frédéric qui fut l'homme de guerre du xviiie siècle et l'un de ses plus beaux esprits, quand l'esprit était aussi une puissance, avaient donné aux Prussiens une idée exagérée d'eux-mêmes, et aussi un amour de la patrie poussé jusqu'à l'idolâtrie. Ils le conservaient quand j'ai été administrer leurs provinces, c'est-à-dire au moment où la Prusse avait été réduite en lambeaux que Napoléon découpait ou distribuait à droite ou à gauche; et cependant, lorsqu'alors je pris possession du comté de La Mark, je m'aperçus que tout n'était pas fini avec des hommes qui ne s'avouaient pas vaincus et qui rêvaient la vengeance lorsque l'ennemi les tenait sous ses pieds, prêt à leur porter le dernier coup.

Le pays de Nassau-Siegen composait la troisième partie du grand-duché. Ce pays est l'antique patrimoine de la maison de Nassau, fertile en guerriers et en hommes d'État de premier rang, qui à ce titre a joué longtemps un grand rôle dans l'empire, et ensuite présidé avec sagesse aux destinées de la Hollande. Ce petit pays est l'un des plus pittoresques de l'Allemagne. Les habitants en sont laborieux, instruits, plus vifs qu'au climat n'appartient, et disposés à tout ce qu'on peut leur demander de bien. Lorsque j'ai été visiter ce pays pour la première fois, j'ai demandé qu'on me conduisît au vieux chêne sous lequel Maurice était assis lorsqu'une députation des *Gueux* de la Hollande vint lui proposer de se mettre à leur tête et de les aider à défendre leur liberté. Ce respect d'une tradition chère à la contrée me réussit. Je fus accompagné dans mon pèlerinage politique par un cortége nombreux. Je trouvai en effet un chêne énorme, tel que je n'en ai jamais vu; un banc bien entretenu, et d'ailleurs assez épais pour avoir résisté au temps, est établi au pied de l'arbre et l'entoure. C'est là, m'a-t-on dit, la place où Maurice avait l'habitude de venir se reposer et où il reçut en effet la première députation des Hollandais. Quelques doutes me venaient bien à l'esprit, non pas sur le fait en lui-même, mais sur l'identité du chêne et du banc. Je m'étonnais qu'ils eussent résisté si longtemps, mais des hommes d'un extérieur respectable l'attestaient de si bonne foi, ils ajoutaient tant d'autres histoires plus ou moins merveilleuses, mais toutes honorables pour les princes de la maison de Nassau, que je pensai que ce que je pouvais faire de mieux était de tout croire en bloc. Que gagne-t-on à attaquer par le raisonnement ces vieux contes qui se répètent avec tant de bonne foi et s'entendent avec tant de plaisir dans la contrée ? Tous ils célèbrent de beaux actes de vertu ou des merveilles nées de la religion ; ils les célèbrent dans les lieux mêmes qu'on croit en avoir été les témoins, et de là un charme supérieur à toutes les recherches de l'art, et peut-être à la vérité. Je ne sais rien qui m'ait fait verser plus de larmes dans mon enfance que le *cantique de Geneviève de Brabant*, et encore aujourd'hui je ne l'entendrais pas sans émotion.

Puisque je me jette dans un épisode, tout en donnant le détail des pays dont se composait le grand-duché de Berg, je veux raconter quelle singulière forme de négociation fut employée pour obtenir du prince Guillaume la cession de son duché de Nassau-Siegen. Cette contrée était indispensable à l'arrondissement du nouvel État que l'Empereur avait résolu de former sous le titre de grand-duché de Berg ; et d'ailleurs elle ne pouvait pas rester, ce qu'on appelle en l'air, entre la France qui possédait alors la rive gauche du Rhin, et les États qui venaient de s'organiser sur la rive droite. L'Empereur prit le parti de traiter avec le prince Guillaume de l'échange de sa principauté contre une contrée aussi étendue et plus productive dans l'intérieur de l'Allemagne.

M. de Talleyrand était ministre des affaires étrangères,

Le prince se trouvait alors à Paris, où il avait eu quelques relations avec le général Beurnonville; M. de Talleyrand jeta les yeux sur celui-ci pour traiter de l'échange; il connaissait au général un extérieur fanfaron et je ne sais quoi d'incisif qu'il croyait propre à triompher de l'entêtement du prince Guillaume qui était passé en proverbe. Le projet d'échange avait été rédigé à l'avance; le ministre, en le remettant au général Beurnonville, lui recommanda d'employer tout ce qu'il possédait de dextérité à obtenir l'assentiment du prince, mais de ne rien précipiter, de s'y prendre avec beaucoup de douceur et de mesure. « C'est, ajou-
» tait le ministre, une cruelle extrémité pour le chef de la
» maison de Nassau que d'abandonner un État héréditaire
» où s'attachent tant de souvenirs glorieux. Sa susceptibi-
» lité peut être extrême sans être exagérée; il faut la
» ménager, et, je le répète, mettre le temps de notre côté. »
— Beurnonville d'applaudir et d'applaudir encore aux délicates prévisions du ministre; il se charge des papiers qui contiennent sa mission. Le lendemain matin M. de Talleyrand trouve le général à son lever : « Eh bien!
» avez-vous déjà vu le prince Guillaume? Vous venez sans
» doute me dire que vous en avez été fraîchement accueilli?
» Il fallait nous y attendre; mais le début n'est pas grand'
» chose en une telle affaire ; de la patience, et nous réussi-
» rons. — Pas de cela, répond Beurnonville : tout est
» terminé : voilà les doubles du traité signés par le
» prince. — (M. de Talleyrand). Mais par quel mira-
» cle, et comment vous y êtes-vous donc pris? — (Le général) : Ma foi, j'ai bien repassé dans mon esprit les
» recommandations que vous me fîtes hier. En vous quit-
» tant j'allai tout droit chez le prince, que je rencontrai

» seul. L'occasion était à souhait pour lui parler d'affaires :
» Prince, lui dis-je, vous savez ou vous ne savez pas que
» l'Empereur a besoin de votre duché de Siegen. Il vous
» offre en échange une principauté dans l'intérieur de
» l'Allemagne, plus forte en population et plus riche en
» produits ; voilà le traité tout dressé. Je sais bien que vous
» avez de bonnes raisons pour refuser cet arrangement ;
» mais, sacredié ! vous n'êtes pas le plus fort : ainsi croyez
» moi, *faites beau c....* — Et le prince a fait *beau c...?*
» reprit froidement M. de Talleyrand. — Oui, sans *bar-*
» *guigner*, dit Beurnonville, et, ma foi, je ne croyais pas
» en finir sitôt. »

A quelque temps de là, ce négociateur caporal se fit peindre en pied avec l'attirail alors indispensable : costume complet de général, la main gauche soutenue par un grand sabre, et dans le lointain un hussard tenant deux chevaux en laisse. Jusque-là, rien dans ce portrait qui ne se trouvât dans celui de tout autre général, c'était la peinture de l'époque ; mais pour signaler en même temps le négociateur, le peintre avait mis dans la main droite de son personnage un rouleau de papiers déployé aux trois quarts et portant écrit en tête le mot *traité*. Le surplus de la page restait en blanc. Beurnonville présentait ce rouleau d'un ton capable et menaçant ; il semblait, pour qui connaissait les détails, répéter les mots sacramentels de sa négociation avec le prince Guillaume. — « Beugnot, me disait un
» jour M. de Talleyrand, avez-vous vu le portrait de Beur-
» nonville, par Robert Lefèbvre ? — Oui, je l'ai trouvé
» ressemblant et assez bien peint. — Il ne s'agit pas de
» cela ; mais il laisse quelque chose à désirer : pourquoi
» n'avoir pas écrit sur la page blanche que le général tient

» à la main : *Prince, faites beau c...* ?. Alors tout y était ;
» le caractère de la tête, le mouvement des lèvres du per-
» sonnage s'expliquaient, et le portrait devenait historique.
» Vous êtes lié avec Beurnonville, dites-lui donc de ne
» pas laisser l'œuvre imparfaite ; il nous le doit, et il se le
» doit à lui-même. »

J'ai fait une excursion assez longue hors du grand-duché de Berg, et quoique ce soit une notable portion de cet État qui m'en ait fourni l'occasion, je n'en suis pas plus excusable : je rentre dans mon sujet. Déjà j'ai rapidement passé sur l'évêché de Munster, le comté de La Mark et le pays de Nassau ; je termine par la partie qui aurait dû m'occuper la première, puisqu'elle est la plus considérable et donne son nom aux autres, par le duché de Berg proprement dit.

Cette province fut longtemps l'apanage de la maison Palatine et passa ensuite à celle de Bavière ; la ville de Dusseldorf en est la capitale. Cette ville, très-heureusement située sur le Rhin, est bien bâtie et se ressent, soit dans ses bâtiments, soit dans les mœurs des habitants, d'avoir été le siège d'une cour polie, amie des arts. Une Médicis avait épousé le prince Palatin, à qui Louis XIV fit payer cher le malheur de se trouver sur son chemin. Elle se fit suivre jusqu'au fond de l'Allemagne par les beaux-arts, anciens et nobles commensaux de sa famille. Dusseldorf y gagna une galerie de tableaux, l'une des plus belles de l'Europe, des places publiques, quelques monuments passables, et non loin de la ville on vit s'élever à Bensberg un château dans le goût italien, et tel qu'il n'y a pas de contrée en Europe qui ne pût en être fière. Les princes qui succédèrent à Charles-Louis tinrent à gloire de soutenir le mouvement qu'il avait imprimé. Les habitants du duché de Berg contractèrent sous un tel gouvernement des mœurs douces et façonnées à la politesse, tournées vers le goût des emplois plutôt que vers des destinations indépendantes, mais ceci n'est vrai que de Düsseldorf et de son rayon. Si, en remontant au levant, on parvient aux vallées de Barmen, d'Elberfeld, et même si on côtoie les cantons de Roustorf, de Romscheit ou de Sölingen, on se trouve au milieu d'un triomphe de l'industrie humaine que vainement on demanderait à un autre pays de l'Europe, l'Angleterre comprise.

Peu d'États du second ou du troisième ordre offraient autant d'avantages que le grand-duché dans la main d'un prince ami de la France : belle position sur le Rhin, population bien partagée entre l'agriculture et l'industrie ; la première sollicitant quelques encouragements, mais faciles à lui procurer ; la seconde, parvenue à un point où il n'y avait plus qu'à laisser faire et admirer. Chez les habitants, de l'instruction, une douceur naturelle, le goût du perfectionnement, et ne demandant aux Français pour les aimer que d'en être traités avec quelque justice. Assurément une principauté composée de la sorte pouvait satisfaire une ambition élevée, mais elle était loin de suffire à celle du général Murat, et sa femme en était presque humiliée. On avait accepté en attendant mieux.

Le maréchal Murat avait fait à Düsseldorf deux voyages, durant lesquels il avait déployé jusqu'au ridicule l'élégance qui lui était naturelle. Les habitants en avaient été éblouis, mais intérieurement flattés. La représentation du nouveau grand-duc dépassait de fort loin en magnificence celle des anciens souverains, et Düsseldorf crut avoir gagné au change. D'ailleurs, il faut rendre au maréchal Murat cette justice, qu'une fois reposé de ses pantomimes princières ou chevalières, il se montrait homme intelligent et bien intentionné. Sa gloire militaire lui servait de piédestal. Lorsque, dans la campagne de Prusse, les bulletins parlaient sans cesse du grand-duc de Berg et de ses prouesses, ses nouveaux sujets en étaient tout fiers ; on lisait les journaux sur les places publiques, et on tremblait sérieusement pour les jours du prince intrépide. Oh ! comme il en aurait peu coûté pour s'attacher les Allemands, qui ne résistent pas au prestige de la gloire militaire, aux yeux desquels le serment de fidélité n'est pas un titre vain, et qui ressentaient pour la France je ne sais quel vieux penchant dont nous les avons cruellement corrigés.

Le maréchal Murat n'avait pas été sitôt élevé au rang de prince qu'il lui avait pris la fantaisie de l'être tout comme un autre, avec qui que ce soit et même avec l'Empereur. Le duché de Berg, tel qu'il était composé lorsqu'il l'avait reçu, comprenait la ville de Wesel, ville forte sur le Rhin et d'une importance majeure pour la défense du fleuve, telle que l'Empereur l'avait alors conçue. L'Empereur demanda que le grand-duché lui cédât cette ville en échange du duché de Nassau et de la principauté de Dissembourg. Le grand-duc hésita longtemps. Une telle place dans ses États relevait son importance, puis, et en exagérant le prix de cette acquisition pour la France, il demandait des retours énormes. Je crois que les négociateurs de cette grande affaire avaient grand soin de ne parler à l'Empereur qu'avec beaucoup de discrétion des difficultés où son beau-frère se plaisait. Cependant on ne pouvait lui dissimuler les retards, et l'Empereur, ennuyé, prononça son dernier mot. Le maréchal Murat se montra furieux, et dit hautement qu'il ne lui restait plus qu'un parti à prendre, celui de se jeter avec son armée dans la ville de Wesel et de s'y défendre. On verrait si l'Empereur aurait le front d'en venir faire le siége aux yeux de l'Europe, et, quant à lui, il saurait le soutenir jusqu'à la dernière extrémité. Ces paroles s'en allèrent en fumée comme elles étaient venues, et on en finit par un beau traité d'échange dont le double est resté dans mes papiers, d'abord par la difficulté de savoir à qui en faire la restitution, et ensuite parce que pour la richesse des caractères, de la reliure et des accessoires, il est un monument curieux de l'époque. Cette petite guerre assez ridicule de la part du grand-duc a pu contribuer pour quelque chose à sa déconvenue dans l'affaire de ce pays.

Lorsqu'en 1808 le grand-duc de Berg commandait à Madrid, il avait certainement l'espoir de la couronne d'Espagne. Il se persuadait même qu'il en avait reçu la promesse de l'Empereur. C'était pour hâter le dénouement qu'il avait attisé au sein de la capitale une fermentation qu'il avait ensuite réprimée, mais avec des accessoires si étranges qu'il faut bien chercher à sa conduite quelques motifs différents de ceux qu'il a mis en avant. Il n'est pas probable que l'Empereur ait positivement promis la couronne d'Espagne au maréchal Murat, il lui aura donné quelques paroles équivoques d'encouragement que ce dernier aura expliquées à sa manière et sous le charme de son ambition. Sa femme aura contribué à l'égarer, car cette sœur de l'Empereur se tenait pour déplacée partout ailleurs que sur un trône, et, il faut en convenir, la force de son caractère et l'élévation de son esprit semblaient l'y avoir préparée. Le mari et la femme furent déjoués dans leurs vues sur l'Espagne. Il se peut aussi que la petite guerre soutenue par le général pour la place de Wesel ait fait que l'Empereur soit revenu de l'idée de lui confier un morceau de l'importance de l'Espagne et des Indes. Il fallut donc qu'il se résignât au trône des Deux-Siciles, qui fut reçu d'assez mauvaise grâce : ce qui est à noter pour l'instruction de la postérité.

C'est alors que j'arrivai à Dusseldorf pour prendre possession du grand-duché au nom de l'Empereur. Je le reçus des mains de M. Agard, qui l'administrait pour le compte du dernier souverain. Ce M. Agard est un homme de souci perpétuel, toujours en garde contre les autres et contre lui-même. Au reste, homme instruit, bon littérateur et cependant capable en affaires. Il avait commencé par quelque mince emploi dans l'instruction publique, et s'était ensuite attaché à la fortune de Murat, son compatriote et son ami d'enfance. Il avait grandi avec elle, et comme on ne prévoit pas jusqu'où l'appétit peut venir en grandissant, il avait poussé l'ambition au point de prétendre à la main d'une cousine germaine du prince, espèce de petite niaise au demeurant, à laquelle il ne manquait que l'esprit, la figure et la santé. Le prince trouva grande d'abord la liberté que prenait l'ex-camarade Agard; il se laissa ensuite attendrir, et finit même par le doter de la commanderie de Mosbourg, qu'il érigea en sa faveur en comté. Il était fort douteux que le prince eût le droit de faire cette donation à l'époque où il la fit, mais alors on n'y regardait pas de plus près pour donner que pour prendre. Ici, et par une remarquable inconséquence, le prince, en comtifiant M. Agard, lui imposa par devant notaire la condition de ne jamais se prévaloir à aucun titre, ni même de parler de sa parenté avec lui.

La sévérité avec M. Agard m'avait été recommandée, et je l'employai peut-être avec excès. Son humeur me jetait hors des gonds. J'étais rebuté par la discrétion, ou si l'on veut, la dissimulation qu'il poussait jusqu'à ne vouloir pas révéler qu'il fût honnête homme. Le grand-duc, qui avait rêvé le trône d'Espagne six mois avant qu'il fût donné à un autre, avait vendu des domaines du grand-duché autant qu'il avait pu et plus qu'il n'aurait dû. Il avait anticipé sur les échéances des revenus et pressuré de son mieux l'orange qui lui échappait de la main. Je relève ces faits ; je les explore dans tous leurs détails, et je découvre que M. Agard a largement opéré dans les intérêts de son maître, mais toujours avec fidélité ; le droit de vendre une fois reconnu, rien n'était à reprocher à personne.

En examinant quelques parties de la correspondance de M. Agard avec le grand-duc, je vis que le dernier la semait parfois de traits littéraires. J'en témoignai ma surprise à M. Agard, car je ne tenais pas le général Murat pour plus avancé qu'un autre en ce point. M. Agard me détrompa en me communiquant quelques morceaux de l'Enéide traduits en vers par le grand-duc, et en me fournissant des preuves non-équivoques de la paternité. J'ai trouvé depuis l'occasion de me convaincre que le général Murat avait fait de bonnes études et qu'il en gardait le souvenir au milieu de sa prodigieuse activité militaire. Il paraît qu'il avait été préparé par sa famille pour la carrière de l'Église, et qu'il dut à la révolution d'en parcourir une autre où il a mieux et plus glorieusement déployé les qualités brillantes que la nature lui a généreusement départies.

Les difficultés entre M. Agard et moi furent renvoyées à l'arbitre suprême, et M. Agard quitta le grand-duché pour aller prendre à Naples la place de ministre des finances. L'Empereur ne trouva pas qu'ici mon zèle eût été tout à fait suivant la science, et porta sur ma conduite un jugement fort vif qu'il chargea son ministre de me transmettre. Ce ministre était heureusement celui des finances, qui adoucit tellement le trait qu'il me fut à peine sensible. Je n'avais pas assez réfléchi qu'en traitant M. Agard avec dureté, je trouverais derrière lui le roi de Naples, ce qui était déjà quelque chose, et derrière, ou plutôt en avant du roi, la reine qui était beaucoup. Le couple couronné entourait l'Empereur et avait trop d'avantages sur moi, qui ne pouvais, du lieu où j'étais, parer les coups ni même les deviner.

Parmi les objets en litige entre M. Agard et moi, je trouvai le tableau de la bataille d'Aboukir, que le grand-duc avait fait transporter à Dusseldorf. Il avait commandé et payé le tableau à Gros; il était donc sa propriété. L'Empereur m'ordonna de lui faire à ce sujet un rapport spécial où je déduirais mes raisons pour retenir ce morceau à Dusseldorf. J'exposai qu'en effet j'avais considéré le tableau comme le témoin d'un des plus beaux faits d'armes de l'armée française en Égypte ; qu'à ce titre il avait reçu du public la dénomination de *la Bataille d'Aboukir;* qu'il avait comme tel été exposé au Louvre, admiré de la France et de l'étranger, et je ne concevais pas qu'un tableau semblable pût appartenir à tout autre qu'à l'Empereur, car il entre comme pièce indispensable dans cette série de monuments qui attesteront à la postérité ces prodiges militaires à peine croyables pour ceux qui en ont été les témoins. Seulement il peut être trouvé juste d'indemniser le grand-duc de ce que le tableau lui aura coûté. Ces raisons ne valaient pas grand'chose, et je le sentais; aussi j'ajoutai cependant qu'après avoir de nouveau considéré ce morceau sans me laisser prévenir pas plus par les jugements qu'on en avait porté que sur le titre qu'on lui avait donné, j'avais trouvé que l'œuvre, d'ailleurs des plus estimables sous le rapport de l'art, ne présentait pas à vrai dire la bataille d'Aboukir; tout au plus on y retrouvait un incident de cette journée, arrangé, comme il était fort naturel, au gré de la personne qui avait commandé l'ouvrage. Le général Murat, magnifiquement monté et équipé, occupait le premier plan et absorbait tout l'intérêt par son action dans le groupe du pacha et de son fils. La bataille d'Aboukir est si confusément indiquée dans le second plan, qu'il faut quelque effort pour y découvrir le vainqueur; dès lors ce tableau n'est point historique; c'est simplement un portrait de famille qui prend sa place comme un autre parmi les meubles du grand-duc. Je n'aurais pas mieux dit si j'avais eu la forte intention d'obtenir que ce tableau fût restitué. Contre l'usage, le rapport me fut renvoyé, ayant en marge l'autographe de la décision : elle portait : *Approuvé la restitution comme portrait de famille*, et j'ai su que l'Empereur qualifiait de la sorte ce tableau de Gros, lorsque l'occasion se présentait d'en parler.

Je fus d'abord rangé, pour ma correspondance avec l'Empereur, dans les attributions de M. le ministre des finances, duc de Gaëte : je ne pouvais pas mieux tomber; le duc de Gaëte est l'un des meilleurs entre les hommes qui ont obtenu la confiance de l'Empereur. Avant la révolution il s'était déjà avancé dans la carrière des bureaux, la seule qui fût alors ouverte devant lui. Il était premier commis sous M. de Vergennes, directeur général des contributions, et déployait dès lors les qualités qui ne l'ont jamais abandonné depuis. Doué d'un esprit droit plutôt qu'étendu, exact, laborieux, rangé en tout, dans ses affaires comme dans sa toilette, assidu à l'Opéra, scrupuleux sur les devoirs de la société, inébranlable dans ses habitudes, fort révérencieux pour le pouvoir, un peu reluctant contre les nouveautés, il eût offert dans l'ancien régime le parfait modèle de ces premiers commis qui ne naissaient ni ne mouraient, parce que de génération en génération on les trouvait toujours les mêmes. M. Gaudin (c'est ainsi qu'alors il s'appelait) avait, sans trop d'encombre, traversé la révolution, offrant ce qu'il savait faire à qui en avait besoin ; travaillant sous le financier Cambon et le ministre Ramel, pas autrement qu'il n'aurait fait sous M. de Fleury ou M. de Calonne, une utilité financière et rien de plus. Cependant le crédit de M. Gaudin se relevait insensiblement à mesure que le calme renaissait dans la société, et il était parvenu à ce point que le Directoire lui avait confié l'administration des postes. C'est là que le trouva la révolution de brumaire.

Bonaparte, en arrivant aux affaires, était rempli de l'idée que le Directoire n'avait rien entendu aux finances et y avait commis des fautes sans nombre, et il chercha d'abord à s'entourer d'hommes qui eussent connu l'ancien système et fussent en état de reproduire ce qui était bon et encore praticable. Le consul Lebrun lui indiqua M. Gaudin, avec lequel il était anciennement lié ; il en dit beaucoup de bien, personne n'en dit de mal, et Bonaparte le nomma ministre des finances. Il se trouva tout juste de mesure à servir sous un pareil maître. Apportant au jeu quelques bonnes et vieilles notions, il les produisait sans y mettre de prétention et les abandonnait sans plus de résistance ; au reste, introduisant l'ordre partout et curant du soir au matin les étables d'Augias sans s'afficher pour un Hercule. On lui doit le retour de la discipline dans les administrations financières, un bon établissement des recettes publiques, de louables efforts pour atteindre le but si haut placé d'une juste répartition des contributions. Le seul reproche qu'on puisse lui adresser en ce point est d'avoir cédé sur le cadastre aux suggestions de son ami Hennet, et occasionné à la France des centaines de millions de dépense pour un travail toujours incomplet, qu'il sera malaisé de terminer, et qui ne le sera pas sitôt qu'il faudra le reprendre en sous-œuvre pour réparer les brèches que le temps y aura faites. L'Empereur l'avait créé duc et ne laissait pas échapper une occasion de lui témoigner la haute estime où il était auprès de lui. Le nouveau duc usait de sa faveur et n'en abusait pas ; et il faut le noter, car son faible favori aurait induit tout autre en tentation. Au retour des Bourbons, M. le duc de Gaëte semblait préparé pour ce monde nouveau, ou, si l'on veut, ancien. Il en avait tout gardé, jusqu'à l'habillement. Seul, il avait fait traverser à la révolution le grand habit français, l'aile de pigeon, les longues manchettes et les boucles à la d'Artois. Il n'avait pas même composé sur les deux chaînes de montre et les retentissantes breloques. Il aurait pu servir de maître des cérémonies à ceux des hommes de la nouvelle cour, qui apparaissaient avec des oripeaux passés de mode depuis quarante ans. Au reste, les Bourbons eussent retrouvé un serviteur excellent dans le duc de Gaëte ; mais l'abbé Louis avait pris possession des finances dès la première heure de la Restauration, et il tenait pour ennemi nécessaire quiconque aurait pu lui disputer ce poste ou le remplir à son défaut. Il n'épargnait pas les reproches à ce pauvre duc de Gaëte, ni à M. Mollien. Il était passé en chose incontestée dans la coterie de l'abbé que ni l'un ni l'autre n'entendaient rien aux finances, qu'ils n'étaient que de pauvres instruments dans la main du maître, et que leur génie était à Sainte-Hélène. Ce jugement n'était que de l'insolence, et cependant il a suffi pour tenir à l'écart deux hommes qu'on aurait utilement employés.

J'ai pu autant que personne juger de ce qu'il y avait d'obligeant et de délicat dans la correspondance du duc de Gaëte. Il portait à l'Empereur le travail que je lui adressais et y donnait son avis. Toutes les fois que la décision était conforme, il n'éprouvait aucun embarras ; mais s'il arrivait que l'Empereur eût embrassé une opinion autre que la mienne, ou blâmât une mesure que j'avais prise, le ministre, qui ne pouvait pas se dispenser de m'en prévenir, y mettait tous les égards qui étaient en son pouvoir et choisissait les termes les plus propres à me consoler ou me rassurer. Par exemple, l'Empereur avait blâmé mon excès de sévérité avec M. Agard, et sa lettre qui m'est tombée dans les mains depuis la Restauration portait : « Faites savoir au comte Beugnot, que je ne veux pas de
» réaction, et que je désapprouve sa conduite. Il devait
» rendre compte et attendre des ordres. » Voici quelle a été la traduction : « L'Empereur me fait connaître, monsieur le
» comte, qu'il eût été plus conforme à ses intentions qu'a-
» près avoir examiné les tableaux fournis par M. Agard

» et avoir donné votre avis, vous eussiez pris les ordres de
» S. M. Au surplus, M. Agard est à Paris, et je termine-
» rai aisément avec lui les points restés en difficulté et que
» vous avez parfaitement éclaircis. Vous n'aurez donc plus
» à vous occuper de ce qui tient à la précédente adminis-
» tration. » Il semblait qu'en me donnant M. le duc de
Gaëte pour correspondant au début de mon administration
du grand-duché, et M. Rœderer à la fin, l'Empereur eût
voulu me faire sentir la douceur et l'amertume de deux
extrêmes opposés.

C'était alors une position en Europe que d'être Français, et c'en était une grande que de représenter l'Empereur quelque part; à cela près que je n'aurais pas impunément abusé, j'étais en Allemagne ce qu'avaient été
autrefois les proconsuls de Rome. Même respect, même
obéissance de la part des peuples, même obséquiosité de la
part des nobles, même désir de plaire et de capter ma
faveur. Nous étions à cette époque sous le charme de la
paix de Tilsitt, l'invincibilité de l'Empereur n'avait encore
reçu aucune atteinte; je sortais de Paris où j'avais passé
ma vie à sa cour, c'est-à-dire au sein des mémorables
travaux et des prestiges de son règne. Dans ses conseils,
j'avais admiré de près ce génie qui dominait la pensée
humaine; je croyais qu'il était né pour enchaîner la fortune, et je trouvais tout simple que les peuples fussent
prosternés à ses pieds; c'était désormais à mes yeux la
marche nouvelle du monde. Le pays qui m'était tombé en
partage réchauffait cette disposition; l'Allemagne, où le
merveilleux occupe toujours une grande place, a mis beaucoup de temps à se débarrasser de son admiration pour
l'Empereur; elle était alors complète pour le héros qui

n'avait eu besoin que de souffler pour la faire disparaître sur cette monarchie prussienne que n'avaient su défendre ni les armées, ni les souvenirs du grand Frédéric, réunis aux légions longtemps invincibles du successeur de Pierre le Grand.

Je me présentais dans le grand-duché sous l'empire de ces idées; rien ne m'étonnait dans les égards et même dans les respects dont j'étais l'objet; toutefois je ne m'endormais pas dans ces flatteuses déceptions, je travaillais du soir au matin avec une ardeur singulière, j'en étonnais les naturels du pays, qui ne savaient pas que l'Empereur exerçait sur ses serviteurs, et si éloignés qu'ils fussent de lui, le miracle de la présence réelle. Je croyais le voir devant moi lorsque je travaillais enfermé dans mon cabinet, et cette préoccupation assidue, qui m'a quelquefois inspiré des idées au-dessus de ma sphère, m'a plus souvent préservé des fautes qui naissent de la négligence ou de la légèreté. Un ancien a dit qu'il y avait grandement à gagner dans la conduite de la vie à se tenir par la pensée en présence d'un homme supérieur, et je suis tenté de croire que l'Empereur n'a été généralement si bien servi que parce que, soit par les précautions qu'il y prenait, soit par l'influence de ce nom qui se répétait tous les jours et partout, chacun de ses serviteurs le voyait sans cesse à ses côtés.

J'avais une confiance toute de bonne foi dans l'importance et dans la stabilité de ma position ; mais mon caractère me préservait des écarts qui auraient pu prévenir les esprits contre moi. J'ai de l'amour-propre, car tous les hommes en ont, mais il n'a rien d'excessif; je suis plutôt enclin à m'exagérer le mérite des autres qu'à le déprécier.

J'aime et je recherche ce qui est beau, ce qui est bon, et au fond du cœur je faisais beaucoup de cas des habitants du grand-duché; mais là, comme à Cassel, j'avais dans ma société le tort de traiter légèrement ce qui est grave chez les Allemands, de voir tout avec des yeux français, et surtout de lâcher la bride à mon penchant vers la plaisanterie; c'est ce dernier défaut qui m'était le moins pardonné : j'aurais réussi plus vite et plus complaisamment si j'avais su y résister.

Pendant les six premiers mois de mon administration les affaires marchaient avec facilité; je suivais les errements de l'ancien gouvernement ; je n'avais touché ni aux personnes, ni aux choses; les habitants s'en trouvaient bien, et les affaires de l'Empereur n'en allaient pas plus mal. J'aurais voulu continuer pendant quelque temps sur le même pied et n'introduire des changements que successivement et avec mesure ; j'aurais voulu surtout conserver des anciennes institutions ce qui flattait les habitants sans nuire à l'ordre et à l'expédition des affaires. Je trouvais à chaque instant l'occasion d'appliquer ce système et de le développer à M. le duc de Gaëte dans ma correspondance avec lui. Ce ministre le partageait au fond du cœur, et me laissait toute la liberté compatible avec la crainte que l'Empereur ne vît autrement.

Je m'estimais trop heureux d'avoir été rangé sous cette douce surveillance; je demandais à Dieu d'y rester longtemps. Je ne fus pas exaucé, et je fus informé, dans les premiers jours de 1809, que l'Empereur avait décidé que le ministre secrétaire d'État de l'Empire remplirait les mêmes fonctions pour le grand-duché de Berg. Peu après, Sa Majesté déclara, par un décret, qu'elle faisait le don du grand-duché à Napoléon-Louis, fils aîné du roi de Hollande, jeune enfant qui annonçait des dispositions remarquables, et à qui il portait un degré d'affection très-vif et qui paraissait tout naturel.

Puisque je perdais M. le duc de Gaëte, je ne pouvais pas tomber en meilleures mains qu'en celles de M. le duc de Bassano ; nous avions débuté ensemble sur le grand théâtre de la révolution. Mes antécédents et l'aisance de ma famille m'avaient donné d'abord de l'avantage sur lui ; j'étais membre de l'Assemblée législative qu'il n'était encore que rédacteur des séances pour le compte du *Moniteur*; mais je fus politiquement abîmé dans la journée du 10 août, tandis qu'il fut facile de la traverser à M. Maret, qui ne s'était encore fait connaître que par son singulier talent pour prêter aux orateurs des assemblées l'esprit qu'ils avaient oublié de mettre dans leurs discours. Il était cependant dans l'ordre que celui qui avait tant d'esprit au service des autres voulût en faire usage pour son compte. Lorsque M. Maret se présenta pour des emplois publics, il trouva pour l'y aider les nombreux amis que lui avait faits le *Moniteur;* au reste, M. Maret a le cœur excellent, il est donc disposé par sa nature à tout ce qui est bien. Son esprit est cultivé, et s'il n'eût pas été enlevé aux lettres par les affaires, il eût été un littérateur estimable, sinon du premier ordre. Son talent capital consiste dans une singulière facilité à reproduire les idées d'autrui, et il l'a tellement exercé dans la rédaction du *Moniteur* et de quelques ouvrages du même genre, que son esprit s'y est comme absorbé. L'abbé Sieyès lui procura, dans l'origine, la place de secrétaire du Consulat. Au début il déplaisait au premier consul, précisément par les qualités qui depuis le lui ont rendu si cher, son obséquiosité, son empressement, sa propension à disparaître devant l'esprit des autres; mais à mesure que le premier consul avait attiré à lui l'autorité, et qu'il avait pris l'habitude de la manier sans partage, il s'était réconcilié avec le secrétaire du Consulat. Le despotisme de l'un comme la faveur de l'autre croissaient dans la même proportion; le duc de Bassano avait fini par s'absorber dans l'Empereur : c'était pour celui-ci un sens de plus par lequel il manifestait au commun des hommes ses volontés promptes comme l'éclair. Les termes, en effet, manquent pour exprimer juste avec quelle assiduité, quelle facilité, quelle promptitude les ordres de l'Empereur, communiqués au secrétaire d'État par des mots qui partaient aussi vite que des signes, prenaient de la couleur, un sens, une rédaction, et couraient régir tous les points de ce vaste empire; jamais de délais, de remontrances, d'observations, et cette entière abnégation ne coûtait rien au duc de Bassano. Dès longtemps terrassé sans retour par le génie de l'Empereur, il croyait à son infaillibilité. Ceci explique les reproches qui lui furent adressés lorsque les temps devinrent néfastes : on l'accusa d'avoir toujours détourné l'Empereur de traiter avec la coalition, de s'être opposé au congrès de Prague, d'avoir neutralisé celui de Châtillon; mais, en dépit de toutes ses défaites, l'Empereur était loin de se tenir pour abattu. Il attendait les ennemis sur les hauteurs de Montmartre; il était donc souverainement injuste de demander au duc de Bassano une idée différente, et je ne sais s'il osait l'avoir, même lorsqu'il mouillait son maître de ses larmes dans la cour de Fontainebleau.

Mais durant ces quinze années de faveur, ou pour mieux dire de succès, on n'a pas une mauvaise action à reprocher au duc de Bassano, et on pourrait en citer grand nombre de bonnes; fort peu d'hommes se sont trouvés dans sa position de qui on en pourrait dire autant. S'il laissait percer quelques petits ridicules, ils ne prenaient point leur origine dans sa position élevée mais dans son individualité; il se complaisait dans la beauté de ses formes extérieures et la grâce de son maintien; le bel-esprit était aussi au nombre de ses prétentions. Il y avait bien au fond de tout cela quelque vanité, mais sans qu'elle allât jusqu'à l'orgueil ou à la hauteur. Quand il lui prit l'envie de se marier, déjà il avait atteint un remarquable degré de faveur, et il aurait pu porter ses vues assez haut. Bon nombre de familles, même dans le difficile faubourg, se seraient disputé le bonheur de son adoption; il alla chercher sa femme à Dijon, dans la ville qui l'avait vu naître; il la prit dans sa propre famille, peu riche par conséquent, à la vérité jeune, jolie, et non pas sans esprit.

Le duc de Bassano avait des envieux, sans doute, mais n'avait pas d'ennemis; cependant il voyait avec souci l'ascendant toujours croissant que prenait Regnauld de Saint-Jean-d'Angely au conseil d'État. La trempe d'esprit de celui-ci était toute différente : il avait autant de facilité au travail, et il y était infatigable à l'égal du duc de Bassano; mais sa facilité n'était pas de la souplesse, c'était un vigoureux coursier retenu par une main puissante, qui mordait le frein et était toujours prêt à échapper. M. Regnauld avait des qualités de premier ordre : il s'était fait écrivain correct, orateur éloquent, et, ce que je n'ai remarqué que chez lui, parvenu à près de cinquante ans il gagnait encore des deux côtés; il avait l'esprit juste, pénétrant, et se jouait au milieu de l'affaire la plus compliquée. Laborieux à volonté, il passait la nuit sur un carton du conseil d'État, composait le matin un discours pour l'Académie, courait chez sa maîtresse, et était arrivé des premiers à Saint-Cloud; mais il possédait, comme on le devine bien, les défauts de ses qualités, et s'y livrait avec un abandon qui allait parfois jusqu'à l'excès. Ensuite il avait gardé de ses premières années je ne sais quoi de commun : chez lui, de petites vanités, des jactances, des procédés parfois inexcusables, trahissaient le parvenu. L'Empereur, qui le voyait tous les jours, l'appréciait ce qu'il valait; quoiqu'assurément il ne lui fût pas tombé sous la main homme plus propre à faire à volonté un bon ministre de l'intérieur, de la justice et même des finances, il avait intérieurement décidé qu'il ne le serait jamais, et ce pauvre Regnauld avait eu la douleur de voir passer devant lui les Champagny, les Crétet, les Montalivet, dont on aurait pu réunir les trois capacités sans trouver le contre-poids de la sienne. L'Empereur le laissait dans la place de président de la section de l'intérieur au conseil d'État, et y ajoutait les missions importantes qui se rapprochaient plus ou moins du conseil. Il l'avait fait secrétaire d'État de la maison impériale, l'avait chargé de cordons; il recevait de grosses gratifications et avait été richement doté. L'Empereur semblait lui dire dans toutes les occasions : « *Tout ce qui vous plaira, mais jamais ministre.* »

Le duc de Bassano, qui connaissait cette disposition de l'Empereur et en voulait profiter, cherchait quelqu'un qui pût remplacer Regnauld qu'on aurait envoyé au sénat. Il présuma assez bien de moi pour m'en croire capable, il se trompa, mais j'étais resté assez bien dans son esprit pour que je fusse heureux d'être placé dans ses attributions; et puisqu'un secrétaire d'État à Paris était nécessaire à l'administration du grand-duché, il y avait quelque chose d'honorable pour cette administration que ce secrétaire d'État fût celui de l'Empire. Je ne fus pas longtemps à m'apercevoir que j'étais rapproché des regards du maître. On me demanda une statistique raisonnée du grand duché, un projet d'organisation du gouvernement qu'il était convenable d'y établir; d'y préparer sur-le-champ l'introduction des Codes français; de me soumettre, pour les recettes et les dépenses, à l'ordre introduit au Trésor impérial, et d'envoyer toutes les semaines un rapport détaillé sur tout ce qui pouvait intéresser l'Empereur dans l'étendue du grand-duché et dans les cercles de l'Allemagne que ses postes parcouraient.

Je demandai grâce sur quelques articles, tels que l'introduction subite des codes, la rédaction d'une statistique, etc.; mais j'envoyai un projet d'organisation du gouvernement : je proposais un ministre qui le serait à la fois de la justice, de l'intérieur et de l'instruction publique; un ministre des finances, un ministre de la guerre commandant supérieur des troupes; un conseil d'État de dix membres; au haut de la machine, un commissaire de l'Empereur, ministre principal, présidant le conseil des ministres et le conseil d'État, lequel statuerait sur les affaires pressantes ou de peu d'importance, et adresserait les autres à Paris avec ses avis motivés et des projets d'ordonnance. Le commissaire impérial conserverait l'administration des domaines du prince et rédigerait lui-même le budget, qu'il irait tous les ans soumettre à l'Empereur, après qu'il aurait été présenté en conseil d'État. Les administrations secondaires consistaient dans des directions générales des douanes, des postes, de l'enregistrement et domaines, organisées par M. Agard dans le système français. Je les conservais; j'y ajoutais une administration des eaux et forêts, restées jusque-là dans le domaine du grand-veneur, et une direction des contributions directes qui s'occuperait sur-le-champ d'un cadastre.

Je ne recevais ni censure, ni approbation de mes plans; on ne me répondait pas du tout. Je pris sur moi d'exécuter provisoirement tout ce que j'avais proposé pour les administrations secondaires; j'organisai le Trésor du grand-duché et en petit sur le modèle de celui de France, parce que je savais que l'Empereur n'aurait pas en ce point pardonné le retard, et que moi-même j'avais besoin de m'imposer des règles; insensiblement la machine prit un mouvement régulier et marchait rondement.

Le comte de Nesselrode, ministre de l'intérieur, était le chef de la famille de Nesselrode, l'une des plus anciennes d'Allemagne, et qui était en possession de fournir des sujets distingués à la diplomatie; lui-même était oncle, à la mode de Bretagne, du Nesselrode, ministre des affaires étrangères en Russie, que nous avons vu à Paris; il ne manquait pas d'instruction et de zèle, et ne se montrait rebelle ni aux idées françaises, ni à nos formes d'administration. Comme presque tous ses pareils, il était chargé de grandes propriétés mal administrées, et de dettes; il n'avait le courage de songer ni aux unes ni aux autres. Gentilhomme dans la belle acception du terme, il secondait franchement ce qui pouvait blesser son intérêt personnel lorsqu'il voyait le bien public au bout; aussi jouissait-il d'une véritable popularité. Je lui avais laissé, et presque sans contrôle, tout ce qui tenait au régime municipal, qu'il dirigeait paternellement. J'avais cru que c'était un bon moyen d'adoucir aux yeux des Allemands le joug étranger, que de préposer à cette partie de l'administration, dont l'action est de tous les jours, un homme de nom, qui parlait leur langue, partageait leurs goûts et même leurs faibles, et dont l'exemple répondait à toutes les préventions.

M. Fuschius, chargé de la justice, était un bourgeois à qui rien n'aurait pu persuader qu'il fût en quelque chose l'égal d'un comte de Nesselrode ; aussi restait-il subordonné, par le fait, à celui-ci ; à quoi je ne voyais pas d'inconvénient. C'était, au reste, un jurisconsulte bavarois dans toute la force du terme : honnête, assidu, passablement instruit, de mœurs patriarcales, mais d'une lenteur d'esprit qui me rendait le travail impossible avec lui.

Le général Damas s'occupait de tout ce qui tenait à l'armée ; Damas était un brave des premiers jours dont une grave méprise avait compromis la fortune. Entré au service en 1790, il était aide de camp du général Meunier au premier passage du Rhin et y reçut une blessure. En poursuivant sa carrière dans les années suivantes, il avait passé par les divers grades et fait ensuite partie de la fameuse expédition d'Égypte en qualité de chef d'état-major du général Kléber ; il était devenu son ami intime. Déjà l'histoire a dit comment le commandant en chef de cette armée s'en sépara à l'improviste et sans en avoir donné avis au général Kléber, qui devait la commander à son défaut. Kléber était l'un des premiers hommes de guerre d'une époque où il y en avait de si remarquables. Homère n'a pas rêvé une figure où l'ardeur et le courage se peignissent en aussi grands traits : un esprit ferme, élevé, généreux, animait ce magnifique extérieur. Kléber aimait passionnément la république, parce que c'était le seul gouvernement qui pût remplir sa noble ambition; toute, elle était pour la liberté et la gloire de sa patrie, et il croyait qu'on n'y atteindrait que par le respect des lois et la religion du devoir. Il vit avec indignation comment Bonaparte s'en était joué en quittant son armée; il en prit le commandement parce qu'il le fallait bien, mais en même temps il dénonça au Directoire la fuite de Bonaparte; lui-même avait dicté les termes de cette dénonciation, qui respirait une sévérité antique. Damas, quoiqu'il ne manquât pas d'esprit, n'était pas de trempe à produire quelque chose de semblable; mais il signa l'expédition de la dénonciation comme chef d'état-major, et l'adressa au Directoire. Pendant que le paquet traversait les mers, le Directoire avait cessé d'exister et était remplacé par le Consulat. Ce fut Bonaparte, premier consul, qui ouvrit le paquet renfermant la dénonciation de sa fuite d'Égypte; *Manebat alta mente repostum.* Cependant il dissimula pendant la vie de Kléber, qui soutenait d'une admirable manière le lourd fardeau qu'il lui avait laissé sur les bras, et dans lequel il voyait d'ailleurs un redoutable adversaire à ses projets ultérieurs. Mais quand la fortune l'eût délivré de Kléber, et que l'expédition d'Égypte regagna en lambeaux le sol de la patrie, le pauvre Damas, rentré sans autres ressources que son épée, ne put échapper au ressentiment concentré jusque-là. Il fut rayé des contrôles de l'armée et délaissé sur le pavé de Paris avec une femme et des enfants. Là même il n'eut pas le bonheur d'être oublié : il fut, une première fois, arrêté et logé au Temple pour avoir fait trop publiquement l'éloge de Kléber, parce qu'un pareil éloge impliquait la censure du premier consul. Remis en liberté par les soins du général Belliard, son ami, il fut peu de temps après arrêté de nouveau comme devant avoir pris part à l'échauffourée de Moreau. La procédure n'avait fourni aucune preuve contre lui : force fut bien de le rendre une seconde fois à la liberté, c'est-à-dire au délaissement et à la misère. Murat, qui, comme tous les hommes de grand courage, avait la générosité du cœur, osa lui tendre la main et l'envoya dans le grand-duché de Berg, qu'il possédait alors, pour en commander les troupes. Je l'y trouvai ; sa position devenait difficile depuis que l'Empereur avait repris le gouvernement du pays, et je lui donnai le conseil de partir pour Naples, où Murat l'attendait. Les premiers soldats de la révolution portaient à la patrie un attachement qui tenait de la passion. Damas ne put jamais se décider à passer les Alpes, et ne demanda, pour rester dans le grand-duché, partie en quelque sorte de la France, que ma parole de faire tout ce qui serait en ma puissance pour le réconcilier avec l'Empereur. Ce ne fut pas l'affaire d'un jour, car la première fois que je prononçai son nom, l'Empereur me dit : « Il est resté dans le grand-duché, à la bonne » heure ! tout ce que je peux faire pour lui c'est de » l'oublier. » Damas est cependant un officier-général instruit, modeste, d'une sûreté de caractère à toute épreuve, et sorti de l'école qui a produit les Kléber, les Hoche, les Marceau.

Je faisais marcher les affaires de mon mieux et comme je l'entendais, car je recevais rarement les réponses de M. le duc de Bassano. Dès qu'en 1809 je pus disposer d'un mois, je l'employai à visiter le grand-duché ; parti de Dusseldorf le 28 mai, je n'y rentrai qu'au 1er juillet. J'étudiai dans tous leurs détails les fabriques d'Elberfeld, Barmen, Roustorf, Lunen, Romscheit, Solingen, etc.

Je n'avais jeté dans ce voyage, ou plutôt dans cette course rapide, qu'un coup d'œil superficiel sur le grand-duché; j'avais seulement voulu reconnaître par moi-même ce que j'appelerais volontiers l'état des lieux. Je me proposais d'y revenir plus d'une fois; j'avais pu apprécier ce que valait chaque préfet, en le faisant s'expliquer dans les localités mêmes et en présence des objets sur lesquels il était interrogé. Je reconnus que nous avions eu la main bonne, et que MM. de Bok, de Rumberg et autres promettaient des magistrats distingués. Je leur remis l'instruction que dix ans auparavant j'avais composée pour les premiers préfets de l'Empire, après y avoir fait les corrections que l'expérience avait indiquées, ou que la différence des lieux rendait nécessaires.

VIII

Situation politique du grand-duché à l'époque de la guerre de 1809. — Le major Schill. — Le duc de Brunswick. — Bataille de Wagram.

Les avis que je recevais, le ton assez hautain qu'affectaient en parlant de la France les journaux publiés dans la Confédération du Rhin, un rappel général dans les États de l'Autriche des militaires en congé, m'indiquaient un nouvel et prochain conflit entre cette puissance et la France. Je craignis que les jours de la paix n'eussent déjà cessé, et je me rendis à Benrath, château si rapproché de Dusseldorf que les affaires s'expédiaient aussi promptement dans un lieu que dans l'autre. Je mis peu de temps à apprendre que la guerre était inévitable, prochaine, et que l'Autriche faisait un déploiement de forces extraordinaires dans l'espérance de dépasser celles de l'Empereur, dont on croyait une partie employée à subjuguer l'Espagne, et une autre encore à garder l'Italie. J'appelai sur-le-champ le général Damas, avec lequel j'arrêtai les préparatifs et les mesures de prévoyance qui étaient en notre pouvoir.

Arrivé à Dusseldorf au milieu de l'année précédente, j'y avais trouvé établi dans toute sa force le renom d'invincibilité qu'avait acquis l'Empereur dans les champs de Marengo, d'Austerlitz et d'Iéna. J'étais dans l'âge de l'ambition, et la route s'en ouvrait devant moi, large et semée de fleurs; je ne pouvais pas plus douter de ma fortune que de celle de l'Empereur. J'avais, avant de passer le Rhin, traversé les riches campagnes de la Roër; elles étaient animées par les scènes joyeuses et variées que partout la moisson fait naître. Le ciel était magnifique, et je me rappelle encore la sorte d'ivresse que j'éprouvais en passant ce fleuve éternellement fameux et courbé sous notre joug à force de victoires. Il était alors difficile à un soldat ou à un serviteur de Napoléon d'être modeste; ce qu'on pouvait en attendre de mieux, c'est qu'il ne fût pas insolent; mais cette attitude si belle, et j'ajouterai si pleinement belle, fut de courte durée. La défaite du général Dupont à Baylen, et les honteuses conditions qui l'entouraient, firent à l'étranger une sensation rapide et profonde; le masque était tombé, on vit qu'il était possible de nous vaincre, et on ne songea plus qu'à nous combattre.

J'étais assez bien placé pour surprendre quelques secrets de la diplomatie allemande : le privilège des postes du grand-duché s'étendait jusqu'aux villes Hanséatiques, et je recevais de Hambourg force nouvelles, dont, suivant l'usage, la plupart étaient hasardées et quelques-unes vraies. Les principales familles du grand-duché avaient des enfants au service autrichien, dont elles recevaient aussi des lettres; et, malgré le soin qu'on prenait pour en dérober le contenu aux Français, il leur en parvenait toujours quelque chose. En mon particulier, je ne négligeais pas plus à Düsseldorf qu'on ne négligeait autre part les moyens de pénétrer les secrets qui intéressaient l'Empereur. J'avais été assez bien servi, et, dès les premiers mois de 1809, j'avais averti du délire guerrier qui s'était emparé de la famille de l'empereur d'Autriche. Je demandais qu'on n'ajoutât aucune foi à l'interprétation que le cabinet de Vienne donnerait à ses préparatifs patents, lorsqu'il dirait qu'il n'entendait pas du tout attaquer la France, que seulement il se préparait à la défense. L'Empereur m'imposait un rapport tous les quinze jours où je lui rendais compte de l'état du grand-duché et de ce qui était venu à ma connaissance du reste de l'Allemagne. Le retard de cette pièce ne m'eût pas été pardonné, et cependant je n'ai jamais été à portée de savoir en quelle estime était ce travail dans son esprit. Lors même que, plus tard, je lui ai porté à Mayence des rapports qui n'étaient que trop exacts sur la défection de la Bavière et le changement de politique de l'Autriche, il les reçut fort mal, et me reprocha durement de faire de la politique *d'antichambre*. Toutefois, dès le lendemain matin, il était en route pour son armée.

Le 3 mars 1809, l'Empereur avait cédé par des lettres patentes le grand-duché de Berg au fils aîné du roi de Hollande. Cette mesure produisit un mauvais effet : les habitants du grand-duché y virent dans l'avenir leur réunion à la Hollande, et tremblèrent d'être un jour appelés à partager le poids énorme de sa dette. De son côté, le roi Louis accrédita de son mieux cette prévision fâcheuse, lorsqu'il dit, dans son discours aux Chambres, que les Hollandais devaient voir dans cette mesure le dessein qu'avait l'Empereur de les indemniser des pertes qu'ils avaient éprouvées. J'étais assurément fort loin de partager la commune erreur. Je savais que l'Empereur avait des motifs naturels de vouloir beaucoup de bien au fils aîné du roi de Hollande, et qu'il avait voulu pour lui quelque chose de plus positif qu'une couronne qui ne tenait à rien. Ce qu'on pouvait induire selon moi de plus certain de la mesure, c'est que dès lors un sort nouveau était préparé dans l'esprit de l'Empereur à la Hollande. Je n'osais donner à personne cette explication. Je répondais à tous ceux qui venaient me demander des détails, que la cession faite par l'Empereur était l'événement le plus heureux pour le grand-duché, et, afin qu'il ne restât plus de doute dans les esprits, je fis chanter un *Te Deum*, et je donnai une fête aussi magnifique que le local le comportait.

A la même époque, je fus informé que la guerre était arrêtée dans le cabinet de Vienne. On avait en même temps décidé qu'on tenterait un dernier effort pour soulever l'Allemagne entière contre la France. Des hommes graves, comme ceux qu'emploie ordinairement le cabinet de Vienne, s'étaient répandus sur les différents points de l'Allemagne pour y sonder le terrain. Il nous était échu un commandeur de Kaunitz, fils du fameux ministre, mais qui n'avait de son père que le nom. En prenant l'opposé de ce qu'il débitait, je me trouvai dans le vrai. Une lettre d'un homme habile, mon correspondant à Hambourg, confirma mes conjectures, et j'envoyai un courrier qui ne trouva pas l'Empereur à Paris; il était à l'expédition d'Espagne. Il en partit comme l'éclair, battit, avec les troupes qu'il trouva sur sa route, les Autrichiens qui se préparaient depuis trois ans, et était aux portes de Vienne lorsque, dans Vienne même, on s'obstinait à croire qu'il n'avait pas quitté l'Espagne.

Je recevais en même temps des ordres coup sur coup

pour des levées d'hommes et pour diriger sur la grande armée tout ce que je pouvais ramasser de disponible. Il me fallut laisser là tout autre travail pour m'occuper exclusivement de soins militaires. La merveilleuse précipitation de l'Empereur nous était bien nécessaire.

La tournure que prenait la guerre d'Espagne minait notre crédit en Allemagne. Les princes de la Confédération suivaient publiquement nos drapeaux; leurs peuples formaient des vœux secrets contre nous. « Comment voulez-
» vous, me disait l'un de ces princes, que nous allions long-
» temps avec vos victoires qui ne finissent pas? Nous
» sauvons l'honneur de nos armes, et nous épuisons le
» sang de nos peuples. » La Prusse jouait, comme de raison, le premier rôle dans ce concert de haines. Peut-être avions-nous trop durement appesanti sur elle la main du vainqueur ; peut-être avions-nous à nous reprocher de l'avoir blessée dans ses points sensibles et qui restent sacrés même entre ennemis. Il y avait au fond de l'âme de chaque Prussien, non pas le besoin, mais la rage de la vengeance contre tout ce qui portait le nom français. La cour de Prusse, en quittant Berlin pour Kœnigsberg, avait rendu la liberté de s'épancher aux ferments de haine partout répandus et qui bouillonnaient dans la capitale. Des jeunes gens qui appartenaient à des familles connues s'organisaient en bandes d'aventuriers, et juraient de courir sus aux Français, quelque part que ce fût. Un major Schill parvint à enlever son régiment tout entier pour cette nouvelle croisade; il comptait entre ses compagnons d'aventure le fils du général Blücher. Ce général lui-même dont la retraite du service n'avait rien de sérieux, était l'âme de l'entreprise. Il devait laisser commencer le mou-

vement et bientôt s'y réunir avec ce qu'il trouverait de troupes disposées à le suivre. Schill, exerçant son régiment sur la place publique de Berlin, affectait d'indiquer la position qu'il fallait donner au sabre pour *couper la tête d'un Français*, et comment en reprenant la deuxième position, *on coupait encore la tête à un Français*. Tout cela s'exécutait à la face du soleil, quand après le traité de Tilsitt, la Prusse était devenue notre alliée, que nous avions un ministre à Berlin et une armée à ses portes. Mais il n'y avait dans toute la Prusse qu'un seul homme de bonne foi pour la paix : c'était le roi. L'armée avait été abîmée, la monarchie démembrée, le roi humilié; mais une puissance nouvelle avait surgi de ce malheur extrême : c'était celle de la nation, qui ne consentait pas à sa ruine et se précipitait aveuglément dans toutes les voies de la résistance. La levée de boucliers du major Schill ne pouvait enfanter que du brigandage; cependant, elle avertissait de ce que nous avions à attendre du pays où elle avait pu s'opérer impunément. Schill était devenu à l'avance un héros. C'était au moins celui du jour. Les élégantes de Berlin portaient son portrait ou son chiffre pendant à un collier de fer d'un travail gracieux et léger. C'est avec du fer, disait-on, que la Prusse se relèvera; il en faut partout, et jusque sur le sein des femmes. La mode des ornements de femme en fer date de cette époque; les Prussiennes, qui les avaient introduits chez elles par un sentiment très-louable, les virent adopter par le reste de l'Allemagne, ce qui était fort naturel, mais aussi par la France, contre laquelle ils avaient été inventés. Tant il est vrai que chez nous il n'est rien que le caprice n'accepte et que la mode ne justifie.

Le major Schill passa l'Elbe dans les premiers jours de

mai, se porta sur Halle et Alberstadt, et s'approchait d'assez près du grand-duché. Je n'étais pas sans inquiétude sur le département formé de l'ancien comté de La Mark, où je savais qu'il avait des intelligences. L'armée du grand-duché était tout entière au dehors, partie à La grande armée, partie en Espagne. Il me restait pour ressource la gendarmerie, les dépôts des régiments et une compagnie de vétérans. Le général Damas en forma deux forts détachements, avec lesquels il alla prendre position à Rheda et à Lipstadt, les deux points les plus menacés, parce qu'ils étaient ceux par lesquels Schill pouvait plus aisément pénétrer. Cette malheureuse petite guerre avait cela de dangereux qu'elle promenait partout où elle s'étendait le cri d'extermination contre les Français, dans le temps où l'Empereur était aux prises avec toutes les forces de la monarchie autrichienne.

J'étais de la sorte entouré de sujets d'inquiétude, et je n'avais à leur opposer que ma confiance dans le génie de l'Empereur. Telle était ma disposition d'esprit, lorsque je reçus un courrier que le ministre secrétaire d'État m'avait expédié le 6 mai, lendemain de la bataille d'Essling. La lettre du ministre était assez longue et tout entière de sa main : elle contenait le récit de la bataille de la veille, qu'elle présentait comme une victoire obtenue sans efforts. La dépêche était écrite avec beaucoup d'art. Tant de précaution dans la manière de la rédiger, tant d'empressement à me la faire parvenir, étaient propres à éveiller mes soupçons. Vingt fois je relus l'épître; et, à force de la commenter, je jugeai qu'il était plus sûr de croire à ce qui était resté en blanc dans la lettre qu'à ce qui était écrit, et que la joie factice de M. le ministre secrétaire d'État recouvrait une véritable défaite. Je pris sur-le-champ mon parti : je composai un bulletin de victoire plus net et plus rondement écrit que la lettre du duc de Bassano ; je l'expédiai sur tous les points de l'Allemagne où parvenaient les postes du grand-duché, et j'envoyai des courriers dans les autres destinations, en Hollande, et même sur la rive gauche du Rhin. J'affirmai impudemment que l'Empereur m'avait adressé ce bulletin du champ même de la bataille. J'avais jugé qu'il était pressant de s'emparer de l'initiative, et je ne m'étais pas trompé. A peine deux jours s'étaient passés que, de toutes parts, affluaient dans le grand-duché des lettres d'un style bien différent. Le ministre de l'intérieur avait, en tout bien tout honneur, son fils aîné colonel du régiment des chasseurs de Berg, et son fils cadet colonel du régiment des hussards de Lichtenstein, qui faisait partie de l'armée autrichienne. Le jeune comte de Nesselrode, après la journée d'Essling, envoya à son père un récit détaillé de la bataille. Il s'y prit si bien pour m'en dérober la connaissance que je l'eus pour ainsi dire aussitôt que lui. J'y vis que notre perte avait été grande sur tous les points, et que l'armée française n'avait échappé à une déroute complète que par l'intrépidité systématique du maréchal Masséna. J'ajoutais foi à cette lettre, parce que je connaissais celui qui l'écrivait pour un sujet distingué et éloigné par caractère de toute exagération.

La joie en fut grande dans le parti autrichien à Dusseldorf. De tous les châteaux, on venait en pèlerinage au ministère de l'intérieur du grand-duché, pour y lire la fameuse dépêche du fils du ministre. J'en conçus de l'impatience, et j'avais d'abord résolu de prier poliment M. le comte de Nesselrode de me renvoyer son portefeuille. Je suspendis cette mesure, dans la crainte de l'ébranlement qu'elle occasionnerait dans un moment où moi-même j'étais, pour ainsi dire, en l'air. Je préférai attendre la fin de la campagne; alors je n'eus pas à y revenir; le jeune Nesselrode périt dans les champs de Wagram à la tête de son régiment. Un sentiment bien différent succéda à mon impatience; le malheureux père ne pouvait pas me faire part de sa perte; je ne pouvais pas davantage lui en parler; mais je saisissais tous les moyens indirects de lui prouver la part que j'y prenais, et je ne dissimulais pas. Le jeune comte méritait des regrets dans tous les partis, car il était homme aimable, plein de loyauté, sans haine et sans prévention contre nous, enfin un ennemi généreux. « Mon frère, me disait-il un jour, a le beau lot, puisqu'il » est des vôtres. Je sers dans l'armée autrichienne; c'est » la place du cadet de la famille. »

En dépit de mon bulletin, la bataille d'Essling fut tenue pour une défaite et l'ébranlement devint général en Allemagne. La Prusse crut qu'elle allait être délivrée aussi promptement qu'elle avait été asservie. Il n'y eut pas jusqu'au Danemark qui prit une attitude hostile, sans qu'on pût en rendre raison autrement que par l'assiduité des intrigues anglaises. La Suède n'était pas mieux disposée, et les princes de la Confédération du Rhin, dont les soldats grossissaient nos légions, caressaient intérieurement la pensée d'être bientôt délivrés de leur rude protecteur. La conflagration était si menaçante que le prince-primat se crut ou fut obligé d'adresser aux princes confédérés une instruction politico-pastorale, où il exposait que l'Empereur avait eu la victoire, qu'il ne cesserait pas de l'avoir, et que les affaires tourneraient au mieux, pour le plus grand bonheur du monde, et de la Confédération du Rhin en particulier. Si, dans ce moment de crise, entre la journée d'Essling et celle de Wagram, la Russie eût fait un signe on ne sait ce qui en serait arrivé ; mais tel était encore l'ascendant attaché à la personne de l'Empereur, qu'après la journée d'Essling, et dans la périlleuse position de l'île de Lobau, seul il suffisait à balancer la fortune, jusqu'à ce qu'il l'eût vaincue dans son infidélité.

L'Allemagne avait les yeux attachés sur cette île de Lobau. Serait-elle le tombeau de l'armée française ou l'aigle de Napoléon s'en échapperait-il victorieux ? J'étais fort ébranlé par les opinions des gens du métier, qui Français ou Allemands, s'accordaient sur le danger de la position. Personne ne croyait que l'Empereur trouvât dans l'île de Lobau des ressources pour refaire son armée et reprendre l'offensive, et on croyait encore moins que le prince Charles le laissât faire.

Le major Schill ne me causait plus d'inquiétude. Comme ses courses étaient surtout intéressées, il avait abandonné sa marche vers le grand-duché pour se porter sur les villes Hanséatiques, qui lui offraient une proie plus grasse et plus facile à saisir. Poursuivi par une division hollandaise sous les ordres du général Gratien, il fut atteint dans la ville même de Stralsund, où, après une vigoureuse défense, sa troupe fut dispersée, et lui-même périt en combattant avec un courage digne d'une meilleure cause.

Les partisans de Schill trouvèrent sur-le-champ à se rallier sous un autre drapeau, sous celui du duc de Brunswick-Oels. Ce prince avait pénétré en Saxe à la tête d'une division composée, partie de troupes réglées autrichiennes, partie de ces aventuriers nés de longues guerres, et qui s'offrent au parti qui veut les payer. Son but était de rentrer dans le patrimoine de sa maison, dont l'Empereur s'était emparé pour le comprendre dans le royaume de Westphalie. Dans ce dessein, il traversa rapidement la Saxe et parvint jusqu'à la capitale de ses anciens États. Il ne devait point s'y arrêter, mais marcher droit sur Wesel, en passant par le grand-duché. Je ne redoutais pas moins les approches de M. le duc de Brunswick que j'avais redouté celles de Schill. Les troupes du premier avaient commis toutes sortes d'excès à Leipsick et à Halle; il les avait intitulées *l'Armée de la Vengeance*, et leur avait donné des uniformes conformes à leur destination : habit noir chamarré de têtes de mort et d'ossements humains brodés en blanc. Il en exigeait des serments affreux, et, ce qu'il y avait de pire, c'est que ce lugubre appareil accompagnait les scènes qu'il semblait seulement promettre. Des Français, saisis au hasard et la plupart désarmés, avaient été impitoyablement massacrés. Le chef de l'expédition, qui ne manquait ni de courage ni d'audace, tint la campagne pendant un mois, et jusqu'au 7 août, que, serré de tous côtés par des troupes du roi de Westphalie quatre fois plus nombreuses, il se jeta dans le duché d'Oldenbourg, et y prit la mer avec ses bandes, pour aller rejoindre les Anglais à Walcheren.

Lorsque, fuyant devant nos troupes, il traversa Brunswick, il ne voulut pas descendre dans le palais de ses pères; il dormit en pleine rue, sur le rempart, couché sur une botte de paille. L'armistice signé avec l'Autriche n'avait point désespéré son courage. Abandonné par ceux qui l'avaient poussé en avant, il trouvait ses ressources en lui-même, et ce fut à travers mille périls qu'il alla joindre les drapeaux de la seule puissance qui ressentît contre la France une haine égale à la sienne. Je ne pouvais me défendre d'une sorte d'admiration pour l'homme qui donnait à l'Europe vaincue et courbée l'exemple d'une telle persévérance, et cependant, instruit par le *Moniteur*, j'étais forcé, dans mes rapports à l'Empereur, de le flétrir de l'épithète de *brigand*.

Ce prince était le fils du duc de Brunswick, de celui qui laissa mettre son nom au bas de la fameuse déclaration de juillet 1792, si funeste à la cause des émigrés. Il n'en était point l'auteur, mais bien un abbé Limon, intrigant de premier aloi, qui, après avoir déserté le parti d'Orléans, avait porté son ardeur dans celui de la contre-révolution. Les termes dans lesquels ce manifeste était conçu contrastaient avec l'esprit anciennement connu du duc, heureux frère d'armes et ami du grand Frédéric. Il professait les mêmes opinions philosophiques et partageait son goût pour la littérature et les arts. Parce que ses États étaient circonscrits, il avait pu impunément y maintenir un gouvernement paternel, dont il trouvait, au reste, les principes dans son cœur. Il était adoré de ses sujets; on ne citait plus ses actes de bienfaisance, car il eût fallu trop souvent se répéter. Les lumières, la probité, le dévouement au bien public étaient les titres à sa faveur, et à une époque où les Juifs étaient honteusement persécutés en Allemagne, il avait placé dans son conseil d'État un négociant de Brunswick, nommé Jacobson, juif et attaché à sa religion, mais homme vertueux et sincèrement philanthrope.

La haute considération dont jouissait en Allemagne le duc de Brunswick, avait résisté à la malheureuse déconfiture des plaines de Champagne. On savait qu'il avait été trompé, dans l'origine, sur la nature de la guerre qu'alors l'on prétendait faire. Rentré dans ses États, nul ne s'était montré plus secourable envers les émigrés en général. Puis il avait ouvert un asile dans sa cour aux familles de la haute société française, avec lesquelles il avait eu des relations dans des temps plus heureux; et apparemment il était parvenu, à force de soins délicats, à les guérir de l'impatience du retour, car je les ai encore trouvées à Brunswick, quand j'ai été en prendre possession pour le roi de Westphalie. En 1806, le parti romantique de la cour de Berlin voulait à tout prix la guerre contre la France. Le duc de Brunswick s'y opposait, et mettait dans la balance le poids de sa renommée. Le roi l'écoutait, et sa confiance dans le prince tint pendant quelque temps la détermination suspendue. Enfin le vieux guerrier fut vaincu dans le conseil, et ne gagna à sa longue résistance que le surnom dérisoire de *Prince de la Paix*. On le lisait un jour affiché à son carrosse, pendant qu'il faisait le trajet de Berlin à Brunswick. Le duc espérait au moins de la publicité de sa répugnance que, si la guerre était déclarée, il serait dispensé d'y prendre part, et il se trompait encore. Trois jours avant l'entrée en campagne, quand toutes les dispositions préliminaires avaient été prises par le prince Louis de Prusse, le roi annonça au duc de Brunswick que la guerre était déclarée, et lui ordonna de venir prendre le commandement de l'armée. Il obéit en se plaignant de n'avoir pas été averti plus tôt. Lui-même ne fut pas longtemps à reconnaître combien sa plainte était juste; il avait devant lui un ennemi qui ne se faisait pas attendre. L'Empereur fondit sur la Prusse comme un éclair en poussant l'épée

dans les reins au duc de Brunswick, qui cherchait à manœuvrer pour prendre des positions, comme il se pratiquait dans l'ancienne école. Il fallut accepter à la fois la bataille à Iéna et à Auerstædt, et partout les Prussiens furent abimés. Le duc de Brunswick reçut, à Iéna, une blessure qui le priva de la vue et ne tarda pas à devenir mortelle. Il fut retiré du champ de bataille dans un état pitoyable, et il voulut, le soir même, reprendre le chemin de Brunswick. Nulle plainte ne lui avait échappé, et on n'entendit pas un mot qui ne fût digne de lui. « J'en resterai aveugle, di-
» sait-il au chirurgien qui le pansait; eh bien! cela n'ira
» pas trop mal à mon âge. » Le château de Brunswick retentissait de sanglots quand il y fut apporté. Son ministre dirigeant, de qui je tiens ces détails, le supplia de ne pas s'y arrêter, parce que les Français arriveraient dans les vingt-quatre heures. « C'est un peu prompt, répondit
» le duc; mais à quoi bon les fuir? — Monseigneur ne sait
» pas à quoi il s'expose. — Je vais vous le dire, répon-
» dit le prince. Je connais les Français mieux que vous et
» il y a longtemps. Ils auront du respect pour un vieux
» général blessé sur le champ de bataille. Les officiers don-
» neront le bal et iront à la comédie; les soldats caresseront
» un peu nos filles. Soignez les logements, et que rien ne
» leur manque. Je suis assuré qu'il y a un courrier de
» l'Empereur en route pour savoir de mes nouvelles. »
Non erat hic tempus. N'importe, cette confiance des belles âmes est bien ce qu'il y a de plus touchant au monde. Pourquoi faut-il qu'ici la politique ait forcé de la trahir? Le lendemain, le même ministre, pressé par des avis que de toutes parts il recevait, revient à la charge sur la nécessité d'un prompt départ. Le duc continue de résister et ne

se rend que quand son ministre lui dit que sa présence à Brunswick servira de prétexte pour aggraver les rigueurs de l'occupation militaire. Alors, il consent à être transporté ailleurs, en disant : « Je me sens trop faible, et je ne sup-
» porterai pas le voyage bien loin ; mais si ma présence ici
» doit ajouter au malheur de mes sujets, il faut quitter la
» place et je ne balance plus. »

Le premier jour, la faiblesse ne fit qu'augmenter. Au second jour, le duc de Brunswick avait cessé de vivre. J'ai reproché au bon M. Wolfrad d'avoir conseillé ce départ. Je crains fort que les avis qui l'alarmaient ne lui soient venus d'un lieu élevé, où le dépouillement du malheureux duc était déjà prononcé.

Je vivais d'alertes. Après celles qu'avaient données le major Schill et le duc de Brunswick, vint la descente des Anglais dans l'île de Walcheren. Je reçus l'avis que, le 29 juillet, les Anglais s'étaient montrés, avec une flotte de cent trente vaisseaux de transport et de vingt-cinq bâtiments de guerre, à la hauteur de la ville de Véere. Je ne pouvais pas y croire, parce que je ne concevais pas que les préparatifs d'une expédition aussi importante n'eussent pas, dès long-temps, donné l'éveil à la seule puissance qu'elle pût menacer. Mais, le lendemain du jour où la flotte avait été signalée, lord Chatam qui commandait les troupes de terre avait effectué sa descente à Brésaut, s'était emparé des forts de Haak et d'Orscapel, et marchait sur Flessingue. L'expédition avait trois objets : d'abord, la prise de Flessingue ; ensuite, l'incendie du port d'Anvers et de la flotte qui y était renfermée ; enfin, une importation considérable de marchandises anglaises. Les deux premiers objets ne furent pas atteints. La flotte d'Anvers remonta assez haut dans la rivière pour être placée à l'abri de toute insulte. Cinq mille hommes se jetèrent dans Flessingue, qui se défendit vigoureusement. Lord Chatam ne fut pas heureux dans un seul des combats partiels que sa position le forçait de livrer. La contagion ravagea son armée, et cette expédition, qui était partie si magnifique et avait été saluée de tant d'espérances au sortir des ports d'Angleterre, y rentra légère des troupes qu'il avait embarquées, et avec la honte d'une complète déroute. Les marchandises de fabrique anglaise, qui tenaient une grande place dans l'expédition, restèrent apparemment sur le continent; mais les frais de transport et l'escorte avaient été trop magnifiques pour que l'Angleterre, en définitive, y trouvât quelque profit.

Le 5 juillet arriva. En ce jour, la fortune, qui depuis quelque temps paraissait hésiter, revint tout entière à son favori. La journée de Wagram fut une victoire décisive, quoi qu'on en ait dit, et la preuve en est dans le traité de Vienne qui suivit[1]. J'usai de mes rapports intimes avec le ministre secrétaire d'État pour faire mettre sous les yeux de l'Empereur, au moment où il allait arrêter les conditions de la paix, une réclamation du pays de Munster contre l'Autriche, pour une dette ancienne qu'on ne contestait pas, mais à laquelle on opposait, à Vienne, l'éternelle entrave des protocoles. L'obligation de payer dès à présent cette dette, de la part de l'empereur d'Autriche, trouva place à l'article 9 du traité de Vienne, et le grand-duché était orgueilleux de posséder un souverain qui élevât les intérêts en quelque sorte domestiques de ses sujets au niveau des plus hautes déterminations de la politique.

Deux grands événements, qui se produisirent coup sur

1. 14 octobre 1809.

coup, rétablirent au-delà du Rhin l'opinion de la puissance de l'Empereur : la victoire de Wagram et la fuite de lord Chatam de l'île de Walcheren. On s'étonnait surtout que l'Empereur eût repoussé avec tant de facilité une attaque préparée de longue main contre un point éloigné du centre de ses États, et dans un moment où lui-même avait à lutter aux bords du Danube contre toutes les forces de la monarchie autrichienne, et en Espagne contre la péninsule entière appuyée par l'Angleterre. Quelques personnes se persuadèrent qu'il y avait pour la France, au fond du traité de Vienne, un avantage immense quoique inaperçu. L'Empereur avait donné des raisons de croire qu'il ne dépendrait pas de lui que ce traité fût le dernier. Averti par les difficultés ou plutôt les périls qu'il venait d'affronter, il paraissait disposé à ne plus jouer sur une carte les destinées de la France et les siennes. On l'avait entendu, dans un cercle de généraux, déplorer ses courses lointaines, dans lesquelles il perdait toujours quelques-uns de ses compagnons des premiers jours : « En voilà assez » du métier de soldat, avait-il ajouté ; le temps est arrivé » de faire celui de roi. » Il répétait alors que, suivant l'ancien usage, il aurait les grands et les petits voyages : les grands voyages à Compiègne et à Fontainebleau ; les petits à Saint-Cloud et à Meudon. Que Dieu lui fasse cette grâce et à la France aussi, mais le temps de ces allures pacifiques n'est pas encore venu ; non pas que je pense, avec bon nombre de ceux qui approchent l'Empereur de plus près, que pour lui la guerre est un besoin naturel ajouté aux autres et non moins impérieux ; mais je crois que la paix n'est faite nulle part et avec personne, tant que l'Empereur ne l'aura pas signée avec l'Angleterre. Le fond de sa politique est d'obtenir cette paix. Il y emploie des moyens gigantesques dont chacun rendra raison à sa manière. On y découvre surtout qu'il n'est pas au pouvoir de l'Empereur de s'arrêter, tandis que c'est au contraire pour s'arrêter avec sécurité dans les bosquets de Trianon ou sur les hauteurs enchantées de Saint-Cloud qu'il court les steppes du Nord en guerroyant.

IX

M. de Semonville. — Les eaux d'Aix-la-Chapelle. — Madame-Mère. — Le roi de Hollande. — La princesse Borghèse. — Retour à Dusseldorf.

Je profitai du retour de l'Empereur à Paris et de l'espèce de répit dont on jouissait alors sur les opérations militaires pour solliciter les lois d'organisation dont j'avais besoin pour le gouvernement et l'administration du grand-duché, et je les obtins sans trop de difficulté. Tout ce qui tenait au servage ou à la féodalité avait été supprimé ; je pus donc introduire le Code civil et un ordre judiciaire analogue. Je distribuai la matière de l'administration, comme elle l'est en France, en sept divisions principales : douanes, enregistrement et timbre, postes, eaux et forêts, et mines, contributions directes, contributions indirectes, domaines du prince. J'appliquai à chacune de ces divisions le système français, toutefois ramené à de justes proportions avec l'objet auquel il était destiné. Je traçai les règles à suivre par le conseil d'État et les ministères ; alors la machine avait reçu tous ses ressorts, il ne s'agissait plus que de lui imprimer le mouvement et de le soutenir. Je commençai par régler la partie sans laquelle il n'y a pas de salut en administration : celle des finances. Je présentai les comptes de l'année 1808 et un budget régulier pour 1809. Je terminai les opérations de l'année par l'une des plus urgentes et des plus difficiles qui s'offrissent devant moi, par l'introduction du franc comme expression monétaire dans toutes les comptabilités publiques, et par l'application, aux monnaies qui circulaient dans le grand-duché, du tarif admis pour les départements français de la rive gauche. J'avais pris la précaution de me faire demander cette mesure, et j'en avais discuté moi-même le mérite par les feuilles publiques, afin d'y préparer l'opinion. Je n'en redoutais pas moins quelque émeute sur les marchés, parce que le règlement que j'avais pris réduisait gravement la valeur nominale de la monnaie de billon, qui compose le trésor toujours circulant de la classe la plus nombreuse de la société. Il n'y eut de bruit nulle part, parce qu'on avait senti partout que l'administration française ne pouvait pas laisser subsister sur la rive droite du Rhin un désordre qu'elle avait tari sur la rive gauche, à la satisfaction du commerce et même de toutes les classes de la société.

Les dix-huit premiers mois de mon séjour dans le grand-duché se mélangèrent aussi d'inquiétudes parfois cuisantes, de glorieuse sécurité, de chagrin et aussi de plaisirs. Un travail assidu tempérait ce qu'auraient eu de trop vif ces émotions contraires, mais ce qui, à mes yeux, faisait disparaître toutes les peines, ce qui doublait toutes les jouissances, l'Empereur avait paru satisfait de ma conduite et m'avait conféré le titre de comte, quoique mon rang, entre ses conseillers, ne me donnât pas encore droit à cette dignité. Mon zèle à le servir ne pouvait pas s'en accroître : je ne sais même pas si quelque chose pouvait ajouter à mon admiration et à mon dévouement.

Je donnais tout mon temps à l'administration du grand-duché, j'y travaillais de cœur, d'abord pour accomplir un devoir envers l'Empereur, puis par mon goût particulier, et parce qu'à tout prendre, les habitants du grand-duché auxquels il fallait bien pardonner de n'être pas Français, n'en étaient pas moins les meilleurs gens du monde. — Les affaires marchaient donc pour tout ce qui tenait aux détails de simple exécution ; mais si j'étais obligé de demander une décision à Paris, il était impossible d'obtenir de réponse du duc de Bassano, le seul homme du monde qui pût suffire à sa besogne, le grand-duché de Berg de moins. Lui-même le reconnaît, et quoique la secrétairerie d'État du grand-duché lui valût cent mille francs, il travaille à faire passer sa place à Sémonville, son ami. Je suis mis dans la confidence avec la recommandation du secret. A défaut du duc de Bassano, on ne pouvait pas me donner un correspondant qui me fût plus à point que Sémonville.

Je le connaissais depuis bien longtemps, depuis l'exil du Parlement à Troyes, et je l'avais retrouvé en 1790, chez Mirabeau. Pour Sémonville, toute connaissance est un ami, et l'amitié s'endort ou se réveille à mesure que la connaissance croît ou décroît en crédit. Il devait naturellement rester fidèle au duc de Bassano, avec qui, d'ailleurs, il avait éprouvé une communauté de malheurs qui aurait à jamais lié deux cœurs faits pour se répondre. Ensemble ils avaient été arrêtés en Italie lorsque le duc, n'étant encore que le citoyen Maret, partait pour l'ambassade de Naples, et Sémonville pour celle de Constantinople ; et l'un et l'autre avaient été conduits dans les cachots d'Olmütz, où ils avaient subi pendant trois ans le supplice d'une détention à la manière autrichienne. Les hommes ne s'oublient plus quand, ensemble, ils ont échappé à un grand danger, et Sémonville, d'ailleurs, n'est pas de nature à se laisser oublier par qui peut le servir. — Sémonville est un homme à part : pour lui, intriguer c'est vivre. La nature a doué chaque individu de l'instinct de sa conservation ; aussi a-t-on trouvé Sémonville intriguant auprès de tous les gouvernements qui depuis quarante ans se sont succédé en France, sans aucun souci du temps, des lieux, des personnes : avant la Révolution, dans les assemblées des chambres du Parlement ou à Versailles ; depuis, autour de l'Assemblée constituante, de la Convention, du Comité de salut public, du Directoire, de l'Empire, de la Restauration ; ensemble ou tour à tour l'ami de d'Éprémenil, de Lamoignon, de Robert de Saint-Vincent, de Talon, de Mirabeau, de Danton, de Siéyès, de Chaumette, de Dambray, du duc de Bassano, du général Foy et du duc de Rivière. Averti par son instinct de la continuelle mobilité des gouvernements qui ont depuis près d'un demi-siècle exploité la France, il est toujours pour une moitié de lui-même dans celui qui est, et pour l'autre moitié dans celui qui va venir. Il a grand soin d'avoir un pied dans toutes les cabales, et quelle que soit celle qu'il aborde, il s'écrie en rentrant : *J'en suis*. Quoiqu'il ait la vue basse, il regarde à la fois à droite, à gauche et devant lui ; on serait encore tenté de croire qu'il a des yeux par derrière. Un rôle si fatigant, si épineux, suppose un esprit délié, prévoyant, fin calculateur : c'est aussi le caractère de celui de Sémonville. Il manie d'abord, avec une dextérité supérieure, les moyens qui sont au pouvoir des hommes vulgaires ; puis il en découvre, il en ramasse autour de lui, il en pétrit à sa guise, qui échappent à tous autres regards, qu'aux siens. En tout et pour tout il s'occupe d'abord de lui, ce qui est tout simple, et jamais en ce point on ne l'accusa de la plus petite distraction. Le grand maître des sentences de ce siècle, Talleyrand, l'a parfaitement caractérisé, lorsque, répondant à quelqu'un qui lui annonçait que Sémonville était malade, il dit : « Comment, Sémonville a la fièvre ! et à quoi cela lui sert-il ? » Au reste son égoïsme est collectif, il s'étend à tous les Sémonville : enfants, petits-enfants, cousins et cousines. La famille à laquelle il lui faut pourvoir est grande, et Sémonville y adjoint encore, comme cousins ou comme devant l'être, tous les individus qui peuvent le servir de près ou de loin. Cela lui a valu, dans tous les partis, un renom de serviabilité et d'obligeance que justifient beaucoup de petits services et même quelques-uns de plus importants semés çà et là, comme par goût, mais avec calcul, dans les divers cadres de la société. Avec cela, personne ne sait mauvais gré à Sémonville ; c'est un arbre qui porte ses fruits comme un autre.

Longtemps il avait, sous l'Empire, aspiré au ministère des affaires étrangères. Il y semblait préparé par sa capacité et quelques missions diplomatiques où il avait eu du succès. L'intimité du ministre secrétaire d'État devait lui aplanir la voie ; mais, dix ans durant, tous les efforts avaient été inutiles. Le regard de l'aigle avait pénétré l'individu à fond. Le duc de Bassano, qui avait fini par désespérer de porter Sémonville aux affaires étrangères, avait cherché à l'en décourager par la place facile et largement rétribuée de secrétaire d'État du grand-duché. Les choses avaient été disposées de longue main et préparées avec un soin extrême. Le duc de Bassano, si lent à espérer, se croyait sûr de son fait : il appelle Sémonville à Saint-Cloud un certain mercredi, jour où le décret déjà préparé devait être présenté à la signature, et recommande à son ami d'apporter avec lui son habit de sénateur pour être tout disposé à prêter serment. Sémonville s'y rend ; on dîne avec gaieté et on boit en famille au nouveau secrétaire d'État. Le duc de Bassano monte au château; Sémonville endosse son costume. On attend, et on attend encore le messager qui doit l'appeler. On voit descendre, au lieu de lui, le ministre, qui annonce que l'Empereur a rayé du décret le nom de Sémonville pour y substituer celui.... de qui?... de Rœderer, l'ennemi du duc, l'ennemi de Sémonville, l'ennemi de tout le monde.

Je prends la résolution de quitter la partie. Je n'écris pas à Rœderer pour le complimenter ; il s'en étonne, et me fait écrire par une connaissance commune les choses les plus obligeantes de sa part ; j'en réponds de fort dures : je me conduis en homme qui a brûlé ses vaisseaux en ce point. Je fais demander à l'Empereur, par le ministre de la police, la direction de la librairie ; l'Empereur répond que je suis fou, qu'il ne faut pas m'écouter ; il la donne à Pommereuil, l'un des hommes les plus spirituels et assurément le plus cynique que j'aie rencontré dans ce bas monde. Le collége électoral de l'Aube se rassemble pour nommer un candidat au Sénat. Je me présente et je suis présenté. J'envoie ma femme à Paris pour solliciter mon entrée au Sénat ; l'Empereur lui rit au nez et répond que, dans quelque vingt ans, il pourra être question de moi. J'écris au duc de Bassano pour implorer mon rappel au conseil.

Il m'engage à attendre un peu, et qu'il se présente une autre occasion de m'occuper. J'écris à Regnault qui me répond qu'en frappant ainsi à toutes les portes, j'émets une censure du choix que vient de faire l'Empereur, et que cela est fort imprudent.

Je n'ai plus le courage de tenir à Dusseldorf; je pars pour les eaux d'Aix-la-Chapelle. Ces eaux doivent occuper une place parmi les remèdes actifs; cependant, comme toutes les sources minérales de l'Allemagne, elles étaient moins fréquentées par des malades que par des oisifs opulents, qui peuvent payer un peu cher les plaisirs de la belle saison. On y trouvait un spectacle passable, un concert, un salon d'assemblée où on jouait, et même assez gros jeu, et de la bonne compagnie qui venait de Paris ou se recrutait dans les environs. Cette année la ville d'Aix pouvait se dire privilégiée, car elle comptait, entre les hôtes qu'elle avait eu l'honneur de recevoir, Madame-Mère, la princesse Pauline et le roi Louis; chacune de ces puissances était arrivée avec la cour mobile qui suivait ses pas, et ces petites cours renfermaient des femmes aimables et des hommes bien élevés. Parmi les femmes en assez bon nombre survenues de Paris, deux surtout étaient notables par l'esprit, la grâce ou la beauté : Mesdames Regnault de Saint-Jean-d'Angely et Hainguerlot.

J'avais, au milieu de la cour impériale, un avantage sur plusieurs de mes collègues; je n'avais connu la famille de l'Empereur que lorsque lui-même était le premier personnage de l'État. J'avais débuté par les formes du respect avec les siens, et lorsque, par la suite, ces formes furent imposées à tout le monde, elles n'eurent pour moi rien de gênant. Les membres de la famille saisissent bien cette nuance et ne sont jamais embarrassés avec les nouvelles connaissances; c'est avec celles-là qu'elles se plaisent davantage; je le reconnais de la part de la princesse Borghèse elle-même, quoiqu'elle ait été gâtée par la nature, au point de dédaigner ce que les grandeurs de la société ont ajouté à ses moyens de séduction.

Je parus à la petite cour de Madame-Mère. La princesse Pauline y portait tant d'agrément, que le roi de Hollande même ne parvenait pas à l'attrister. Madame-Mère est une femme de cinquante à cinquante-cinq ans; elle a toute la beauté dont une femme de son âge est susceptible, et si Raphaël l'eût eue sous la main lorsqu'il peignait ses admirables tableaux de *sainte famille*, il n'eût pas cherché ailleurs cette figure de sainte Anne, qui résume si bien ce que le temps n'a pu enlever à des traits originairement si beaux, qu'en les considérant le respect que l'âge impose se mélange toujours de quelque amour. Madame a de l'esprit et une énergie de bon sens qui ne laisse pas de prise à sa position pour l'éblouir; elle n'a reçu ni plus ni moins d'instruction qu'une femme de son époque et de son pays; elle en a conservé l'accent très-prononcé, et quelques locutions vulgaires qu'elle ne prend pas la peine de traduire et qu'elle ferait tout aussi bien de supprimer. Son rôle est tout de bienfaisance, de représentation et de dignité. L'Empereur, qui a deviné toutes les hautes convenances, avait désiré que sa mère embrassât ce rôle dans toute son étendue, et lui en a fourni abondamment les moyens. Mais il a continuellement à lutter contre une idée fixe qui s'est emparée de Madame et ne s'en séparera jamais : c'est une économie passionnée. Dès la première visite que j'eus l'honneur de lui rendre, Madame me pressait de lui donner des détails sur la manière dont j'avais réglé les articles de dépense que comportent l'arrivée et le séjour aux eaux. Je n'en savais pas le premier mot; c'était pour moi, et à peu près comme pour tout le monde, affaire de valet de chambre. Je répondis à tort et à travers, et toujours en rabaissant les prix, afin de donner à Madame bonne idée de mon savoir-faire; malheureusement elle prit mes jactances pour des prix courants. Dès le jour même elle entra en campagne contre ses gens et ses fournisseurs; elle se prétendait inhumainement pillée par les uns comme par les autres, et me donnait en exemple de quelqu'un exempt du sort qu'elle déplorait; elle citait les objets et les prix que je les payais; il n'était pas possible de la faire revenir. Le général Beurnonville, témoin de l'une des vingt scènes que j'avais occasionnées sans m'en douter, remontra cependant à Madame que j'étais fort peu expert en affaires de ménage et que c'était une matière où mon autorité était peu considérable. Madame insista et me laissa revenir. Je reculais tant que je pouvais la seconde visite; une invitation à dîner me mit au pied du mur; il fallut aller reprendre le discours où je l'avais laissé. La place était mal préparée. Soit affaire de calcul, soit tout simplement malice, Madame me remit sur le chapitre de ma dépense à Aix-la-Chapelle, vanta très-haut mon habileté et me pria de lui procurer les articles dont nous avions parlé, et de les payer pour elle-même au même prix que je les payais pour moi. Je ne pris pas d'abord la chose au sérieux, mais Madame insista et me donna l'occasion de soupçonner qu'elle avait voulu tirer de mon effronterie une vengeance utile pour elle-même. La princesse Pauline était présente; elle laissa durer quelque temps mon embarras; après quoi elle brouilla les cartes de manière à tirer Madame de ses calculs, et moi du guêpier où je m'étais jeté par une suffisance déplacée.

Le roi de Hollande avait apporté à Aix-la-Chapelle sa mauvaise santé, ses vapeurs et tout ce qui s'en suit. Jamais il n'avait voulu comprendre ce qu'était ou plutôt ce que pouvait être un roi envoyé en Hollande par l'Empereur. Homme consciencieux, scrupuleux même, il avait, de bonne foi, embrassé la défense du pays pour le pays, contre l'Empereur. De là des collisions sans cesse renaissantes et des difficultés de chaque instant, dont la solution était toujours la même, le *sic volo* parti des Tuileries. Tandis que ce pauvre roi voyait s'échapper en détail de ses mains tous les moyens de prospérité de la Hollande, il était obligé de faire face à une dette immense, dont l'acquittement supposait l'utile emploi de ces moyens; et, de plus, de fournir à l'armée française un contingent qui portait à l'excès ses dépenses militaires. Il avait apporté avec lui des tableaux parfaitement dressés de ses ressources actuelles et de ses ressources possibles, si l'Empereur voulait lui laisser un peu de liberté et favoriser en France un emprunt qu'il se proposait d'ouvrir. Les formes de cet emprunt étaient ingénieusement combinées, comme les Hollandais le savent faire; mais elles supposaient que les exigences de l'Empereur n'augmenteraient pas, et qu'en aucun cas elles ne pouvaient retarder le payement des arrérages et l'amortissement successif de l'emprunt. Le roi me remit les tableaux et le projet, et me demanda sur le tout mon opinion consignée dans un rapport écrit. Je lui remis le rapport qu'il m'avait demandé; il en fut satisfait, et me proposa de passer à son service en qualité de ministre des finances. En toute autre circonstance, j'aurais décliné cet honneur; mais je me tenais pour exclu du grand-duché de Berg par la survenance de M. Rœderer. Je n'étais même pas bien assuré que l'Empereur laissât l'issue du conseil d'État à ma mauvaise humeur. J'acceptai donc, et je ne doute pas, car il me l'a dit, que le roi n'en ait fait l'ouverture à l'Empereur. J'ai quitté Aix-la-Chapelle avant que la réponse fût arrivée. Il faut qu'elle ait été peu favorable, puisque le roi, avec qui j'avais conservé des relations, ne m'en a plus parlé. Je n'ai approché de près le roi de Hollande que durant mon séjour à Aix-la-Chapelle, qui m'a suffi, au reste, pour que j'aie conservé de ce prince les plus honorables souvenirs. Il avait résisté aussi longtemps qu'il avait pu à la volonté de son frère, et, une fois qu'il avait été réduit à la subir, il avait hautement déclaré à l'Empereur qu'il serait dévoué corps et âme au Dieu de la Hollande. Sa conscience d'honnête homme le tenait fort au-dessus des calculs de la politique; il ne concevait pas qu'il avait été envoyé en Hollande pour concourir avant toute chose à l'espèce de guerre que l'Empereur faisait à l'Angleterre; concours qui pouvait bien promettre à la Hollande quelque compensation dans l'avenir, mais qui devait la désoler dans le présent. Il prenait pour de la barbarie la froideur avec laquelle l'Empereur poursuivait son but, sans s'inquiéter le moins du monde de ses réclamations, de ses prières et de ses larmes. Il était affecté à ce point de ne prendre aucune part aux divertissements des eaux. La conversation retombait de son propre poids sur le malheur de sa position. Je doute qu'il puisse longtemps la garder; sa santé, déjà très-mauvaise, y doit succomber; mais il faut s'attendre qu'il résistera tant qu'il lui restera de forces, et l'Empereur doit finir par reconnaître qu'un frère est déjà trop loin de lui pour exiger de la Hollande tout ce qu'il entend qu'on en exige, et que, pour une telle affaire, il ne peut s'en rapporter qu'à lui-même.

La présence de la princesse Borghèse faisait diversion à ce que celle du roi de Hollande apportait de triste dans la société de Madame-Mère. Cette princesse est le type de la beauté française, c'est-à-dire de la beauté assouplie par la grâce et animée par la gaieté. Je voudrais que sa statue fût confiée au génie de Canova, et que, sortie de dessous son admirable ciseau, elle fût reproduite en mille endroits divers, et reprît entre les modernes la place du modèle arrêté qu'avait dans l'antiquité la Vénus de Florence. La princesse a de l'esprit naturel et tout le savoir qu'il faut pour ne pas distraire de ses qualités d'un plus grand prix. Elle traverse avec rapidité toutes les jouissances qu'il appartient à son âge, à sa beauté et à son heureuse indépendance. Elle est accourue à Aix pour deux motifs : l'un tout respectable et l'autre considérable : sa santé, et le devoir de tenir compagnie à sa mère ; mais son voyage a semé dans plus d'un endroit la désolation, et dans plus d'un autre l'espérance. Elle a été suivie à Aix et ne sait pas si elle jugera à propos de s'en apercevoir ; elle y a trouvé plus d'un adorateur, dont l'encens, jusqu'ici, s'est perdu en fumée. Elle traite ce sujet avec une légèreté charmante ; on dirait Atalante qui court sur les fleurs sans y marquer la trace de ses pas. Je me dis, en la voyant, et avec un regret amer : Heureux les mortels qui séjournent encore dans ce bel âge de la vie où on est admis à porter des vœux sur de pareils autels !

Je passai fort doucement ma vie à Aix-la-Chapelle sans

m'inquiéter ce que devenait le grand-duché. J'avais amèrement et à mon aise déploré pendant quelques jours de me séparer d'un pays que j'aimais et où j'avais trouvé une occupation tellement analogue à mes études et à mes goûts, que je l'aurais créée pour moi-même, s'il m'eût été donné de le faire; mais ce temps donné aux regrets, j'avais pris mon parti, et le grand-duché n'était plus pour moi qu'un pays dont j'emportais quelques bons souvenirs. Cependant, je recevais chaque jour des lettres où mes chefs d'administration me démontraient à l'envi la nécessité de mon retour. Je n'étais pas encore ébranlé; mais M. Regnault m'écrivit, et un peu à l'instigation de M. Rœderer, qu'il ne pouvait plus rien démêler à ma conduite, que mon séjour à Aix-la-Chapelle sans avoir demandé de congé et prévenu qui que ce soit était un manquement au devoir; qu'il me conseillait le retour très-prompt à Dusseldorf et ma reprise des affaires, jusqu'à ce que j'eusse reçu de l'Empereur la permission de les quitter. Je conservais l'espoir de passer au service du roi de Hollande, et je réfléchis qu'il ne fallait pas pour cela me mettre mal avec l'Empereur. Cette considération détermina mon retour. Je retrouvai les choses à Dusseldorf comme je les y avais laissées, en fort bon état. Mon absence n'y avait été le sujet d'aucun embarras et pas même de souci, et je soupçonnai que je n'y étais pas aussi nécessaire que je m'en étais flatté. Cette réflexion fit baisser de quelques degrés ma mauvaise humeur; les exhortations de mes collaborateurs firent le reste, et je repris les rênes de l'administration.

X

1810. — L'impératrice Joséphine. — Effets du second mariage de Napoléon en Allemagne. — Études d'économie politique. — Un miracle.

Cette époque était celle du divorce et du second mariage de l'Empereur. Le divorce m'avait vivement affecté. J'avais connu madame de Beauharnais avant sa prodigieuse fortune; elle-même ne m'avait pas méconnu lorsqu'elle était montée jusqu'au faîte. Dans des positions si distantes, je l'avais trouvée la même, affable, sincère, bienveillante, élégante dans l'exercice de ces qualités aimables, et d'une élégance qui n'était qu'à elle. On se sentait sous le charme en sa présence; on l'écoutait avec une sorte de ravissement, parce que la grâce se révélait dans sa démarche comme dans ses paroles. D'anciennes liaisons entre elle et ma femme nous avaient approchés plus près de sa cour, et il n'avait pas dépendu d'elle que Mme Beugnot n'y eût sa place. Nous faisions donc une perte qui nous était particulière, lorsque l'impératrice Joséphine perdait elle-même, en s'éloignant, les moyens de nous protéger. De plus, et par l'attachement que je lui portais, je m'étais laissé aller au milieu des bonnes femmes. Avec elles je répétais, et même je croyais un peu, que Joséphine était la fortune de l'Empereur, et par conséquent de la France, et que si jamais elle se séparait de son époux elle emporterait cette fortune avec elle. L'Empereur nous avait familiarisés à ce point avec les merveilles, que les enseignements de la raison ne nous suffisaient plus. Nous voulions nous emparer avant le temps de l'avenir réservé à un présent déjà si étrange, et, laissant de côté les calculs de la prévoyance humaine, chacun se laissait emporter à sa manière aux devins, aux prophéties, et à ces folies de la cabale renouvelées de nos pères. Les femmes étaient les premières à s'abandonner à l'empire de ces prestiges. Plus que personne l'impératrice y cédait, et ils devenaient la règle habituelle de ses craintes et de ses espérances. Elle était, dit-on, payée pour cela, parce qu'au printemps de son âge, et alors qu'elle n'était encore que la plus gracieuse des créoles, la haute fortune que les dieux lui réservaient lui avait été prédite dans les termes les plus formels; et l'homme lui-même, l'homme par excellence, n'était pas éloigné de croire à un destin qui l'entraînait, comme y avaient cru, au reste, les plus grands personnages de l'antiquité, et ceux surtout qui, vers la fin de la république romaine, assistèrent au grand déchirement du colosse.

Le mariage qui suivit le divorce avait produit en Allemagne un effet surprenant. Les prodiges des premières campagnes contre l'Autriche et la Prusse restaient incontestés. Les noms d'Austerlitz et d'Iéna retentissaient toujours, mais il n'en était pas tout à fait de même de la dernière campagne contre l'Autriche; la victoire d'Essling nous était contestée, non sans quelque raison; celle de Wagram nous avait coûté cher. A la vérité, l'honneur du traité de paix nous était demeuré, puisque l'Autriche nous avait cédé Venise et les îles ; mais on expliquait ces importantes cessions de territoire par l'extrême empressement de l'empereur d'Autriche, qui, peu disposé pour la guerre dans l'origine, avait ensuite voulu la paix trop vite et à tout prix. Les hommes clairvoyants, instruits dans l'art militaire, avaient signalé quelque affaiblissement dans l'armée française, et il semblait que l'Empereur en fût lui-même dans la confidence, puisqu'il demandait alors au développement d'une immense artillerie ce qu'auparavant il attendait avec sécurité de la force et de la discipline de ses soldats. On disait assez haut en Allemagne : « Passe encore pour cette fois-ci, mais Napoléon n'y reviendra plus. »

Et il faut que lui-même ait conservé une impression profonde de cette journée de Wagram. On délibérait en un conseil d'en haut sur le choix de la princesse dont on demanderait la main pour l'Empereur. Les suffrages se partageaient, à ce qu'il paraît, entre trois princesses, au nombre desquelles était l'archiduchesse Louise. M. le comte de Cessac, qui assistait au conseil, combattait autant qu'il le pouvait le choix d'une archiduchesse. Il citait un exemple funeste, et récent encore, d'une archiduchesse partageant le trône de France, et il finissait par dire que la politique ne conseillait pas cette alliance, parce que l'Autriche n'était plus une puissance. — « L'Autriche n'est plus
» une puissance ! reprit vivement l'Empereur ; on voit bien,
» monsieur, que vous n'étiez pas à Wagram. »

La dernière paix n'avait donc ajouté qu'assez peu à la puissance d'opinion que l'Empereur exerçait en Allemagne. Des sociétés secrètes, mais ardentes, mais acharnées, attisaient les haines, exaltaient les ressentiments contre nous et préparaient le jour du triomphe des *Amis de la Vertu*, c'est-à-dire celui où les Français seraient exterminés au sein de l'Allemagne, ou tout au moins rejetés par delà le Rhin. Les universités étaient autant de foyers où s'élaborait cette mine formidable. Des hommes de cœur et de courage, tels que le baron de Stein, le comte de Walmoden, etc., etc., étaient hautement désignés pour chefs de la ligue, et ne prenaient pas la peine de s'en défendre. Les ministres de l'Empereur au delà du Rhin ne cessaient pas d'avertir; moi-même, j'avais fourni deux Mémoires, où j'avais pu développer mieux qu'un autre l'origine, les progrès et le but de ces sociétés, parce que les détails m'avaient été fournis par l'historien Jean de Muller, qui avait été d'abord tout de feu pour l'association, mais l'avait trahie à l'instant où l'Empereur s'était chargé de sa fortune. Les réponses que nous recevions de Paris et les mesures qu'on nous prescrivait étaient insignifiantes et ne pouvaient pas être autre chose. Le cabinet de l'Empereur n'avait d'action que sur les souverains, et, en supposant à ceux-ci (ce qui n'était certainement pas) une égale bonne volonté de détruire les sociétés secrètes, les moyens leur auraient manqué, car ces sociétés s'étaient formées indépendantes de leurs gouvernements respectifs, et même l'un des objets qu'elles se proposaient était de relever la faiblesse de ces gouvernements et de réparer les désastres dont cette faiblesse avait été cause. Que fallait-il conclure de cette singulière conséquence de nos grandes victoires en Allemagne? Que nous étions arrivés à une époque de la civilisation où il est plus facile de conquérir un territoire que d'en assujettir les habitants. Les anciens conquérants en venaient mieux à bout, sans doute, mais à quelles conditions? D'enlever au peuple conquis ses institutions, ses temples et ses dieux, de le réduire nettement à l'esclavage.. Mais des provinces prussiennes conquises n'en restaient pas moins prussiennes, et le devenaient même davantage après que le conquérant les avait dotées du monopole du sel et du tabac, de la patente et des droits réunis. On citerait en vain l'exemple des Romains. Les Romains, il est vrai, conservaient pieusement aux peuples conquis les institutions qui pouvaient garantir leur tranquillité, c'est-à-dire perpétuer leur faiblesse, et ne manquaient pas de faire main basse sur les autres; ensuite, il est fort douteux qu'ils eussent opéré si aisément et gardé si longtemps leurs conquêtes en Asie et en Afrique, si les peuples de ces contrées eussent égalé les Romains en civilisation. Il s'y serait aussi formé des sociétés secrètes, et la vengeance ne se serait pas fait attendre si longtemps et ne serait pas descendue de si loin.

Le mariage de l'Empereur avec une archiduchesse d'Autriche, s'il n'éteignit pas le foyer, en tempéra au moins l'ardeur. Un tel événement, en agissant puissamment sur l'opinion en général, la modifiait mieux que n'auraient fait toutes les mesures partielles. On s'aperçut à l'instant même d'un changement considérable dans les dispositions du grand-duché. Les familles qui avaient des enfants au service de l'Autriche les appelèrent à Dusseldorf, pour y passer comme en pays ami le temps de leur congé. Ces jeunes gens bien élevés et de bon ton, et entre lesquels quelques-uns étaient chambellans de l'empereur d'Autriche, fraternisaient de la manière la plus cordiale avec les officiers français ou allemands de notre petite armée. Si on parlait encore de guerre, c'était avec l'espérance de se battre à l'avenir les uns à côté des autres, et on entendait avec toute sorte de plaisir ces militaires si brillants de bravoure et de jeunesse se rendre enfin réciproquement justice : les Français avouer la supériorité des armes autrichiennes à la journée d'Essling, et les Allemands admirer de quelle merveilleuse manière nous avions pris notre revanche dans les champs de Wagram. Le ministre de l'intérieur me déclara, pour lui et pour les anciens partisans de la maison d'Autriche, que désormais la paix avec la France n'était plus seulement sur les lèvres, mais au fond des cœurs; qu'elle avait cessé d'être une nécessité pour devenir un sentiment. Chaque jour je m'en apercevais, en voyant se multiplier autour de moi ces relations de confiance et d'avenir qu'on n'entretient qu'avec un gouvernement de qui la durée n'est pas en question. Les fêtes que je donnai à l'occasion de ce grand hyménée ne ressemblaient pas à celles que j'avais données jusque-là. J'avais conçu que c'était ici la véritable fête de la réconciliation entre les deux premières nations du continent, et, tout en cherchant à lui donner l'éclat dont le local était susceptible, j'essayai de lui imprimer le caractère sous lequel je l'envisageais. Je fus aisément compris. Il y avait au fond des cœurs de la véritable joie, ce qui ne s'était guère rencontré jusque-là en pareille occurrence. Le ministre de l'intérieur et les principaux fonctionnaires célébrèrent à leur tour l'événement du jour. Il fut couvert des acclamations du grand-duché, en exceptant toutefois les provinces prussiennes, qui ne pardonnaient guère mieux à l'Autriche qu'à la France, et qui voyaient avec un extrême chagrin une alliance dont elles n'avaient dans l'avenir rien à espérer et dont elles avaient beaucoup à craindre.

L'administration du grand-duché continuait paisible. Nous y avions successivement introduit les formes françaises, qui étaient aussi bien comprises et mieux respectées que dans le pays d'où elles étaient venues. Nos Codes y avaient été publiés. L'adoption du Code civil avait exigé la conversion du servage et du colonat en propriétés libres. Nous y avions procédé avec une véritable émulation, entre M. Rœderer et moi, à qui respecterait de plus près les droits des anciens propriétaires, et apparemment nous avions réussi, car il n'y eut de leur part aucune réclamation. Le seul chapitre que nous laissâmes de côté dans la législation française était le régime hypothécaire, que nous nous accordions à trouver défectueux dans plusieurs de ses dispositions, et surtout inapplicable à l'Allemagne. L'Empereur avait permis qu'on lui offrît un projet différent et qui convînt mieux à la localité. Nous prîmes conseil des plus savants jurisconsultes de France et d'Allemagne, et nous offrîmes à l'Empereur un travail sur lequel il n'eut pas le temps de prononcer.

Nous avions ramené les budgets et les comptes des finances à des méthodes si simples et si claires qu'il suffisait de savoir lire pour les entendre, et nulle part, peut-être, le contrôle des dépenses n'avait été mieux et plus sûrement établi. Nous avions là prétention de faire une administration modèle, et d'en publier, si cela nous était permis, l'historique. Je m'étais déjà occupé de la statistique du grand-duché. M. Rœderer s'était chargé du développement de la théorie, et la troisième partie eût été remplie par les tableaux qui auraient indiqué les meilleures méthodes d'exécution. Le temps nous a manqué pour laisser après nous quelque chose de semblable; mais quelques sujets spéciaux avaient fourni matière à des rapports qui seraient encore consultés avec avantage. Je signale entre autres des travaux sur l'origine des colonats dans les parties de l'Allemagne voisines du Rhin ; sur un système hypothécaire, sur les monnaies, et même sur la loterie. On s'étonne que deux partisans plus ou moins chauds de la doctrine économique se soient occupés de la loterie autrement que pour la faire disparaître. Tel avait été d'abord mon avis bien prononcé. M. Rœderer m'en avait fait revenir par des considérations assez déterminantes. Le goût de la loterie reproduit chez les Allemands la passion qu'avaient leurs pères pour les jeux de hasard. Aussi chaque province a-t-elle sa loterie, et on ne se contente pas d'y jouer de l'argent ; on y joue des tableaux, des meubles rares, des maisons de ville ou de campagne, et même des terres considérables. Si on essayait de proscrire la loterie dans l'un des États de l'Allemagne en particulier, on n'en serait pas plus avancé, car on n'aurait fait qu'envoyer aux États voisins l'argent qu'on destinait à la loterie de l'État où elle aurait été prohibée. Et comme ici la distance n'est jamais grande, on ne pourrait même pas compter sur le transport des fonds comme une difficulté. Que peut-on faire de mieux ou de moins mal en une telle position? Imaginer une loterie qui offre assez de chances et d'assez favorables pour satisfaire la cupidité des joueurs et cependant ne pas leur faire payer ces chances trop cher. Il faut se garder, par exemple, du système de la loterie royale de France, qui, pour attacher des lots à quelques combinaisons difficiles à se produire, détruit en un seul tirage et sans retour l'universalité des mises, et ne laisse aux perdants que le désespoir. On ne trouvait rien de pareil dans le système de loterie qui avait été appliqué au grand-duché. Le payement des lots et les dépenses de l'administration se prélevaient, bien entendu, sur le montant des mises, mais ne l'absorbaient pas comme en France. La mise, qui n'était que diminuée dans une proportion quelconque, se reproduisait à un deuxième, à un troisième tirage; de sorte qu'à la condition d'un sacrifice modéré sur le capital, on courait les chances nombreuses de plusieurs tirages, et qu'à tout prendre, une telle loterie, où on entrerait avec modération, serait une distribution de ses fonds qu'un homme sage pourrait se permettre comme un autre. Le temps nous a manqué pour juger du mérite de cet établissement; mais déjà il avait excité une telle confiance qu'il nous arrivait de tous les points de l'Allemagne des mises considérables.

Une occasion s'offrit pour moi de mettre à épreuve la philosophie transcendante de M. Rœderer. Il est, en fait de religion, homme du dix-huitième siècle par excellence et aurait même été l'un des coryphées du salon d'Holbach, s'il avait fait quelques années plus tôt son apparition dans la capitale. Co-propriétaire, avec le duc de Bassano, du *Journal de Paris*, il en avait, pendant la captivité de ce dernier, pris la rédaction, et il s'y escrimait à toute outrance contre les prêtres et la religion, lorsque, immédiatement après la Terreur, une réaction religieuse se fit sentir par toute la France. La colère l'avait jeté hors du cercle du bon goût, et Dieu l'en aura puni, car il n'y est pas encore rentré. Ces dispositions de M. Rœderer m'étaient connues, et je pris plaisir à lui dénoncer *un miracle*, en lui demandant pieusement de tracer aux ministres du grand-duché la conduite qu'ils devaient tenir dans une circonstance qui dépassait toutes les règles. Voici le fait :

Le ministre de l'intérieur me communique un jour une lettre qu'il venait de recevoir du préfet de Munster, qui contenait le détail d'un miracle. Il existait à Dalmen une jeune fille de vingt-trois ans, qui avait été élevée dans un couvent de Carmélites, et qui était revenue dans sa famille après avoir subi les épreuves du noviciat, parce que l'état déplorable de sa santé n'avait pas permis qu'elle fît ses vœux. Cette fille avait été élevée dans un mysticisme exalté. A peine prenait-elle de la nourriture; elle en avait perdu le sommeil, et elle passait le temps que la règle lui laissait de libre aux pieds du crucifix, où, sans doute, elle avait mille fois, et avec une singulière ardeur, demandé à Dieu la grâce qui, jusque-là, n'avait encore été accordée qu'à saint François d'Assise. Apparemment, elle avait mérité d'être exaucée. De retour chez son père, elle n'avait plus la force de se soutenir et restait étendue sur un lit, où elle exposait le spectacle le plus extraordinaire : elle avait autour du front un cercle qui représentait assez distinctement une couronne d'épines; aux mains et aux pieds, l'empreinte des blessures occasionnées par l'enfoncement des clous, et au côté gauche, celle du coup de lance. Il s'échappait du sang de ces stigmates, et surtout de celui du front. L'état de cette pauvre fille était douloureux, car les faibles sons qu'elle pouvait proférer ressemblaient à des plaintes. Des gouttes de bouillon, administrées par intervalles, composaient toute sa nourriture. Elle ne donnait quelques marques de vie que par ses efforts pour faire le signe de la croix; mais elle n'y parvenait pas, et son bras à peine soulevé retombait sur lui-même. Elle tenait presque continuellement les yeux fermés, et lorsqu'elle les entr'ouvrait, on remarquait qu'ils étaient éteints.

Le préfet de Munster avait été instruit de ces faits par le curé de Dalmen, et, pour se débarrasser de toute responsabilité de croyance, il avait eu soin de transmettre en original la lettre du pasteur. Je n'étais guère plus disposé à croire que le préfet. Je répondis au ministre qu'un curé de village était suspect lorsqu'il déposait d'un miracle, et qu'il y avait au fond de l'affaire quelque tricherie ou de la bonne crédulité westphalienne. « Je le croirais ainsi que
» vous, reprit le comte de Nesselrode, si le curé de Dalmen
» ne m'était pas connu ; mais c'est un ancien camarade à
» moi : nous avons été ensemble à l'université; au demeu-
» rant, homme d'esprit, instruit, et de ceux des catholiques
» qui croient aux miracles pour le temps où ils étaient né-
» cessaires, mais qui n'y croient plus depuis qu'ils ont cessé
» de l'être. Relisez sa lettre, et vous verrez qu'elle est d'un
» homme à qui on n'en impose pas si aisément. » Je relis, en effet, et je suis comme ébranlé. Nous convenons de tirer la chose au clair. Le ministre prescrit un rapport sur l'état physique de cette femme, par deux médecins, dont l'un serait nécessairement pris dans les cultes dissidents, et demande un Mémoire circonstancié sur les faits, rédigé en commun, s'il se peut, par le curé de Dalmen et le pasteur protestant le plus voisin. Des précautions sont prises pour prévenir les rassemblements et pour empêcher que la sainte ne fasse des miracles à son tour.

Nous en étions là, quand j'écris à M. Rœderer sur ce prodige. Je le développe avec une complaisance singulière, et, en balançant les raisons de douter et de croire, je penche un peu pour les dernières. C'est là où j'attendais mon vieil et coriace incrédule. Il me répond du haut de sa philosophie et avec un laconisme dédaigneux, et me dit que, si on eût appelé pour témoins de ce miracle d'autres que des catholiques, comme l'indiquait le bon sens, la fable n'en serait pas venue jusqu'à moi. Je m'attendais à la réponse.

Dans l'intervalle, le rapport des médecins était arrivé ainsi que le Mémoire des ecclésiastiques. La première pièce confirmait les détails physiologiques dans lesquels je viens d'entrer. La seconde donnait ceux qu'on pouvait désirer encore sur la famille de la jeune personne et sur ses mœurs depuis son enfance. Il n'y avait rien, dans elle-même ou dans son entour, qui pût faire soupçonner la moindre supercherie. Les médecins avaient terminé leur rapport par cette observation, qu'il ne pouvait y avoir ici qu'un accident fourni par la nature; mais que cet accident était si rare qu'on n'avait pas encore fait un pas vers la découverte de la cause. Les ecclésiastiques ne se montraient pas moins prudents : ils ne pouvaient contester à Celui qui avait donné des lois à la nature le droit d'y déroger dans l'intérêt du genre humain, mais ils se rejetaient sur la rareté des dérogations, et demandaient, pour constater un miracle, un degré d'évidence supérieur encore à l'exemple qu'ils avaient sous les yeux. Ils terminaient par proposer de faire transporter la jeune fille dans un hôpital, à Munster, afin d'arrêter la fermentation que sa présence occasionnait dans le village où elle était. Je trouvai l'avis fort prudent, voire même philosophique. A la vue de ces pièces, nous sentîmes, le ministre de l'intérieur et moi, redoubler notre curiosité, et nous fîmes la partie de nous rendre à Dalmen. M. de Nesselrode y donna rendez-vous à l'évêque coadjuteur de Munster, M. de Drost, homme d'une piété rare et d'un esprit éminemment propre à assurer le succès des mesures de prudence qu'il y aurait à prendre. Nous nous trouvâmes tous trois à Dalmen. Pour mon compte, je vis, étendue sur un lit, une pauvre fille mourante, mais marquée en effet des stigmates qu'on nous avait annoncés. Le sang découlait en petite quantité, mais presque assidûment, des espèces de plaies qu'elle avait aux mains et aux pieds et du bandeau qui entourait son front. Ce bandeau, par sa contexture et les petites pointes qui en traçaient les lignes, figurait à peu près une couronne d'épines. La pudeur ne nous permettait pas de pousser nos reconnaissances plus loin, mais les assistants déposaient unanimement de la présence d'une plaie au côté gauche, qui se trouvait, d'ailleurs, constatée par le rapport des médecins. Cette malheureuse créature ne pouvait, au reste, ni parler ni se mouvoir. A peine entr'ouvrait-elle les yeux à de longs intervalles. On pouvait s'apercevoir que le miracle dont elle avait été le sujet absorbait sa pauvre humanité. Les magistrats civils, à la tête desquels je me trouvais, partageaient le doute des médecins, c'est-à-dire leur ignorance. L'évêque de Drost et deux autres ecclésiastiques se tenaient à l'écart et gardaient une opinion qu'ils ne révélaient pas. L'évêque était de ceux qui expliquent aisément, par l'intervention spéciale de la divinité, tout effet naturel dont la cause leur est inconnue ; mais il échappa, en homme prudent, à toute explication, calma les esprits, et fit transporter la jeune fille dans un hospice de Munster, où elle mourut d'inanition, trois mois après.

J'avais répondu à M. Rœderer, en m'applaudissant de m'être rencontré avec lui sur la nécessité d'appeler d'autres que les catholiques à la reconnaissance de l'espèce de phénomène dont je lui avais rendu compte. Je lui annonçais les mesures prises dans ce dessein par le ministre de l'intérieur, et je disais qu'il fallait en attendre le succès avant de porter sur cette étrangeté quelque jugement que ce fût. Il me répondit par l'éloge des mesures de prudence que j'avais adoptées, et il ajoutait qu'il redoutait singulièrement, pour le miracle de Dalmen, la censure chagrine des protestants. Je fais le voyage de Dalmen ; je laisse quelque temps s'écouler ; après quoi j'expédie à M. Rœderer le rapport des médecins, où figure un protestant chagrin ; le Mémoire des ecclésiastiques, signé d'un ministre protestant austère. De plus, je lui dis positivement que j'ai vu, et qu'il ne reste plus chez moi qu'un autre saint Thomas corrigé par l'évidence. Je lui propose de faire passer ces pièces à l'Institut, qui, peut-être, voudra approfondir un cas aussi rare, et rechercher s'il ne descendrait pas de l'influence puissante de l'intelligence sur la matière ; s'il ne se rattacherait pas par quelque côté au galvanisme, au magnétisme, enfin à quelques-uns de ces agents qui se sont manifestés récemment dans le domaine de la science, et qui y enfantent des espèces de merveilles qui ne sont pas encore analysées. Je lui cite des faits qui ont été recueillis dans les Mémoires de l'Académie, et qui ont quelque analogie avec celui dont il s'agit. Le voyage de Dalmen m'échauffa un peu la tête ; je me livrai à des recherches sur les phénomènes qui avaient quelque rapport avec celui qui m'occupait. Je ne négligeai même pas ce qu'on raconte de saint François d'Assise et de ses stigmates. Je ne trouvai à ce sujet, dans les légendaires, que des contes absurdes de tous points ; mais je luttai vainement contre l'incrédulité magistrale personnifiée dans M. Rœderer. Je retrouvai tout entier le vieux rédacteur du *Journal de Paris*. Il ne voulut rien publier, rien communiquer, et il tint cette aventure pour une plate folie, opinion qui ne laissait pas que d'être infiniment flatteuse pour ses collègues les ministres du grand-duché.

XI

1811

Voyage de l'Empereur à Dusseldorf.

En cette année 1811, l'Empereur fit annoncer son arrivée à Dusseldorf. Il semblait qu'à cette époque le ciel eût complété pour lui les instruments de bonheur. Il venait d'avoir un fils à qui les poëtes avaient bien le droit de formuler un avenir de leur façon. L'enfant qui inspira au cygne de Mantoue l'idylle, ou plutôt la magnifique prophétie : *Sicelides musæ*, etc..... n'était qu'un petit compagnon devant celui qui réunit dans sa personne à ce que l'antiquité de race a de plus vénérable ce qu'a d'éblouissant une gloire nouvelle, immense, et qui dans le passé ne trouve plus de parallèle. L'Empereur avait eu la bonne pensée de montrer à ses provinces d'origine allemande, l'archiduchesse, mère du roi de Rome. Il avait commencé son voyage par la Belgique, et le continuait par la Hollande, quand il arriva dans le grand-duché. Son séjour dans les provinces belges lui avait réussi, à condition qu'il rapporterait à lui-même les hommages très-empressés dont l'Impératrice avait été l'objet, et qui peut-être s'adressaient en grande partie à la fille de Marie-Thérèse. Il n'avait pas été aussi content en Hollande : son gouvernement actuel ne s'accordait en rien avec les Hollandais qui vivent de navigation, de colonies, de commerce et de crédit; il fut assailli de réclamations auxquelles il ne pouvait pas entendre, de plaintes auxquelles il ne lui était pas donné de faire droit. Les Hollandais le poursuivaient continuellement de leurs calculs, dont le résultat définitif était la perte du pays pour peu que le système continental eût encore de durée. Ils n'étaient pas gens à se payer des belles paroles que l'Empereur ne leur épargnait pas. De son côté il se lassa d'en donner, et partit de Hollande plus vite que l'indiquait l'ordre de sa route. Je sus qu'il reprochait au prince architrésorier, à qui il avait confié la conversion des Hollandais, d'y avoir fait fort peu de chemin. L'architrésorier est sans aucun doute un esprit de premier ordre, mais il lui a été plus facile de traduire Homère et Le Tasse, et de traiter avec une élégante facilité les sujets les plus ardus de l'économie politique, que de consoler un Hollandais de la perte de dix florins.

Il me fut aisé de reconnaître qu'à son arrivée à Dusseldorf, l'Empereur venait d'éprouver quelque contrariété. Les événements domestiques n'en étaient pas le sujet; les nouvelles qu'il recevait chaque jour du roi de Rome étaient excellentes. L'intérieur de la France jouissait d'une parfaite tranquillité, et il en eût été de même du reste du continent si les intrigues anglaises n'y avaient pas continué. Probablement il s'était convaincu que ces intrigues avaient leur foyer en Hollande, et que ce pays appartenait de cœur à l'Angleterre, et plus que jamais depuis qu'il avait été réuni à la France et placé sous la double domination de son armée et de ses lois.

L'Empereur était arrivé à Dusseldorf sur les onze heures du matin. Il reçut dans le reste de la matinée les autorités constituées. Les discours qu'on lui adressa lui plurent par deux côtés, d'abord parce qu'ils étaient courts, et ensuite parce qu'ils étaient écrits et même passablement prononcés en français. Il paraît que sous ces deux rapports il n'avait pas été gâté en Hollande, et du côté littéraire l'avantage était déjà au grand-duché. Une circonstance de la présentation des autorités, et à laquelle je n'avais eu de part que pour ne l'avoir pas empêchée, étonna la cour de l'Empereur et en fut diversement jugée. Les chefs des cultes admis dans le grand-duché, se présentèrent ensemble, sur une seule ligne, devant S. M. Le chef de la synagogue occupait le centre, ayant à sa droite le doyen du chapitre catholique, à défaut d'évêque, et à sa gauche le plus ancien des ministres protestants. Le rabbin avait une belle tête de vieillard et qui s'harmoniait à merveille avec son costume; les deux prêtres chrétiens ne lui cédaient guère. Les courtisans ne demandaient pas mieux que de rire, mais l'Empereur gardait son sérieux. Le rabbin prononça d'une voix grave le discours suivant :

« Sire, les ministres des religions qui reconnaissent le
» même Dieu, prêchent la même morale, et s'efforcent éga-
» lement, mais par des moyens quelquefois différents, de
» rendre les hommes vertueux sur la terre et dignes d'une
» meilleure vie dans le ciel, ne se sont pas séparés pour
» mettre leurs hommages aux pieds de celui qui, nouveau
» Cyrus, a rebâti nos temples, relevé nos autels et rétabli
» l'antique honneur de nos solennités. Ils vous protestent,

» Sire, d'instruire les peuples à l'amour de votre personne
» sacrée, au respect de vos lois, à la reconnaissance de
» vos bienfaits, et ils se sentent dignes d'en donner
» l'exemple. »

L'Empereur répondit :

« Je reçois vos hommages et j'approuve vos sentiments ;
» tous les hommes sont frères devant Dieu. Ils doivent
» s'aimer et se supporter quelle que soit la différence des
» religions. Vous donnez ici un bon exemple. Je vous re-
» commande de garder toujours la paix et de ne disputer
» que des meilleurs moyens de rendre les hommes soumis
» aux lois, attachés à leurs princes et fidèles aux comman-
» dements que Dieu lui-même a donnés et dont vous êtes
» également dépositaires. »

Je rends exactement ici la demande et la réponse telles que les papiers publics les ont données dans le temps. Je n'étais pour rien dans la harangue des ministres des cultes. Je ne la laissai passer que par l'espoir que cette nouveauté briserait la stérile uniformité de ces représentations. Je craignis d'abord pour le succès. La scène avait indigné les grands suppôts de l'étiquette, qui marchent sur la bonne voie et seront bientôt aussi gravement ridicules que les Dangeau ou les Saintot de Louis XIV. J'avais bien entendu M. le général Lauriston se plaignant amèrement qu'on eût hasardé une pitoyable farce en présence de l'Empereur et surtout de l'Impératrice, en disant qu'il fallait jeter ces gens-là à la porte. Mais après la réponse de l'Empereur, il fut soudain apaisé et ne négligea pas de m'en convaincre : « Avez-vous entendu, me disait-il, comme l'Em-
» pereur a tout réparé par sa réponse ? S'il ne s'est pas
» fâché, c'était dans la crainte d'effrayer l'Impératrice.

» — Comment! l'Empereur se fâche et se complaît donc
» à volonté? Voilà une qualité de plus; mais ici, de quoi
» se serait-il fâché? Ces prêtres se sont présentés avec di-
» gnité; leur discours est bien, selon moi, et l'Empereur,
» qui ne perd pas de temps à flatter, y a applaudi. »

Le même jour, après dîner, l'Empereur reçut les princes voisins qui étaient accourus pour lui faire la cour, et les personnes marquantes du grand-duché. Il avait adressé si juste ses paquets de questions, qu'il était, avant que de se coucher, mieux au courant des intérêts du pays que je ne l'étais moi-même. Je me présentai le soir à l'ordre pour savoir quel serait l'emploi de la journée du lendemain. Il indiqua la revue des troupes pour huit heures du matin, un conseil d'administration à dix, une séance du conseil d'État à deux heures après-midi.

La revue me réussit assez bien. Je remarquai qu'il donna au général Damas quelques signes de bienveillance. J'avais laissé à l'infanterie l'habit blanc, avec des revers bleu barbeau, qui tombaient droit comme ceux des troupes allemandes. J'y avais ajouté le pantalon de drap et des souliers qui s'attachaient au-dessus de la cheville en forme de bottines. L'Empereur fait sortir au hasard un soldat des rangs, le tourne et le retourne, passe sa main sous le collet de l'habit et sous la veste, puis dit en le montrant au prince de Neufchâtel :

« — Berthier, voilà un soldat bien habillé; et les miens?...

» — Ah! dam! répond le prince, demandez à Beugnot
» ce que cela coûte. »

Et tout de suite, cela m'est demandé ; mon étoile a fait que je le susse. L'Empereur n'y trouva rien d'excessif. Il veut savoir où je prends le drap et ce que je le paye. Je le satisfais sur ces dernières questions ; mais depuis lors, les manufactures du grand-duché sont mises en réquisition pour le service de l'Empereur, et si exclusivement que je ne pouvais pas obtenir une pièce de drap pour l'armée du grand-duché.

J'attendais de pied ferme le conseil d'administration, où il me semblait que l'Empereur allait entrer bien disposé. Je me trompais : ce conseil fut orageux, et j'en payai tous les frais. Il était composé de M. le duc de Bassano, du prince de Neufchâtel, de M. Daru, de MM. Rœderer et de Nesselrode, ministres du grand-duché. L'Empereur m'attaque d'abord sur ma comptabilité, qu'il décompose à sa manière et qu'il trouve mal tenue. Je ne pouvais lui répondre qu'en recomposant la matière comme je l'entendais moi-même, et comme, selon moi, chacun devait l'entendre. Il suivait de là, qu'après beaucoup de chiffres et d'explications, on n'avançait ni d'un côté ni de l'autre ; en une telle rencontre, des deux parts on en est bientôt à s'embrouiller. M. le duc de Bassano cherchait à me tirer d'embarras et y mettait une bienveillance parfaite. Il essaya à trois reprises différentes d'établir que les résultats que présentaient mes comptes seraient justes, lors même qu'on les décomposerait comme l'Empereur le voulait. L'Empereur ne se rend pas et mande à la séance le directeur de la comptabilité du grand-duché. Celui-ci répond et opère comme je l'avais fait moi-même. « Il n'y a rien à
» faire avec tous ces gens-ci, dit l'Empereur avec dureté ;
» c'est la conjuration du désordre. »

Et ce bon directeur allemand de répondre : « Non, Sire,
» soyez tranquille tout à fait ; il n'y a pas de désordre.

» Votre Majesté n'a pas le temps pour connaître que cela
» est bon. »

L'Empereur, peu satisfait du début du conseil, m'attaque sur la dette publique qui s'accroît chaque jour par des moyens indirects et sans qu'il en soit prévenu. Je réponds que la dette ne peut augmenter que d'une seule manière, et fort directe, par les pensions qu'il plaît à Sa Majesté d'accorder. Je n'en ai pas proposé une seule qui ne fût conforme aux règlements. J'attendais même autant que je le pouvais pour proposer une pension nouvelle, qu'une ancienne de la même somme fût éteinte, et afin de ne pas augmenter le chiffre ; mais l'Empereur a accordé de son propre mouvement des pensions considérables, sur le grand-duché, et il n'est pas étonnant que le total en soit affecté.

« — Il fallait soumettre et toutes vos pensions et votre
» dette publique à une révision.

» — Je ne l'aurais pas fait sans avoir reçu les ordres
» de l'Empereur, et peut-être aurais-je eu le bonheur de
» convaincre S. M. que le résultat d'une telle mesure eût
» été fort médiocre quant au profit, et n'eût contribué qu'à
» me faire perdre mon crédit.

» — Qu'entendez-vous par ces paroles, et qu'est-ce que
» votre crédit, s'il vous plaît? Je ne vous ai pas envoyé ici
» pour faire des affaires. C'est un marchand, c'est un ban-
» quier qui a besoin de crédit; quant à vous, c'est de l'or-
» dre que je demande, et je n'en trouve guère chez vous.

» — Sire, je demande pardon à V. M., je me suis servi
» d'une expression peu juste. J'ai entendu par crédit la
» confiance dont j'ai besoin pour obtenir la mission dont
» elle m'a honoré.

» — Qu'est-ce encore qu'une caisse des dépôts qui figure

» au chapitre 8 des recettes et qui augmente en un an de
» plus de 300,000 francs? C'est un désordre qui ne finit pas.

» — Sire, la moindre explication va justifier cette re-
» cette : Les anciens règlements du grand-duché exigent
» que les deniers pupillaires, dès qu'ils excèdent une
» somme de 1,000 francs, soient déposés au Trésor public.
» Des particuliers sont aussi autorisés à y apporter leurs
» capitaux. Lorsqu'on veut retirer ses capitaux, on en
» prévient le Trésor, qui les restitue dans un délai plus ou
» moins long, suivant l'importance du capital réclamé.
» Ces sommes portent un intérêt de 4 pour cent pour les
» particuliers. Le Trésor en tire un de cinq et de quelque
» chose en sus, en plaçant les fonds en France, en
» rentes sur l'État. »

En ce moment, la foudre éclate : j'ai beau faire voir que le Trésor du grand-duché y trouve un profit que je porte exactement dans mes comptes; j'ai beau indiquer la maison honorable qui est chargée en France de cette négociation; insister pour faire voir qu'il fallait ou supprimer ou conserver cette institution, que j'avais trouvée dès longtemps établie, et que la supprimer, c'était rompre entre le prince et ses sujets un lien de confiance honorable et que l'habitude avait rendu nécessaire; l'Empereur s'emporte de plus belle; il soutient que je me permets de tenir des emprunts toujours ouverts dans le grand-duché; que c'est apparemment pour cela que j'ai tant besoin de crédit. Il veut voir au fond de cette caisse. Je supplie l'Empereur d'en ordonner la vérification à l'instant et avant que je sorte du conseil. Je prononce ces dernières paroles d'un ton fort ému, et les assistants s'aperçoivent que je repousse des larmes. L'Empereur interpelle le ministre de l'intérieur pour qu'il veuille dire ce qu'il sait de cette caisse. Le comte de Nesselrode répond qu'il ne peut rien ajouter à ce que vient de dire le ministre des finances; qu'il répétera seulement que la suppression de cet établissement eût produit un mauvais effet dans le duché. M. Rœderer ajoute avec timidité que peut-être aurait-on trouvé quelque embarras pour l'emploi des deniers pupillaires. L'emportement de l'Empereur se résout dans une allocution animée sur les dangers du crédit, dont on ouvre ainsi les voies au jeune grand-duc, qui trouvera en arrivant une machine toute montée pour s'emparer de la fortune de ses sujets. Il prendra de toutes mains; il empruntera tant qu'il pourra, et Dieu sait quel usage il fera de cet argent. Puis, une digression sur les dépenses folles que font les princes d'Allemagne, et une citation d'une chasse qu'on lui a donnée dans le royaume de Wurtemberg, laquelle n'était qu'une boucherie dégoûtante et qui avait coûté je ne sais combien de milliers de francs. J'aimais à voir l'Empereur battre un peu les champs, dans l'espérance qu'il s'adoucirait en route; mais il restait à traiter un article bien autrement délicat et sur lequel je m'attendais à de nouvelles rigueurs : c'était celui des ordonnances de distribution.

On sait que les dépenses des douze mois de l'année sont fixées une fois pour toutes par le budget; mais au premier de chaque mois, l'Empereur rend une ordonnance de distribution entre les divers ministères des sommes qui sont jugées nécessaires pour le service du mois, et ce n'est qu'en vertu de cette ordonnance, et jusqu'à concurrence des sommes y portées, que le Trésor acquitte les mandats des ministres. Ce mode avait été appliqué au grand-duché. On croit bien que je ne manquais pas d'envoyer le 20 de chaque mois le tableau des fonds nécessaires pour les divers services pendant le mois suivant; quelquefois et le plus souvent même je recevais une ordonnance de distribution et toujours conforme; mais quelquefois, et notamment durant la dernière guerre d'Autriche, ces ordonnances avaient été retardées durant deux mois. Cependant, il s'était présenté à acquitter des dépenses qui ne supportaient pas l'ajournement, et j'avais pris sur moi de tirer sur le Trésor des mandats provisoires sans régularisation; et, chose remarquable! ces mandats, quoique régularisés depuis, n'avaient point échappé à l'Empereur dans l'examen qu'il avait fait des états de situation du Trésor, depuis trois ans. Il me demande raison de l'infraction à une règle aussi étroite que celle de ne pas faire sortir un écu du Trésor, qu'en vertu d'une ordonnance de distribution, et il ajoute que j'avais compromis ma responsabilité et celle du comptable qui méritait d'être destitué, et peut-être quelque chose de pire, pour prix de sa complaisance. J'explique que j'ai commis cette infraction en connaissance de cause et en y engageant en effet ma responsabilité; mais dans quelles circonstances? D'abord, j'ai envoyé exactement mes propositions de dépenses. J'ai fait plus : je ai les rappelées deux fois, et j'ai prévenu par une troisième lettre que si je ne recevais pas d'ordres de distribution je me trouverais forcé de tirer sur le Trésor pour les dépenses qui ne s'ajournaient pas, telles que la solde des troupes, le prix des fournitures qui leur étaient faites, les dépenses des hôpitaux à la charge de l'État. Je citai entre autres cas urgents l'ordre que j'avais reçu de faire partir sur-le-champ un régiment d'infanterie pour l'Espagne à une époque où

les ordonnances de distribution étaient retardées. Je ne pouvais pas le faire partir sans argent, et je demandai si je devais suspendre le départ de ce régiment aussi longtemps que les ordonnances ne me seraient pas parvenues, et si ma responsabilité n'eût pas été aussi longtemps engagée par le retard qu'elle l'était par l'abus qu'on me reprochait. Au reste, je n'avais usé de ce moyen extrême que trois fois, pendant que l'Empereur était au fond de l'Allemagne, et j'en avais usé avec tant de discrétion que j'avais laissé en suspens le payement des juges, des ecclésiastiques, des ministres et de tous les employés du régime administratif; que je n'avais enfin tiré sur le Trésor que les dépenses les plus urgentes et dans les limites de mes propositions, de sorte qu'à l'arrivée des états de distribution les payements provisoires avaient été régularisés avec toute sorte de facilité. Un très-léger murmure et quelques signes approbatifs me firent croire que mes réponses étaient jugées péremptoires, peut-être par tous les autres, mais point par l'Empereur. « Tout cela est fort bon, reprit S. M.; je ne sais
» rien qu'on ne puisse justifier par la nécessité, et quand
» on se constitue juge de cette nécessité. Je prends
» l'exemple que vous venez de citer : eh bien ! ce second
» régiment ne serait point parti pour l'Espagne, et, je vous
» le demande, aurais-je pu vous faire le reproche de n'a-
» voir pas forcé les portes du Trésor et commis un vol
» pour le faire partir? Les ordonnances de distribution
» pour le grand-duché, comme pour la France, au reste,
» ont pour objet de tenir toujours les clés des deux Trésors
» dans ma poche. Quand je signe une ordonnance de dis-
» tribution, je prête cette clé et on peut s'en servir légale-
» ment; mais quand je ne l'ai pas prêtée, il n'y a d'autre

» moyen de pénétrer dans le Trésor que d'en forcer les
» portes, et quand c'est pour avoir de l'argent qu'on force
» une porte, comment cela s'appelle-t-il ? Il ferait beau voir
» les ministres de France, ceux du royaume d'Italie, se
» ruer sur les trésors publics à l'exemple de ceux du grand-
» duché, et chacun se façonner des crédits à sa manière !
» Ce serait pire que la tour de Babel. »

Ici l'approbation des assistants fut marquée. J'étais trop ému pour m'indigner que des hommes supérieurs appelés à ce conseil, sans doute pour l'éclairer, n'eussent trouvé que des signes ou des monosyllabes d'approbation à donner à ces tours de force où l'Empereur se jouait visiblement.

On traita de quelques affaires qui dépendaient du ministère de l'intérieur. L'Empereur s'y montra bienveillant et accepta sans difficulté aucune les éloges que M. Rœderer donna à l'administration du comte de Nesselrode, qui, jusque-là, n'avait rien fait sans me consulter. — La dernière affaire mise sur le tapis fut celle du haras sauvage, et comme si c'eût été un conseil néfaste pour moi, je me trouvai encore sur cette affaire d'un avis opposé en tout à celui de l'Empereur. La séance s'était prolongée et l'heure fixée au conseil avait sonné. L'Empereur lève donc le siège et me laisse bien persuadé que c'était la dernière fois que j'avais l'honneur de travailler avec lui. Telle et si intime était ma persuasion que je ne l'accompagnai pas au conseil d'État, où il accabla sous l'admiration les bons Allemands, qui ne devinaient pas comment leurs intérêts lui étaient devenus familiers, et s'émerveillaient avec quelle supériorité il en traitait. M. Fuschius me dit, au sortir de ce conseil : « Mais, monsieur, j'ai lu bien des choses sur

» l'Empereur, j'en avais entendu dire davantage, mais je
» ne le connaissais pas encore : c'est plus qu'un homme.

» — Je le crois comme vous, repartis-je, c'est un diable. »

Cinq ou six personnes étaient là quand ce mot m'échappa; il revint, bien entendu, à l'Empereur, qui ne s'en tint pas pour offensé, et qui dit, au contraire, d'un ton assez gai : « Ma foi, il a raison, je l'ai tenu sur les char-
» bons toute la matinée. »

Je rentre chez moi, j'explique à ma femme ma déconvenue et je l'exhorte à faire ses paquets, parce que je suis disgracié, et que certainement on va venir me demander mon portefeuille. Nous délibérons fort tristement sur notre destinée; quand quelqu'un se fait annoncer de la part de l'Empereur. Je fais ouvrir les battants et je m'avance noblement en homme que ne trouble pas la disgrâce. Je trouve un valet de pied qui m'apporte de vive voix une invitation à dîner chez l'Empereur pour le jour même. Je lui remontre qu'il s'est probablement trompé, que l'invitation est pour M. le comte Rœderer, qui loge dans la même maison, et je le renvoie à ce dernier. Le valet de chambre insiste et me dit que par extraordinaire il a reçu l'ordre de l'Empereur lui-même; qu'il ne s'est pas trompé, qu'il a bien entendu mon nom, et qu'il ne peut pas aller demander des explications à l'Empereur. Le changement de décoration avait été si prompt que j'en restais étourdi. Je délibérais avec ma femme si je me rendrais au château, quand survint le duc de Bassano, que sa bienveillance assidue conduisait chez moi. Il y venait pour me rendre le courage et ne faisait pas de doute que l'invitation ne fût réelle et même flatteuse, parce que le dîner serait en famille. L'Empereur avait indiqué au lendemain le dîner des ministres et de quelques personnages importants. La visite du duc me rendit un peu de calme, mais les sentiments qui m'avaient d'abord agité firent place à je ne sais quel ressentiment de la manière dont j'avais été traité pendant la matinée, et je m'avançais vers l'Empereur dans une assez fâcheuse disposition d'esprit. Je ne sais comment l'homme s'était retrouvé sous le ministre mécontent. Je crois que si Sa Majesté eût gardé avec moi le même ton, je n'aurais rien diminué du respect profond que je lui dois, mais que je l'aurais suppliée de me rendre ma liberté. J'entre, porteur d'une figure défiante et attristée. L'Empereur était seul dans le salon, se promenant avec le prince de Neufchâtel. Je fais deux profondes révérences et me tiens à l'écart. Il vient à moi.

« Eh bien! grand imbécile, avez-vous retrouvé votre tête? »

Je m'incline de plus bas sans avoir un mot à répondre. L'Empereur me saisit sur le temps pour me prendre un moment par les oreilles, ce qui est le signe de faveur le plus enivrant pour celui qui a l'heur de le recevoir. Tout est oublié, réparé, embelli par ce geste de familiarité impériale. La conversation s'engage. Je suis sensible jusqu'à la faiblesse, et il faut, si l'on veut tirer quelque parti de moi, me prendre dans le calme de cette disposition naturelle; j'étais revenu tout à coup à l'affection et à la reconnaissance.

L'Empereur me reproche de m'être entêté sur la question de comptabilité, où j'avais tort. J'en convins, et je serais convenu, s'il l'avait voulu, de fautes plus graves et tout aussi peu vraies. A l'égard des autres questions, l'Em-

pereur me demande pourquoi on met partout des parapets aux ponts? J'en cherchais la raison par ma tête, quand il répond : « Ne cherchez pas si loin : c'est tout simplement
» pour empêcher les fous de se jeter dans les rivières. De
» dix mille, qu'est-ce que je dis de dix mille! de cent
» mille personnes qui traversent un pont, il n'y en a peut-
» être pas une à laquelle il prenne fantaisie d'aller voir ce
» qui se passe au fond de l'eau, et cependant on met des
» parapets à tous les ponts; et on a raison : car il suffirait
» de quelques exemples de gens qui se sont précipités,
» pour que les ponts devinssent les rendez-vous du suicide.
» Eh bien ! mes ordonnances de distribution sont mes pa-
» rapets. Je vous tiens pour un homme éprouvé; je connais
» moins Nesselrode, mais il me paraît un seigneur allemand
» dans la bonne acception du terme; en France, mes mi-
« nistres des finances et du Trésor sont excellents; n'im-
» porte, il me faut des parapets, parce que ma confiance est
» plus solidement établie sur la sévérité de la règle que sur
» le caractère des hommes. J'en emploie beaucoup, je
» ne les connais pas tous à beaucoup près. Il faut donc
» que je me confie. Or, pour moi, et même pour eux, le
» plus sûr est de les mettre dans l'impossibilité d'abuser.
» Vous ne disconviendrez pas qu'avec vos mandats provi-
» soires et la complaisance de votre homme du Trésor (je
» ne sais pas comment vous l'appelez), vous pouviez pren-
» dre dans ce Trésor deux ou trois millions et partir avec.
» Vous ne le ferez pas, à la bonne heure; mais après vous,
» un autre. Quel sera cet autre? Vous ne le savez pas, ni
» moi non plus : peut-être un honnête homme jusque-là,
» et qui abusera parce que je lui en aurai laissé les
» moyens. »

Je reprends : « L'Empereur n'a peut-être pas oublié
» qu'il m'a confié des sommes plus considérables dont j'au-
» rais pu abuser.

» — Je vous arrête, car vous retombez dans la manie
» de ce matin. Encore une fois, votre personne n'est point
» en jeu; je raisonne en général. Enfin, me répondrez-
» vous de tous les gens que j'emploie? Vous seriez bien
» hardi.

» — Mais je n'ai enfreint la règle qu'à la dernière ex-
» trémité; j'y étais réduit par le retard des ordonnances de
» distribution.

» — Vous n'avez que cette raison pour vous, et au bout
» du compte le ciel ne serait tombé ni sur le grand-duché,
» ni ailleurs, quand vos paiements auraient été quelque
» temps ajournés. Au reste, l'exception ne détruit pas la
» règle, au contraire, et c'est la règle que j'ai défendue.
» En parlant ce matin de l'administration des communes,
» vous avez cité ce que vous-même aviez pratiqué en ce
» point avant la révolution. Que faisiez-vous, avant la ré-
» volution?

» — Sire, je remplissais les fonctions de procureur
» syndic provincial.

» — Ah! oui; vous êtes donc plus vieux que Berthier? »

» — Cela peut bien être; je n'ai pas eu l'occasion de le
vérifier.

» — (Le prince de Neufchâtel) : Je ne crois pas, en
» quelle année êtes-vous né? »

Je cite, et il se trouve que j'ai dix ans de moins que le
prince. L'Empereur en prend son texte pour établir qu'entre
deux personnes qui ont passé quarante ans, une différence
de dix ans de plus ou de moins est immense. Il remarque

que les hommes de son conseil d'État, et que le grand nombre de ceux avec lesquels il a commencé son gouvernement, sont de mon âge, et qu'ils lui manqueront tous à la même heure. Je réponds qu'il a dans la classe des maîtres des requêtes et des auditeurs une pépinière riche où il trouvera aisément à nous remplacer. « Je n'en sais
» rien, reprend l'Empereur ; vous étiez tous, à des titres
» différents les enfants de la révolution ; elle vous avait
» trempés dans ses eaux, et vous en étiez sortis avec une
» vigueur qui ne se reproduira plus. » Il parla ensuite des difficultés qui entourent le choix des fonctionnaires publics pour un gouvernement nouveau, et termina par ces mots :
« J'ai fait la fortune de ceux qui ont travaillé avec moi
» à fonder l'Empire ; je ferai celle de leurs enfants,
» c'est un devoir ; ensuite je n'emploierai plus que des
» gens qui auront cinquante mille livres de rentes en
» terres. Je ne suis pas assez riche pour payer tout le
» monde, et ceux qui sont le plus intéressés au maintien de
» l'État doivent le servir gratuitement. Quand nous en au-
» rons fini avec la guerre, et Dieu veuille que ce soit bien-
» tôt, il faudra mettre la main à la besogne, car nous
» n'avons rien fait encore que de provisoire. Mais, pa-
» tience ! »

L'Impératrice, la duchesse de Montebello et le duc de Bassano entrent dans le salon. La conversation perd le caractère semi-officiel qu'elle avait eu jusque-là, et se reporte sur le pays, sur ce qui en est beau, sur ce qui l'est moins, sur la manière dont l'Impératrice se trouve logée et arrangée. — « Tout cela, dit l'Empereur, est fort mal, et la
» faute en est au comte Beugnot, qui aurait dû savoir que
» j'entends trouver dans les lieux où je m'arrête et où je

» commande des habitations convenables. » Je balbutie
quelques excuses de mauvais goût. On passe pour le dîner ;
l'Empereur y fut de bonne humeur et amusa un peu le
dîner à mes dépens. Il relevait avec un tact parfait les petits manquements dans lesquels m'avait fait tomber ma
préoccupation, depuis l'arrivée de Leurs Majestés à Düsseldorf. Je m'aperçus qu'il n'avait pas dédaigné lui-même
de perfectionner son éducation; et que grande, très-grande,
était la différence entre l'Empereur en 1811 et le premier
Consul que j'avais reçu à Rouen dix ans plus tôt. Alors,
je faisais l'office de maître des cérémonies et de conseiller
des belles manières, et ma tâche était laborieuse ; et aujourd'hui je peux à peine faire entrer dans ma tête les
formules de respect et les actes de déférence et d'empressement dont se compose l'étiquette dont l'Empereur marche
entouré. Après le dîner, je fis, avec la duchesse de Montebello et le prince de Neufchâtel, la partie de l'Impératrice,
et j'eus l'honneur d'être son partenaire au whist. La partie
fut jouée fort négligemment, comme il arrive en pareil
cas ; chacun des acteurs ne prêtant guère que les yeux à
ses cartes, et appliquant son esprit à ce qui se passait autour de la table, où l'Empereur revenait de temps en
temps pour adresser quelques mots agréables à l'Impératrice ou quelques plaisanteries au prince de Neufchâtel et à
moi. J'étais trop peu libre d'esprit pour rechercher, soit
pendant le dîner, soit durant la partie, dans quelle disposition était l'Impératrice ; et pour surprendre dans ses traits
quelque indice de son caractère. Le voyage avait été long ;
elle paraissait fatiguée et ennuyée. Elle ne répondait à
l'Empereur que par monosyllabes ; et aux autres, que par
un geste de tête assez monotone. Je ne sais à vrai dire ce

qui en est, mais je suis porté à croire que Sa Majesté n'est pas exempte du timide respect qu'impose son auguste époux à tout ce qui a l'honneur de l'approcher.

La partie finie, j'attendais que l'Empereur eût achevé de donner quelques audiences pour lui demander ses ordres. Il me dit que le lendemain, il recevrait à sa table ses ministres, le coadjuteur de Munster, le préfet, le maire de la ville et les princes qui se trouvaient à Dusseldorf; qu'il avait accepté un spectacle et un bal, et que cela lui ferait perdre une partie de la soirée. Il me recommanda de m'entendre avec M. le duc de Bassano pour qu'il y eût en même temps à mon hôtel un dîner de quarante couverts, dont celui-ci ferait les honneurs ainsi que moi, et où l'on appellerait les principaux fonctionnaires du grand-duché que son arrivée avait attirés à Dusseldorf. Il fallait faire les choses aussi grandement que le permettait la localité, et de façon que les Allemands se sentissent chez l'Empereur. Il comptait partir le surlendemain et voulait avant son départ avoir signé les ordonnances qui avaient été délibérées en conseil. Il en avait déjà prévenu M. Rœderer qu'il soupçonne de n'être pas expéditif, et il est bon que je m'entende avec lui. Je rentre chez moi, épris d'un zèle tout nouveau. Je passe le reste de la soirée à donner audience aux personnes qui avaient été amenées à Dusseldorf par des demandes à porter à l'Empereur, ou tout simplement, par une curiosité, au reste très-bien placée; et je donne une partie de la nuit à la préparation des ordonnances que l'Empereur m'avait rappelées. Je me défiais aussi de la lenteur obligée de M. Rœderer; il est de sa nature difficile à contenter. Les ouvrages d'autrui ont rarement le bonheur de lui agréer; il est même sévère pour les siens.

Il y revient plus d'une fois et emploie beaucoup de temps à courir après la perfection. Ce mérite, excellent dans un auteur, se change en défaut dans un administrateur. L'Empereur était là, il fallait aller vite, et pour cette fois M. Rœderer me laissa faire.

Le lendemain matin, je me présentai à l'ordre. L'Empereur me retint, et quand le cercle fut retiré, son premier mot fut : « Et mes ordonnances?. — Sire, elles sont » prêtes, et M. Rœderer les apportera à son travail de deux » heures.

« — A la bonne heure. J'ai encore là deux demandes » de la ville de Mulheim que vous avez repoussées, et vous » n'aviez pas tort; mais ce qui ne pouvait pas être admis » comme droit, peut l'être comme grâce, et je veux en » faire quelques-unes à mon passage. Vous allez emporter » le paquet, et il faut que ces affaires passent avec les » autres. »

L'Empereur part de là pour entrer dans des détails pleins d'intérêt pour moi; il voit que j'ai fait quelque bien dans le pays; il m'approuve surtout d'avoir détruit la mendicité, qui est odieuse de l'autre côté du Rhin ; il lutte corps à corps avec elle en France, mais c'est un chancre difficile à extirper dans un grand État. L'Empereur me reproche ma parcimonie ; je suis mal logé, mal meublé ; ce n'est pas ce qu'il veut ; il tient à l'ordre en tout et partout, mais par cela même il ne s'oppose pas aux dépenses bien faites. Je dois m'occuper de réparer et de meubler la maison de la Vénerie où il se trouve fort mal, même pour un moment de passage. Il y a apparence que la maison de la ville n'est pas mieux, puisque je ne l'y ai pas logé. Il n'y a pas un préfet qui ne soit mieux posé que cela. Il faut s'occuper aussi du pavillon de Benrath et du château de Bensberg. Tout cela doit se faire successivement, avec économie, et d'après les plans que je lui soumettrai ; ou plutôt il enverra quelqu'un de Paris, car il n'y a pas d'architecte en province. Je suis là pour longtemps. On lui parle de moi à tout moment ; qu'est-ce que je veux ? Être son ministre à Paris. A en juger par ce qu'il a vu l'autre jour de moi, je n'y serais pas longtemps : je périrais à la peine avant la fin du mois. Il y a déjà tué Portalis, Crétet et jusqu'à Treilhard, qui pourtant avait la vie dure ; il ne pouvait plus pisser ni les autres non plus ; il m'en arriverait autant, sinon pis. Je suis bien avec ces gens-ci, qui sont de bonnes gens ; il faut que je m'y tienne jusqu'à ce que le jeune prince vienne prendre possession de son grand-duché, et même que j'y reste deux ou trois ans pour le mettre au fait ; après quoi je serai vieux, ou plutôt nous serons tous vieux, et il m'enverra au sénat radoter à mon aise. Voilà ma carrière ; il n'en connaît pas de préférable. Est-ce le cher Paris qui est ma maladie, comme celle de tant d'autres ? il ne me refusera pas un congé tous les ans pour y passer quelque temps ; il est même convenable que je vienne y apporter mon budget et le discuter en personne. Je trouve en remerciant l'Empereur de cette dernière grâce, à dire qu'elle m'est d'autant plus précieuse que l'Empereur ne sait de mon travail et de ma conduite que ce qu'il convient d'en dire à son secrétaire d'État du grand-duché, de qui la bienveillance pourrait ne pas m'être assurée...

« — Je conviens, reprend l'Empereur, que Rœderer
» n'est pas trop bon coucheur ; mais je sais par où il pèche,
» et je suis là. »

Le dîner qui fut donné à la Résidence respirait une sorte

de magnificence. Le duc de Bassano en fit les honneurs avec beaucoup de grâce et y mêla cette bienveillance qui lui est naturelle et qui séduit comme tout ce qui part du cœur. J'avais réuni quarante-six convives. Tous gardèrent, au commencement du dîner, une gravité silencieuse; mais insensiblement les bons vins de France déridèrent l'illustre réunion, et nous n'étions pas parvenus au dessert que là même on était déjà à la confusion des langues. Toutefois rien n'approcha, même de loin, du moindre désordre; il s'y mêla seulement quelque peu de cette bonne chaleur qu'on ne trouve aujourd'hui que dans les repas d'au delà du Rhin. Je crois bien que le dîner de l'Empereur n'offrit pas trace de rien de pareil : en dépit d'Hébé et de son nectar, les repas de l'Olympe sont à mourir d'ennui. J'avais demandé pour le spectacle le *Don Juan* de Mozart; apparemment il s'est conservé en Allemagne quelque tradition de la manière dont le maître voulait qu'on chantât sa partition; ou la musique de Mozart gagne à passer par des organes allemands; ce qu'il y a de vrai, c'est que *Don Juan* est mieux senti et mieux chanté en Allemagne qu'il ne l'est en France; et pour cette raison, j'avais donné à cette pièce la préférence pour être jouée devant la cour; mais l'Empereur, qui n'avait peut-être pas été à portée de faire la même comparaison que moi, ne se laissa pas séduire par l'affiche; il fit donner l'ordre de commencer le spectacle et n'y parut que vers la fin de la pièce. Il dit le lendemain que s'il eût prévu que cela n'était pas plus mauvais, il serait arrivé plus tôt. De la comédie, l'Empereur passa à la salle du bal où il eut la complaisance de rester assez longtemps. Partout il trouva sur son passage l'expression de deux sentiments prononcés, mais un peu différents;

pour lui, l'espèce de saisissement qu'inspire l'apparition d'une merveille; pour l'Impératrice le respect le plus affectueux. Ces sentiments n'étaient pas de nature à produire les tonnerres d'applaudissements auxquels la France avait habitué l'Empereur. L'accueil même qu'il recevait aurait été froid, par comparaison, si les Français domiciliés à Dusseldorf et ceux de la suite de l'Empereur n'avaient pas enhardi les Allemands à applaudir et ne leur en eussent pas donné le signal et l'exemple. Le duc de Bassano profita de la présence de l'Empereur au bal pour lui présenter nos convives du dîner; ils en furent parfaitement accueillis; en tout, la journée fût bonne, et l'Empereur, qui ne convenait pas qu'elle l'eût un peu ennuyé, parut satisfait. Il m'avertit qu'il avait fixé son départ au lendemain à six heures du matin, et ajouta que puisque le haras sauvage ne le détournait que peu de sa route, il s'y arrêterait et s'assurerait par lui-même de l'état des choses, afin d'être mieux à portée de prononcer entre lui et moi. Le lendemain, j'étais à cinq heures et demie au palais, et trois quarts d'heure après, dans la forêt de Duisbourg, qu'occupe le haras sauvage. L'Empereur y était en effet rendu en voiture à l'heure qu'il avait indiquée, et il avait monté à cheval; mais quand, après s'être un peu avancé dans la forêt, il eût reconnu que le haras était éparpillé dans vingt-quatre mille arpents de bois, et que c'était à grand'peine qu'on parvenait à ramasser les chevaux qui étaient au loin dispersés, il s'aperçut qu'il n'avait aucune reconnaissance utile à faire et reprit la route de Cologne.

M. Rœderer ne suivit pas l'Empereur; il passa encore huit jours chez moi et se montra bien adouci et presque bonhomme. Je savais qu'il avait vu avec envie la manière dont l'Empereur m'avait traité, surtout dans les choses d'apparat, et que, soit à dessein, soit par hasard, ses plaintes avaient monté jusqu'à l'Empereur, qui avait répondu : « Rœderer est une bête s'il ne voit pas la raison » de la différence : il me suit, et Beugnot reste. »

M. Rœderer, en appuyant sur les reproches que l'Empereur m'avait faits de n'être ni logé, ni meublé, ni arrangé, prit la peine de m'expliquer ce qu'il eût fait à ma place pour se procurer ces jouissances, et il me déploya une délicatesse de goût, une expérience de bien-être, une recherche en toutes choses qu'on ne se serait jamais avisé de rencontrer en lui. Je m'aperçus qu'il n'était pas étranger aux beaux-arts; il jeta sur le papier, pour l'embellissement de la ville de Dusseldorf, quelques idées dont on tira profit. Nous nous séparâmes en gardant, de part et d'autre, les dispositions où nous étions au moment où nous nous étions réunis, et cependant après que le frottement d'une société rapprochée durant quinze jours eût un peu poli ce qu'elles avaient de trop piquant et de trop vif.

XII

Le haras de Duisbourg. — Le général de ***. — Voyage à Paris. —
Expédition de Russie.

L'Empereur, avant de quitter Dusseldorf, avait suivant son usage expédié toutes les affaires en souffrance et n'avait laissé indécise que celle du haras sauvage. J'en demandais assidûment la suppression, et l'Empereur retardait toujours pour la prononcer, préoccupé qu'il était de l'utilité de pareils établissements qu'il avait rencontrés en Pologne et dans le nord de l'Allemagne. Il ne voulait pas comprendre que des haras sauvages ne sont bien placés que dans les pays qui ne sont pas encore suffisamment empreints de civilisation, mais qu'ils ne sont plus tolérables là où les bois ont toute leur valeur et où les terres sont enviées par l'agriculture. Aussi les voit-on disparaître en Allemagne, à mesure qu'on se rapproche du Rhin. La civilisation des Gaules et d'une partie de la Germanie, hâtée par la conquête des Romains et même par les efforts que les peuples avaient faits pour y échapper, s'était assez promptement étendue jusqu'au Rhin ; mais elle avait trouvé grande peine à s'établir sur la rive droite du fleuve. C'était sur le territoire même du grand-duché que Varus avait perdu ses légions, et la forêt de Duisbourg, où est aujourd'hui placé le haras sauvage, est, selon toutes les apparences, le lieu où le malheureux général avait établi son tribunal lorsque pour son premier acte de violence il en fut culbuté. On sait de quelle nature furent les autres, et que les aigles des trois légions restèrent aux mains des vainqueurs. Deux aigles adossées l'une à l'autre composèrent le trophée le plus glorieux des Germains. Ce trophée fut copié mille et mille fois par des artisans barbares, et distribué à l'ivresse publique d'un bout de la Germanie à l'autre. Encore aujourd'hui on l'y retrouve, et en bon lieu, car l'écusson de l'empire d'Allemagne, c'est-à-dire l'aigle à deux têtes et à quatre pattes, n'est autre chose que la reproduction des aigles prises sur Varus; reproduction grossière comme à son origine, et consacrée depuis au très-saint empire romain par les principes immuables de l'ordre héraldique! Une telle origine au reste en vaut une autre, et si la science héraldique en avait eu beaucoup de semblables à garder, elle ne serait pas la plus sérieuse des vanités de ce bas-monde.

En dépit de la défaite de Varus, ou plutôt à cause de cette défaite, la rive droite du Rhin, gardée comme poste militaire par les Romains, avait perdu de sa population qui avait reflué dans l'intérieur. Ceci explique comment d'opulentes colonies, de grandes villes telles que Strasbourg, Trèves, Mayence, Cologne composent une riche ceinture à la rive gauche du fleuve, tandis que rien de pareil ne se présente sur la rive droite, et de là aussi la différence d'agriculture d'une rive à l'autre. Longtemps encore le sol qui compose le grand-duché avait été couvert de forêts, et la position de ce qui en reste aujourd'hui trace la lisière d'une vaste étendue boisée et qui a récemment changé de destination. L'urus, le cheval, le porc et les animaux restés sauvages vivaient à volonté dans ces forêts immenses. Les habitants de plusieurs cantons se réunissaient à des époques convenues pour leur donner la chasse ; aussi voyons-nous que certaines communes et d'anciennes familles ont conservé leur droit au partage de la chasse du haras. Il paraît que plus tard on introduisit de l'art dans cette chasse ; on y pratiqua des enceintes successives par où les animaux arrivèrent à la portée des chasseurs sans nul danger et même sans beaucoup de fatigue pour ceux-ci, et c'est l'un des parcs de cette espèce qui compose encore aujourd'hui dans le grand-duché l'établissement qu'on y appelle *le haras sauvage*.

Il se compose d'une forêt de vingt-quatre mille arpents, où de grands et magnifiques arbres ont résisté, mais où le taillis périt sous la dent meurtrière des animaux aussi promptement qu'il se reproduit. Cent cinquante juments errent à volonté dans ce parc immense, avec leurs poulains de un, deux et trois ans. Ces animaux passent l'année entière dans la forêt ; mais quelques secours leur sont préparés pour l'hiver. On place, sous des hangars distribués à distance, de la paille et de l'avoine, et les juments viennent y chercher quelque nourriture et s'y abriter si la saison est trop rude. Au temps de la monte, on lance dans la forêt une douzaine d'étalons. Ces animaux n'y restent que trois ou quatre mois, après quoi, on les rentre à l'écurie où ils sont soignés avec recherche. Les étalons du haras sauvage étaient ce qu'il avait été possible de se procurer de plus beau et de plus pur en chevaux arabes, turcs ou anglais. Un sujet arabe, mais de la plus belle race et venu à merveille, avait été payé jusqu'à 12,000 francs.

Lorsqu'on lançait ces animaux dans la forêt, ils étaient brillants de huit mois de repos et des soins qu'on en avait pris; cependant ils étaient destinés à plaire à des juments dont l'extérieur était tout opposé, et celles-ci ne leur permettaient d'approcher qu'après qu'ils s'étaient mis à l'unisson de leur saleté. Jusque-là, les juments fuyaient ou se réunissaient contre l'élégant qui conservait dans les champs les allures de la ville. Aussi, ne se passait-il pas huit jours sans que les étalons fussent défigurés, et quand on les ramenait à l'écurie, ils n'étaient plus reconnaissables. Les poulains étaient pris à l'âge de trois ans dans la forêt et amenés à l'écurie, où ils passaient deux ans encore, après quoi on leur donnait leur destination comme à des chevaux faits. La manière de prendre ainsi les poulains dans la forêt s'appelait la chasse, et cette chasse avait ses incidents curieux : on faisait quelques jours à l'avance une battue générale où on essayait de cantonner à part les poulains dont on voulait s'emparer; ensuite, et à un jour donné, on entourait le canton de traqueurs, et en employant des instruments retentissants, on effrayait les poulains que la peur précipitait dans une enceinte plus resserrée et limitée par des haies. En continuant le même jeu deux fois encore, on obligeait toujours les poulains à passer d'une enceinte plus étendue à une enceinte plus étroite, jusqu'à ce qu'enfin on les poussât dans un défilé qui n'avait pour issue qu'une cour de ferme très-vaste. On faisait successivement passer ceux qu'on voulait prendre de cette première cour à une seconde plus étroite et garnie de quelques pieds de paille. Le poulain, en dépit de toutes ces épreuves, avait encore conservé l'indépendance de la forêt ; mais il trouvait dans cette seconde cour un écuyer qui, avec le jeu d'une corde, parvenait à le faire tomber. Une fois sur la paille, on lui passait un licou, et les deux plus grands biens de la nature étaient perdus pour lui : il ne connaîtrait plus la liberté ni l'amour.

Pendant le cours de cette chasse, les poulains marchaient en une seule bande et ayant en tête les plus forts et les plus hardis. Entre ceux-ci s'élevait toujours un commandant qui marchait le premier de la troupe et semblait diriger les évolutions. Ces évolutions consistaient de la part des poulains à résister longtemps avant que de passer d'une enceinte dans l'autre; et quand la manœuvre était bien commandée, la résistance était longue, appuyée par des mouvements pleins de dextérité et par cela même fort agréables à contempler. Assez souvent la bande faisait volte-face, passait sur le corps aux traqueurs, traversait les enceintes et regagnait la forêt. Cela arrivait aussi souvent que le commandement était échu à un sujet audacieux et habile. Je dis habile, car il s'est rencontré tel de ces chefs de bande avec lequel il a été impossible d'achever la chasse ; en vain la remettait-on à un autre jour : s'il se retrouvait au même poste, on n'était pas plus heureux que la première fois. Ceux qui ont été témoins de ces chasses ne croiront pas que j'exagère, mais je conviens qu'il faut avoir vu pour savoir avec quelle docilité les chevaux se rangent, au jour du danger, autour de celui qui les doit défendre, quelle discipline ils observent, et aussi combien le commandant déploie de courage et d'adresse. J'ai été témoin de ces chasses quatre ou cinq fois. Je ne me lassais point de voir en quelque sorte aux prises le génie de l'homme et celui de l'*animal guerrier qu'enfanta le trident*.

Je demandais depuis longtemps la suppression de cet établissement; je prouvais, et de reste, qu'il ne convenait plus à l'état avancé de société où était le grand-duché de Berg. La forêt de Duisbourg, libre du haras, réparée et aménagée comme elle pouvait l'être, deviendrait avec le temps une propriété magnifique et productive. Dès la première année on y vendrait du bois pour 30,000 francs, et ce revenu irait sans cesse en augmentant. Le haras fournit de cent à cent vingt chevaux par an; il emporte des frais considérables pour le matériel et un personnel nombreux d'employés, et il ne fournit, au bout du compte, que des chevaux excellents pour la durée, mais de formes communes; et on aurait, pour le prix qu'ils content, le double de chevaux à choisir dans les haras les plus renommés de l'Allemagne. Ces bonnes raisons ne trouvaient pas grâce auprès de l'Empereur, qui voulait du haras parce qu'il avait vu quelque chose de pareil en Pologne, et que Sa Majesté supporte difficilement de n'avoir pas chez elle ce qu'elle trouve bien chez les autres. Avant de statuer définitivement, l'Empereur avait envoyé dans le grand-duché un inspecteur général des haras, du nom de ....., qui remplit sa mission d'une façon fort plaisante.

Ce ....., dont l'Empereur venait de faire un baron, était le chef de l'ancienne maison de ....., *l'un des quatre grands chevaux de Lorraine*, et qui avait avec les anciens souverains du duché des alliances incontestées. L'arrivée en France de Marie-Antoinette releva la fortune de cette famille ....., et celui dont je parle était parvenu, jeune encore, à l'emploi de sous-chef de brigade des gardes-du-corps de la compagnie de Noailles. Les officiers de cette compagnie, qui tenait garnison à Troyes, venaient faire leur cour à Brienne; j'y avais connu M. de ....., dans sa jeunesse; alors il était remarqué, et lorsqu'il n'était encore remarquable que par la morgue que lui inspirait sa prétendue parenté avec la Reine. En dépit de cette parenté il n'émigra pas en 1792, et Dumouriez, qui se plaisait dans les recrues de cette espèce, le fit promptement passer par les grades supérieurs et jusqu'à celui de lieutenant-général, où il fallut bien qu'il s'arrêtât. Il se tira d'affaire comme il put, tantôt caché, tantôt battant la campagne, depuis l'époque où il fut renvoyé de l'armée en sa qualité de noble, jusqu'à la révolution de brumaire. Après cette révolution il ne se présenta pas pour demander du service; la fantasmagorie de 1792 était en petite estime auprès du nouveau chef de l'armée. Le général Beurnonville, qui avait connu M. de ..... à travers ces temps aventureux, et la comtesse de Brienne me le recommandèrent vivement pour une préfecture; l'un et l'autre m'en disaient grand bien suivant l'usage, et je me hâtai de le présenter pour le département de la Haute-Marne, qui était le mien. Je croyais avoir fait à mon département un véritable cadeau en lui envoyant un homme d'une naissance élevée, un général de division, riche d'ailleurs, et qui allait fonder glorieusement une préfecture, mais je fus trompé dans mon attente. M. de ..... s'avisa de persécuter les nobles et les émigrés pour les punir apparemment de ce qu'il n'avait pas émigré lui-même; il afficha sa sympathie avec les dernières classes de la société dont les allures lui convenaient à merveille. Les honnêtes gens, épouvantés, se plaignirent à moi d'un choix dont ils me tenaient pour coupable, et j'obtins que M. de..... passerait de la préfecture de la Haute-Marne dans le sein du Corps législatif, à une époque où on ne s'occupait qu'assez peu de l'opinion de ceux qui le composaient. Il ne m'avait su aucun gré de sa nomination à la préfecture, qu'il attribuait sans difficulté à son propre mérite; mais il ne me pardonnait pas l'honneur qu'il avait reçu en passant dans le Corps législatif; il en sortit lorsque le terme de sa mission fut expiré. Il fut assez heureux pour que cette époque fût celle où l'Empereur venait d'épouser la petite-nièce de Marie-Antoinette; il fit valoir de plus belle la gloire de sa parenté, et fut nommé inspecteur général des haras. C'était là l'homme qui m'arrivait de la part de l'Empereur; il parut dans le grand-duché avec un ton superbe et le dessein bien arrêté de me traiter comme un petit compagnon; j'affectai de mon côté de le recevoir avec autant de respect que le héros de la Manche en trouva chez la duchesse. Le *grand chevau* s'y laissa prendre et nous donnait chaque jour les scènes de vanité les plus plaisantes : il passait les matinées à parcourir le haras à cheval, et le soir à rédiger ce qu'il appelait des notes lumineuses, et je tremblais que l'année ne fût pas de trop pour l'achèvement de son travail. J'avisai de le faire poursuivre deux ou trois fois dans la forêt par une bande de polissons qui criaient à tue-tête : Vive le général .....! vive l'ami du haras! — Le soir mon homme n'avait rien de plus pressé que de venir me faire part de ces ovations, dont la popularité l'enchantait; j'y applaudis d'abord, mais un jour j'ajoutai comme par réflexion : — « Je n'aime pas voir » ces scènes se renouveler, parce que je ne suis pas sûr du » jugement que portera l'Empereur s'il en est informé;

» les applaudissements publics sont un point sur lequel il
» est très-chatouilleux. Je sais bien que c'est encore moins
» l'ami du haras que le *grand chevau*, le parent de Marie-
» Thérèse, qui est en jeu, mais raison de plus pour qu'il
» en ressente quelque petite pointe d'envie. Je vous con-
» seille de n'aller que rarement à la forêt, et de ne vous
» montrer en public qu'avec sobriété. » — M. de .....
trouva que je pouvais bien n'avoir pas tort, et décida de ne
plus rester à Dusseldorf que le temps indispensable pour la
rédaction de son rapport. Il me demanda de lui prêter un
commis de mes bureaux qui écrirait sous la dictée et même
corrigerait au besoin les fautes qui échappent à tous ceux
qui composent : « Car, me disait-il avec complaisance,
» vous savez comme moi par expérience qu'il n'y a que
» ceux qui ne font rien qui ne se trompent jamais. » Je lui
donnai pour secrétaire un malin sujet à qui je recommandai de recueillir toutes les pensées du général, d'y mettre
quelque ordre et l'orthographe, mais de ne les altérer que
le moins possible. Le secrétaire fut fidèle à la consigne, et
il en résulta un rapport dont je conserve pieusement copie,
comme l'une des pièces les plus curieuses de l'époque. Le
général se bat les flancs pour prouver que le haras est un
établissement admirable de tous points, et s'indigne contre
ceux qui en ont comploté la suppression. Après avoir
épuisé les ressources de l'éloquence humaine, l'auteur, à
l'exemple d'Homère, fait parler les chevaux eux-mêmes :

« Sire, ajoute en terminant M. de ....., les chevaux sau-
» vages ne peuvent-ils pas dire : de quel droit le ministre
» Beugnot prétend-il nous chasser d'un domaine qui nous
» a été légué par nos pères ? Que ce ministre fasse ailleurs
» comme il lui plaira, mais qu'il nous laisse vivre tran-

» quilles chez nous et travailler pour la gloire de notre in-
» vincible Empereur ! »

On trouvait par-ci par-là, dans le rapport, quelques ruades contre moi, mais ce dernier morceau était le coup de maître. Il ne fit point obstacle à la communication que M. de ..... me donna de son rapport, et voulant finir avec moi par toute espèce de bons procédés, il me proposa de supprimer le discours des chevaux, qui contenait quelque chose de trop direct contre moi. Je m'opposai de toutes mes forces à la suppression; je convins que le trait était peut-être un peu vif, mais cela tenait à ce que mon nom y était prononcé en toutes lettres. Que les chevaux disent par exemple : « Les ministres du grand-duché » au lieu du « ministre Beugnot, » et il n'y a rien à reprendre dans leur discours; il ne contient plus qu'une chaleur bien pardonnable à des gens qu'on veut, sans rime ni raison, jeter à la porte de chez eux. Pauvres chevaux ! M. de ..... accepta la correction, et le morceau fut sauvé.

L'affaire du haras se représenta pendant le séjour de l'Empereur à Dusseldorf. Lorsque Sa Majesté m'en parla, je lui demandai si elle s'était fait représenter le rapport de son inspecteur-général des haras; je vis avec douleur qu'elle n'en avait pas la moindre connaissance. Rien ne fut décidé sur ce haras, jusqu'à ce que l'affreux ouragan de l'année suivante se chargeât de le détruire.

Je voulus, dès cette année, entrer en jouissance de la permission que l'Empereur m'avait accordée d'aller porter mon budget à Paris, et d'assister à la discussion qui en serait faite en sa présence; j'employai le mois de novembre à préparer le travail, et je le disposai de manière à n'être pris au dépourvu sur rien par l'Empereur, puis je partis pour la capitale. Il y avait trois ans que je n'y avais été, et j'en trouvai l'aspect fort changé. Tant que Joséphine avait partagé le trône, sa présence avait suffi à entretenir des souvenirs du temps précédent, c'est-à-dire d'une élégante égalité. Plusieurs d'entre nous avaient connu la gracieuse veuve d'Alexandre Beauharnais, et malgré les efforts qu'il y avait faits, et jusqu'à lui avoir mis sur la tête une couronne, Napoléon n'était pas parvenu à la métamorphoser. L'arrivée de Marie-Louise à sa place, avait été le signal du changement qui m'avait frappé, il semblait que la morgue autrichienne eût succédé à l'élégance française; la princesse est jeune, timide, étonnée, tout cela ressemble à de la hauteur. L'Empereur vit dans son intérieur plus qu'auparavant, on en fait à l'Impératrice nouvelle l'honneur ou le reproche. Cependant cette cour a grandi en officiers, en chambellans, en dames d'honneur, en écuyers; un luxe, jusqu'alors inconnu, se produit de toutes parts, mais aussi l'ennui y a pénétré de compagnie avec la magnificence. On va aux Tuileries par devoir ou par intérêt, il n'y a plus de place pour ceux qui y seraient conduits par le goût ou par l'affection.

Les maréchaux et les chefs des administrations à qui l'Empereur a fait de grandes fortunes, ont des hôtels magnifiquement meublés; quoique de récentes dotations soient propres à rassurer ces fortunes, elles restent inquiètes et ne s'épanchent pas au-dehors; ceux qui les possèdent ne sauront jamais en jouir ni en faire jouir les autres. On a eu grand'raison de faire grandir la noblesse avec le temps, on n'est jamais gentilhomme à la première génération ; seulement ces enfants gâtés de la révolution se croient obligés de se pavaner au milieu de leurs marbres et de leurs bronzes ; ils veulent copier les grands seigneurs d'autrefois et n'en ont encore attrapé que la charge et les ennuis.

On trouve, chez l'Empereur et ses ministres, des tables somptueusement servies et entourées de valets chamarrés d'or, mais l'ennui pèse au fond de ces mœurs ; nulle part je ne rencontre plus la cordialité qui six ans auparavant, et quand je suis arrivé au conseil d'État, réunissait dans des dîners sans prétention et des fêtes de famille, les soldats du grand capitaine et les savants rédacteurs de ses Codes. L'intervalle qui nous séparait de notre berceau était trop court, on n'avait pas encore eu le temps de nous corrompre.

A l'époque où j'arrivai à Paris, les esprits étaient en proie à l'anxiété inséparable d'une grande attente ; il était sensible à tous les yeux qu'une immense expédition se préparait, mais sur quelle partie du monde allait éclater l'orage ? Une alliance récente unissait la maison d'Autriche et celle de Napoléon ; le traité de Tilsitt réléguait la Prusse entre les puissances du second ordre, et à peine avait-elle la force d'y garder sa place. Restait donc la Russie, mais on n'avait pas connaissance qu'aucune contention grave existât entre les deux puissances. L'ambassadeur de Russie protestait en toute occasion du désir de son souverain de rester en paix avec la France, et, de notre côté, il n'échappait pas un mot qui présageât la guerre avec la Russie. Lorsqu'on essayait de faire parler quelqu'un qui était rapproché du gouvernement, on obtenait pour toute réponse que l'expédition était destinée à imprimer le dernier sceau à la gloire de l'Empereur. Cependant, personne n'ose douter ou s'effrayer, tant est profondément établi le dogme de l'infaillibilité impériale ; il n'y a plus qu'un cri, c'est pour demander acte de l'expédition, et qu'une inquiétude; c'est de n'en être pas. Le prince de Bénévent envie le sort de l'archevêque de Malines, qui vient d'être nommé ambassadeur extraordinaire à Varsovie, et l'un des plus anciens généraux de division, le général Mathieu Dumas, se tient pour honoré d'avoir été nommé intendant en chef de l'armée.

J'avais encore présents les souvenirs d'Essling; j'avais aussi entendu dire par des généraux allemands, que notre armée n'était plus celle d'Austerlitz ou d'Iéna, et qu'à la journée de Wagram, nous n'avions dû notre salut qu'à une artillerie hors de toute proportion; d'ailleurs on ne professait pas à l'étranger une foi aussi robuste qu'en France au génie de l'Empereur. J'osais donc hasarder, non pas assurément la moindre censure, mais quelque léger doute sur les merveilles qu'on attendait sans trop les définir; j'étais partout repoussé, quelquefois sans doute par cette crainte du Seigneur qui était alors autant que jamais le commencement de la sagesse, mais le plus souvent en vérité par l'hallucination à laquelle les esprits étaient en proie.

Je me présente au lever; l'Empereur paraît étonné de ma présence; je lui rappelle la permission qu'il m'a donnée de venir à Paris pour y apporter mon budget; il fait un signe d'approbation, et me dit qu'il assignera un jour pour la discussion. Il passe brusquement à des détails sur la force militaire du grand-duché, il croit possible de l'augmenter; il insiste sur la prompte organisation d'un second régiment de chasseurs, qu'il veut attacher à sa garde. Il me demande si nous avons toujours nos beaux habits blancs : je réponds que l'armée les gardera tant que l'Em-

pereur n'aura pas donné d'ordres contraires. « Allons,
» gardez-les, puisque cela vous amuse, reprend l'Empe-
» reur, mais c'est bien salissant en campagne. Attendez
» ici mes ordres ; tout est tranquille dans le grand-duché ?

» — Parfaitement tranquille, sans cela, je ne serais
pas ici.

» — A la bonne heure ! »

Je laissai passer la première semaine que j'employai à
revoir mes amis et à me retremper un peu dans les eaux
de la capitale ; il ne m'arriva rien en particulier de remarquable que d'être invité à dîner chez le grand-maréchal,
dans le magnifique appartement des Tuileries. Ce dîner
est l'un des plus beaux dont j'aie gardé la mémoire : les
convives, soit à dessein, soit par le cours naturel des
choses, étaient presque tous des princes ou des seigneurs
d'Allemagne voisins du grand-duché, avec qui j'avais des
rapports journaliers d'affaires, et même quelquefois de
société. Je crus remarquer que les places à table étaient
réglées suivant l'ordre que ces princes gardaient entre
eux, et je m'expliquais difficilement alors comment le
grand-maréchal avait pris le prince de Bavière à sa droite
et moi à sa gauche. C'eût été la place du grand-duc de
Berg, mais je n'étais que son serviteur, et pas même son
représentant ; quoi qu'il en soit, on se tire aisément d'un
excellent dîner, et je me tirai à merveille de celui-là. Je
remportai encore l'espoir que ma présence, et aussi la place
distinguée que j'y avais occupée, allait singulièrement accroître mon crédit au-delà du Rhin.

Je visitai les musées, les établissements publics, les ré-
sidences impériales, et je trouvai que ces monuments de
notre gloire étaient, les uns en progrès, les autres en train

de complète restauration. Je fus frappé surtout des travaux commencés à Versailles, à Fontainebleau et presque achevés au Louvre; mais au milieu même de ce beau mouvement, j'éprouvais quelque chose qui ressemblait à du dégoût, quand je voyais que tant et de si nobles efforts des lettres et des arts n'aboutissaient toujours qu'à un seul homme. Il y avait émulation à qui ferait plus habilement disparaître les anciennes gloires devant la sienne, comme à qui effacerait plus vite les monogrammes de François Ier et de Louis XIV, pour y substituer le perpétuel monogramme de Napoléon. J'étais absent depuis trois ans, et quand j'avais quitté Paris, l'Empereur gardait quelque retenue dans le déploiement de l'autorité; il suppliait encore M. de Fontanes de nous conserver au moins la république des lettres. J'avais donc porté en Allemagne des idées assez libérales, auxquelles je ne pouvais pas croire que l'Empereur fût devenu si complétement étranger. J'avais conservé ces idées parce qu'elles étaient miennes et ensuite assez du goût de la partie de l'Allemagne à laquelle j'avais été envoyé. Je ne cessais pas de m'étonner, à Paris, de rencontrer le despotisme partout et jusque dans des détails qui supposaient à l'Empereur une parfaite confiance dans la patience des Français tels qu'il les avait façonnés. Alors me fut expliqué l'étonnement de M. Rœderer, qui, à sa première visite chez moi, ne concevait pas qu'on y parlât de l'Empereur avec tant de liberté et qu'on se permît, en louant hautement ceux de ses actes qui étaient dignes d'éloges, d'en censurer quelques autres. Je reconnais maintenant que mon salon, à Dusseldorf, n'était pas du tout à l'ordre du jour.

Je ne communiquai mes réflexions qu'à M. Regnault de

Saint-Jean-d'Angély, qui en faisait d'assez semblables de son côté : « Que signifie, lui dis-je, cette grande expédition ?
» où va l'Empereur ? — Il va, me répondit Regnault, en
» Russie ; il y a plus d'un an que l'idée s'en est logée dans
» sa tête. Les affaires de la Péninsule le tourmentent du
» soir au matin : c'est le ver rongeur. Il veut frapper un
» grand coup qui mette le Nord à ses genoux ; il se per-
» suade qu'il amènera de la sorte l'Angleterre à composi-
» tion, et qu'il en finira à la fois avec elle et avec le Por-
» tugal et l'Espagne. Voilà au moins ce que j'induis de
» quelques mots que je mets à la suite les uns des autres,
» et de certaines mesures que je lui vois prendre successi-
» vement ; car nous en sommes tous aux conjectures, et
» depuis qu'il a nommé Maret aux affaires étrangères, il
» ne s'ouvre de sa politique avec personne, pas même avec
» lui, quoiqu'il le fît auparavant. Au reste, je vous dis là
» ce que la raison toute seule me suggère, et je pourrais
» me tromper. Est-ce toujours la rage d'entasser conquêtes
» sur conquêtes ? d'en faire par la guerre, d'en faire pen-
» dant la paix ? La France, depuis Rome jusqu'à Hambourg,
» lui semble-t-elle encore étroite ? Je ne saurais croire à ce
» genre de démence qui finirait par le perdre, et nous avec
» lui. » Quand je voulus dire à Regnault que l'Empereur tendait fortement la corde, il s'écria : « Eh ! à qui le dites-
» vous ? » Et il me raconta qu'il était constitué par décret membre d'un tribunal, d'une commission, d'un comité, d'une consulte, d'une réunion d'hommes enfin qui n'avait pas de nom, parce qu'elle n'avait pas d'exemple, et qui pourtant était destinée à juger, sous une forme ou sous une autre, le général Dupont pour sa malheureuse capitulation de Baylen. Regnault portait de l'intérêt à ce général,

homme aimable, éclairé, et dont les débuts avaient été brillants ; mais il lui trouvait des torts qu'aggravait chaque jour la perpétuité de la guerre d'Espagne. Dupont demandait seulement qu'on lui donnât un tribunal et les moyens de se défendre, et c'est ce que repoussait durement l'Empereur, qui, au mépris de tout ce qu'on put lui dire, jugea lui-même et jugea tout seul le général Dupont, par un décret qui le dépouilla de son grade et de ses décorations, et le condamna à une détention perpétuelle. Le décret parut durant mon séjour à Paris; il levait toutes les incertitudes, débarrassait de toutes les espérances et indiquait nettement sous quel gouvernement nous étions parvenus. Toutefois, et comme on avait été conduit insensiblement d'un acte de despotisme moindre à un plus fort, et jusqu'à celui-là qui était le pire de tous, les esprits n'en furent que médiocrement frappés. Il ne manqua même pas de sophistes pour établir que l'affaire de la capitulation de Baylen était toute politique et d'une telle gravité pour le sort de l'État, qu'il y eût eu du danger à la soumettre à quelque tribunal que ce fût. L'Empereur avait saisi la seule manière d'instruire et de juger une telle affaire, en réunissant aux Tuileries les hommes les plus considérables dans l'État et dans l'armée, pour y faire d'abord fonctions de commission d'enquête, puis de chambre de discussion, et ensuite remettre chacun en particulier leur avis motivé à l'Empereur, qui statuerait lui-même dans la plénitude de sa puissance; et plus grande était cette puissance, disait-on, mieux était garantie l'impartialité de celui qui l'exerçait.

A quelques jours de là, je fus admis à dîner avec l'Empereur, à l'Élysée. Je partageais cet honneur avec trois de mes collègues au conseil d'État, MM. Regnault, Molé et

Corvetto; et avec les sénateurs de Laplace et Monge. Au milieu de la préoccupation générale, l'Empereur avait le front libre de tout souci et se montra même assez gai dans divers sujets de conversation, puis il la ramena sur l'affaire du général Dupont. Il donna des regrets au sort de ce malheureux général, duquel il aurait attendu tout autre chose ; mais ensuite il traita avec chaleur la question : « Si un » général pouvait jamais capituler en rase campagne; » et se prononça vivement pour la négative. Il prouva que le système contraire compromettrait à chaque instant le sort d'un État en guerre avec son voisin. Les preuves, plus pressantes les unes que les autres, coulaient rapidement de sa bouche; il faisait voir que si l'idée de capituler en rase campagne avait pu jamais être admise, on eût, comme pour les places fortes, réglé quand, comment et à quelles conditions il eût été permis à un général de capituler ; mais que si rien de tel ne se trouvait dans les lois de la guerre ni même dans son histoire, chez les anciens comme chez les modernes, c'est qu'une telle capitulation n'a pu être supposée, parce qu'on ne suppose pas la honte. « Que doit » donc faire, se demandait-il ensuite, un général quand » son armée est dans une position douteuse ou même mau-» vaise? En changer s'il le peut ; s'il ne le peut pas, en » appeler à son courage et se battre, et toujours se battre, » parce qu'il y a là une chance. Mais il sera battu... Eh » bien! tout ne sera pas perdu, il restera l'honneur. C'est » saint Louis en Égypte, le roi Jean à Poitiers, François Ier » à Pavie. Ils n'ont pas été déshonorés pour avoir été faits » prisonniers sur le champ de bataille. Au contraire, c'est » là leur beau côté, parce qu'ils l'ont été la pique dans les » reins et l'épée à la gorge, et après avoir fait office de

» braves soldats. Chez une nation où il y a de tels exem-
» ples, Baylen est une tache qu'il fallait effacer, au moins
» en ce qui dépend de nous. »

L'Empereur passa de ce grave sujet à son conseil d'État, dont il fit un éloge mérité. Il dit qu'il s'était trompé quand, dans l'origine, il avait voulu faire de ses conseillers d'État, des espèces de gens de cour. Leur costume très-convenable alors et lorsqu'il fallait secouer le cynisme qui était partout et jusque dans le vêtement, pèche aujourd'hui par le défaut de caractère et de gravité. De là, il est amené à parler des femmes de MM. les conseillers d'État. Il se plaint de ce qu'elles ne sont rien moins que belles, et, s'adressant à M. Molé, il lui demande si la sienne fait exception. M. Molé répond, avec la dignité polie qui ne l'abandonne jamais, qu'il lui serait difficile de répondre à la question de l'Empereur, parce qu'un mari est mauvais juge de la beauté de sa femme. Le tour du sénat vint ensuite : là il ne fut plus question de la beauté des dames; l'examen eût été une insulte à leur âge; mais l'Empereur se plaignit de ce que, s'il appelait quelqu'un au sénat, il n'était pas le lendemain autre qu'il était la veille et ne voulait rien entendre aux convenances de son nouvel état. Il cita quelques noms qui justifiaient le reproche. L'Empereur termina sa conversation spirituelle et animée par un apologue qui contenait un piège pour M. de Laplace, et où le célèbre auteur de *la Mécanique céleste* tomba de la meilleure foi du monde. On en aurait ri, si de petites erreurs qui échappent à de grands hommes n'étaient pas jusqu'à un certain point respectables. Rien n'annonçait ce jour-là, chez l'Empereur, une tête absorbée par la méditation d'une immense entreprise.

Je restai à Paris jusqu'à ce qu'il m'eût fait appeler pour la discussion du budget du grand-duché. J'entendais dire, à droite et à gauche, que l'Empereur partait incessamment, qu'il partait à la fin de la semaine, qu'il partait dans trois jours, peut-être demain, et j'étais fort tranquille sur ces bruits de départ, parce que j'avais la confiance de croire que l'Empereur ne partirait pas sans avoir arrêté mon budget. J'avais là en effet un excellent billet; mais quel homme, pour peu qu'il soit en place, ne s'exagère pas à soi-même son importance, et jusqu'à la parfaite sottise?

Cependant et dans le cours de ma vie de Paris, j'allai dîner chez le général Mathieu Dumas, intendant général de la grande armée qui se réunissait de toutes parts. La conversation se soutint, pendant tout le dîner, sur l'imminence du départ. Tous les convives, excepté moi, étaient des hommes préparés pour les premiers rôles dans la grande expédition, et M. l'archevêque de Malines[x] se trouvait à leur tête. Le prélat débuta par nous dire que le but de l'expédition était un secret que l'Empereur ne confiait qu'à ceux qui allaient être employés en première ligne, et que ceux-ci, bien entendu, devaient garder pour eux. Il se trahit bientôt en parlant de son ambassade de Varsovie. Suivant lui, cette mission était devenue ce qu'elle était jadis, la plus importante de la diplomatie. Aussi ne la confiait-on qu'aux hommes du premier ordre, MM. le cardinal de Polignac, de Belle-Isle, de Broglie, de Vergennes; puis, Monseigneur souriant doucement et baissant ses yeux sur la croix qui pare sa poitrine, semblait dire aux spectateurs : Ajoutez-moi à la liste. Au dire du prélat, les perturbations qui ont affligé l'Europe depuis soixante ans, la révolution de France comprise, ont toutes leur

[x] de Pradt, né à Allanches (Cantal)

source dans le premier partage de la Pologne; et la seule manière de les faire cesser et de ramener une paix durable entre les États, c'est de remettre en Pologne les choses où elles étaient avant 1771; et Monseigneur d'ajouter, avec un imperturbable sang-froid : « Et je m'en charge. » — Puis, comme s'il eût voulu nous empêcher de trop nous arrêter sur ce dernier trait, il fait un tableau animé des accessoires de son ambassade en secrétaires, en équipages, en cuisiniers; il ne se contente pas de régénérer la Pologne, il va la plonger dans l'admiration. La faconde de l'incomparable prélat m'amusa comme elle amusait tout le monde; mais je m'aperçus, sous ces plaisanteries, que l'Empereur allait réellement partir. Je priai le général Dumas de me dire pour moi seul ce qu'il en savait, et il me répondit qu'il était possible que l'Empereur partît ce jour même, mais qu'à coup sûr, il n'attendrait pas trois jours. Je tins pour tout à fait inutile d'aller lui reproduire ma figure et le presser de donner quelques heures aux affaires qui m'avaient amené à Paris. L'Empereur pouvait d'ailleurs le prendre pour une poursuite indiscrète. Je résolus de laisser aller les choses comme l'Empereur l'entendait et de passer encore une quinzaine de jours à Paris, avant que de retourner dans le grand-duché de Berg.

J'eus alors le sujet de faire cette observation, qu'il y avait dans l'humeur et l'allure des gens en place une sensible différence entre le temps où l'Empereur était à poste fixe à Paris, et celui où il en était parti pour un voyage lointain. Si l'Empereur était à Paris, chacun était sur le qui-vive, s'attendant à être appelé d'un moment à l'autre pour un conseil privé, un conseil d'administration, ou une simple conférence. On craignait, ici, d'en avoir trop dit, là, de n'en avoir pas assez fait. On interrogeait la figure du maître avec inquiétude; ses moindres paroles faisaient ravage, et de là un air soucieux, une préoccupation sérieuse, pour ne pas dire triste, se reproduisaient sur les figures. Quand l'Empereur était au loin, ces mêmes figures se dilataient. On avait repris quelque loisir sous le gouvernement paternel de l'archi-chancelier; on courait aux spectacles, à la campagne; enfin on prenait sa part des jouissances communes. S'il était permis de hasarder une telle comparaison en un sujet élevé, je dirais que tous, tant que nous étions, ne ressemblions pas mal à des écoliers fort tristes sous la férule du maître, et qui retrouvent leur gaieté dès que celui-ci a tourné le dos.

On commençait aussi à parler davantage de la grande expédition. On ne faisait pas de doute qu'elle était dirigée contre la Russie; mais on conservait l'espoir que, lorsque l'Empereur serait dans le Nord, les affaires pourraient encore s'arranger. On ne voyait en discussion aucun point grave entre la France et la Russie, et surtout qui motivât de la part de la première un déploiement de forces militaires hors de toute proportion. L'étendue même de ces forces rassurait sur leur emploi; on croyait que l'Empereur ne les avait mises en jeu que pour en imposer à la Russie et la rendre plus facile à céder sur quelques points visiblement litigieux, tels que l'article des licences et la réunion du duché d'Oldenbourg.

Depuis le départ de l'Empereur, les bals avaient commencé, les réunions étaient plus fréquentes, et chacun, sans s'en douter ou en s'en doutant, fêtait à sa manière l'absence du maître. Je voulais prendre ma part de vacances, et je n'étais pas fort pressé de regagner le grand-

duché. L'archi-chancelier me réveilla de cette espèce de sommeil. Il me témoigna un jour de l'étonnement de me voir encore à Paris : « Vous savez, m'ajoutait-il, que quand
» l'Empereur est à l'armée, il entend que chacun soit à
» son poste, et le vôtre est à Dusseldorf ? — Je prie Son
». Altesse de considérer que je n'ai pas reçu d'ordre de
» retourner. — Fort bien, mais le départ de l'Empereur
» équivaut à l'ordre le plus positif, et prenez garde qu'il
» peut vous arriver mal de ce séjour prolongé. Qui nous
» répond que, sans le vouloir, sans le chercher, vous ne
» vous trouverez pas ici contre quelque événement qui
» fournira matière à un rapport de police ? Ce rapport ar-
» rivera au quartier-général dans un moment où l'Em-
» pereur sera mal disposé, et vous vaudra au moins une
» verte réprimande. » — Je trouvai le conseil fort sage, et trois jours après j'étais en route.

XIII

1812

Retour à Dusseldorf. — Pressentiment des désastres de la campagne de Russie.

Le Français s'inquiète, se rassure, se désole, se réjouit du jour au lendemain. L'Allemand est tout différent : il est plus lent à recevoir l'impression ; mais il la conserve, la pétrit, et en fait l'occupation et quelquefois le tourment de sa vie. Toutes les contrées d'au delà du Rhin avaient les yeux fixés sur la fameuse expédition. Elles la tenaient comme un événement salique, duquel sortirait la délivrance ou l'assujettissement complet de l'Allemagne. Le comte de Nesselrode me croyait au courant de la politique de l'Empereur, puisque je revenais de Paris, où j'avais eu plus d'une conférence avec Sa Majesté, et il m'entretint librement de ce qu'il savait lui-même. Je vis qu'il était plus instruit que moi, et de beaucoup. Il me dit qu'il ne restait de doute à personne. La Russie avait épuisé les moyens de conciliation qui convenaient à une puissance forte et qui savait se respecter. Aucun n'avait réussi. Elle s'attend donc à être attaquée, et que l'empereur Napoléon va se déployer tout entier pour la frapper au cœur jusqu'à Pétersbourg, peut-être même jusqu'à Moscou. Le parti de l'empereur Alexandre est invariablement arrêté : de ne rien céder à son redoutable adversaire, de le laisser pénétrer en Russie et d'attendre.

Je le voyais par les rapports que je recevais de tous les côtés, depuis les bords de la Newa jusqu'au Rhin, les hommes dont l'opinion comptait dans les affaires ou ceux qui faisaient autorité par leurs connaissances tenaient pour hasardeuse une expédition en Russie ; ils en donnaient, à mon gré, des raisons entraînantes. Je recueillis de ces rapports ce qui me paraissait propre à frapper l'Empereur, et j'en composai un Mémoire, que j'adressai au ministre secrétaire d'État, qui était alors M. Daru. Je crus celui-ci plus hardi que n'était M. le duc de Bassano à mettre sous les yeux de l'Empereur quelque production qui combattît sa manière de voir. Je ne sais ce qui est advenu de mon Mémoire, et si M. Daru a été réellement plus décidé que son prédécesseur ; mais ce qui est sûr, c'est que ni l'Empereur ni son ministre ne m'en ont jamais dit un mot, et très-probablement, sur l'étiquette du sac, il aura été jeté sous la table, comme l'œuvre impertinente d'un homme qui se mêlait de ce qui ne le regardait pas. Et c'est bien ce qui pouvait m'arriver de mieux, car, à quelque temps de là, mon pauvre confrère Malouet fut renvoyé du conseil et exilé pour avoir adressé à l'Empereur des conseils salutaires, où se reconnaissait l'homme d'État éclairé et le serviteur courageux. Et cependant, en relisant aujourd'hui les pages excellentes de M. Malouet et les miennes, qui ne les valent pas à beaucoup près, on les croirait écrites depuis les événements, tant ces événements s'avançaient entourés de lumière pour tout le monde, excepté pour celui contre lequel il avait été écrit qu'il ne les verrait qu'après qu'ils auraient obtenu leur affreuse réalité.

Je m'obstinais à fonder quelque espérance sur le séjour prolongé de l'Empereur à Dresde, et l'espèce de congrès de rois et de princes qu'il y avait réunis. Je ne pouvais pas me persuader que tant de grands personnages fussent arrivés tout exprès dans la capitale de la Saxe pour y servir de tapisserie aux fêtes que l'Empereur y donnait. L'avouerai-je à ma honte? tous les matins je relisais le Mémoire que je lui avais adressé, et je n'étais pas éloigné du dernier terme de la sottise, c'est-à-dire de croire qu'il avait fait impression. Jamais au monde l'infatuation n'avait été poussée si loin. Aussi j'ai toujours respecté depuis, dans mon for intérieur, les prétentions, si folles qu'elles fussent, de quiconque se mêle d'écrire. Je me dis : j'ai été pis que cela.

Cependant, je reçus une lettre du ministre des affaires étrangères, pour m'annoncer que l'Empereur était parti pour prendre le commandement de son armée. Deux choses m'étaient commandées : de donner un surcroît d'attention à l'administration du grand-duché, et de hâter le départ pour la grande armée des troupes qui devaient en faire partie. On indiquait Varsovie comme la destination qui leur était donnée. Dans la disposition d'esprit où j'étais, je saisissais avec avidité tout ce qui pouvait éloigner l'idée d'une expédition portée en Russie. Il me suffit de la destination donnée aux troupes du grand-duché, pour me faire juger qu'il ne s'agissait encore que d'une guerre de Pologne, et que les armées de l'Empereur ne franchiraient pas les limites de cet ancien royaume, qu'il s'agissait de reconstruire. La politique de l'archevêque de Malines me revint à la pensée, et j'eus regret d'avoir un peu ri de la suffisance de Sa Grandeur. Je me composai de la sorte un système de sécurité que j'étais décidé à n'abandonner qu'à la dernière extrémité.

Il fallut bien enfin l'abandonner, lorsque, après la facile occupation de la Pologne, les armées de l'Empereur entamèrent la Russie; mais j'avais été prévenu de ce grand événement par un phénomène qui semblait m'avoir été envoyé pour m'annoncer un affreux désastre, et en même temps m'en offrir un échantillon : le jour où l'armée mit le pied sur le territoire russe, était mon jour de réception, et j'avais ordinairement, ce jour-là, un dîner de vingt à vingt-cinq personnes. La salle à manger du palais de la Vénerie, que j'habitais alors, donnait du côté du Rhin et était éclairée, de ce côté, par quatre grandes croisées. Lorsqu'on passa du salon pour le dîner, les convives furent tellement frappés des apprêts effrayants d'une tempête qui s'élevait sur le Rhin, que personne n'osa se mettre à table et qu'on rentra au salon. Un nuage d'un fond cuivré, semé de taches couleur de sang, planait sur la rive droite du Rhin, et faisait effort pour traverser le fleuve et venir fondre sur la rive gauche; il en était repoussé par un vent violent. Le conflit dura plus d'une demi-heure, durant laquelle la masse du nuage ne cessait pas d'augmenter. L'air était coupé par des sifflements aigus partis des deux parts, aussi violents que ceux qui accompagnent une tempête sur mer. Il semblait que le Rhin fût une barrière que l'orage ne pouvait pas franchir. Il la franchit à la fin et vint s'abîmer sur le grand-duché. De l'endroit où je le considérais, je voyais la foudre grondant frapper à coups redoublés à droite et à gauche. Une grêle dont plusieurs grains avaient six pouces de circonférence, eut bientôt recouvert le sol. Tout fut emporté des productions de la terre qui s'étaient rencontrées sous ce terrible fléau ; des maisons furent renversées ; des arbres séculaires ne résistèrent pas mieux ; des chevaux, des hommes périrent. Les vieillards de la contrée attestèrent que jamais rien de tel ne s'était offert à leurs regards. La forêt de Duisbourg, où était le haras sauvage, fut hachée, culbutée de fond en comble. Je m'y rendis dès le soir même, et j'y trouvai une scène de désolation qui me donna quelque idée de ce que serait le monde aux regards du dernier homme.

J'ai ma dose de superstition ; chacun a la sienne, soit qu'il l'avoue, soit qu'il le dénie. Quand ensuite, et en comparant les dates, je fus certain que l'orage avait éclaté dans le grand-duché le jour et à l'heure même où l'Empereur était entré en Russie, je fus pleinement persuadé que la grande expédition ne serait plus qu'un immense désastre, et je conformai ma conduite à ma croyance. Ainsi, je négligeai de mettre à fin le retrait féodal du comté de Walmoden que l'Empereur m'avait accordé à titre de majorat. Il fallait rembourser à l'acquéreur une somme de quatre cent mille francs, après quoi je reprenais de ses mains et m'appropriais une terre magnifiquement titrée, ce dont je me souciais assez peu, mais d'un produit de quarante à cinquante mille francs de rentes, ce qui m'intéressait davantage. Vainement ma famille et mes entours me pressaient sur ce point. Mes fonds étaient prêts, les actes dressés. Je ne pouvais pas me décider à faire un pas de plus, tant l'orage m'avait frappé moralement. Ici, ma croyance de bonne femme me servit à quelque chose. Si j'avais retiré la terre de Walmoden, à peine j'aurais eu le loisir d'en prendre possession ; elle m'eût été reprise dès la fin de 1813, et j'aurais pu attendre quelque temps la restitution de la somme de quatre cent mille francs : non pas assurément que l'acquéreur, le comte de Merfeld, ne fût un homme fort délicat et que je ne pouvais pas soupçonner de garder mon argent en reprenant sa chose, mais il n'était qu'acquéreur nominal, ou plutôt le contrat de vente n'était qu'une couverture pour soustraire aux regards de l'Empereur la propriété du comte de Walmoden, son ennemi acharné. Je ne conteste pas plus la probité de ce dernier que celle du comte de Merfeld ; mais il le prend de plus haut et sa politique est plus large. Il aurait pu trouver assez juste de punir au moins par quelque retard un comte de la façon de Napoléon, d'avoir osé étendre ses mains sur une terre qui donnait séance à la Diète du très-saint empire romain, et que le roi d'Angleterre, Georges II, avait achetée à grand prix pour établir dignement l'un de ses enfants naturels en Allemagne.

Depuis l'entrée de l'Empereur en Russie, je ne recevais des nouvelles du quartier-général que de loin en loin et toujours pour des affaires militaires. Nous obéissions de notre mieux, M. Rœderer et moi, à la recommandation qui avait été faite à tous deux de donner toute notre attention au grand-duché. Le temps des contentions et des mauvais tours avait passé, soit que les aspérités du caractère de M. Rœderer se fussent usées par le frottement, soit que nous pensassions chacun de notre côté, et sans oser nous le dire, que le moment où notre existence était remise au hasard, serait bien mal choisi pour un combat de prétentions. Il était entendu que nous avions peu de choses à attendre de l'Empereur; nous le voyions bien encore dater de Moscou quelques décrets, mais nous voyions aussi qu'on avait choisi, pour les rendre, des matières à effet, et qu'on se proposait sur toute chose de jeter de la poudre aux yeux. Enfin, s'il fallait croire qu'à travers les flammes de Moscou, l'Empereur avait la force et trouvait le temps de s'occuper de l'administration de la France, on pouvait douter qu'il en eût encore de reste pour cette petite portion de son empire qu'on appelait le grand-duché de Berg.

Nous nous occupions de perfectionner les institutions déjà données au grand-duché et de préparer celles qui lui manquaient. L'administration avait pris un cours régulier; sa faveur augmentait chaque jour dans le pays. Aussi, durant l'année 1812, il fut parfaitement tranquille. Je me rendais un compte trimestriel aussi exact que je le pouvais de l'état des diverses manufactures. Évidemment elles étaient en progrès, ce qu'il fallait attribuer à l'introduction de leurs produits dans le royaume d'Italie et à quelques faveurs que l'Empereur avait fait accorder aux foires de Leipzig. De nombreux défrichements, un meilleur assolement des terres, de plus abondantes récoltes qui en étaient la suite, attestaient les progrès de l'agriculture. Aussi, quand la nouvelle du grand désastre fut arrivée, à la suite de bulletins qui jusque-là n'avaient parlé que de victoires, sans doute elle fut reçue avec une joie secrète par les hautes classes de la société, mais cette joie ne fut pas partagée par la classe la plus nombreuse; celle-ci en conçut de la douleur et la témoigna franchement. Le bon temps était bien près d'être passé, il ne l'était pas encore. Cette nouvelle m'étonna peu ; j'y étais préparé par tout ce que j'entendais dire depuis le début de cette malheureuse guerre et par le présage dont je viens d'offrir le tableau.

Je fus averti des premiers du passage de l'Empereur à Wilna et de son étrange entretien dans cette ville, par quelqu'un qui y avait assisté. « *Il y a un mois j'étais le maître du Nord, maintenant je ne le suis plus ; du sublime au ridicule, il n'y a souvent qu'un pas*, etc. » En rapprochant ce discours d'un autre qu'il tint à son armée, au retour de Saint-Jean-d'Acre, et que le général Damas m'a rapporté, on découvre que les événements malheureux ne trouvent jamais l'Empereur préparé, comme s'il était exempté de la loi commune. Il perd à s'irriter contre l'infortune le temps et les moyens qu'il devrait employer à la combattre. Nul guerrier ne sut peut-être mieux que lui préparer la victoire et moins que lui réparer une défaite. A la place de César, il eût péri à la bataille de Munda et ne se serait pas échappé d'Alexandrie. Le dictateur des Romains l'emporte sur l'Empereur des Français par son sang-froid au milieu des dangers extrêmes et son intrépidité à combattre corps à corps la fortune quand elle veut lui échapper. On savait que César ne désespérait jamais, et tout le monde espérait autour de lui.

Le reste de l'année 1812 se passa dans le grand-duché sans offrir aucun incident remarquable ; les personnages influents en Allemagne ne faisaient plus de doute sur sa délivrance, mais ne portaient pas encore l'espérance plus loin qu'à voir l'Empereur en retirer ses troupes et renoncer à l'occupation de Hambourg et du littoral. C'est seulement dans les premiers mois de l'année suivante, et après que l'armée prussienne eut donné le premier signal de la défection, que partout on jura de relever de ses ruines l'antique Germanie et de rejeter les Français au delà du Rhin. Le mouvement fut général dans tous les pays, dans tous les âges, dans toutes les conditions; le grand-duché fut sans doute l'État où il fut moins sensible, et cependant il me fallut bien le reconnaître, surtout dans les départements qui avaient été détachés de la monarchie prussienne.

Au début de la campagne, l'Empereur avait pu vaincre encore dans les champs de Lutzen et de Bautzen : j'avais reçu l'insinuation de faire sonner bien haut ces deux victoires; je n'y manquai pas, mais les mystifications politiques n'étaient plus de saison. Je lisais sur toutes les figures la réponse qu'on n'osait pas encore me faire de vive voix : « *Nous n'y croyons plus.* » On savait ce que ces victoires avaient coûté et combien les dispositions de l'armée avaient changé. Les vieux officiers, dans tous les rangs, étaient las de batailles et se demandaient si c'était chez l'Empereur un parti pris de ne leur permettre de mourir que sous le harnais; les jeunes conscrits qui arrivaient de l'intérieur de la France se tenaient pour perdus quand ils entendaient les vétérans désespérer, et le nombre était effrayant de ceux qui, avant comme après la bataille de Bautzen, avaient sacrifié le doigt index pour se faire réformer : ils se rendaient l'un à l'autre le triste service de cette mutilation, qui inquiétait et indignait l'Empereur. Il fallut rendre un décret pour y appliquer quelque remède, et, entre autres, condamner ceux qui portaient les marques du délit à entrer dans le service des charrois de l'armée, pour y rester un temps plus long que celui qu'ils auraient passé dans leurs régiments. Insuffisant palliatif à

un mal aussi profond! Mais la guerre durait depuis vingt ans; depuis vingt ans nous en avions épuisé les dangers, les victoires, les désastres, les triomphes; les temps étaient accomplis d'eux-mêmes, sans qu'on y prît garde. Trois ans auparavant, j'avais rencontré le brave des braves, le maréchal de Montebello, lorsqu'il allait rejoindre la grande armée vers le Danube; nous pressions le guerrier de nos vœux pour un prompt retour, et nous lui présagions de nouveaux lauriers sans crainte d'être mauvais prophètes.
« Je ne sais pas, nous répondit le maréchal, si je revien-
» drai, mais ce dont je suis bien sûr, c'est que si je re-
» viens, ce sera pour repartir. Il est dans la destinée de
» l'Empereur de ne jamais s'arrêter, et dans la mienne de
» le suivre jusqu'au bout : si vite ou si tard qu'il y arrive,
» nous y périrons les uns après les autres; encore si nous
» étions garçons! » — Il y eut émulation à qui ramènerait le maréchal à des idées moins tristes : ce fut en vain; il s'attendrissait involontairement sur sa femme, sur ses quatre fils, comme s'il eût été agité par un pressentiment: il ne devait pas les revoir! On a raconté, comme on l'a voulu, l'entretien que de son lit de mort il a eu avec l'Empereur; mais il est certain qu'il lui fit, avec l'autorité d'un ami mourant, de sévères reproches sur son ambition et les désastres dont elle serait cause.

FIN DU PREMIER VOLUME

TABLE

DES MATIÈRES CONTENUES DANS CE VOLUME

	Pages
INTRODUCTION..	1

I. LA COMTESSE DE LAMOTTE. — Son origine. — Elle arrive à Bar-sur-Aube. — Elle s'y marie. — Vient à Paris. — Sa première entrevue avec le cardinal de Rohan. — Ses liaisons avec lui. — La reine Marie-Antoinette. — M. Béranger. — Intrigues de Mme de Lamotte. — Son voyage à Bar-sur-Aube.... 5

II. AFFAIRE DU COLLIER (1785). — Portrait du cardinal de Rohan. — M. d'Ambray. — M. Séguier. — M. d'Aguesseau. — M. Joly de Fleury. — Le Lycée. — Tableau de la France en 1785. — Souper avec Cagliostro. — Ses opérations prétendues magiques. — Mlle d'Oliva. — Escroquerie du collier. — Le château de Brienne. — Le duc de Penthièvre. — Arrestation du cardinal et de Mme de Lamotte. — Procès........................ 45

III. LES ÉLECTIONS EN 1789. — Élections aux États généraux. — Tableau des élections du bailliage de Chaumont........... 105

IV. LES PREMIERS TEMPS DE LA RÉVOLUTION (1789-1790). — Triomphe de M. Necker. — Mme de Brionne. — Commencement des violences dans les provinces....................... 129

TABLE DES MATIÈRES

Pages

V. Souvenirs de 1793. — Arrestation. — La Conciergerie. — Les Girondins. — Fauchet. — Bailly. — Houchard. — Mme Roland. — Eglée 151

VI. Souvenirs de 1794. — Suite du séjour à la Conciergerie. — Mort de Clavières. — Scène d'évocation. — Translation à la Force. — L'acteur Neuville. — Linguet. — Dupont de Nemours. — Danton. — Changement dans le régime de la prison. — Ferrières Sauvebœuf. — Scène avec La Noraye. — La famille de Brienne. — Fin de la Terreur. — Sortie de prison. 211

VII. Le Grand-Duché de Berg (1808). — Je suis envoyé dans le grand-duché de Berg. — Peinture de ce pays. — Murat. — M. Agard. — Le duc de Gaëte. — Le duc de Bassano. — Le comte Regnault 287

VIII. Situation politique du grand-duché à l'époque de la guerre de 1809. — Le major Schill. — Le duc de Brunswick. — Bataille de Wagram 325

IX. M. de Sémonville. — Les eaux d'Aix-la-Chapelle. — Madame-Mère. — Le roi de Hollande. — La princesse Borghèse.... 343

X. 1810. — L'impératrice Joséphine. — Effets du second mariage de Napoléon en Allemagne. — Études d'économie politique. — Un miracle 357

XI. 1811. — Voyage de l'Empereur à Dusseldorf 373

XII. Le haras de Duisbourg. — Le général de... — Voyage à Paris. — Expédition de Russie 397

XIII. 1812. — Retour à Dusseldorf. — Pressentiment des désastres de la campagne de Russie 421

Imprimerie L. TOINON et Comp., à Saint-Germain.

EN VENTE A LA MÊME LIBRAIRIE

BIBLIOTHÈQUE HÉRALDIQUE DE LA FRANCE, par M. JOANNIS GUIGARD, de la Bibliothèque Impériale, comprenant la bibliographie systématique et raisonnée de tous les ouvrages qui ont paru sur le *Blason*, les *Ordres de chevalerie*, la *Noblesse*, la *Féodalité*, les *Fiefs* et les *Généalogies* concernant la France, avec notes critiques et bibliographiques. 1 beau volume in-8° à 2 colonnes. Prix.................. 16 »

CONVERSATIONS DE M. DE CHATEAUBRIAND. Ses agresseurs, par JULIEN DANIELO, son ancien secrétaire. 1 volume in-8. Prix........ 6 »

CORRESPONDANCE INÉDITE DE MARIE-ANTOINETTE, publiée sur les documents originaux, par le comte PAUL VOGT D'HUNOLSTEIN, ancien député de la Moselle. 4e édition, augmentée d'un supplément. 1 vol. in-8°. Prix... 7 »

ESSAI SUR L'HISTOIRE DU GOUVERNEMENT ET DE LA CONSTITUTION BRITANNIQUES, depuis le règne de Henri VII jusqu'à l'époque actuelle, par comte JOHN RUSSELL. Traduction par CH. BERNARD DEROSNE. 1 vol. in-8. Prix.. 7 »

HISTOIRE DE LA PUISSANCE PONTIFICALE, depuis saint Pierre jusqu'à Innocent III, par M. VIENNET, de l'Académie française. 2 volumes in-8°. Prix... 10 »

HISTOIRE DE LA CARICATURE ANTIQUE ET MODERNE, par CHAMPFLEURY. 2 jolis volumes illustrés de plus de 80 gravures. Prix..... 8 »

HISTOIRE DES IDÉES LITTÉRAIRES AU XIXe SIÈCLE, par ALFRED MICHIELS. 4e édition, revue et continuée jusqu'en 1861. 2 vol. in-8°.. 12 »

LA COMÉDIE DE JEAN DE LA BRUYÈRE. Étude d'après des documents inédits, par EDOUARD FOURNIER. 2 charmants vol. in-18. Prix. 6 »

LA RÉFORME SOCIALE EN FRANCE, déduite de l'observation comparée des peuples européens, par M. F. LE PLAY, auteur des *Ouvriers européens*, commissaire général aux Expositions universelles de 1855, de 1862 et de 1867. 2e édition revue et corrigée. 2 forts vol. in-18 jésus. 5 »

LES AMIS DE LA MARQUISE DE SABLÉ. Recueil de lettres des principaux habitués de son salon, annotées et précédées d'une introduction historique sur la société française au XVIIe siècle, par EDOUARD DE BARTHÉLEMY. 1 volume in-8. Prix.................................... 6 »

L'ÉPICURIEN DE THOMAS MOORE. Traduit par HENRI BUTAT, les vers par THÉOPHILE GAUTIER, préface d'ÉDOUARD THIERRY, dessins de GUSTAVE DORÉ. 1 beau volume in-8 imprimé avec luxe. Prix...... 6 »

NAPOLÉON Ier PEINT PAR LUI-MÊME, par M. RAUDOT, ancien représentant de l'Yonne. 1 volume gr. in-18 jésus. Prix................... 3 »

ŒUVRES INÉDITES DE LAMENNAIS (correspondance et mélanges), publiées par A. BLAIZE, son neveu. 2 volumes in-8. Prix........... 14 »

SCÈNES POPULAIRES, par HENRY MONNIER. Nouvelle édition illustrée par l'auteur de 80 dessins à la plume. 1 très-joli vol. petit-in-8°. Prix. 8 »

Le MÊME OUVRAGE en jolie reliure d'amateur, dorée en tête, non rognée. Prix... 10 »

SOUVENIRS D'HISTOIRE CONTEMPORAINE, épisodes militaires et politiques, par le baron PAUL DE BOURGOING, sénateur, etc. 1 beau vol. in-8°. Prix.. 7 50

SOUVENIRS D'UN DIPLOMATE. La Pologne (1811-1815), par le baron BIGNON, avec une notice historique sur l'auteur, par M. MIGNET, de l'Académie française. 1 fort vol. grand in-18 jésus. Prix........... 3 50

UN SALON DE PARIS (1826 à 1864), par Mme VIRGINIE ANCELOT. 2e édition, avec eaux-fortes par BÉNASSIT. 1 vol. gr. in-18 jésus. Prix. »

Imprimerie L. TOINON et Cie, à Saint-Germain.

www.ingramcontent.com/pod-product-compliance
Lightning Source LLC
Chambersburg PA
CBHW050906230426
43666CB00010B/2043